建设工程企业管理提升与数字化转型之道

毛强硕 周春霖 著

中国建筑工业出版社

图书在版编目（CIP）数据

建设工程企业管理提升与数字化转型之道 / 毛强硕，周春霖著．-- 北京：中国建筑工业出版社，2024.10.
ISBN 978-7-112-30291-8

Ⅰ．F426.9

中国国家版本馆CIP数据核字第2024PP7140号

数字化是我国新质生产力培育和发展的重要途径。建筑业目前的数字化现状如何，建设工程企业数字化转型面临什么问题和挑战；企业"信息孤岛""数据篱"现象的根源是什么，从哪里入手，采用什么样的数字化战略路径和举措实现建设工程企业数字化转型尽早起步、行稳致远？本书以现代企业管理理论和方法论为基础，通过建设工程企业普遍熟悉的鲜活案例，纵观全局、烛照幽微，作了深入浅出的阐述。不但在数字化转型战略路径举措和管理指导理论上，授之以渔；而且还给出了我国建设工程企业数字化蓝图顶层设计，通用的业务架构、信息架构和相关概念模型，并重点对施工总承包项目管理信息化平台开发，提供出开发需求框架流程，授之以鱼。

责任编辑：杨　允
书籍设计：锋尚设计
责任校对：李美娜

建设工程企业管理提升与数字化转型之道
毛强硕　周春霖　著

*
中国建筑工业出版社出版、发行（北京海淀三里河路9号）
各地新华书店、建筑书店经销
北京锋尚制版有限公司制版
北京云浩印刷有限责任公司印刷
*
开本：787毫米×1092毫米　1/16　印张：26¼　字数：512千字
2024年10月第一版　　2024年10月第一次印刷
定价：**99.00**元
ISBN 978-7-112-30291-8
（43164）

版权所有　翻印必究
如有内容及印装质量问题，请与本社读者服务中心联系
电话：（010）58337283　QQ：2885381756
（地址：北京海淀三里河路9号中国建筑工业出版社604室　邮政编码：100037）

序

采用互联网、大数据、5G、BIM、云计算、区块链、人工智能等现代IT技术赋能传统产业，数字化转型已经成为我国建筑业各相关方的一种全行业共识。2023年3月29日，新闻联播报道，截至2022年底，代表我国制造业数字化转型水平的"多层次工业互联网平台体系基本形成"。不同于美团、京东等数字原生企业，我国制造业企业、华为公司与建设工程企业一样，同属非数字原生企业。其数字化转型的成功实践，对建筑业、建设工程企业数字化转型的启示，是建筑业数字化转型，必须发挥行业龙头企业的协作及其数字化转型标杆引领，以企业基础管理流程化、集成化变革为抓手，以企业发展战略统领下的数字化转型战略为指引，以企业数字化蓝图进行顶层设计，以带动降本增效为牵引力，力出一孔，分步实施，构建建筑产业互联网平台。

建筑产业互联网是建设工程项目全生命周期、全产业链，市场各参与主体、各相关方进行项目建设管理协同和共享的平台，其构建和运行需要全行业各细分领域，共同营建出支撑建设工程企业数字化转型的行业生态。当前我国建筑业行业细分领域政府监管条块分割，企业通用性要素标准、项目管理语言不统一；建设工程企业的信息化，深受"部门墙""数据篱"瓶颈的困扰，全行业企业，在面向数字化转型的基础管理标准化方面，缺乏基础理论研究支撑，尚无系统的、公认的企业数字化转型解决方案和清晰的战略实施方法路径。建设工程项目是建设工程企业生产经营的核心和立足点，我国基本建设程序，是建设工程项目必须遵循的最基本规律和原则。进入21世纪第二个十年以来，随着国家基本建设投融资体制革新步伐加快，我国建筑业在政府推行工程总承包、促进信息化转型升级政策导引下，工程总承包模式推广、企业和项目标准化管理、管理信息化呈现同步推进、相互促进的发展格局。执行基本建设程序，已成为从事建设工程投融资项目的头部企业，项目全生命周期管理的内部控制性管理要求。我国建筑业目前已进入八大建筑央企为主体的竞争阶段，在建设工程领域，项目设计和施工总承包是对建设项目具有决定性影响的两大重点环节，设计和施工分离是工程总承包管理需要解决的主要问题。建筑央企头部企业在行业的数字化转型中，在市场地位、技术和管理实力、人才高地上，都处于责无旁贷的标杆引领地位。建筑央企头部企业的数字化转型，面临项目投、建、运一体化管理体系整合提升和同步推进数字化转型的双重挑战。

我国现代社会赖以创新发展的自然科学和社会科学原创成果，几乎全部来源于西方发达国家。现代IT技术赋能建筑业企业，必须以企业管理的结构化、程式化为基础。"管理体系方法论"是凝聚自第一次工业革命以来，西方现代企业管理思想、理论和方法论集大成者的理论体系。本书以"管理体系方法论"为指导，全面贯彻我国建筑业相关法律法规和其他要求，充分考虑国家部委有关企业合规管理、风险管理、内部控制等相关要求，借鉴国际项目管理最佳实践总结成果，突破建筑业细分领域之间"隔行如隔山"的认知障碍，揭示建设工程企业及其项目管理流程化、集成化的核心原理，从建设工程企业及其项目管理的理论和实践上，打通面向"集成"的数字化所需的基础管理标准化最后一公里，为建设工程企业构建框架上一步到位、实际应用具有宽适用性、包容性、可扩展性、成长性的数字化管理IT系统平台，提供统一的顶层设计框架。并进一步以此为基础，以施工总承包项目管理数字化潜在绩效的提升为牵引，带动和营造新一代信息技术深入渗透赋能的行业标准化生态，促进建设工程企业的数字化转型，为我国建筑业数字化、智能化转型，提供尽快起步发展的突破口，加快建筑产业互联网构建的发展步伐。

本书将现代"管理体系方法论"指导理论体系与我国建设工程企业实际相结合，提出建设工程企业及其项目管理一体化管理体系，通用的业务架构、信息架构、重要的概念模型，统一建筑市场业主、建设、设计、施工、监理、其他第三方咨询服务机构、工程运营单位等，在各自企业重复性日常运营管理和项目一次性管理特征下，围绕建设工程项目全生命周期协同的核心业务概念、相互沟通语言、信息共享纽带性技术工具，作为各类建设工程企业IT应用架构、技术架构设计规划的统一依据；并全面解析施工总承包项目管理信息化IT系统开发的需求框架流程。其中理论层面的思路，作者在《铁路施工企业项目标准化管理实务》（中国铁道出版社，2009）一书中作了系统论述。在实践方面，一是作者作为"三个管理体系"认证国家注册审核员，先后在铁路、公路、市政、地铁、电力、水利水电、化工、装饰装修、矿山、电信等行业设计、施工、监理咨询单位进行了系统的比较验证；二是先后在两个大型建筑央企，具体参与企业和项目管理制度的制定和实施；三是作为项目经理，将本书论述的主要成果已成功地应用于铁路、高速公路、大型高铁站房和两条完整地铁线路的项目建设（项目结算额分别为132亿元、49亿元）。特别是，近十年来管理的两个特大型地铁项目，分别获国家优质工程金奖和鲁班奖，用大量工程实践验证了其核心流程具有客观规律性，其流程和模型框架对建筑业全行业具有普遍适用性，具有建筑业信息化、数字化、智能化转型升级所需市场生态成长的包容性。希望广大建设工程企业能够以本书为参照，面向本企业的数字化转型需求，从基础管理上补短板、强弱项，在数字化转型战略路径和举措上，有统一的遵循框架，保证企业的信息化、数字化、智能化，起步扎实、行稳致远。

前言

华为公司数字化的终极目标，是要构建映射现实世界的一个全面"数字孪生"的数字世界，利用数字世界汇聚、联接与分析数据的优势，实现对业务的可视化描述，进而诊断、预测，最终指导业务改进。目前在国内市场，关于建筑业数字化转型的研究成果、刊物、学术和实践应用报告如繁星涌现，但建设工程企业数字化转型的理论和实践整体解决方案，尚处于空白状态。本书是第一本致力于从建设工程企业共性规律上，探索企业数字化转型战略路径和具体实践举措的专著。

数字化是我国新质生产力培育和发展的重要途径。建筑业目前的数字化现状如何，建设工程企业数字化转型面临什么问题和挑战，企业"信息孤岛""数据篱"现象的根源是什么，从哪里入手，采用什么样的数字化战略路径和举措实现建设工程企业数字化转型尽早起步、行稳致远？其中，涉及的枯燥、艰涩的现代企业管理理论和方法论及其在企业的具体应用实践，在书中都用建设工程企业普遍熟悉的鲜活案例，纵观全局、烛照幽微，作了深入浅出的阐述。不但在数字化转型战略路径举措和管理指导理论上，授之以渔；而且，还给出了我国建设工程企业数字化蓝图顶层设计，通用的业务架构、信息架构和相关概念模型，并重点对施工总承包项目管理信息化平台开发，提供开发需求框架流程，授之以鱼。

本书有助于我国建设工程企业各层级管理人员，增强对现行国际国内企业和项目管理最新理论和实践成果的了解，促进相关人员提高现代管理理论素养、项目管理能力和实际业务操作水平。对关注或致力于企业或建筑行业数字化转型的建设工程企业，"一把手"和相关关键岗位人员、相关IT企业人员有重要的参考价值，也可以作为高校相关专业、建设工程企业内部管理理论和实践通识教育培训教材。本书上篇从建筑业行业背景出发，结合建设工程企业数字化现状，深入分析企业面向数字化转型，存在的问题和面临的挑战，提出面向数字化转型的管理变革指导理论和方法论，及其在建设工程企业的具体应用。中篇对建设工程企业通用的业务架构、信息架构和相关概念模型，作了详细阐述和说明；并以施工总承包项目为例，论述了建设工程企业基于管理流程化，实现线下线上集成化的核心原理。下篇专门围绕施工总承包项目管理全过程，提出并详细解析施工总承包项目管理信息化平台开发需求框架流程。为建设工程企业进行数字化转型战略路径选择，数字化转型蓝图顶层设计和施工总承包项目管理信息化IT系统开发建设等，提供了理论和实践依据，提供了可以参照的一揽子解决方案。基于全书作为一个整体的论述思维逻辑安排，书中很多关键论点和结论，被安排到不同的章节。特别是下篇各章节，虽然每章的内容具有相对的独立性，但通读全书有助于全面、准确地掌握要表达的系统性观点，以及各章节流程之间的相互关联、相互作用关系。

目录

上篇 建筑业现状及其数字化转型战略路径

第一章 建筑业现状和数字化面临的挑战 2
第一节 市场投融资体制重塑下的建筑市场 2
一、基本建设程序和建设工程项目管理 2
二、投融资体制改革对建筑市场的系统重塑 4
三、建设工程企业及其项目管理现状 7
第二节 我国建筑业数字化现状及挑战 13
一、"三化"的概念及其关系 13
二、我国建筑业数字化转型现状及展望 16
三、企业数字化转型必须跨越管理集成化阶段 21
第三节 管理集成化的指导理论和方法论 25
一、建设工程企业相关的现代管理理论体系 25
二、"管理体系方法论"的核心地位 27
三、"管理体系方法论"核心要义解读 31

第二章 如何提升管理集成化能力和水平 42
第一节 培育和提升企业执行层集成化管理能力 42
一、关于项目范围 43
二、关于工作分解结构 44
三、关于价值工程 47
四、关于挣值管理 48
五、关于产品实现过程 51
第二节 提高企业管理层集成管理标准化水平 56
一、完善企业治理及项目治理的职能业务支撑体系 57
二、增强管理层对项目治理和项目管理的保障能力 61
三、提高企业管理层项目管理流程集成化能力 65
第三节 提高企业决策层的集成化管理水平 70
一、建立完善的法人治理结构和决策机制 71
二、项目治理架构为项目创造良好的内部环境 78

三、建立服务全面信息化的企业标准体系 81

中篇　建设工程企业面向数字化的底层架构

第三章　我国建设工程企业的通用底层架构 88
第一节　我国建设工程企业的业务架构 88
　　　一、从标准化到数字化 88
　　　二、业务架构的由来和作用 90
　　　三、我国建设工程企业业务架构 92
第二节　我国建设工程企业的通用概念模型 93
　　　一、概念模型之企业决策层流程及其说明 94
　　　二、概念模型之建设工程企业职能和要素管理框架说明 96
　　　三、概念模型之建设工程企业的价值交付系统 100
第三节　建设工程企业的信息架构 121
　　　一、关于项目组织管理模式和组织结构 125
　　　二、关于项目管理核心原理 127
　　　三、关于职能和要素管理流程 127
　　　四、关于过程的"文件化信息" 128
　　　五、关于绩效及干系人的信息交流 131

第四章　施工总承包项目标准化管理体系概述 135
第一节　施工总承包项目的地位和要求 135
　　　一、施工总承包项目启动阶段的要求 135
　　　二、施工总承包项目实施阶段的要求 138
　　　三、企业的施工总承包项目管理体系要求 139
第二节　企业施工总承包项目管理体系及流程 143
　　　一、施工总承包项目管理方针目标和组织结构 143
　　　二、施工总承包项目标准化管理体系流程 147
　　　三、施工总承包项目管理过程职责分配 152
第三节　施工总承包项目管理体系流程的集成原理 154

  一、集成的本质和为什么要集成 154
  二、施工总承包项目管理怎样实现集成 157
  三、从线下集成到线上集成 168

下篇　施工总承包项目管理信息平台开发需求框架流程解析

第五章　标准化项目管理体系流程解析 175
第一节　项目规划和项目策划 175
  一、项目规划 175
  二、项目实施策划 177
  三、项目策划成果 187
第二节　项目实施和检查 193
  一、项目开工准备 193
  二、以工点为单元的施工过程管理 197
  三、项目实施过程的检查和改进 204
第三节　项目竣工与解体 206
  一、项目竣工交付 207
  二、项目结算 207
  三、项目收尾和项目部解体 207

第六章　项目工程技术管理 209
第一节　项目工程技术管理的地位和要求 209
  一、工程技术的特殊地位决定了企业和项目部职能划分原则 ... 210
  二、工程技术管理能力构成了企业项目管理的核心基础能力 ... 212
  三、工程技术管理是项目所有目标实现的始端和内核 213
第二节　项目工程技术管理流程和要求 215
  一、项目工程技术管理流程 215
  二、项目工程技术管理过程要求 216
第三节　项目工程技术管理流程解析 217
  一、项目策划阶段的工程技术管理 217
  二、项目实施阶段的工程技术管理 224
  三、项目检查和改进阶段的工程技术管理 229

第七章　项目人力资源管理 231
第一节　项目人力资源管理的要求 231

		第二节 项目人力资源管理流程和要求 ………………………… 233
		一、项目人力资源管理流程 ……………………………… 233
		二、项目人力资源管理过程要求 ………………………… 234
	第三节	项目人力资源管理流程解析 ………………………… 235
		一、项目策划阶段的人力资源管理 ……………………… 235
		二、项目实施阶段的人力资源管理 ……………………… 236
		三、项目检查与改进阶段的人力资源管理 ……………… 237

第八章 项目劳务及作业层管理 ……………………………………… 239
  第一节 项目劳务及作业层管理的地位和作用 ………………… 239
  第二节 项目劳务及作业层管理流程和要求 …………………… 242
    一、项目劳务及作业层管理流程 ………………………… 242
    二、项目劳务及作业层管理过程要求 …………………… 243
  第三节 项目劳务及作业层管理流程解析 ……………………… 244
    一、项目策划阶段的劳务及作业层管理 ………………… 245
    二、项目实施阶段的劳务及作业层管理 ………………… 247
    三、项目检查和改进阶段的劳务及作业层管理 ………… 250

第九章 项目施工机械设备管理 ……………………………………… 252
  第一节 项目施工机械设备管理的地位和作用 ………………… 252
  第二节 项目施工机械设备管理流程和要求 …………………… 253
    一、项目施工机械设备管理流程 ………………………… 253
    二、项目施工机械设备管理过程要求 …………………… 254
  第三节 项目施工机械设备管理流程解析 ……………………… 255
    一、项目策划阶段的施工机械设备管理 ………………… 255
    二、项目实施阶段的施工机械设备管理 ………………… 255
    三、项目检查与改进阶段的施工机械设备管理 ………… 257

第十章 项目物资和周转材料管理 …………………………………… 259
  第一节 项目物资和周转材料管理的地位和作用 ……………… 259
  第二节 项目物资和周转材料管理流程和要求 ………………… 261
    一、项目物资和周转材料管理流程 ……………………… 261
    二、项目物资和周转材料管理过程要求 ………………… 262
  第三节 项目物资和周转材料管理流程解析 …………………… 262
    一、项目策划阶段的物资和周转材料管理 ……………… 263
    二、项目实施阶段的物资和周转材料管理 ……………… 264

　　　　　三、项目检查和改进阶段的物资和周转材料管理 267

第十一章　项目安全生产和职业健康管理 268
　　第一节　项目安全生产和职业健康管理的地位和要求 268
　　第二节　项目安全生产和职业健康管理流程和要求 273
　　　　　一、项目安全生产和职业健康管理流程 273
　　　　　二、项目安全生产和职业健康管理过程要求 274
　　第三节　项目安全生产和职业健康管理流程解析 275
　　　　　一、项目策划阶段的安全生产和职业健康管理 275
　　　　　二、项目实施阶段的安全生产和职业健康管理 279
　　　　　三、项目检查和改进阶段的安全生产和职业健康管理 283

第十二章　项目工程质量及试验检测管理 284
　　第一节　项目工程质量及试验检测管理的地位和作用 284
　　　　　一、质量强国战略是兴国之道强国之策 284
　　　　　二、企业质量管理体系是项目质量管理的基础和后盾 285
　　　　　三、项目工程质量水平是企业质量管理效能的集中体现 ... 286
　　第二节　项目工程质量及试验检测管理流程和要求 290
　　　　　一、项目工程质量及试验检测管理流程 290
　　　　　二、项目工程质量及试验检测管理过程要求 291
　　第三节　项目工程质量及试验检测管理流程解析 292
　　　　　一、项目策划阶段的工程质量及试验检测管理 292
　　　　　二、项目实施阶段的工程质量及试验检测管理 296
　　　　　三、项目检查和改进阶段的工程质量及试验检测管理 303

第十三章　项目环境保护管理 305
　　第一节　项目环境保护管理要求和作用 305
　　第二节　项目环境保护管理流程和要求 308
　　　　　一、项目环境保护管理流程 308
　　　　　二、项目环境保护管理过程要求 309
　　第三节　项目环境保护管理流程解析 310
　　　　　一、项目策划阶段的环境保护管理 310
　　　　　二、项目实施阶段的环境保护管理 312
　　　　　三、项目检查与改进阶段的环境保护管理 314

第十四章 项目成本管理 ... 315
第一节 项目成本管理的地位和作用 ... 315
一、从战略高度树立项目成本管理理念和意识 ... 316
二、构建完善"大商务"管理体制机制 ... 317
三、造价管理基础工作决定成本管理本质水平 ... 319
第二节 项目成本管理流程和要求 ... 322
一、项目成本管理流程 ... 322
二、项目成本管理过程要求 ... 323
第三节 项目成本管理流程解析 ... 324
一、项目策划阶段的成本管理 ... 324
二、项目实施阶段的成本管理 ... 330
三、项目竣工和撤销阶段的成本管理 ... 339

第十五章 项目合同管理 ... 340
第一节 项目合同管理的地位和作用 ... 340
一、与建设单位合同相关风险的识别和控制 ... 341
二、内部合同风险的识别和控制 ... 343
三、坚持合同优先原则 ... 344
第二节 项目合同管理流程和要求 ... 345
一、项目合同管理流程 ... 345
二、项目合同管理过程要求 ... 346
第三节 项目合同管理流程解析 ... 346
一、项目策划阶段的合同管理 ... 347
二、项目实施阶段的合同管理 ... 350
三、项目检查和改进阶段的合同管理 ... 351

第十六章 项目财务资金管理 ... 353
第一节 项目财务资金管理的地位和作用 ... 353
一、项目财务资金管理基础工作 ... 354
二、会计核算和项目成本核算的关系 ... 355
三、项目财务资金管理确保资金流的保障和控制 ... 358
第二节 项目财务资金管理流程和要求 ... 359
一、项目财务资金管理流程 ... 359
二、项目财务资金管理过程要求 ... 360

　　　　第三节　项目财务资金管理流程解析 360
　　　　　　一、项目策划阶段的财务资金管理 360
　　　　　　二、项目实施阶段的财务资金管理 362
　　　　　　三、项目竣工阶段的财务资金管理 366

第十七章　项目计划统计和核算管理 367
　　　　第一节　项目计划统计和核算管理工作地位和作用 368
　　　　　　一、统计法治化是我国现代化发展的重要标志之一 369
　　　　　　二、统计数据的真实可靠来源于对数据产生过程有效的
　　　　　　　　系统性控制 369
　　　　　　三、施工总承包项目计划统计和核算工作基本内容 371
　　　　第二节　项目计划统计和核算管理流程和要求 373
　　　　　　一、项目计划统计和核算管理流程 373
　　　　　　二、项目计划统计和核算管理过程要求 374
　　　　第三节　项目计划统计和核算管理流程解析 374
　　　　　　一、项目策划阶段的计划统计和核算管理 375
　　　　　　二、项目实施阶段的计划统计和核算管理 378
　　　　　　三、项目检查和改进阶段的计划统计和核算管理 388

第十八章　项目综合事务管理 389
　　　　第一节　项目综合事务管理的地位和作用 389
　　　　　　一、项目文件和记录的管理 389
　　　　　　二、项目管理内外部沟通和交流过程的管理 394
　　　　　　三、项目后勤管理 396
　　　　第二节　项目综合事务管理流程和要求 397
　　　　　　一、项目综合事务管理流程 397
　　　　　　二、项目综合事务管理过程要求 398
　　　　第三节　项目综合事务管理流程解析 398
　　　　　　一、项目目标和会议管理 399
　　　　　　二、项目文件（含记录）管理 402
　　　　　　三、项目后勤管理 403

后记 404

上篇

建筑业现状及其数字化转型战略路径

建筑业是国民经济中专门从事土木工程、房屋建设和设备安装以及工程勘察设计工作的生产部门，但目前建筑业数字化水平较低。建设工程项目是建设工程企业生存和发展的基石，是建筑业所有相关参与主体相互协作的平台和纽带。建设工程项目全生命周期，遵循国家基本建设程序。我国社会主义市场经济改革进入深水区，投融资体制变革带动了建筑业各市场参与主体，在市场定位、内部治理、建设项目管理方面的深刻变革，并仍处于现代化、高质量发展的演化进程中。建设工程企业是行业数字化转型的主体力量，企业在面向数字化转型中，目前的进展状况、影响数字化转型的因素是什么，企业如何把握数字化转型的要求，并找到一条切实可行的数字化转型战略路径，是当前建筑业数字化转型的迫切需求。

第一章 建筑业现状和数字化面临的挑战

2017年12月,麦肯锡全球研究院发布的对世界和中国建筑业数字化研究报告显示,在全球行业数字化指数排行中,建筑业在所有行业中的数字化应用水平仅高于农业,居倒数第二位,中国建筑业是数字化程度最低的行业之一。马克·戴维斯《智能建造应用热点及发展趋势》(《建筑技术》期刊2022年第9期"智能建造"专栏论文)指出:在美国,从1947—2010年,建筑业的整体生产力几乎没有增加,而制造业的生产力却增加了八倍以上。我国建筑业现状如何?建设工程企业的数字化进展到什么状况?什么原因导致建设工程企业数字化滞缓?突破困局的路径在哪里?本章将给予分析和解答。

第一节 市场投融资体制重塑下的建筑市场

一、基本建设程序和建设工程项目管理

基本建设程序几乎可以视为投融资+特许运营模式下,建设工程项目全生命周期的同义词。基本建设是国民经济各部门发展生产为增加固定资产而进行的建筑、购置和安装工作的总称。基本建设程序与基本建设所具有的技术经济特点密切相关,有其客观规律性,是建设领域各部门包括政府管理部门应共同遵守的规则或原则。1978年4月22日,原国家计委、国家建委、财政部联合发布《关于基本建设程序的若干规定》,明确了基本建设程序,自项目建议书至项目运营和后评价全生命周期各阶段的要求。20世纪90年代后期,《建筑法》确立我国"五位一体"建设项目管理体制,建设项目执行基本建设程序的主体责任,一直由政府背景的机构承担。这个时期,"走出去"倡议已经提出,国内使用世行、亚行贷款的建设项目逐步增加,我国建筑业正式开启了与国际惯例接轨步伐。特别是近十年来,对外有"一带一路"倡议带动,国内受基本建设投融资体制改革的影响,我国建筑业以企业作为投资主体,PPP、REITs等投融资项目带动了工程总承包、全过程工程咨询项目实施组织方式大量涌现。基本建设程序成为建设项目投资主体的建设工程企业、项目全生命周期管理的企业内部合规管理的底线要求。工程总承包和全过程工程咨询项目管理模式,成为从事建设项目投融资活动的,建设工程企业当前和未来,市场竞争发展、走向国际、培育和提升企业管理能力的重大课题和挑战。结合天津大学国际工程管理学院张水波,

对2017版菲迪克（FIDIC）系列合同解读，我国当前基本建设程序、投融资（PPP、REITs）项目实施方式（BOT、DBFO）、工程建设项目管理模式（PMC、DB、EPC、DBB）之间的对比关系，如图1-1所示。使读者能从全貌了解项目生命周期、投融资项目实施方式和工程总承包管理模式与基本建设程序的关系。

我国建筑业当前和未来相当长时期内，"五位一体"项目管理体制将难以彻底改变。但以企业为投资主体的建设工程项目，既是国家新时代、高质量发展的政策导向；又是我国建筑业头部企业，竞争和发展的重要领域。建设工程企业的数字化转型，要把握行业和企业未来发展的趋势和方向，科学地制定数字化转型战略，就必须了解我国建筑业自改革开放以来，建筑市场和建设工程企业变革的方向和演化规律。

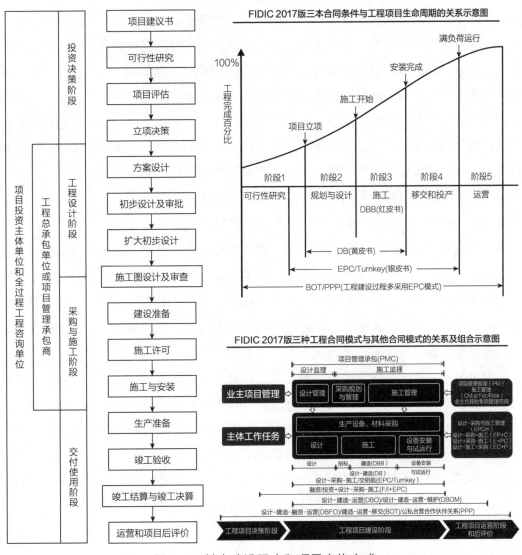

图1-1 基本建设程序和项目实施方式

二、投融资体制改革对建筑市场的系统重塑

如果将基本建设程序各阶段的经济技术水平和管理能力的发展视为生产力，建筑市场各相关主体在建设项目全生命周期的定位和关系，则表现为一种生产关系。生产力决定了生产关系，生产关系反过来影响生产力的发展，这是主导我国建筑业市场化改革方向的政治经济学理论基础。当前，建设工程企业已经成为，建设项目全生命周期，组织和实施的重要市场主体之一。本书建设工程企业，泛指有市场准入或（和）市场信用管理要求的，从事建设工程项目建设、勘察、设计、施工、监理或全过程工程咨询（前期规划、造价、施工图审查、招标投标代理、项目管理）、第三方检测等业务的企业。工程承包是具有施工资质的承包方，通过与工程项目的项目法人（业主）签订承包合同，负责承建工程项目的过程。建筑业企业，是对照我国建设工程相关企业资质管理规定，指"从事土木工程、建筑工程、线路管道设备安装工程的，新建、扩建、改建等施工活动的企业"，包括从事工程承包的设计，或其他获得相应资质、从事工程承包业务的各类国内和境内的外资建设工程企业。施工总承包，是发包人将全部施工任务发包给具有施工承包资质的建设工程企业，由施工总承包企业按照合同的约定向建设单位负责，承包完成施工任务。一般来说，土建施工单位即是法律意义上的施工总承包单位，施工总承包项目的管理全面包括和涵盖了专业承包、劳务分包（未来将向专业作业资质转变）的管理内容和要求。项目干系人（亦称项目相关方），是参与项目工作的个体和组织，或由于项目的实施与项目的成功，其利益会直接或间接地受到正面或负面影响的，内部和外部的个人和组织。各类建设工程企业，是建设工程项目干系人的主要组成部分。在企业作为投资主体的建设项目，其全生命周期几乎涉及了项目干系人的所有方面，其在建设项目中的相互关系，受我国建筑业相关的法律法规和其他要求，以及建设项目相关合同的约束和规范。参照王守清的讲义，融投资建设项目干系人及其相互关系，如图1-2所示。

中国用几十年的时间，走过了西方发达国家几百年的现代化历程。特别是在基本建设投融资体制和建设项目实施组织方式上，我国建筑业在政府主导下，用不到20年的时间，跨过了西方发达国家百余年的探索实践历程，进入与西方并驾齐驱的创新发展阶段。目前，以企业作为投资主体的建设项目管理，是在改革开放以来，伴随着我国市场经济体制的不断发展完善和与国际接轨过程，基本建设领域越来越重视项目投资收益、国土资源利用效率、环境保护和对经济社会的综合影响等因素，经历了基本建设投融资体制、建筑市场管理体制机制、建设项目实施组织方式、项目建设管理模式等相互影响下的深刻演变过程，而逐步确立和形成的；而且，仍处于持续改进和完

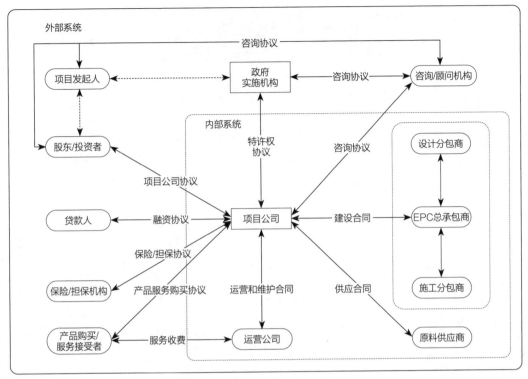

图1-2 投资项目干系人及其相互关系

善之中。这个过程及其对建设工程企业的重塑影响历程，如表1-1所示，从一定程度上揭示了，自改革开放以来，围绕基本建设程序每个阶段的实施主体，及其各环节微观关系进行持续优化，从而达成控制投融资项目风险、提高基本建设项目管理组织效率和效益的演化过程。

表1-1直观地展示了我国从计划经济到市场经济改革和发展过程中，每一次投融资体制改革的发展阶段，对建设工程企业在建设工程项目全生命周期的管理中，从从属到"搭台者"角色和地位的演化过程。世界唯一不变的法则就是变化。正如《质量管理体系 基础和术语》GB/T 19000—2016对"质量管理体系模式"的概括：组织具有与人相同的许多特性，是一个具有生存和学习能力的社会有机体。两者都具有适应的能力，并且由相互作用的系统、过程和活动组成。为了适应变化的环境，均需要具备应变能力，创新实现突破性改进。因此在复杂的组织环境中，其质量管理体系需要具有灵活性和适应性。建设工程企业作为社会经济活动有机体的细胞，和基本建设活动的参与主体，要求其必须建立完善的管理体系，具备对外部市场持续的适应力、应变力。建筑业的数字化转型，给建设工程企业的管理体系构建和运行，提出了更高的要求。

投融资体制改革对建筑市场的系统重塑

表1-1

项目	计划经济阶段	1979—1986年	1987—1992年	1993—2003年	2004—2012年	2013—2023年
投融资体制改革	单一政府投资	基本建设投资试行"拨改贷"	首次发布国家产业政策，调整基本建设投资结构	十四届三中全会提出"国家宏观调控下发挥市场对资源配置的基础性作用"，走出去"倡议被纳入"十五"规划纲要	放宽市场准入，规范了核准制、备案制，落实企业投资决策权	十八届三中全会提出"使市场在资源配置中起决定性作用和更好发挥政府作用"的经济体制改革方向，提出"一带一路"倡议，大量PPP示范项目，推出80个PPP项目涌现和实施
建设管理体制机制改革	政府和企业一体化的计划经济管理体制机制	试行基本建设投资包干制，提出项目法人责任制，尝试工程招标投标制	推行建设监理制和项目业主责任制的投资经营机制	实施投资咨询管理，《合同法》《招标投标法》颁布，确立项目法人责任制、招标投标制、合同管理制、监理制等五项制度为支柱的"五位一体"建设项目管理体制	在"五项"制度和"一体"建设管理体制机制不断完善的同时，部分地区开始尝试企业投资主体核准制参与城市基础设施投资和运营，允许工程总承包模式的项目实施组织方式，但不大	政府开始"放管服"配套改革，为全面确立企业市场主体地位创造条件，推进基础设施和公用事业等领域市场化决定价格机制，提出培育工程总承包和全过程咨询等骨干企业
项目实施组织方式	建设工程项目由政府主导，各项任务由政府各细分行业主管部门分配和管理	鲁布革水电站首次采用国际咨询工程师联合会（FIDIC）合同条件，可按性研究纳入工程建设程序，落实项目建设"先评估、后决策"机制	从试行设计单位工程总承包到工程管理承包允许以设计、勘察、设计、施工、监理开展工程总承包和项目管理	实行以投资咨询为重点的全过程工程咨询和市场准入管理，加入国际惯例接轨的步伐，工程总承包模式的国内外项目主要委托国内企业参与的国内电力、石化、冶金等行业较为广泛地应用	实行投资咨询和全过程工程咨询，2008年开始实施承包和全过程工程咨询的"五位一体"的工程组织实施	PPP模式开始在全国如雨后春笋般涌现，工程总承包和特许经营创造，提出通过基础设施REITs、PPP等七种优化存量资产盘活方式，企业投资主体的BT+EPC、PPP+BT+DBB、PPP+BOT+DBB、TOD、EOD模式实施的项目大量实践
项目建设管理模式	仿苏联以建设单位为主导的"设计院-施工企业实施模式"	原化工部试行以设计单位为主体制、工程总承包制、招标投标制度引入	推广"项目法施工"	"有形建筑市场"、勘察设计三大条例陆续颁布实施，建设、规范项目管理体制机制逐步明确，包括项目管理、设计、审图、招标代理、工程监理、工程咨询均成为工程项目管理的强制要求，以地方政府投融资平台为基础的项目管理模式成为主流	建设工程质量、安全生产、建设工程质量，建设、规范了建设工程、审图、招标代理、工程总承包和全过程工程咨询项目占比大幅度提升，但工程总承包项目管理模式仍占据主导地位	2014年PPP带动下的以建筑企业央企为主力的以EPC、DB、DBB、PMC等工程总承包和全过程工程咨询项目占比大幅度提升，但工程总承包项目管理模式仍占据主导地位
建设工程企业管理	各细分行业政府块分割、"碎片化"，企业垂直管理，完成指令性计划为主	实行"利改税"、经营责任制、厂长经理负责制、"百元产值工资含量包干"，开始实行企业用工制定改革	用工引入农民工、"管理层与劳务层分离"，但企业仍延续原有的系统、局、处、队组织架构	国企完成政企分开并推行公司制改革，"项目法"，施工走向成熟，"两层分离"，"四控制"的项目管理体制机制逐步明确，设计单位的咨询设计服务体系、石化行业的EPC/Turn Key全功能组织的组织架构	"法人管项目"开始实践和全过程工程咨询公司制和全过程咨询建设主体定位和实践	国企央企推进股份制改革上市和完善现代企业制度，头部企业全面预算考核实施，投融资、内部控制、目管理体系得到确立，开始作为投资建设主体的项目管理公司（SPV）进行投、建、融、运一体化业务实践

注：2023年11月8日，在对2013年以来PPP项目存在的风险全面审计评估的基础上，国务院办公厅转发国家发展改革委、财政部《关于规范实施政府和社会资本合作新机制的指导意见》（国办函〔2023〕115号），可以将其视为投融资体制改革的第六次改革，企业治理、项目治理、项目管理将产生深远影响。

三、建设工程企业及其项目管理现状

2022年全国建筑业企业单位数为143621个，近十年行业企业发展马太效应明显，呈现一种强者愈强、弱者愈弱的状态。根据《工程杂谈》微信号文章统计，2023年八大建筑央企新签合同额的全国占比达46.76%，我国建筑市场已进入以八大建筑央企为主的竞争阶段。总结发达国家建筑业发展规律，可以预见，我国未来的建筑市场，将是利用数字化转型时代契机，头部建筑央企或其他相关企业主动承担行业建生态、搭平台的数字化转型发展责任，处于市场全产业链链长、工程总承包市场主导地位；几千家从事相应设计、工程承包或工程咨询业务的建设工程企业利用传统业务优势，在建设工程项目全生命周期某个或某几个特定阶段定位；几万家小微企业从事专业作业或专业工程咨询服务。

在建筑业数字化转型问题上，把近几年在世界500强、全球最大250家国际承包商、美国《工程新闻记录（ENT）》"国际工程设计企业225强"榜单排名靠前，在国内市场准入资质跨四个以上专业细分领域，目前能够"投、融、建、运"四位一体经营的建设工程企业，中国建筑、中国中铁、中国铁建、中国交建、中国电建五家作为主要研究对象。

1. 建筑央企头部企业及其管理状况

2003年国资委成立以来，持续加大国有企业特别是中央企业的改革力度。以《国企改革三年行动方案（2020—2022年）》的全面实施为标志，国有企业产权结构和内部治理体系的改革基本完成。使国有企业特别是中央企业，基本确立了适应市场经济，成为融入市场经济、真正市场化运行的市场主体。处于我国建筑业头部的八大央企，均为国有独资或国资控股上市公司。目前已经基本形成由母公司和多层子公司组成的多层次的国有企业结构，股份公司（上市主体）—一级（局）集团公司子企业—二级子企业—三级、四级子（分）公司。建筑业八大央企，都受国资委作为国有资本出资人进行监管，各央企总部（总公司）都以国有资本出资人代表身份，监管着一组规模、结构和能力，往往相对相似的一级集团子公司。这些集团级子公司有综合工程公司、设计院、监理或全过程工程咨询、工程装备制造或租赁、物流采购、以投资或持有项目运营为主营业务的集团公司等。这些集团级子公司，是中国基本建设领域的主要运营公司，以企业集团（局）的形式组织起来，很大程度上自主经营。建筑央企的每个一级集团子公司，往往还有一套第三层或第四层子公司和分支机构，在集团级子公司作为出资人代表，按照市场化机制逐级监管下，自行开展实际建设工作，并直接竞争项目合同。股份公司通过资源和人员的重新分配，在子公司之间共享技术专长和建设知识,以及通过区域化的市场区域分配,确保这些子公司之间的竞争保持强劲和相对平衡。建筑央企各子企业对其下属子公司,也采取类似股份公司的方式,实施对其逐级调节和监管。

结合作者在两个建筑央企的工作经历、各相关企业门户网站、网上公开资料的分析研究,建筑业八大央企所在细分行业、企业市场优势领域和核心竞争力、企业市场定位和企业文化、母子公司层级关系模式等方面,都存在一定的差异,但综合其战略愿景、组织架构和部门设置,基本情况可以概括为以下几个方面:

(1)各建筑央企在业务范围垂直链条上,都呈现业务涵盖海内外固定资产建设全产业链趋势。其股份公司及所属的局集团公司总部,无论是综合性工程公司,还是设计院,都逐步增设有金融、投资、海外事业、投资运营等部门。建筑央企头部企业目前的业务范围在垂直链条上,基本都贯穿了投融资(或房地产开发)、规划设计、物流采购、装备制造、建设施工和全过程工程咨询、持有运营服务等,建设工程项目全生命周期、全产业链。

(2)各建筑央企集团集约化经营效果逐步显现,在经营范围横向细分领域不断扩展。建筑央企头部企业股份公司总部,一般定位于对接国家战略,对全集团实施战略引领、资源(特别是人力资源和财务资源)调节保障、运营调控和监督、绩效评价和考核。通过强化内部业务协调整合,不断延伸和整合产业链,从依靠"资金、技术、管理"向"战略引领、品牌价值、商业模式"的竞争转变。2014年以来,一大批建筑企业从传统的设计或施工总承包商,向投资商、建造商、运营商"三商合一"转变,企业的商业模式也由过去单一的施工承包,转型"投、融、建、运"四位一体经营。

中国建筑,在房建业务方面,承担了国内90%的300m以上高层建筑施工;最近十多年来,大力推进向公路、市政地铁、高铁站房和机场航站楼、水利水电等领域转型拓展,并取得了明显的进展;其市场规模、品牌影响力和集团一体化集约管理方面,在国内建筑业占据不可撼动的领先地位。中国中铁,参与了国家90%铁路电气化、55%高速铁路、60%城市轨道交通项目的建设;并涉足公路、房建、水利水电、机场、港口、码头等和相关高端装备制造,对基本建设细分领域涉足面最广。中国铁建,参与了国家54%普速铁路、52%高速铁路、40%城市轨道交通线、30%高等级公路项目的建设;并涉足房建、水利水电、风电等和相关高端装备制造,在传统优势细分领域具有很强的竞争力。中国交建,优势业务领域在公路、桥梁、港口、航道和海工装备制造等方面;也涉足房建、铁路、城市轻轨、市政环保、水利水电和机场场站等建设。中国电建,承担了国内大部分大中型水电站建设,水利水电业务占全球50%以上市场份额;也涉足电力、公路、市政、城市轨道交通、房建等领域。

我国建筑业头部企业经营范围均呈现横向渗透和扩展，纵向向全产业链延伸的发展趋势；有利于企业克服各细分领域及项目全生命周期某一阶段带来的，对建设工程项目管理认知方面的"个性化"局限，有利于加快对建设工程项目全生命周期，底层规律的认识和洞察。

（3）建筑央企现代企业制度和法人治理体系日益完善，进入提高发展质量和经营绩效阶段。建筑央企与其他所有制经济类企业作为市场主体，在资本市场都要满足《公司法》和资本市场监管规则；同时建筑央企作为国有企业，在战略规划布局、全面预算、绩效监督与考核、产权管理和统计评价等基础管理方面，同时受国家出资代理人（国资委）的管理，形成党纪、巡视监察、国资监管、社会监督和国企法人治理相融合的机制。法人治理体系是国有企业治理的核心，按照国有企业党委会"把方向、管大局、保落实"，董事会"定战略、做决策、防风险"，经理层"谋经营、强管理、抓落实"的各治理主体功能定位，以企业"三重一大"作为分权线，中央企业已经形成党委（党组）前置研究讨论和董事会决策，经理层决策报告体制。形成以党委（党组）为领导核心、董事会为决策轴心、经理层为指挥中心的各级总部治理体系。建筑央企除了传统"三会"（股东会、董事会、监事会），还有另外"三会"（党委会、工会、职代会）；而且后"三会"，特别是党委会，在发挥着实质性决策作用。股份公司董事会、监事会、经理层岗位成员，属于企业高级管理人员，组成了企业的决策层；决定着企业文化的塑造方向、战略的制定和执行、资源（人力、技术、管理、资金）的组织和分配、组织架构的完善和动态管控、企业运行过程的监控评价与改进。

自2003年以来，在国务院国资委中央企业负责人经营业绩考核推进下，持续完善企业全面预算管理，发挥经营预算、资本预算、薪酬预算、财务预算为一体的预算管理体系，在企业资源优化配置、提高运行效率方面不断强化风险管控的作用。当前，中央企业全面预算考核评价体系，已覆盖各部门、所有控股子公司、分公司及其他所属单位等经营责任中心，以及企业经营者、高级管理人员和普通员工。建筑业头部企业这种战略目标、战略规划与预算、绩效考核和激励，是企业在数字化、智能化转型中，必须规范、遵循和予以IT化赋能的企业最基本，或者称之为最头部的管理及其业务流程架构，并应逐层分解，覆盖到企业集团内各层级经营责任中心企业。

企业数字化IT系统说到底是一个工具，其实质是应用现代信息技术，解决信息的获取、处理、分析应用，以支持企业决策的一种手段。企业决策层组织架构及其决策运行机制，是企业规划和建设数字化IT系统的重要概念和领域之一。

（4）各头部建筑央企内部运营管理体系基本完善，现代化、规范化、标准化管理效能逐步显现。建筑央企各层级总部的职能部门，对上对接和服务于企业决策层，通过企业内部制度建设，贯彻企业决策层的战略意图和要求；对下以制度的贯彻执行为主要抓手，组织、指导、协调、监控企业的日常运营和项目管理，并协助决策层进行绩效考核和评价工作。它们是企业管理的具体策划和执行主体，往往被称为企业的管理层。建筑央企集团及其所属各层级企业或其他管理责任中心，所属的项目管理机构，被视为企业的执行层。

2003年国资委成立以来，中央企业围绕现代企业产权制度改革，通过"整体改制、整体上市"，建立完善公司法人治理结构和现代企业制度。2006年开始推进中央企业风险管理、内部控制、合规管理体系建设；近十多年来，各个中央企业通过梳理整合、外规内化、融合嵌入，风险管理、内部控制、合规管理体系等，已与企业原有管理体系实现了充分融合，大幅度提升了中央企业的内部治理水平、风险防范能力和合规意识水平。企业总体管理能力明显增强，部分国有重点企业管理达到或接近世界一流水平。2023年国资国企改革，开始以"一利五率"经营考核指标体系为导向，进入推进高质量发展的新阶段。

建筑央企管理层聚集了国内建筑业大量的技术、管理方面的专家型人才，是推进建筑业数字化转型的重要高端人才队伍。我国建筑央企头部企业通过建立现代企业制度，完善法人治理结构，提高运营控制水平，已经基本确立了融入和适应市场经济，成为独立规范的市场竞争主体，在我国建筑市场起到了龙头带动作用，且具备了一定的国际竞争力。但是，推进行业的数字化转型，既要有全行业各细分领域、全产业链各个环节，在围绕建设工程项目全生命周期，建设工程企业共同使用、重复使用事项实现统一，并予以标准化；更要求建设工程企业，在企业文化、战略规划、组织优化、流程制度、运营管控，特别是"人"的认知和能力方面，有行业通用的交流和协作通用语言，以构建和培育数字化转型的行业生态。而且，这一事业也与我国现代IT技术的发展和应用状况密切相关。这都说明，建筑业的数字化转型"建生态""搭平台"是一项系统的、长期的、复杂的战略性工程。我国建筑央企头部企业在其中占有先天优势，责无旁贷。

2. 建筑央企头部企业项目管理状况

（1）中国建筑

中国建筑股份有限公司2009年整体上市，中国建筑工程总公司作为中建股份国有控股出资人代表，与中国建筑股份有限公司"一套机构、两块牌子"，建筑央企基本都是类似模式。2002年中国建筑工程总公司孙文杰总经理，在"项目法"管理的基础上，对中建的项目管理创新性地提出原则性的要求——"法人管项目"。其核心是围绕企业层及其项目层之间的关系，以企业是项目履约责任主体，定义企业层与项目组织层间的责权利关系，以此建立和完善一套管控项目的行之有效的管理运行体系。2005年中国建筑工程总公司实施企业标准《工程项目管理规范》，内容覆盖了项目投标、项目设计、项目施工三个阶段，涵盖了项目管理基本原则、企业项目管理体系、项目管理组织机构、管理职责与权限、各个项目管理过程以及项目管理考核与评价、项目管理工具与方法等内容。以"法人管项目"原则，明确了中国建筑的项目管理体系标准，统一项目基础管理模式，强化企业的项目管理策划及资源集中调控，规范企业层面对项目的服务、监督行为，及项目管理基本流程和方法。2009年中国建筑股份公司《项目管理手册》颁布，明确了"11233项目管理思想"，即一个核心，以成本管理为核心；一条主线，以项目生命周期全过程为主线；二层管理，规范企业和项目部两层的管理；三个基本文件，即以《项目策划书》《项目部责任书》《项目部实施计划》为项目管理体系运行基础；三个基本报告，即通过项目部的《项目每日情况报告》《项目部商务月度报告》《项目经理月度报告》，反映项目管理体系运行效果等。并且，该企业每隔两年召开一届"项目管理论坛"，总结和推广全集团范围内项目管理的最佳实践，极大地促进了全集团及其所属企业项目管理的集约化、科学化、规范化、标准化水平的提升，使企业不断巩固和发展，占据着我国建筑业龙头老大的地位。

（2）中国中铁

2014年中国中铁在原有的项目管理制度基础上，颁布实施《中国中铁股份有限公司工程项目精细化管理办法（试行）》，对所属的国内外各类项目，提出"集约化、标准化、精细化、全员、全过程、全覆盖"的工程项目管理原则；明确了项目管理层级化、要素管控集约化、资源配置市场化、产品清单预算化、管理责任矩阵化、成本控制精细化、管理流程标准化、作业队伍组织化、管理报告格式化、经济活动分析制度化、绩效考核科学化、管理手段信息化、团队理念国际化等"13化要求"；以物资集中采购配送、设备集中采购和租赁、劳务分包集中管理、资金集中管理、施工组织设计集中管理、限价集中管理、管理策划集中进行、责任成本集中管控、二次经营集中组织、合同集中管理、业务流程集中制定、督导检查集中进行的"12大集中"；明确了集团股份公司是工程项目管理的指导层，局集团公司是工程项目管理的管控层，局集团再下一级的所属子分公司是工程项目管理的主责层，子分公司下属项目经理部是工程项目管理的执行层，项目使用的劳务企业、架子队、作业层实体是工程项目管理的作业层等的分层管理思路。要求所属的各二级单位制定《项目管理手册》予以细化和实施，提高工程项目精细化管理水平和盈利能力。2022年出台的《中国中铁大商务管理体系建设指导意见》和《中国中铁项目管理效益提升三年行动方案》，是建筑央企中，第一个以股份公司内控制度，提出"大商务"管理体系的创新理论，体现出集团集约化引领，标准化、流程化管理的新格局。

（3）中国铁建

2007年实施的《中国铁建工程项目管理暂行办法》，以铁路、公路、水利、机场、港口、房建、市政工程施工为主，规范国内工程项目施工全过程管理。2008年颁布的《规范和强化工程项目管理流程、要素控制及落实经济责任制的指导意见》内容包括，项目关键岗位人员选拔、岗位责任制和薪酬、考核激励问责、项目上场前决策、图纸审核、施工方案的论证评审、设备选型和监测、劳务选择、重大问题报告、各类经济技术数据复核、施工技术交底、隐蔽检查、责任成本分解控制、逐日材料消耗登记、工程回访等环节；提出各级公司经理、总工参加投标和前期决策过程；明确在项目上场前决策，由各级机关总部负责项目"五清五定"，即清合同签订内容、材料供应方式、业主办理手续、图纸到位、劳务选择意向；定组织机构、施工管理目标、施工工艺及技术方案、周转材料和设备投入、项目部管理重点等，体现出总部引领、集约化、系统化的管理趋势，推进尽早实现全集团项目工程管理流程的复制。该公司还成立了专门从事新建城市轨道交通基础设施运营管理的专业公司。

（4）中国交建

2018年颁布实施的《中国交建施工项目管理手册》，立足于建立科学的项目管理机制，统一"管理度量衡"，提升项目管理标准化、流程化；统一项目管理章法、提高管理规范化程度；统一考核评价标准；建立各管理层级、业务部门数据标准，提高信息化水平；提高集约化程度，实现资源高效共享和规模效应。该"手册"梳理明确了14个项目管理领域、85个业务组件、348个业务活动；明确了覆盖各管理领域的各级流程、工作定义及数据标准，形成项目管理大数据，以期实现项目的规范化、透明化和可追溯的管理目标。完成了，一本策划，即项目策划，包含了管理和工程两方面，作为项目各项管理活动的指导性文件；两条主线，即进度和成本串联项目管理各环节；三项统一，即统一项目管理颗粒度、成本标准、成本评估尺度；四类集中，即物资采购、设备采购、分包管理、资金管理集中；五大关口，即产值工期比、关键时点管控、采购价的控制、采购量的控制、资金支付总价控制；六张表单，即标后预算、计划成本、实际成本、生产月度报表、经营月度报表、内控月度报表等的项目管理方法。并指出，"手册"的规定与其他管理制度协同与融合；质量管理体系、职业健康安全管理体系、环境管理体系，为"手册"的有效运行提供保障。以"手册"为核心，推动项目运营体系升级，实现项目精益管理。

（5）中国电建

2015—2016年，把"施工企业项目管理系统"建设，作为信息化重点工作。抽取中国电建32家施工单位最佳实践案例，归纳形成了项目综合管理、合同管理、成本管理、资金管理、分包管理、进度管理、材料管理、机械管理、质量管理、安全健康环境管理、技术资料管理、报表管理等。12个系统基础模块和9个高级应用模块，实现项目部对工程的进度、质量、安全、成本等内容的一体化管控。该公司本着回归项目管理本源，将项目管理软件的应用、工作分解结构、贯标"三体系"固化到系统，构建出符合中国电建集团管理特色的PRP项目管理信息化-ERP企业管理信息化-GRP总部管控信息化项目管理体系，形成"项目-企业-集团"三层架构，生产运营大数据平台。该平台致力于不断加快工程资产信息化、数字化步伐，创新生产和服务模式，赋能企业提质增效，提高工程建设质量和效率。

第二节 我国建筑业数字化现状及挑战

当前，在建筑业数字化转型领域，数字建造、智能建造、智慧建造、建筑工业化和装配式建筑、城市信息模型（CIM）、数字孪生城市、智慧城市、智慧运维等是热门词汇；还有3D打印建筑实体、BIM技术、AR和VR应用、地理信息模型（GIS）、物联网（IoT）、建筑机器人等，概念和提法很多。美国、欧洲、日本等发达国家和地区，建筑业信息化起步较早，在数据标准、行业规范、基础设施建设等方面，已经取得相当进展。发达国家信息技术，在建筑企业中的应用已经十分普遍，企业资源管理计划（ERP）、客户关系管理系统（CRM）、工程管理信息系统、IC卡技术、GIS等技术，在企业管理、项目施工和建材交易等应用相当普遍。准确理解和把握行业数字化转型概念的本质和内涵，以及我国建筑业数字化现状，对建设工程企业制定数字化转型战略，推进自身数字化转型的战略路径选择，十分重要。

一、"三化"的概念及其关系

《质量管理体系 基础和术语》GB/T 19000—2016给出三个相关概念的定义，分别说明如下：

数据：关于客体的事实。数据可以是文本、数字、图形、图像、声音和视频等格式，对客体的事实进行表现。

信息：有意义的数据。数据必须真实、准确、全面、及时才有价值，才能视为信息。

文件：信息及其载体。文件的形式有外部规范、内部制度文件、图样、报告、标准、记录（记录是一种特殊类型的文件，包括记录的样式以及已形成的记录）等。信息的载体,可以是纸张、磁性的、电子的、光学的计算机盘片、照片或标准样品,或它们的组合。比如,长城上有文字的汉砖,就可以视为一种文件样式。

在上述概念的基础上,重点说明数字化转型过程"三化"的概念、内涵及其相互关系。关于信息化、数字化、智能化,国内外并没有统一的概念。目前能够搜集到的相关定义,都带有较明显的行业、专业或针对数字化转型工作场景的浓厚倾向;而且,存在很多歧义。建设工程企业数字化转型"三化",用通俗的语言描述如下:

1. 信息化

采用计算机、网络和数据库技术建立信息系统,实现从线下向线上的信息记录、流程固化,从而优化工作、提高效率的活动。对于建设工程企业而言,利用现代IT技术,实现从线下到线上化的所有活动,都可以视为信息化。如OA、HR、财务系统、采购系统、知识管理系统、ERP等。

现代信息技术根植于计算机技术,计算机能识别的就是用0和1表示的一系列二进制代码。信息系统的建立和运行,离不开数据库。数据库顾名思义,就是用来存储信息的电子化文件柜,在物理形态上,是放在机架上的一个个服务器盒子。模型是解释过程、架构或现象的一种思考策略,具体表达方式有结构图、层次图、明细表、流程图等及其说明。IT信息系统的建立,首先要搞清楚信息化对象干什么、谁来干、用什么干、怎样记录和监控;并通过建立模型,对信息化对象中,涉及的事物及其关系进行可视化描述,这种模型在IT领域,被称为信息化对象的概念模型。其次,要搞清楚怎么干;把干的步骤,每一个步骤涉及的角色、资源、准则实体化(定义其输入、输出及属性),其中的输入、输出,建立或表达了步骤之间的逻辑关联关系,就是所谓的工作流程;类似这种表达实体之间关系的模型,在IT领域被称为信息化对象的逻辑模型;再次,是按照一定的规则和方法,将逻辑模型中的实体、属性及其关系等内容,如实转换为数据库软件能识别的物理数据实体关系;这样形成的模型,在IT领域被称为信息化对象的物理模型。上述建模过程,一步步把企业实际工作中的概念或业务事项,按照客观世界的实际,定义、分解、归纳、抽象,成为能用数据进行描述的物理模型,实现了对数据在计算机中存储方式的直观描述。使软件工程师,据此应用编程语言开发数据库系统软件;将物理数据实体,转换为计算机能识别的二进制代码及其关系管理方式,实现物理数据库的构建和管理。上述三个步骤中,概念模型和逻辑模型与IT领域基本没有关系,完全取决于企业的管理人员,对现实工作的理解和策划能力;而物理模型的设计,就需要既懂业务又懂IT的综合能力,软件的开发主要由IT专业人员才能完成。

数据是信息的表达方式,信息与组织的活动伴随。人类活动进行的条件(输入),活动涉及的角色和资源,以及活动的结果或证据(输出),这三方面通过建立模型,全部转换成用"数据"进行描述的形式。人类的活动有其客观规律性或者因果关系,这决定了上述"数据"也必然有其内在的逻辑关系或者说结构性。建立模型的过程,就是对这种逻辑关系或者结构性的描述、抽象,一步步将客观世界的活动,转换为使计算机作为一种工具,能够实现管理的形式,这就是信息化的实质。就建设工程企业目前的信息化而言,信息化阶段最值得关注的现象,是对信息化"实体"的粒度没有硬性的要求(实体可能还可以再拆解、细化),如OA系统对管理制度PDF文档的共享;而且,几乎所有企业在信息化阶段,其"数据"在上线前,都始终摆脱不了人工处理的过程或成分。

2. 数字化

相较于信息化阶段,数字化最大的不同在于两个维度,即组织全面的,且所有相关实体及其属性都以最小粒度实现了信息化(二进制代码转换)。所谓的全面也包括两个维度,一是相对于一个组织的边界及其业务范畴而言,必须使其边界以外与组织业务相关的,以及自身业务范畴内所有的人、事、物,以最小粒度予以实体化定义;二是在此基础上,确保组织所有实体及其属性,进行描述的"数据",全面、有组织、结构化地被转换为可以唯一性编码的二进制代码。而不像信息化阶段那样,不同的部门、不同的层级、不同的时期,由不同的主体、采用不同的标准、不同的IT系统,局部、碎片化地进行IT系统的开发和应用。

显而易见,数字化的过程等同全面信息化。对企业而言,数字化转型相较碎片化的信息化过程,要把企业作为一个整体,需要面对和处理的实体数量,会呈十倍、百倍地增加;实体及其属性之间的关系,描述的复杂程度会呈指数级增长。以同样作为非数字原生企业的华为公司为例,其在近20年的信息化过程中,形成的仅主业务流程信息化系统中,不同时期、不同主体、不同标准开发的IT系统,有几千个模块;由于实体粒度不一致、数据语言不统一,不同系统中的同一个数据不一致等,形成了几百万张实体物理表、几千万个属性字段。华为在2016年至2021年,推进数字化转型,完成构建的、全公司统一使用的数字化实体为2.2万个,业务属性为50多万个;而华为自评价"2021年华为数据治理才刚刚及格"。

华为数字化转型带来的启示,从信息化到数字化,是一个整合过程。一个统一数据标准,对企业全部数据,进行一体化的结构化描述的过程。一个对企业的活动,从碎片化到整体化,从项目到总部,从段到段业务到端到端业务,从部门到企业所有活动,一张网的构织过程。假设以零信息化基础,起步进行数字化的企业而言,这就意味着对企业从整体上的全面认识和梳理;并通过从上而下的逐层建模,按照人类活动客观规律，将企业所有相关的人、事、物及其逻辑关系，通过建模系统地、可控地转换为用结构化"数据"描述的物理模型，并以IT软件的方式转换为计算机能识别的二进制代码。这样全面的顶层设计，在IT领域就是构建企业的数字化蓝图，包括企业的业务架构（对企业如何实现战略和目标的结构化描述），信息架构（对企业活动所需的各类信息及其关系的结构化描述），应用架构（对企业数字化转型所需的IT系统及其关系进行识别和定义），技术架构（对企业数字化需获得的数字技术和基础设施资源的规划等）。所谓的企业数字化转型，就是在这种完整架构控制下，企业不同层级、不同部门、总部和项目之间，以降本增效为导向，按照轻重缓急，分领域、分概念、分流程地进行建模，开发相应的IT系统，最后形成覆盖企业全部活动的数字化IT平台，实现数字世界对现实世界，数字化映射的虚拟空间的建设。

上述数字化所要求的，企业所有活动的一体化联结和协同运作要求。换句话说，是与企业发展战略对应的企业综合管理体系的构建；是企业管理体系控制下，面向市场和客户的价值流的流程化建模；是跨部门、跨层级流程的整合、集成，即企业的主营业务过程与部门管理流程的立体网络化。这必然涉及企业管理体系、运营机制根本性的变革。

3. 智能化

组织的决策要求高度综合聚集、及时、完整和准确的数据，碎片化的信息化阶段，无法支撑以数为据的决策。正如马云所言："IT（信息）时代是一切业务数据化，DT（数字）时代是一切数据业务化"。智能化是在数字化转型实现以后，完整数据资产支撑下的机器智能。利用计算机IT网络平台强大的逻辑运算能力，信息经归纳、演绎、比较后，沉淀形成的有价值部分称为知识；基于知识，对现实问题的信息进行分析、对比、演绎，形成解决方案的挖掘能力称为智慧；从感觉到记忆，再到思维的过程称为"智慧"，智慧的结果产生了行为和语言，将行为和语言的表达过程称为"能力"，两者合称"智能"。全面信息化过程，即推进组织数字化IT平台的构建，是智能化从人工、自动到自主的过程。

由此可见，信息化、数字化和智能化的核心内涵，就向0和1二级制代码转换而言，没有本质的区别；"三化"只是针对组织数字化过程的不同业态、不同阶段，进行描述的场景性很强的用词。本书把建筑业数字化转型推进过程的活动，针对不同场景，用信息化、全面信息化、数字化进行表述。

二、我国建筑业数字化转型现状及展望

我国建设工程项目干系人如图1-2所示，是由各相关市场参与主体，围绕基本建

设程序（建设项目全生命周期）有机组成的。就具体的建设工程项目而言，其全生命周期监管和执行主体如表1-2所示。我们对其中各相关主体信息化情况分别进行论述，描绘整个建筑业信息化总体状况，最终落实到以"建筑产业互联网平台"为代表的，行业数字化转型未来的全景展望。

我国建筑业数字化转型全景　　　　　　　　　　　　表1-2

市场主体		基本建设程序						运营和后评价
		项目建议书	可研报告（投融资）	招标投标	设计	施工	竣工验收和交付	
政府监管与服务部门	国家信息中心	全国投资项目在线监管平台、"信用中国"网站						
		全国公共资源交易平台：地方政府、企业、第三方代理电子化招标投标平台						
	住房和城乡建设部			全国建筑市场监管公共服务平台				
	县级以上政府			安全质量数字化监管平台				
投资主体	建筑产业互联网平台	政府投资、专项债、PPP、REITs等投融资决策		"两评一案"	代建制、BOT、BOOT			项目绩效评价
建设单位			SPV、PMC	施工许可	平行发包（DBB）、DB、EPC			各市场主体（含地方政府）信用绩效
设计单位					初步设计、施工图设计（CAD、BIM）	设计施工配合		
咨询单位		全过程工程咨询（审图、造价、招标投标代理、项目报建）						
监理单位						三控两管一协调		
施工单位						施工总承包项目管理	实体资产和资料	
运营单位							提前介入准备	运营维护
城市政府管理部门		CIM、GIS、BIM、AI、城市物联网（IoT）						

1. 政府层面的信息化

各级政府是建筑市场规则的制定者和市场运行过程的服务监督者。党的十八大以来，标准化被视为推进国家治理体系和治理能力现代化的基础性、引领性工作，以《标准化法》修订为牵引，我国已经基本完成与国际全面接轨、迈入世界标准强国。新型标准体系的建设，"全国合同示范文本库平台""全国标准信息公共服务平台""工程建设标准化信息网"，提供了便捷地查询和获取相关标准的信息化渠道。贯彻党的十九届四中全会"以信息化推动国家治理体系和治理能力现代化"精神，政府层面大力破解"放管服"改革中、"互联网+政务服务"中,"各自为政、条块分割、烟囱林立、信息孤岛"等制约,以国家政务服务平台为枢纽,全国一体化政务服务平台,成为实现全国"一网通办"重要支撑。据联合国经济和社会事务部(UN DESA)发布的《2020联合国电子政务调查报告》显示,我国电子政务发展指数取得历史新高,达到电子政务发展"非常高"的水平。

在建设工程领域,目前"全国投资项目在线审批监管平台""全国公共资源交易平台""全国建筑市场监管公共服务平台(四库一平台)""信用中国"网站等,实现了投资项目立项、开工建设、建设进度、竣工基本信息、社会资本方履约能力全过程动态监管;基本实现了建设招标投标市场信息一体共享以及全流程电子化交易,网上不见面开标、异地评标;企业资质、个人资质申报注册和监管,新开工项目的报建、施工图审查、招标投标备案、合同备案,以及施工许可申办、建筑工人实名制管理、质量安全报监、竣工验收备案等,均实现网上办理。政府不断推进"一张网",统筹全国政府和社会资本投资项目全生命周期监督管理,已基本覆盖到县(区);覆盖地方政府、社会资本、建设设计施工监理单位、咨询和检测机构等第三方主体的信息化市场诚信监督体系建设已初步形成。建筑业相关的各级政府,电子政务"一网通办"不断全面加速,大幅度提高了行政许可和政务服务水平,使企业和职工群众在线办事获得感明显提升。

2. 建设工程企业的信息化

建设工程项目是建设工程企业的核心业务,项目管理的信息化,是建设工程企业信息化水平的集中反映。无论建设工程企业的业务范围,是覆盖基本建设程序全产业链、全生命周期;还是定位于基本建设程序中,项目规划立项咨询、勘察设计、施工、监理(PMC或全过程工程咨询)、项目特许运营等,某一个或几个阶段。按照"市场在资源配置中起决定性作用"和"两个坚定不移"改革方向,企业作为建设项目投资主体的地位和作用越来越凸显和巩固,政府投资往往作为资本金投资杠杆。企业通过PPP、REITs等模式投资的建设项目,一般由企业或者SPV合资公司作为项目投资主体,并由投资主体通过项目管理委托合同(PMC)、代建制或者直接履行(平行发包)建设单位职责。这类以企业为主体的融投资项目,是本书论述建设项目管理的主要视角,可以统筹考虑和涵盖对各类建设工程企业的要求。

(1)建设单位的信息化。建设单位的数字化转型,须打通建设项目投资、建设、运营全产业链,项目规划立项、项目投融资、勘察设计、施工、监理、设备材料采购供应、第三方咨询、产业工人实名制、第三方检测监测、竣工档案管理和特许运营管理等单位,基于建设工程项目"数出一源、多方共享、系统协同",来构建支持建设项目全生命周期，数字化管理的数据集成共享和相互协同管理体系，并实现与建筑市场政府监管系统的信息链接和共享。我们把对应于这种，项目全生命周期、全产业链建设管理过程的数字化IT平台，称为"建筑产业互联网平台"。

自2014年以来，随着剥离地方融资平台公司政府融资职能，PPP项目的大量实施，建设单位数字化转型的主体，实质只有我国建筑业处于头部地位的建筑央企可以承担。据李启明教授发布，江苏省住建厅与东南大学"江苏智能建造体系及实施路径研究（2020—2022）"课题成果，其对"建筑产业互联网平台"的定义是：通过综合应用云计算、大数据、物联网、BIM、人工智能等新一代信息技术，以服务建筑工程项目生产、管理、监管为主，覆盖建筑业若干行业或全产业链，促进建筑业各垂直产业领域内，人、事、物，以及垂直产业间、企业间、企业与用户间，互联互通、线上线下，融资源与要素协同的一种新型的建筑产业发展平台；课题组认为，建筑业各类企业数字化，首先要把项目的问题解决好，否则企业层面难度很大。

建设单位信息化管理实践，如"万达筑云智能建造系统"平台，利用BIM模型对项目产品特性和功能特性的数字化表达功能，只要是万达项目，业主、设计、施工、监理四方均纳入平台管理。实现四方在深化设计、工程造价、预制加工、工期进度、预算与成本、工程质量与安全、竣工验收方面，信息共享和工作协同。再比如广联达提出的建筑业实现项目全生命周期产业链，基于业务逻辑的协同合作，集成和系统性企业数字化架构模型等。这些政府、民营企业或IT公司的行业信息化、数字化转型创新和应用实践，无疑给建筑业数字化转型在应用场景、应用技术、数字化架构模型等方面，积累了良好实践，并提供了宝贵的借鉴。但是，上述所谓的建设单位信息化案例，对处于建设工程项目纽带地位的，施工总承包环节的业务流程及其项目管理的信息化，均处于"黑匣子"式的认知阶段。

上述情况说明，建筑产业互联网目前仍处于概念探索、研究阶段。建设工程项目全生命周期的管理，作为一种业务模式，其数字化还缺乏基础管理层面认知和管理体系方面的基础。

（2）建筑业勘察、设计、施工、监理企业的信息化状况。每个身处建设工程企业的工程人，对本企业的信息化状况，都会有具体的认识和感受。我们采用概括或列举的方式，分别予以说明。

①工程建设行业设计信息化，主要起自于以技术工具软件为主的技术路线。目前，我国设计行业，二维（CAD）软件为技术依托的生产组织方式和管理体系已比较成熟，二维（CAD）技术的普及从真正意义上实现了工程建设行业信息化的第一次飞跃。近10年来，三维（BIM）技术推广普及，已成为今天企业信息化的基本内容。

当前，BIM技术与GIS、无人机倾斜摄影、三维扫描等IT技术对接，初步形成了以BIM技术为核心的信息化新技术路线。但是，BIM技术在建筑行业的应用，仍处于初级阶段。正如马智亮教授在2023年4月"第十七届工程建设行业信息化发展大会"所言，CAD技术在我国设计领域的普及应用，花了几乎20年的时间；BIM技术比CAD技术更加复杂，它的普及即使再花上20年也不为过。再经过20年，BIM技术会成为建设行业的重要基石。

②工程咨询和监理信息化。中国国际工程咨询有限公司研发构建"双智能一中心"，即智能推荐服务客户的项目经理、智能推荐服务项目经理的行业专家、进行知识积累沉淀的知识中心的信息化管理平台，探索利用知识图谱和人工智能技术，构建具有中咨特色的智慧咨询平台和知识中心。广州轨道交通建设监理有限公司介绍，自2013年开始，该公司研发和部署了ERP监理业务生产管理系统，目前相关系统已涵盖了地铁建设和运营过程几乎所有监理业务，逐步实现了生产的信息化管理。2022年9月26日，中国建设监理协会《监理工作信息化管理标准》课题验收会，在西安圆满完成。中国建设监理协会会长王早生强调，监理单位逐步从人工旁站向视频监控过渡，人工巡查向无人机巡航过渡，平行检验向智能检测过渡，力争监理现场的三控两管工作逐步以设备为主，解放生产力。可见，工程咨询企业的信息化聚焦在知识管理；监理单位的信息化，整体尚处于起步阶段。都没有上升到核心业务过程的信息化。

③综合性工程公司的信息化。建筑央企头部企业业务覆盖建筑业全产业链，在作者看来其信息化覆盖范围最广、业务渗透程度最深。建筑央企头部企业集团及其各层级企业总部几乎所有核心部门，都实现了部门级的信息化应用。一些企业，除核心职能和项目管理信息化系统外，还逐步向智慧党建、移动终端智能报销、薪酬管理平台等环节延伸。部分企业正在运行的信息管理系统，高达上百个，其系统集成的内在需求以及在集成方面的研究和实践也最多。比如"中国中铁项目成本管理信息系统V2.0"，是作者目前看到的，对施工总承包项目管理，在内部层级企业之间、相关业务部门之间、总部和项目之间，流程集成度最高的应用系统之一。再比如，中建三局一公司"流程化信息系统"2012年被纳入"十一五国家科技支撑计划"项目子课题"建筑施工企业管理信息化关键技术研究与应用"并通过验收。2019年中建八局一公司运行的"现场+综合管理系统"，包含17个模块，其中检查考核、知识管理、绩效管理三个为综合类应用模块，营销、商务、施工技术、安全、分包、物资、合约、财务、行政、人力、党群、审计等14个为业务管理模块，覆盖了项目全生命周期。

鲁贵卿认为，目前整个工程建设行业的信息化水平还不高，个体差异还比较大。少数优秀企业已经基本实现了企业级信息集成应用；也还有一些企业仍处在岗位级工具性应用水平；大多数企业则处在部门级应用水平。上述观点，与行业相关数字化转型研究报告的评价相吻合。作者近十余年，一直在项目管理的一线。从参与三个PPP项目的投融资建造、全生命周期的现场建设和运营管理，及几十家企业信息化建设方面的实际感受来看，我国建设工程企业总体仍处于碎片化的信息化技术应用阶段，尚未开启数字化转型的进程，其显著的特征是鲜有企业开始形成有价值的数字资产。

3. 城市信息模型（CIM）

CIM概念源起于2010年，上海世博会的世博园区智能模型（Campus Intelligent Model）。随着建筑行业信息化，对建筑信息模型（BIM）、地理信息系统（GIS）与物联网（IoT）技术的广泛应用，构建与之相关联的城市信息模型（CIM），成为社会各界多个领域的技术共识。广联达刘谦认为，未来CIM将使我国建筑业从"小建筑业"到"大建筑业"。建筑业在CIM平台上，更有利于建筑全产业链的运行。从城市规划、工程设计、基础设施工程建设、设施设备运营，到城市开发的运营商、城市数字化开发商，都能够借助CIM平台，实现城市规划、建设、运营的一体化发展，实现集约化、绿色化、低碳化、智能化发展。

在上述建筑业数字化转型全景图中，BIM在建设工程项目各阶段、建设工程项目各参与主体之间，以其强大的数字化资源承载、表达、共享能力，将起到无可替代的，建设工程项目产品和相关过程信息共享的载体和纽带作用。

三、企业数字化转型必须跨越管理集成化阶段

360百科对"集成"一词的解释，总体，尤指知识的或证据的；出自清朝蒋廷锡《告竣恭进表》"惟图书之钜册，为圣祖所集成"。显而易见，集成成册的书籍，其各部分关于概念、角色的定义，通篇必须一致，并保持符合客观实际的角色关系，才能确保可读性。作者对"集成"的理解来自工作实践。1990年入职从事工程测量，路基土方和支挡结构施工现场，频繁地出现放样控制点的木桩被破坏，影响现场施工控制和作业的连续性。在作者任技术部门负责人后，一是指导测量班优化放样桩点设置位置和方法，二是要求现场作业队伍，必须有明确的责任人，负责按样施工和桩点保护，比较好地解决了这种困扰。后来从事项目现场施工安全、质量管理工作，逐步意识到需要从项目人、机、料、法、环多个方面，采取系统综合的措施，才能避免安全、质量事故的发生。到了项目经理岗位，意识到项目目标的实现，必须基于项目部一定的组织结构、遵循一定的工作流程，将跨部门、跨层级的管理人员、作业人员，组织到一定的规则之下。后来的管理理论学习和工作实践，逐步理解到"集成"是一种管理思想。而国际标准化组织（ISO）的管理体系系列标准，正是指导组织管理集

成化的思想理论和方法论工具。

信息化、数字化领域，由于以计算机为代表的现代IT技术从无到有、从单机到网络等技术的发展历程，以及人类对其应用价值的认知和开发过程，所必然经历的规律性。企业信息技术应用，经历了岗位级、部门级、流程级、企业级、产业链级的客观历程，由此产生了"数据孤岛"概念。1996年国外提出集成的概念，是把不同来源、格式、特点性质的数据，在逻辑上或物理上有机地集中，为企业提供全面的数据共享。并在数据库系统技术的基础上，发展出数据仓库、数据湖技术系统，支持对信息化阶段，碎片化IT系统数据的汇聚、共享和应用。可见，管理学上的"集成"，与IT领域的"集成"，在概念产生及其内涵上有本质的不同。在国内外现行的无论是管理成熟度评价标准，还是数字化转型成熟度评价标准中，都把"过程管理"或"流程精益"作为核心的考核评价指标。企业数字化转型，管理"集成"本身具有目标导向、活动体系化、数据结构化特质，管理集成是数字化IT平台实现的基础和前提。就上述两种出处的"集成"概念而言，前者是"道"，后者是"器"。没有"道"，"器"将无所附焉。

据国内外相关智库研究报告，全球建筑业的数字化水平，处于社会经济各领域的最末位。建筑业产品的一次性、露天野外作业、低机械化率、劳动密集型等产业特征，决定了建筑业的数字化转型，较其他领域更复杂、更困难。我国建设工程企业面向数字化转型，将首先要经历在基础管理方面，向流程化、集成化变革提升的巨大困难和挑战。

建筑央企头部企业须发挥行业数字化转型的龙头标杆作用，以项目集成交付思想，加快企业工程总承包管理体系和项目管理能力的培育。2020年8月国家多部委提出，"引导骨干企业提高项目管理、技术创新和资源配置能力，培育具有综合管理能力的工程总承包企业。"集成产品研发（IPD）概念20世纪90年代源于美国IBM，华为自1998年在国内首家启动以IPD为核心的管理体系变革，和后续开展的集成供应链、集成财经组成的三大核心价值链打造，为2016年启动的数字化转型，提供了扎实的基础管理保证。IPD模式在建筑业称为集成项目交付。

以PPP项目为例，PPP项目全生命周期的管理，需要法律、经济、金融、财务、管理、工程等知识综合运用。需要承担PPP项目的企业，充分考虑项目干系人的利益和诉求，用共同的目标、价值观（相当于人体的大脑），将项目规划咨询、融投资、招标投标、勘察设计、施工、验收交付、特许运营等各阶段，跨越行业各细分领域条块分割、标准碎片化管理现状，用一套项目全生命周期系统性的流程，形成面向顾客的端到端的项目管理流程（相当于人体的脊柱）；每一个参与其中的企业或其管理责任中心，其总部日常的运营管理体系，还要基于共同的语言、共同标准，打通企业内部各利益主体，各自为政、部门墙、信息割据藩篱，建立起与工程总承包项目管理流程进行联接或整合的流程（相当于人体与脊柱相连的肋骨）。只有这样，才能搭建起工程总承包项目管理体系的"骨架"，将项目相关的各类人、事、物，纳入项目目标（大脑）的统筹协调和指挥之下。这就是所谓的，基于IPD集成项目交付思想的项目管理体系架构。

华为的IPD变革，持续近20年，IBM咨询费超300亿元，IPD在华为已经成为一个庞大的方法论、工具、流程和管理体系的集合。这是我国建筑业数字化转型，面临的行业挑战。需要从行业层面，解决各细分领域共同的和重复使用事项统一的标准化问题；需要企业，从商业模式、企业治理、项目治理、项目管理体系上，做出根本性的系统变革。

建设工程企业基础管理的流程化、流程集成化，是推进数字化转型的前提和基础。实施标准化战略，将流程化和流程的集成网络化，作为建设工程企业管理体系标准化目标，为制定企业数字化架构蓝图，提供可行的条件。数字化架构蓝图中的业务架构、信息架构，取决于企业管理体系的成熟度，决定了企业数字化转型的成败或难易程度。

管理从古至今有其底层管理逻辑在，不同的行业、不同的生产和管理类型，行业生产和管理特性，约束了其数字化架构蓝图的方向。建设工程企业处于国家相同的法律法规和其他要求的约束之下，现代企业治理体系和治理结构有其基于市场经济和现代企业管理理论和方法论的规律性。各类建设工程企业，在未来的数字化场景下，将基于建筑产业互联网，围绕建设工程项目进行信息交互和协作。这要求建设工程企业的业务架构、信息架构的设计，既要具备行业各相关方共同使用和重复使用事项的统一一致性、标准化，作为数字化转型的行业生态条件；更要求企业的管理体系，按照现代企业管理理论和方法论，在达到适应数字化转型要求的前提下，予以标准化，建立和形成企业标准体系。数字化转型的行业生态，和企业数字化转型的顶层设计，都要以标准化为前提和基础。

一流企业做标准，二流企业做品牌，三流企业做产品。华为通过标准化战略，使其在数字化转型顶层设计上，处于不受世界通信行业标准羁绊的引领地位。目前，我国一些建设工程企业，都出台了自己的数字化转型架构蓝图。没有上述行业"生态"的培育和形成，这些企业的架构蓝图有可能就是"两张皮"。其数字化转型将很难行稳致远，甚至有可能面临未来推倒重来的后果。2022年11月5日，在国务院国资委指导下，由中国五矿、中国建筑、中国中铁、中国铁建、中国交建、中国电建等10家央企，共同发起成立"中央建筑企业数字化转型协同创新平台"，作为依法开展建筑产业数字化转型协同创新生态建设、行业性、非营利性组织，有望为全行业的数字化转型生态的培育和营造，提供工作平台。

"一把手"亲力亲为，顶层设计，长期战略，力出一孔，扎实推进企业管理体系整体的流程化、流程立体网络化。《华为数据之道》认为，流程的本质是要解决"正确地做事"的问题，即谁在做事？怎么做事？做事的效率如何？华为管理体系流程化，始于集成产品研发（IPD）、集成供应链、集成财经三大核心业务流程的构建，以及向部门和作业流程的分层解耦设计，流程分类—流程组—流程—子流程—活动—任务。流程中的业务活动（实体）有特定的输入、输出，就是通常意义上的"表、证、单、书"，即我们在前文中所谓的"文件（含记录）"。把活动从流程中解耦，然后将活动的要素，包括输入、输出、角色、业务规则等进行定义，就使其结构化。流程对于计算机而言，其实质是一种以关系代数理论为基础的，计算机算法数学工具。因此，信息化、数字化始于流程，终于流程。可见，流程是对组织岗位、人员、物料、规则和标准的整合，从管理学的角度讲，流程的构建，始于"集成"。建设工程企业管理的"集成"，是数字化转型的起点。从上一节所论述的五家建筑央企头部企业，项目管理手册或制度来看，没有一家企业实现部门级或项目级工作的端到端流程化建模，更遑论其核心业务流程化。

综上所述，我们可以得出以下两个论断：

（1）建设工程企业的数字化转型，欲在目前碎片式信息化的基础上，通过砸钱上IT系统，来推进系统"集成"，所实现的数字化，是伪命题，难行通，走不远。

（2）建设工程企业的数字化转型，必须先着眼于企业基础管理，以现代管理理论和方法论为指导，充分借鉴西方发达国家已有的成功经验，先改造和提升企业管理成熟度水平，使其适应数字化转型的要求。将数字化转型战略与企业发展战略相匹配，基于顶层设计下，管理标准化和全面信息化"两化"融合，才是可行的数字化转型战略路径。

后面的章节，我们先对现代企业管理理论和方法论、西方发达国家项目管理最佳实践总结成果进行论述，在管理思想和方法论上"授之以渔"；再结合建设工程企业实际，论述如何提升企业的管理成熟度水平；并在本书中篇，提出建设工程企业的业务架构和信息架构，重点解析施工总承包项目集成化管理的流程体系，在企业数字化转型建模上"授之以鱼"，为全行业企业数字化转型明道授器。

第三节 管理集成化的指导理论和方法论

合规是现代企业经营和发展的基本要求。对于建设工程企业而言，满足外部法律法规和其他要求，及建设工程项目合同的要求，是合规的底线。建设工程企业合规管理的外部要求，作者在《铁路施工企业项目标准化管理实务》（中国铁道出版社，2009）一书中有详尽的论述。管理体系方法提供了管理"集成"的思想理论和实践路径，国际项目管理标准和知识体系，为建设工程企业提供了项目最佳实践和技术工具、方法。

一、建设工程企业相关的现代管理理论体系

中国特色企业管理理论尚处于发展初级阶段。目前，我国企业管理仍以借鉴西方管理理论和方法论为主。作者接触到的国内管理学理论和方法论，有张兴让的"满负荷工作法"、刘光起的"A管理"、柳传志的管理三要素"定战略、搭班子、带队伍"、任正非的"华为的红旗到底能打多久"等。早在100多年前，梁漱溟、季羡林就曾断言："人类最近的未来，是中国文化的复兴""只有中国文化、东方文化可以拯救世界"。中西方管理学的差异，集中在管理对"人"的不同诠释和激励、组织的设计、管理文化本质上的差异等。"海纳百川、兼容并蓄"是博大精深中国传统文化的精髓，"和为贵""中庸""德治"等传统思想，在管理中对于"人"的诠释，恰恰是东方管理的优势。2023年，张瑞敏以其融合东西方管理哲学，开创"人单合一"管理模式，获颁世界管理思想家名人堂"终身成就奖"。这些，都充分说明中国式管理的优势和价值，反映出中国特色企业管理理论未来发展的前景和希望。目前，中国还没有出现具有影响或重塑现代管理理论体系的创新性成果。自泰勒创立科学管理理论以来，现代管理理论是以西方学者为代表建立的管理学体系，其体系化、流程化、以数为据的管理方式，与以计算机为代表的现代IT技术应用特性相契合。我国建设工程企业数字化转型，提升管理成熟度过程中，必须发挥中国特色文化的同时，首先应以贯彻和借鉴西方现代管理理论体系为立足点和出发点。

1. 管理体系方法论

现代企业管理理论，起源于机器工业推动的社会化大生产和社会分工。20世纪初，泰勒提出基于协作和标准化思想的科学管理。法约尔和孔茨的管理组织和过程学说、梅奥的霍桑试验形成的行为科学学派等，信息论、系统论和控制论的诞生，被誉为现代管理学之父彼得·德鲁克的管理理论。20世纪80年代日本的全面质量管理和企业文化方面的成功实践，90年代美国的学习型组织和流程再造理论等，以及西方

发达国家对计算机网络技术在企业、项目管理方面的应用实践成果，这些现代管理思想、理论、方法以及成功实践，自20世纪90年代开始，被国际标准化组织（ISO）系统总结，浓缩应用到ISO 9000族质量管理体系系列标准中，并逐步催生出ISO环境管理体系、ISO职业健康安全管理体系、ISO合规管理体系、ISO供应链安全管理体系等，与建设工程企业相关的标准。上述"标准"在历次更新颁布的版本中，都能让人强烈地感受到，对现代管理理论和方法论，集大成地凝练和总结应用，并不断走向成熟。

2012年，ISO制定了管理体系标准的标准结构和格式模板，即"标准的标准"。被称为管理体系标准的高层次结构，并期望这种架构至少可以延续25年不变。ISO声明管理体系标准高层次结构的理论基础：不同领域的管理体系标准虽然管理的对象有所不同，但其管理的原理和基本要求是相同的；高层次结构具有相同的标准架构和条款标题、相同的通用术语和核心定义、相同的标准核心条款、相同条款核心文本的特点；所以高层次结构可以提高相关方之间的沟通效率、帮助组织实现其预期目标、提高管理体系运行的兼容性、鼓励管理体系标准的创新、鼓励全球贸易自由。高层次结构所凝聚的核心现代管理思想、理论和方法论，概括起来，可以称之为管理的系统方法或者管理体系方法论。"管理体系方法论"能从组织"机体"结构和运行规律上，实现对企业及（或）项目的管理体系进行全面的理解、审视和持续适应性改进。其中最重要的管理理念、方法论，有组织的环境、系统化管理、目标管理、过程方法、基于风险的思维、PDCA模式和持续改进等。

2. 项目管理标准和知识体系

项目管理是现代管理科学中相对完整的一个重要分支学科，是第二次世界大战后期发展起来的重大新管理技术之一。项目管理（Project Management，简称PM）是美国最早的曼哈顿计划开始的名称，后由华罗庚教授20世纪50年代引进中国，由于历史原因叫统筹法和优选法。有代表性的项目管理技术，比如20世纪50年代后期的关键路径法（CPM）和计划评审技术（PERT），到甘特图（Gantt Chart）的提出，都带有明显的过程流和结构化特征。20世纪60年代，因为项目管理在美国阿波罗登月项目中取得巨大成功，由此风靡全球。国际上逐步形成以欧洲的国际项目管理协会（IPMA）和以美国项目管理协会（PMI）两大项目管理研究体系，分别将其研究成果以《受控环境下的项目管理方法体系》（PRINCE2）、《项目管理知识体系（PMBOK体系）指南》向全球颁布。目前，项目管理领域普遍应用的，如项目范围、干系人、层级图（含工作分解结构，WBS）、关键路径法（CPM）、流程图、赢得值原理、质量成本、基于霍桑效应的测量陷阱、责任分配矩阵（RAM）、信息流和价值交付系统、可视化数据和信息等术语、过程、工具和方法，均出自其中。

2007年开始，ISO开始关注项目管理领域。在2012年开始，基于多个国际主流的项目管理知识体系指南，总结提炼"被公认为多数时候适用于多数项目的良好实践"，陆续发布了以《项目管理指南》ISO 21500：2012为始端的一系列项目管理标准。《项目管理指南》从ISO对"管理体系方法论"的水准，采用"管理体系模式"和国际通用的项目语言，描述项目的管理体系。该"标准"，按照项目管理的5个过程组和10个主题组（即项目管理的十大要件），采用过程方法，着重描述了十大要件的输入和输出的架构性内容；并按照十大要件，在以5个过程组为代表的项目全生命周期，不同阶段应用的相互关联、相互作用关系，识别和描述了通过过程的输入、输出，而建立起的39个项目管理流程。充分体现了"管理体系方法论"在项目管理领域应用的创新成果，使得项目管理所使用的过程、过程的输入和输出、过程通过输入和输出，实现适当匹配并连接，最终形成特定的流程化的过程相互作用的关联关系。一下子使管理体系系列标准所承载的现代管理理论和方法论，与项目型组织即"项目经理在安排工作优先顺序和指导项目团队成员工作方面具有完全权威的组织结构"的企业之间，从管理内容架构和语言范式上大幅度地贴近。从而实现了"管理体系方法论"，对项目管理体系这一类似于人体的社会有机体，所客观存在的系统性、对外部变化反馈的自适应性等规律，进行挖掘呈现和直观可视化描述。一方面，ISO 21500为跨国公司提供了协调不同的项目管理过程的标准；另一方面，ISO鼓励各会员国家标准机构、特定行业和国际项目管理协会（IPMA）在其标准中，采用ISO 21500的术语、概念架构和过程，从而在全球范围内协调项目管理。上述ISO项目管理标准和PMBOK、PRINCE2，是与建设工程企业相关的三大国际领先标准。

我国《标准化法》推动全社会运用标准化方式组织生产、经营、管理和服务，发挥标准对促进转型升级、引领创新驱动的支撑作用。现行企业标准体系列标准，包括：《企业标准体系要求》GB/T 15496、《企业标准体系 产品实现》GB/T 15497、《企业标准体系 基础保障》GB/T 15498、《企业标准体系表编制指南》GB/T 13017等。在企业标准化战略中，指导、支持企业建立和完善企业的标准体系。

二、"管理体系方法论"的核心地位

1."管理体系方法论"在我国企业的现状

企业客观上只有一个综合管理体系。而国际国内现行的管理体系标准，所承载的"管理体系方法论"，具有对任何类型、行业、规模组织的广泛适用性，是引领、指导、服务和规范组织经营活动，一种程序化、集成化、标准化，现代管理思想和方法论。我国从1988年，开始等同采用并大力推广ISO 9000族系列标准，以及ISO后续出台的其他管理体系标准"贯标"认证活动，对我国构建社会主义市场经济体系过程中，企业和社会组织的管理思想和格局，产生了巨大影响。2021年，作者作为国家标准《安全管理体系 要求》编写组成员之一，在与该标准编写组来自国内高校、各行业企业和专业机构的众多专家们，讨论"标准"编写内容的过程中，能够深切感受到我国在"管理体系方法论"上，不但已经脱离了以往对西方追赶学习、仰视阶段；而且理论自信、道路自信意识普遍强烈，平视和对其局部优化的呼声明显增强。

我国建设工程领域，行业内企业对"管理体系方法论"重视不足，驻足于"贯标"获得管理体系认证证书；缺乏对"管理体系方法论"的理论和实践应用研究。导致"过程"概念在行业企业管理中，没有得到足够的关注和重视。建设工程企业管理成熟度，相对于《卓越绩效评价准则》GB/T 19580要求，其管理体系"过程"及其管理水平，大多还处于该准则所指的"学习"及以下阶段；面向数字化转型，亟须建设工程企业的基础管理，实现向该准则所指的"整合"阶段的跨越。

2. 国际项目管理标准和知识体系在我国的现状

（1）在一般性项目管理理论和标准化层面。2000年开始，国际项目管理协会（IPMA）和美国项目管理协会（PMI）相关标准被引入我国，并开展项目管理领域项目管理专业人士资质（PMP）认证，对促进和提升我国项目管理专业人员的知识水平和管理能力，起到了积极的促进作用。

2008年，我国成立全国项目管理标准化技术委员会。目前，已将ISO出台的多项项目管理方面的国际标准等同采用为国家标准。包括《项目管理指南》GB/T 37507—2019、《项目、项目群和项目组合管理 项目组合管理指南》GB/T 37490—2019、《项目工作分解结构》GB/T 39903—2021、《项目和项目群管理中的挣值管理》GB/T 39888—2021、《项目、项目群和项目组合管理 项目群管理指南》GB/T 41246—2022、《项目、项目群和项目组合管理 治理指南》GB/T 41245—2022等，同时还制定了《项目管理 术语》GB/T 23691—2009、《项目管理 架构》GB/Z 23692—2009、《项目管理 知识领域》GB/Z 23693—2009等，项目管理标准化指导性技术文件。其他标准化技术委员会出台，与项目管理相关的标准还有，如《项目风险管理 应用指南》GB/T 20032—2005（IEC国际标准：IEC 62198：2001）、《投资项目风险评估指南》GB/T 42508—2023等。

ISO项目管理标准和PMBOK和PRINCE2之间，有密切的协同工作关系。一个从理论向实践演化深入，一个从实践向理论提升发展，在各自发展过程中彼此相互都保持了对对方持续的关注和借鉴；最近10年来，其总的趋势是相互借鉴、相互一致性比重呈逐步增加之势。在对项目管理的系统化、集成化方面，ISO项目管理标准明显优于后者；而PMBOK和PRINCE2在具体的实践内容、方法、技术工具方面，比前者更接近于建设工程领域。据我国项目管理标准化委员会介绍，我国在项目管理领域，相对于ISO已制定的项目管理标准，我国大部分项目管理国家标准至少落后国际水平10年；急需通过对国际标准的等同采用，提升国内项目管理标准水平。

（2）一般性项目管理标准在我国建设工程领域的情况。进入新世纪以来，我国建筑业《建设工程项目管理规范》GB/T 50326、《建设项目工程总承包管理规范》GB/T 50358相继颁布和实施。建筑业这两项标准，主要借鉴了PMBOK和PRINCE2；而对ISO项目管理标准达到的深度涉及不多，更遑论对"管理体系方法论"的系统应用。我国在企业和项目管理理论、方法论、技术和工具方面，缺乏基础研究和原始创新。理论引领实践，这种基础理论研究和创新滞后性，造成我国建设行业的项目管理标准，在管理上累加的差距，和上述国际先进标准相比，目前存在明显的代差。

（3）对我国建筑央企项目管理标准现状的认识。实践出真知，我国巨大的建筑市场和众多大型复杂建设项目各种风险和挑战，催生的国家和行业管理法规、规章和标准，"百炼成钢"地培育了一批成长于建筑央企的项目管理专业人才队伍；国内建筑业完整的产业链，对大型复杂建设项目的保障能力，人口红利带来的劳动力成本低下，近年来以盾构机（TBM）为代表的工程技术水平提升及装备的自主替代，加上企业"白加黑""996"式的粗放式管理等，使我国建筑业获得"基建狂魔"的美誉。在建设管理体制上，"五位一体"仍处于主导地位；以企业为主体的工程总承包和全过程工程咨询，目前发展并不充分。加之，建筑业细分领域工程技术门槛、政府细分行业条块管理等造成的行业内部壁垒；我国建筑央企头部企业，项目管理理论和实践方面，基本与《建设工程项目管理规范》GB/T 50326、《建设项目工程总承包管理规范》GB/T 50358处于同一水准。个别企业项目管理标准，涉及对WBS、责任分配矩阵等技术的应用；但在管理体系系统性支撑不足情况下，其实际应用成为"牛车配马达"。在作者看来，我国建筑央企头部企业的项目管理理论和实践，距"管理体系方法论"要求至少落后15年。这是导致建筑央企头部企业，全面信息化、数字化转型驻足不前的根本原因。

国家鼓励建设工程企业从传统的设计分包商、施工总承包商等，向投资商、建造商、运营商"三商合一"转变；企业的商业模式也由过去单一的勘察设计或施工承包，向"投、融、建、运"四位一体经营转变。建筑央企头部企业的上述问题，以目前实施的PPP项目为例，主要的表现有：在项目公司的治理上，缺乏系统完善的制度和机制保障，SPV"三重一大"决策自主权往往被上级管理单位所垄断，项目公司董事会流于形式；企业还不善于"做业主"，在工程总承包管理方面，普遍存在用施工单位的思维管投资项目的倾向；在项目全生命周期，设计、施工、运营环节，还没有形成利益综合权衡决策、系统性统筹策划和全过程系统管控的能力；在投融资项目全生命周期的组织治理、人员配备上，对设计、施工、交验、运营各阶段，在资源和管理流程统筹方面能力不强，还存在项目各阶段衔接失措，甚至各自分离、互为掣肘的现象，影响了PPP项目的价值创造能力和风险控制水平等。反映出PPP等投融资项目全生命周期的管理，无论从政府政策法规标准，还是企业内部管理方面，都存在诸多的不确定性问题。我国建筑央企头部企业，企业治理、项目治理、项目管理体制机制上，目前处于被动适应投融资项目管理要求；还需要立足建筑业全产业链、建设工程项目全生命周期全过程，系统提升项目规划决策水平、投融资能力、市场资源组织能力、造项目能力、项目建设管理价值创造能力、项目运营管理服务水平。需要按照现代企业治理体系、现代管理理论和方法论，全面重塑企业的管理体系和项目管理能力。这就是，我们在上一节，提出"企业数字化转型必须跨越管理集成化阶段"，所依据的理论基础和行业现状背景依据。

3．以"管理体系方法论"为抓手，借鉴"三大国际项目管理领先标准"最佳实践，促进"企业数字化转型必须跨越管理集成化阶段"

综上所述，由"管理体系方法论"，到国际三个项目管理领域的标准和知识体系，再到我国建设工程领域项目管理的标准，进一步具体到建设工程企业的管理、建设工程项目管理。普遍适用的现代管理理论和方法论，到一般性项目管理实践领域，再到具体行业和企业的应用，代表了从理论到实践的一道道门槛。在作者看来，"管理体系方法论"，从管理的系统性、结构性、集成性上，代表了现代管理理论和方法论的最高成就；而PMBOK指南、PRINCE2，其内容源自对实践的总结，在具体管理方法、技术工具创新应用上，更贴近我国建设工程企业管理，更具体实用和易于理解，并通过实践总结、凝练，不断在提升对一般管理规律的"洞悉"水平；在"管理体系方法论"与PMBOK和PRINCE2两者的关系中，前者处于要求的最底层，是在管理上"合格"的底线架构标准；后者是基于项目管理实践总结、抽象出的，具体环节和应用的知识、过程、方法和工具，它们本身不是管理体系的构成要件，但是是支撑和组成项目管理体系的重要内容。而ISO项目管理标准，处于"管理体系方法论"与PMBOK和PRINCE2的中间过渡位置。

就建设工程企业"数字化转型必须跨越管理集成化阶段"而言，其根源在于，建设工程企业受"两层分离"、内部以部门为支柱的管理思维惯性影响；大多数企业的管理体制机制，还没有摆脱专业化分工组织架构桎梏，内部制度的建构从形式和内容上，以职能部门为界限、以部门为单元，仍是主流的组成架构形式；同时出现局部业务以目标为核心,以相应流程贯通为关注点的管理集成的发展趋势。"管理体系方法论"支持企业,以战略目标为导向,以管理体系为支撑,端到端的跨部门、跨层级流程化、集成化体系的构建。就这个问题而言,我国建筑央企头部企业,职能部门层面人力资源"卧虎藏龙",不乏业务专家;问题往往出在跨部门、由于部门利益所导致的工作协同和接口管控上,这需要企业"一把手"的亲力亲为。作者曾有过这样的经历,一位工程局非常资深的业务部门负责人,在面临企业顶层设计架构控制下的部门制度修订中,反复向作者表示"尽量不要往办法里边写,写了今后就得必须做,不写我们到时候才有回旋选择的余地啊";还有的部门负责人表示"不要规定太细,这样会导致部门之间在过程中协调工作量太大"!另外,集团企业内部所属企业发展的不平衡,比如中建三局一公司,2022年度合同额超过4000亿元,而有的同级别建筑公司年度合同额只有30亿~50亿元,这些都是建筑业数字化转型过程中,头部建筑央企必须跨越的基础管理功课。

总之,建设工程企业面向数字化转型战略,以"管理体系方法论"的深入理解和贯彻为核心,充分借鉴"三大国际项目管理领先标准"最佳实践,主动开展卓越绩效管理,才能真正使基础管理体系具备"集成"的特质;是我国建设工程企业,未来的发展竞争和数字化转型,提升管理体系成熟度的必由之路。任何改革都是一个"伤筋动骨"的渐进过程,期望在一个有限的时间内,流程再造,一步到位地实现整体层面的信息化、数字化转型,不符合客观世界运行规律。建设工程企业未来的发展和面向数字化转型,跨越管理集成化阶段,也必将经历这样的规律,才有可能为全面信息化、数字化转型创造条件。

三、"管理体系方法论"核心要义解读

结合我国建设工程企业及项目管理的实际,对"管理体系方法论"典型的管理思维理念,解读如下:

1. 目标和战略思维

企业的运营和发展,有赖于最高管理者的引领。使命、愿景、战略、方针,是现代企业管理者,在企业内部沟通和建立共同的价值观,凝聚和动员全体员工积极参与,实现企业目标的重要形式和手段。德鲁克于1954年在《管理实践》中最先提出了"目标管理"的概念;其后他又针对知识经济时代提出"目标管理和自我控制"的主张。目标管理的指导思想,是以管理心理学中的"Y理论"为基础的,即认为在目标明确的条件下,人们能够对自己负责。目标管理,在组织内部建立了一个相互联系的目标体系,而这种体系把员工有机地组织起来,使集体力量得以发挥。中国20世纪80

年代初，开始在企业中推广目标管理，采取的干部任期目标制、企业层层承包等，都是目标管理方法的具体运用。

战略是制定并实现长期或总目标的计划，企业战略属于目标管理的范畴，是对企业整体性、长期性、基本性问题的计谋和规划。企业基于其使命、愿景、核心价值观，以及组织边界之外的因素制定战略。它为企业日常的运营确立了宗旨和方向，为目标管理提供了框架。"形而上者谓之道，形而下者谓之器"，"道"为万"器"之统领。包含战略管理的企业管理体系是"器"，以价值观为核心的企业文化是"道"，企业文化反映在企业的价值观、理念、期望、方针、程序及其他方面。

ISO 9001标准的第一句话"采用质量管理体系标准是组织的一项战略决策"。这说明"管理体系方法论"的贯彻，一方面意味着企业将主动承诺建立和遵循"以顾客为关注焦点"的市场化导向经营理念，并把利益相关方的"关系管理"适当纳入企业管理体系；在运营质量管理、在控制对外部环境影响方面、在对待员工的健康安全方面，承诺企业会自觉遵守相关法律法规和其他要求，并采用国际合规管理体系标准，来提升自身对法律法规和其他要求的合规性、规范性、标准化水平；另一方面，说明企业愿意采用"管理体系方法论"规定的一整套要求，调整和完善自身的相关管理体系，并按照"标准"的要求改造其管理体系，完善持续改进机制，致力于在满足外部对其产品、过程和服务要求的同时，不断提升企业管理的绩效水平，并把这种承诺自愿放在第三方的监督评价之下。这显然与一些企业，目前仍然残留的偷工减料、做假账、违法分包转包违法用工行为等现象，格格不入。

管理体系是为战略服务的。企业的宗旨通过其使命、愿景、价值观表述，战略、方针和目标，是其宗旨在一个特定阶段和事项上的集中表现。为了使企业在战略制定和管理体系构建上，实现其"贯标"的承诺，"管理体系方法论"规定出一套，企业"理解组织及其环境"的规范内容、流程和方法要求，引导和规范企业，充分理解与自身有关的法律法规、技术发展趋势、经济形势、市场竞争形势等外部因素，并识别和充分考虑利益相关方的需求和期望，结合自身的文化价值观、战略、组织治理结构、商业模式等内部事项，审慎地进行决策，以确定战略目标，完善目标实现的措施方案。这包括：基于战略的目标制定和分解框架，基于组织结构和岗位职责与权限的目标管理要求，采用基于绩效监测和评价的目标、指标建立和评价体系，采用赢得值管理技术（EVM）的结构化方法，进行项目的绩效评价等。已经成为现代企业层级经营管理、企业日常运营管理、项目绩效管理、计划管理的重要方式和手段。

2. 风险思维

建设工程企业通过项目获得发展机遇，风险与机遇相伴而行。"组织及其环境"

（包括建设工程企业的每个"项目及其环境"），始终处于各种可预见或突发的不确定性之中。无论是企业综合管理体系、企业层级的项目治理体系，还是围绕单个项目的管理体系，都必须对内部、外部相关因素，以及相关方的需求和期望的变化所带来的不确定性，进行持续动态地掌握，识别可能存在的各类风险，依据自身目标、管理成熟度、技术和资源可用性等因素，评估风险承受力和相应的风险处置措施，以确保企业和项目预期目标的实现。

"管理体系方法论"把各类风险的识别、评价、控制策划，以及相关措施的实施、监测和改进，贯穿于管理体系构建和运行要求的全过程。一是强调"领导作用"，突出企业的最高管理者及其管理层，要以有形的、可验证的方式，明确表达对"标准"规定事项的承诺，包括制定管理方针，构建基于组织结构的各层级职责分配和权限管理体制；针对企业运营和项目管理，建立符合"标准"要求的各类过程、过程准则，使企业运营和项目管理所有相关活动，都能处于预先规定的用于指挥和控制的管理体系框架之中；通过企业文化引领和问责机制，使企业控制下的所有内外部人员，能够充分意识到自身工作对企业的价值，促进全体人员能积极参与到企业运营和项目的实施活动之中；二是通过推进和维持体系的运行，围绕特定目标，按照要做什么、需要什么资源、由谁负责、何时完成、如何评价结果的方式进行策划；并保证策划的活动，能够获得所需的程序、过程、技术、工具、信息，能满足预期要求的资源（人、材、机、资金、相关设施），并使所有要素和过程，在受控的状态下支持预期目标的实现；三是通过有形、规范的公司治理体系，完善和实施对企业和项目管理体系，运行过程状况的持续监控、评审和改进机制，以提高企业规避风险、应对风险、抗击各种突发风险的能力。这显然与一些企业，目前尚存的"人治"现象、经验管理等，格格不入。

3. 系统思维和基于PDCA的过程思维

这是目前我国建设工程企业及其项目管理体系，在精细化管理、追求卓越绩效、面向数字化转型中，最薄弱的环节。孙子兵法曰："不谋万世者，不足谋一时；不谋全局者，不足谋一域"。《质量管理体系 基础和术语》GB/T 19000—2016，在论述关于质量管理体系的概念和原则时，强调"所有的概念、原则及其相互关系应被看成一个整体，而不是彼此孤立的。没有哪一个概念或原则比另一个更重要。在应用时，进行适当的权衡是至关重要的。""将活动作为相互关联、功能连贯的过程组成的体系来理解和管理时，可更加有效和高效地得到一致的、可预知的结果。"我国建设工程企业在信息化阶段，目前所遇到的"部门墙""数据篱""信息孤岛"等瓶颈问题，根源就是企业的基础管理，没有充分理解、践行这一思维理念。

"管理体系方法论"展示了一种思维模式和视角。把建设工程企业的经营活动，从战略目标、企业总部面向多项目的运营管理、面向内部层级企业或单个项目的管理；以及企业参与的建设工程项目，从立项、投融资、招标投标、项目策划、建设过程实施、竣工交付、运营等全生命周期，视为一个由诸多要素及其相关活动，组成的相互关联、相互作用的有机系统。"过程方法"是把这些所有的"活动"，小到一个具体的现场作业人员的作业活动，大到企业的职能或要素管理、企业最高决策者的战略管理，都视为一种过程。每个过程，都有其特定的输入；所需的资源，应对的风险及其控制的准则和管理职责权限分配；以及期望的输出结果。"管理体系方法论"要求组织，必须从上述三个维度，来理解和看待每一个过程。也只有过程，才能通过其输入、输出，把"活动"按客观现实的规律，有机地联系起来。"策划—实施—检查—处置"（PDCA）模式，适用于所有的过程。PDCA思维模式的应用，可以确保每一个过程都能："理解并持续满足要求（策划）—从增值的角度考虑过程（实施）—获取有效的过程绩效（检查）—在评价数据和信息的基础上改进过程（处置）"。由此可见，建设工程企业和项目的所有活动，都不应被孤立地看待；所有活动之间，都客观存在或平行，或从属包含，或连贯，或交叉等，一定的逻辑顺序和相互作用关系。当活动被视为过程时，通过其输入和输出的相互对接、相互关联、相互作用，可以把一个个小的过程，按照客观世界的运行逻辑，关联成一个较大的过程，或者流程（包括跨部门和层级）。系统思维进一步采用系统化的方法，把"较大的过程，或者流程"，作为相互关联、功能连贯的过程组成的体系，用目标对接起来理解和管理。实现在更高层面把活动从过程到流程再到体系，按照其内在规律组织起来，这就是"管理体系方法论"中，系统思维和基于PDCA的过程思维，在企业应达到的具体应用。只有这样，企业的管理才能称为具备了现代管理的特质之一。企业及其项目的管理体系，才有可能具备系统"集成"的特性。

以《项目管理指南》ISO 21500：2012为例，其五大过程组，就隐含着以项目范围界定为前提的PDCA模式；其十大主题组，作为项目不可或缺的过程，同时适用于五大过程组，就隐含着每个主题组，都须采用PDCA模式；项目管理五大过程组与十大主题组之间，跨阶段、跨领域的相互作用、相互关联，所构成的39个逻辑流程图，其实质就构成了基于系统思维的39个项目管理系统；这些小系统，通过WBS技术进行二维或多维的关联，就构成项目管理体系这个更大的系统。当前，我国头部建筑央企在企业管理制度、项目管理手册中，也有大量的流程图；但主要是以部门为边界，部分是段到段的，如部分央企的成本管理流程，实现了跨部门应用。从企业或（及）项目综合管理体系高度，系统进行的流程开发和应用，尚未成为建筑央企的主流做法。

华为"英雄强渡大渡河"Meta ERP表彰会上介绍，华为的数字化管理平台，各类应用与ERP的逻辑集成点3950个、数据集成点高达27000个，反映出华为基于企业资源管理计划的系统平台，在流程上的高度系统化、集成性。显然，"管理体系方法论"提供了管理体系活动流程化、流程系统网络化集成的理论和方法论。企业对活动，采用过程方法识别、解析的程度，是管理成熟度、精细化、集成化管理程度的直观反映指标；PDCA模式用于对所有过程的定义和描述，是避免无效、低效管理和活动的保证；系统思维是通过顶层设计，使由过程组成的管理体系，跨部门、跨层级整体性、系统化、有效性集成的基础。

我国建设工程企业和项目管理，目前最大的挑战，在于企业决策层、管理层、执行层，对系统思维和基于PDCA模式的过程方法，理解、掌握、应用尚未达到普及的程度；或者企业囿于"部门墙"，导致企业和项目管理的流程化，一直被限制在部门层级，使跨部门的流程迟迟不能系统性打通，制约了企业运营和项目管理精细化、流程化、集成化，使企业难以摆脱粗放型管理的桎梏，更无法满足数字化转型对管理集成的要求。显然，管理精细化程度越高，过程基于输入输出，建立关联关系的程度就越深，过程所承载的信息粒度就越小；由此建立起的IT系统，对数据集成共享的能力就越强，就越能支撑实现从全面信息化到数字化的跨越。

4. 可证实和循证决策思维

《质量管理体系 基础和术语》GB/T 19000—2016 "基于数据和信息的分析和评价的决策，更有可能产生期望的结果。""决策是一个复杂的过程，并且总是包含某些不确定性。它经常涉及多种类型和来源的输入及其理解，而这些理解可能是主观的。重要的是理解因果关系和潜在的非预期后果，对事实、证据和数据的分析可导致决策更加客观、可信"。我国建筑业相关法律法规和其他要求规定，建设工程项目规划设计人员，资格须事先得到证实；项目施工图设计文件，要通过图纸审查予以证实；建设工程原材料、构件、半成品的质量，在进场前须经过检验、试验予以证实；建设工程实施过程的结果，按检验批、分项、分部、单位工程验收，监理签证予以证实；项目管理的物资、设备、人员，都有相关的证实要求；企业的管理体系在第三方审核中，有特定的关于各个维度，"证实"的安排。循证决策就是"以数为据"，这些在"管理体系方法论"中，主要体现在各类管理体系标准，关于"文件化信息（成文信息）"的系统性规定。"文件化信息"指组织需要控制和保持的信息及其载体，包括描述管理体系及其过程的一组文件，组织运行过程产生的信息，过程结果实现的证据即记录等。ISO系列管理体系标准，关于"文件化信息"的规定，是确保组织管理体系、体系运行过程、体系运行结果等，相关人员能够获得所需的全部数据或信息；包括管理决策层需要的，基于监测、评价的各种关键绩效指标信息。它体现了系统论、信息论、控制论，在"管理体系方法论"中的深入应用和实践。建设工程企业及其项目管理体系，建立和运行过程中，其"文件化信息"达不到"标准"所规定的系统性、完整性、有效性要求，其信息化、数字化转型过程中，所谓的数据、数据管理和信息化、数字化、智能化，都会成为无源之水、无本之木。

按照"管理体系方法论"，企业的各类管理体系都是一个有机系统，有其特定的功能、组成架构、运行逻辑。对组成管理体系的过程，规定适当的"文件化信息"，来反映和证实所有相关过程现实状况的特性。既提供了所有被识别和定义的过程，在运行中是否符合要求的证据；又使各种活动，是否按预期运行，被纳入监视和测量之中；还保证了各级管理层决策所需的信息。制造业工厂的无人化、智能化自动生产流水线，其生产能力和设备参数是在设计装配基础上，通过反复打磨、试运转、测试得到证实确认后投入生产的；其生产过程主要通过各种仪表、感知监测设备，可以达到毫秒级的流水线运行信息监测和评估。我国建筑业，当前和未来的很长时期内，低机械化率、人工主导施工活动过程的状况，将难以扭转，长期保持。建设工程企业，项目现场作业活动、每个施工责任单元的管理、项目管理、企业管理层的职能和要素管理、企业决策层的管理；再到建设项目各参与主体，围绕项目的协同管理；上升到我国建筑业各细分领域的行业管理。都要自上而下地顶层设计，使行业各细分领域之间、项目全生命周期各阶段之间、建设工程企业之间、企业内部各层级和各部门之间，"对共同使用、重复使用的事物和概念，通过制订、发布和实施标准达到统一"，这就可以大量地消除"文件化信息"，由于行业条块分割、政出多门，企业内部"部门墙""信息烟囱"，导致的概念、实体、属性在语法、语义等方面，存在的人为差异，"以获得最佳秩序和社会效益"。我国标准化管理体制的改革和新型标准体系的建立，为建筑业未来的标准化，提供了体制和制度保障。随着由住房和城乡建设部牵头主导的，建设工程强制性国家标准体系的形成和相关标准的发布，将会大大地改善建设工程企业标准化的外部环境，使企业的标准化工作，未来走向快速发展的轨道。

外部世界的运行有其客观规律，这决定了管理自古以来的底层逻辑。"管理体系方法论"关于管理体系在"文件化信息"上的规定，有其基于管理内在要求的客观规律性。充分考虑企业"贯标"第三方认证，特别是企业内在的基于"可证实和循证决策思维"的要求，以及企业管理体系建立、运行、监测和改进的规律性要求。建设工程企业的管理体系"文件化信息"，主要包括以下几个方面：

（1）用于证实管理体系的建立符合"标准"的文件化信息。这包括管理体系标准所要求的，描述体系的范围、理解组织及其环境的相关信息（特别是包括法律法规和其他要求），基于企业战略的各项管理方针、目标及其分解，基于组织结构的岗位职责和权限，所需的各类（含用于监视和测量）资源及其符合性，企业的产品或服务信息，所需的过程（包括风险及其控制策划、内部审核和管理评审）及其控制的准则和方法等方面，需要形成文件的信息。

上述要求，就建筑业央企头部企业综合管理体系，目前的实际状况而言，包括：企业基于工商注册和资质文件，描述的经营范围；依据《公司法》的公司章程，呈现的公司治理结构和运行体制机制文件；企业文化体系，所呈现的企业使命、愿景、价值观、员工行为规范文件、IC标识系统；企业基于合规管理体系，对内外部相关信息（政策法规标准）的获取和记录；企业战略规划体系和各类、各层次管理方针；企业年度综合预算，部门KPI（关键绩效指标）、项目目标责任书；各级总部及其项目，标准化的机构设置和职责分配及权限管理；岗位说明书、人员教育培训、能力资格等信息；纳入固定资产管理的设备设施和仪器仪表，知识资源和有价值的历史资料；财务资产、负债和净现金流，在建项目合同文件、尚未确权的工程实体、库存材料物资和设备设施（包括已签约的分包、分供商部分）；由各级企业管理层建立的，各种内部规章制度及其规定的记录、记录表格、流程图和企业标准；与企业制度相配套，建立和使用的各种信息化平台、软件、数据库等。

文件（包括对记录的规定）的作用，在于提供证实、传达意图、规范和控制活动。以系统思维、基于PDCA模式的过程思维所建立起的企业基础管理制度文件、标准，能提高其规范性、有效性和标准化水平。制度文化是企业文化的核心内容，建设工程企业（含项目）的运营，是通过一套以基础管理制度文件为核心的，通过框架性的顶层设计而建立的，企业标准体系支撑和控制下运行的。其中，所规定的各个工作流程环节，所依据的准则、需要产生的记录、记录表格，就是所谓的"以数为据"的来源。企业的信息、数据服务于流程，产生于流程，通过流程建立逻辑关联和进行相互作用，通过流程实现传递和共享。游离于企业流程之外的信息、数据，是与企业无关的无意义的信息。这也是企业流程开发、流程标准化、流程更新迭代，所必须满足的基本要求。企业管理的信息化，意味着这些流程，以平台软件的形式予以固化，使管理人员形成工作路径依赖，会大幅度强化制度的执行和落实。

建设工程企业作为市场主体，其经营范围、治理结构、制度体系、绩效指标体系、内部资源等，受国家、行业相关法律法规和政府部门规章、规范性文件、技术法规，以及企业通过市场契约带来的相关要求的约束。比如企业财务，从会计科目设置和账务构成，到上市公司信息披露，政府统计财务指标报送等，都要执行财政部和行业主管部门，在内容、表格和文件样式上的规范。企业财务这种在外部约束下的高度标准化，也是我国从20世纪90年代，就能普及会计电算化的根本原因。建设工程企业的经营范围是相对确定的，相应用来描述和规范经营活动，企业的决策层、管理层、项目部为主体的执行层、作业层，其活动的内容、流程、标准，是可以充分识别，并从顶层设计的架构上，实现标准化的。当前我国建设工程企业信息化，局限于部门级、段到段流程、领域层级的应用，原因在于企业还没有实现跨部门、跨层级流程和准则的建立和标准化。这种情况下，企业决策层信息的获取，还是以管理层各部门人工手段，分工多头搜集和提供，由决策层进行汇总分析后进行决策。从企业管理层到项目执行层再到作业层，其流程和准则的标准化程度，还不足以支撑全面的信息化；只能运行部门级的信息化系统或软件。至于现场某个项目部，独立开发或应用的智慧工地系统，因为基础数据部分缺乏企业后台数字化条件的支撑，而项目部的实际运行却离不开总部的控制；所以只能在局部或特定功能上实现数字化，使智慧工地流于表浅的看板展示和应用。

企业跨部门流程的打通和标准化只能由企业决策层组织推进、构建并标准化。企业决策层，基于企业治理结构决策程序的建立和标准化，只能由企业"一把手"组织建立和标准化。企业家是从事组织、管理并承担经营风险的人，创新是企业家精神的内核。美国哈佛管理丛书《企业管理百科全书》认为，所谓管理哲学，是指最高管理者为人处事的信仰和价值观等。企业因企业家的不同而不同，但这主要影响的是决策层。而我国建设工程企业基础管理中，共同使用和重复性的事物和概念，占据企业管理的主体部分，正是它们构成了企业的管理体系，决策层影响的是这个体系的方向和发展的驱动力。

可以设想，我国建设工程企业，基于综合管理体系（项目是其有机组成部分）架构的顶层设计，以IPD模式为核心，构建出跨部门的、企业层级的端到端管理流程并实现了标准化。在这个基础上，就可以对企业的各层级组织（含项目）、基于组织架构的岗位和人员、企业涉及的各类资源（设备设施、财务资金）、企业基于产品分解的物料系统、企业标准化的流程及其准则，及其所承载的"文件化信息"等进行数字化；赋予流程的每个"实体"唯一性的编码，就可以开发和建立企业层级，框架式的IT数字化平台；使其对上支持企业的决策，对下将流程中各"实体"向管理层各部门进行分工，实现模块化的管理，服务于企业的业务（项目）。这可能意味着，需要对企业现行"部门级"信息化应用系统，全面地结构性调整，重新建构流程在职能部门的分解网络。而企业管理层面向项目部、再到作业层的相关职能和要素管理的流程，就变成了管理层各部门的职责；可以由企业管理层的各部门分工负责，推进面向基层流程的精细化、标准化和数字化。企业这种顶层设计控制下的模块化管理架构，其IT

数字化平台即使产生迭代需求，也只是局部流程中、部分"实体"的调整和迭代，不至于导致整个系统的推倒重来。企业的数字化就可以实现尽早起步，并对下具有比较大的包容性和普遍适用性，有利于数据资产的形成和积累。

需要指出的是，在我国制造业领域的数字化实践中，有"先实现数据的集成，再实现流程的集成"的说法。这大概是制造业无人工厂，因为其数据绝大多数由流水线的特性所决定，其本身就已经具备了逻辑关系。也就是说，它其实已经进行了一轮"先实现流程集成，再实现数据集成"，这属于产业数字化范畴；然后，才能在更高层面上"先实现数据的集成，再实现流程的集成"，已经属于数字产业化的概念了。

（2）用于证实管理体系的运行符合"标准"和企业管理体系要求的文件化信息。企业的管理体系服从、服务于企业的战略。建设工程企业的管理体系，以建设工程项目全生命周期或其中的某一阶段的管理为对象，这种管理体系中不包括企业多元化经营的非项目类型。如我国一些建筑央企从事的盾构机装备制造、物业管理等业务内容。项目有临时性、独特性、渐进明细的本质特征，其产品、过程和服务有确定的目标，受明确的时间和成本约束，这是判断业务是否属于"项目"的重要依据。以项目为主要业务类型的企业，其组织结构属于典型的项目型组织，无论其是从事软件开发、产品研发或者工程建设等何种业务。

建设工程项目范围和产品是经过项目建议书投资估算、初步设计概算和施工图预算逐步完善和确定的。使得每一个建设工程项目，从建设工程企业作业层的活动、项目管理的执行层的活动，都有其独特性、临时性和一次性。这需要对每一个项目的管理架构和管理流程，进行有针对性的特殊规划和安排。但是，建设工程产品概括起来，无非是建筑与土木工程、管线钢结构和机电安装工程、装饰装修工程；无论其勘察设计、还是施工阶段，项目的规划总有规律可循。以建设工程项目施工阶段为例，建设项目作业活动过程，以上一道工序合格作为前提条件，采用特定的工艺、材料和设备、相关的质量安全管控措施完成，又成为下一道工序的条件；一个单位工程，需按照产品特性决定的工程实体结构组成部分，依次进行施工，为了保证工程按照预期的目标顺利完成，要通过施工方案或单位工程施工组织设计，对工程的平面布置、临时设施、设备物资需求、劳动力配置、所包含的工序工艺方法、工期安全质量环境保证措施等，进行预先的策划，在监理认可的前提下，按照方案或施工组织设计组织现场实施；一个工程项目有若干个单位工程或单项工程，任何项目的成功实施，都要受到各种资源条件和其他内外部条件的制约，项目部按照企业授权，执行总部所确定的项目管理规则，控制项目过程、实现项目目标，包括工程实体产品和竣工资料交付、项目结算和经验总结等。建设工程企业在每一个项目现场，如果能全面落实，我国建设工程领域各细分行业，相关的法律法规、规章、规范性文件、项目合同所规定的"标准"要求，就完全满足"管理体系方法论"对"文件化信息"形成的要求。显然，在这个方面，当前的建设工程企业，其实存在很大的问题。

我国建筑央企头部企业，在建项目有时往往多达上万个。企业各级总部，要分工负责每个项目的投融资决策、项目招标投标、面向多项目的项目治理规则、项目交付后服务、组织特许运营等。建设工程项目上述从作业层、以项目部为主体的执行层、企业管理层、到企业决策层，围绕具体建设项目全生命周期的工作，PMBOK指南将其称为企业"价值交付系统"。建设工程企业的"价值交付系统"，按照《项目管理指南》ISO 21500：2012，由"与项目产品有关的过程"，和与之配套的相关"管理过程"，遵循"系统思维和基于PDCA模式的过程思维"，通过过程之间的输入、输出，建立形成相互关联、相互作用的系统性的过程网络，就构成了项目型组织机构类企业，完整的管理体系主流程，也可以称之为建设工程企业的核心业务流程。建筑业企业这样的过程，相当于上一节提到的，华为"集成产品研发（IPD）"变革过程。企业决策层，按照"管理体系方法论"，全面重构围绕"与项目产品有关过程"和"项目管理过程"整合的，相互关联、相互作用系统性的过程网络，实现对企业管理层各部门，所有过程的全面集成并将其标准化。这个过程网络，既是"文件化信息"被创建的过程，又是"文件化信息"产生、传递、集成共享的渠道。这些"文件化信息"，在实现全面信息化的基础上，随着管理精细化的推进，流程越来越细化、信息粒度不断被拆解，就逐步从信息化走向数字化的水平。由此，企业就建立起了以项目管理为核心的，进行全面信息化管理平台开发的需求架构，就可以开启企业全面数字化的进程。

（3）用于证实管理体系持续改进，符合"标准"的文件化信息。历史上，明朝名相张居正在官员考核上，首创提出考成法。对各级官员建立严密的动态考核，上司衙门有权力奖惩，监察衙门可以监督奖惩，内阁大学士则能监督是否按时计算成绩。KPI考核，指的是关键绩效指标考核法，推动企业战略的分解和执行。无论是激励型绩效还是管控型绩效指标，都在于引导员工的注意力方向，更加关注公司整体业绩指标、部门重要工作领域及个人关键工作任务。并使高层领导，清晰了解对公司价值最关键的经营操作的情况，旨在用来监测管理中存在的关键问题，并能够快速找到问题的症结所在。

"管理体系方法论"规定了对管理体系运行过程中，"绩效监视、测量、分析、评价和改进"的要求。要求管理体系在构建时，通过相关的"文件化信息"的规定，明确"监视和测量什么、采用什么设备和方法、何时实施监视和测量、如何对监视和测量的结果进行分析和评价",并通过有形的方式和形成"文件化信息",建立和落实改进措施。我国建设工程企业KPI指标体系,项目部和企业的经济活动分析会,企业经理层、董事层的各种专题会议,企业的年中、年度会议等,就是这种安排的具体反映。企业采用系统思维和基于PDCA模式的过程思维,建立规范化、标准化的绩效指标体系、汇总分析方法、决策运行机制,并使其流程标准化,企业就具备了这个方面全面信息化的框架条件。企业管理体系的改进,往往涉及企业战略、管理方针、企业组织架构、管理流程和准则、资源配置、激励和约束措施等方面的调整。企业管理的精细化、标准化不可能一蹴而就,企业管理的全面信息化、数字化,会使这种"证据"的形成、收集、传递、共享和分析,变得敏捷、准确、全面和更系统有效,也可以在整体架构稳定的前提下,使管理体系的改进,通过IT系统的迭代升级变得更高效、有效。

我国建筑业央企头部企业,面向数字化转型战略,企业和项目管理体系必须进一步采用"管理体系方法论",予以现代化改造和提升,使基础管理体系具备"集成"的特质,跨越信息化、数字化"孤岛",走向集成发展。

第二章　如何提升管理集成化能力和水平

管理哲学是关于管理的世界观和方法论，管理主客体矛盾运动规律的科学。对于企业而言，是指其最高管理者为人处事的信仰和价值观，影响企业的决策质量和行为趋向。现代企业管理中，知识传播积累形成的人们在实践中体验到改进企业的有效途径的管理哲学，是决策层应有管理哲学素养以提高决策质量，管理层应研究管理科学方法为决策提供有效支持，执行层应具备企业经营技术增强企业执行能力。前述"管理体系方法论"和相关项目管理国际标准，代表了现代企业管理和当今国际项目管理领域，得到广泛认同的最新成果。其中的一些管理理念、方法论和工具，是企业面向数字化转型，提升和实现企业管理体系集成化，不可或缺的方法论和工具。必须予以充分理解和贯彻，以避免信息化、数字化，因基础管理的"短板""弱项"造成的瓶颈与风险。"管理体系方法论"强调须系统性地识别和确定管理对象所需的过程。《项目管理　架构》GB/Z 23692—2009指出，项目管理是运用知识、技能、工具和技术，对项目活动进行管理，以达到项目要求的活动。不同的项目，其产品特性决定了项目管理所涉及的知识、技能、工具和技术存在差异，甚至完全不同。项目是我国建设工程企业生存发展的基础，建设工程企业的基础管理集成化、标准化，必须围绕项目的全生命周期，识别和确定基础管理所需的过程，并明确项目生命周期各个阶段的可交付成果，在项目实施期间定期审查这些成果，以满足项目发起人、客户及其他相关方的需求。当前，我国建设工程企业面向数字化转型，在基础管理的集成化、标准化方面，企业执行层、管理层、决策层，还存在一些不适应全面信息化、数字化转型的共性问题，需要予以关注和认真解决。

本书提到的标准化包括两层含义：一是制定标准；二是把标准"化"入工作之中确保得到落地和执行。集成化决定了企业能否制定出面向数字化转型要求的标准；标准化决定了企业上下，能否具备支撑数字化转型的能力。

第一节　培育和提升企业执行层集成化管理能力

建设工程企业数字化转型迟迟不能实现实质性突破，一个突出的现象是信息化、数字化IT平台开发和建设难。既有的平台顶层设计有缺陷，盲目跟风搞信息化吃尽了"部门墙"的苦头；在系统开发出来以后，运行无法实现预期的效果，基层单位认为"两张皮"、增加额外负担，存在消极应对和抵触情绪。企业在信息化上虽然花了不少时间和金钱，但收效甚微，甚至是负收获。其根源之一，是企业执行层对项目管理认识和理念不到位、管理知识欠缺、没有掌握相关管理工具和方法。导致企业执行层的管理和执行能力，不适应全面信息化、数字化转型的要求。企业应从数字化转型战略高度，对企业执行层流程化、集成化、数字化管理相关知识和能力，进行系统的培训和提升，为企业管理集成化变革、数字化IT系统在执行层的执行和应用，提供认知、知识和能力准备。结合我国建筑央企头部企业目前信息化现状，及管理集成化变革、数字化转型要求，本节重点阐述以下五个方面的内容。

一、关于项目范围

项目具有"渐进明细"的鲜明特性。范围是项目所提供的产品、服务和结果的总和，相对于基本建设程序不同阶段的建设工程项目，其项目范围及其可交付物，完全不同。相应的对项目管理所需的知识、技能、方法和工具，也存在很大的差异。比如：一个经验丰富的施工总承包项目经理，在从事工程总承包项目管理时，将在知识结构和能力结构上，面临巨大的职业挑战。项目范围管理，有其基于客观规律的方法和逻辑。如"枭龙"战机研发项目、软件开发或信息化服务类项目，由于供需双方围绕项目可交付成果，在认知能力和水平方面的差异，加上这种研发类项目生命周期中技术创新预期的不确定性，以及项目产品在交付后由于使用者能力的限制，其项目范围在不同阶段或全生命周期内各个阶段，都有较大的不确定性。其供需双方在项目范围规划、范围定义、产品范围、范围核实等范围管理上的需求，几乎贯穿项目的全生命周期，某种程度上甚至决定着项目的成败，所以项目范围管理地位比较突出。这在企业数字化转型中，企业和IT咨询、IT软件开发单位的合作项目中，表现得比较突出。

建设工程领域项目范围管理，有其独特性。在国际工程建设项目中，项目的范围除了施工图设计文件外，主要以合同签订的工程量清单的条款来确定，不在清单范围的施工图设计内容，需要提前报价并获得业主确认，否则将不予支付。我国建设工程项目，因其在国民经济和社会生活中，有突出影响地位和投资额体量较大。其项目建议书、可研报告（设计任务书）、初步设计、施工图设计、施工总承包、项目交付和运营，每一个阶段，都受国家和行业相关政策、规范的制约。这决定了建设工程项目的范围，一旦项目"合同"签订，其每一个阶段，除了局部的"合同"变更外，很少出现逆基本建设管理程序的变更。决定了项目范围的管理，有非常明确的、稳定按步骤"渐进明细"的特点。建设工程企业关于项目范围的管理，主要集中在对上相关政府建设或管理程序的备案或审批上，对内体现在以合同为纽带的过程"变更"管理和最终结算上。我国建设工程项目范围管理的外在约束力很强：如设计阶段，通过招标投标市场化竞争、限额设计、施工图设计文件审查等环节，控制设计质量和项目投资概预算及其后期的变更；施工阶段通过有形建筑市场公开招标投标，确定项目范围和造价；施工过程有监理、设计、建设单位协同的变更设计管控；工程开工前，建设工程项目"五位一体"各方，关于标价工程量清单的核实，单项、单位、分部、分项工程划分的几方商榷，建立起参建各方就项目"与产品有关的过程"进行沟通的共同基础；在工程过程计价、竣工结算等环节，一系列的政府法规、标准和项目合同约定，构成了建设工程项目范围管理控制的程序和标准。因此，对于建设工程企业而言，所谓的项目范围管理，主要体现为对项目合同规定的项目标的文件的解读、变更的控制、项目过程确权和竣工结算。可以说，建设工程企业关于项目范围的管理，已经在全行业各细分领域、各类企业，形成了一种约定俗成的，围绕项目合同、设计文件、变更设计、过程确权和竣工结算的管理流程和标准。企业在信息化、数字化转型中，对照相关技术法规和标准要求，进一步将其规范化、标准化，就可以建立起完整的项目范围管理的流程和标准；而不应生搬硬套国外项目管理标准，过分强调"项目范围"管理的概念，造成不必要的歧义和"画蛇添足"的流程安排。

二、关于工作分解结构

项目范围分解，一般使用范围说明书（如项目合同文件）来阐明范围，以识别与项目关联的主要可交付物以及每个可交付物的验收标准。工作分解结构（WBS）是将项目的整个工作范围，按项目所有职能和要素的可交付成果，分门别类地进行组织与定义，得到项目的层次结构。这一层次结构是对项目团队为实现项目目标、创建所需可交付物，而需要实施的全部工作范围的层级分解。该层级往下的每一个层级，代表着关于可交付物的更详细的信息以及生成可交付物所需的工作，其分解的最低层级被称为工作包。WBS是项目管理信息系统设计、开发、运行，必备的一项技术工具。建设工程企业执行层全面熟悉和掌握WBS技术，对提高项目工作范围管理能力，增强与项目相关方沟通、操作项目管理信息系统，都不可或缺。

WBS技术起源于20世纪40年代，美国国防系统工程管理，充分体现了对系统工程进行科学管理的整体性、有序性和相关性。WBS以图表方式，将系统工程全部工作的层次结构，一目了然地表达出来，使其具备了采用计算机技术，进行表达和描述的特性。到20世纪80年代中后期，美国国家航空航天管理局和美国国防部联合，进一步开发出基于支持工期控制功能的工作分解结构的工作包模型。美国项目管理协会（PMI）将WBS作为项目管理工具，纳入《项目管理知识体系指南》（PMBOK指南），国家外国专家局于2000年首次引进项目管理协会的PMP认证，加快了WBS技术在国内的推广和应用。

《项目工作分解结构》GB/T 39903—2021系统论述了为建立项目管理过程，以项目管理过程各主题组与项目各方面工作的关联关系为纽带的，组织分解结构、职能分解结构、合同分解结构、产品分解结构、风险分解结构、资源分解结构、成本账户分解结构、进度计划、沟通分解结构等的概念。强调工作分解结构是过程工作的结构分解（通常是流程化），而非完成工作的过程本身。坚持过程的输入、输出和管理的三要素之间，逻辑关系的不可拆解性；以及各类工作分解结构，渐进明细、逐层分解和100%覆盖项目全部工作（含项目管理层或执行团队所有成员、分包商和其他利益相关方须完成的工作）的原则。WBS技术对于上述分解结构概念的应用，有利于建设工程企业执行层，更加条理化、结构化地理解项目各方面工作的相互关系，更好地理解、说明、组织工作之间的协同。

建设工程项目全生命周期的所有工作，有其相互协同的客观规律性要求。上述各类项目分解结构，其分解层次结构中的实体或概念之间，客观上存在从属型母子关系、时间阶段关系或地域优先级属性归属型母子关系，状态型母子关系、产品或服务需求型母子关系、目标从属型母子关系等类型的关联关系。WBS技术采用图形、大纲、列表等表达方式，形成直观描述项目各种分解层次结构的概念或实体之间的逻辑性的架构；而且，各个不同概念的逻辑性架构之间，通过其实体或概念全部可以实现可视化直接关联，并进行二维或多维整合使用，从而形成在不同层次关联所有项目管理工作概念的分解结构单元（亦称工作单元或管理账户）。这些分解结构单元中，所隐含的各类分解结构及其相互之间的关联关系，就建立起基于过程流程的、项目结构化的底层数据模型，即工作分解结构词典。工作分解结构词典是描述工作分解结构中各个工作单元的文件，其内容一般包括：工作描述、责任组织、单一责任人、可交付成果的开始结束时间及时间表、所需资源、唯一识别码、定义及技术参考资料、关键可交付成果清单、风险评估、绩效测量方法及完成标准、单元成本等，项目所有相关职能和要素及其工作之间相互关联、相互作用的信息。WBS技术应用的基础，是各类分解结构的层次关系或流程的标准化固化及其成熟度。显而易见，WBS作为对项目所有对象和活动的一种描述方式，其工作分解结构词典中，关于实体或概念的"信息"或"数据"之间，客观存在的相互关联、相互作用的逻辑关系，就被清晰地呈现。使基于计算机的管理信息系统，有了一种在"信息"或"数据"层面进行可视化管理的工具和方法。工作包作为项目所有相关对象和活动的最底层纽带，"工作包词典"包含了项目所有相关层次结构或流程中，"实体"最小化情况下的"数据"，以相互关联的方式集中到"工作包词典"中。使"工作包词典"成为项目所有层次结构或相关流程，最底层"数据"汇聚、提取、汇总、分析的共同来源。由此，WBS技术的应用，就形成了强化和支持对项目范围、计划、资源和时间"信息"或"数据"，进行获取、传递、共享、集成分析等沟通的统一架构。不同的组织在应用WBS技术中，依据其流程的成熟度（即对象实体的拆解细化程度），可以以工作包或其以上的不同层次或粒度的工作单元，灵活地划分项目全部工作的层次结构。通过WBS工作单元的唯一性编码，这种灵活的、项目全部工作的层次管理结构，可以提供一个统一的、结构化口径，方便使项目进度计划中任务活动和工作结构单元保持一致，可以在不同时点、不同项目之间，基于同一口径，进行与工作单元相关的经验交流、横向绩效比较分析，包括为战略层报告项目绩效数据总结等，以识别和实施改进的机会等。责任分配矩阵，是为说明项目范围内工作或收益的交付，所对应的责任分工的文档结构。组织分解结构，是将工作结构单元与组织单位相联系，而形成的一种组织结构。责任分配矩阵，是按照工作分解结构，来分配项目组织结构，确保项目范围内每个职能和要素都安排给确定责任单位或责任人的组织规划方法。在组织管理成熟度足够的情况下，各类分解结构的直接关联或二维、多维的整合使用，可以使项目所有的要素、资源、活动等工作，在相互关联、相互作用的系统、统一、清晰的逻辑架构下，都能落实到具体的岗位人。我们将在后续的章节中，结合项目场景展示其具体应用。

显而易见，WBS技术在建设工程企业的应用，是企业在相关职能分配、组织结构、合同管理、人材机等资源管理、成本管理、计划管理、财务管理、沟通管理等方面，基于系统化的顶层设计，已经建立起了稳定的、符合外部强制性要求的跨部门流程化、系统化集成的管理体系后，才能基于企业共同的基础主数据，实现应用和落地。如果"工作单元词典"中，来自项目不同专业、不同部门或不同流程的数据，在语义、语法、粒度方面没有统一的标准，或者由于相关工作过程之间在工作质量、时效性方面不匹配，就会导致"工作单元词典"中不同数据之间的缺失、紊乱或失去关联关系。更遑论在"工作包词典"层面或粒度，对WBS技术的有效应用了。建设工程企业的基础管理，只有抓住流程化、流程集成化，并通过推进标准化，使其流程成熟度和相关管理能力满足上述条件；才能在统一的粒度上，规范各类分解结构的工作单元词典元素，作为过程输入、过程控制、输出三要素的组件，实现相互关联或进行二维或多维的整合。我国建设工程企业在"部门墙"林立情况下，建立的项目管理信息系统，由于基础主数据层面的问题，导致系统在运行过程中，"堵点"遍布，除非人工大量地干预，否则难以按预期运行，就是这个问题的一个反向"实证"。企业管理的精细化程度，决定了流程"实体"拆解的粒度；"实体"通过其输入、输出关系，建立基于主题域的流程；不同主题域流程之间，通过相关"实体"建立相互关联、相互作用的逻辑关系；流程越精细，集成的复杂程度越高。只有这样，企业的战略和目标管理，才能起到"纲举目张"，对端到端流程的引领和牵引作用。"管理体系方法论"的"可证实和循证决策思维"，要求所有相关"过程"（即流程"实体"）建立"文件化信息"。"文件化信息"规定的粒度是"工作包词典级"，还是经人工处理集成后的"上一层工作单元词典级"，决定了企业是信息化，还是数字化转型的层级。而所谓流程的成熟度，包括了企业对单个过程"可证实和循证决策思维"，对多个过程之间"系统思维和基于PDCA的过程思维"，以及流程对"风险思维"和"目标和战略思维"的综合应用水平。这就是所谓的企业管理体系成熟度的实质，决定了企业基于流程的管理体系，所能达到的精细化管理水平。

计算机是基于0和1组成的二进制编码，进行逻辑运算的一种工具，工作分解结构（WBS）技术在建设工程企业的普及和成熟应用，已成为企业信息化、数字化转型的一种基础能力。我国建筑业部分头部央企，在近几年出台的企业项目管理手册或相关文件中，已经摆脱了以往被动的依靠IT企业项目管理软件采用WBS应用，以项目全流程责任分配矩阵的建立为目标，提出并探索对WBS技术的全面应用。未来企业应通过管理流程化、集成化、标准化工作，探索形成本企业适应我国建筑业传统的，单位、分部、分项工程划分的WBS技术应用标准。从基础管理的标准上，为企业全面信息化、数字化转型，培育集成化管理基础能力。

三、关于价值工程

价值流指的是从原材料转变为成品并赋予其价值的全过程。价值工程是优化生命周期、节约时间、增加利润、提高质量、扩大市场份额、解决问题和优先利用资源的一种创造性方法。如中国中车作为世界领先的轨道交通装备制造企业，近年来在"新基建"领域已有深入的战略布局；其工程公司是中国中车城市基础设施板块的载体、业务集成平台企业，依托中国中车轨道交通装备制造的优势产业链资源，正在为国内众多城市提供包括轨道交通建设、运营、维保、沿线土地TOD开发等价值流在内的一体化解决方案。通过广泛开展PPP、融资建设总承包、工程总承包等多种建设合作模式，全面整合规划、设计、施工、技术开发、轨道交通车辆及装备等多方力量，为沈阳、重庆等众多城市提供了一体化轨道交通解决方案。中国中车通过产业链延伸和项目生命周期优化，成功进入城市轨道交通工程建设领域，从战略高度提高了企业的价值创造能力。再比如建筑业企业，在施工图审核阶段积极提出设计优化建议；线状基础设施工程，涉及拌合站、预制梁场、铺轨基地等大型临时设施的规划建设，尽可能将策划决策权限,放在具有过程协调和管控权限的较高层级,以满足全线产能要求为底线,来统筹各个标段的大型临时设施建设,以达到从总体上减少投入的目的;在由业主负责的征地拆迁、交通倒改项目中,主动配合、适当投入加快可能影响工程均衡组织的迁改工作,或将由业主负责的大型拆除重建结构物,改纳到施工合同内实施,虽承担了一定的额外成本或合同概预算降造费用,但可以换取整个项目均衡组织、成本和工期最优的实施条件;在公路、铁路、市政道路等项目策划中,对土石方工程采取移挖作填、兼顾场地平整造地或取土造塘;在施工工法和设备选型上,尽可能利用现有施工设备或自身优势技术等。这些,都是价值工程理念在企业项目获取、策划和管理方面的体现。

当前,我国建设工程企业项目的价值创造,从规划、设计、施工、运营等环节,大多还处于各阶段价值流断裂、相互掣肘状态,导致建设投资、施工管理效益水平较国外存在较大差距。价值工程要求企业在战略规划、项目治理规则、项目规划安排、管理授权体系、资源统筹管理方面,通过目标引领、工作输入事项、管理职责和权限、知识管理、绩效考核指标等方面的系统安排,使企业在基础管理的集成化、标准化上,不断提升企业价值创造能力和水平。这正是集成项目交付,这一管理体系的魅力所在。

具体到建设工程企业的执行层,价值工程更多体现为项目管理决策中的经济技术理念,即从价值增值的角度,思考和判断项目实施策划、项目过程管理、项目变更建议方案的技术可行性及其经济合理性。有利于企业执行层,理解和配合企业项目管理流程化、集成化变革要求,提高对项目无效、低效管理活动的识别和规避意识和能力。

四、关于挣值管理

挣值管理(亦称赢得值管理EVM)是项目综合管理的一部分,致力于成本和进度与计划要求的比较,以确定项目实施情况。挣值法是19世纪晚期,由美国工厂中的工程师提出来的,他们以"计划值"为基准,进行绩效测量,然后根据"实际成本"来测量"挣值标准",从而更加准确地评估工作的绩效,更重要的是还定义了"成本偏差"即挣值减去实际成本的差额。把挣值除以实际成本的商作为成本绩效指标,挣值除以计划值的商作为进度绩效指标。1967年美国国防部推出"项目成本/工期控制系统规范",现已被纳入PMI项目管理知识体系和ISO国际项目管理标准。在挣值管理中,为测量项目实施情况,需综合考虑范围、进度和资源等因素。挣值,在建设工程企业是给定时间段内,已完成的实际工程形象进度和所对应的核准预算成本。挣值分析法价值在于对项目进度和费用进行综合度量，并预测项目可能发生的工期滞后量和费用超支量，以便有针对性地采取改进的措施。

《项目和项目群管理中的挣值管理》GB/T 39888—2021规范了一种结构化的方法：工作分解结构—进行计划的制定—组织分解结构—分配工作单元或工作包—配置资源—确定工序工艺—编制预算和确定依据主计划的工期指标作为绩效评价的基准。挣值分析，是一种利用挣值计算项目成本与进度偏差，以测量项目绩效的分析技术。有助于对包括但不限于预算、进度、人力、材料、设备等方面的分析和决策。挣值管理提供了一种综合项目或项目群范围、实际成本、预算和进度计划，用以评估和预测项目或项目群的执行绩效的绩效度量体系，是控制和分析项目或项目群的一种有效手段。可见，挣值管理与项目的风险管理、关键路径、关键链、挣得进度、资源管理、敏捷性、项目治理和持续改进等管理学说都有密切关联。挣值分析方法与挣值管理系统已在国际大型项目中普遍使用，1994年胡德银首次将挣值法引入国内，近些年挣值管理也逐步在国内兴起。在建设工程企业，使用挣值度量来决定绩效指标，可以在选定时点对所属经营单位层级企业、项目组合、项目群或项目进行状态评估，这些指标能够对被评估对象的管理决议提供信息支持。那些偏离的指标，可用来比较实际的被评估对象，当前的成本和进度与绩效度量基线之间的偏差。绩效度量基线应用于建立成本和进度的偏差阈值，当超出阈值时，要识别显著偏差，以便进一步管理和分析，以使企业或项目采取措施，及时纠正偏差，保证被评估对象按照预期的目标顺利推进。

对于建设工程企业而言，如承建一条完整城市地铁线路工程项目，其工程土建各场站和区间、站后铺轨、机电安装和装饰装修工程，在产品实现上有其内在的逻辑关联关系，本身就是一个项目群。至于项目组合，由于企业往往涉及项目投融资、外部利益相关方等因素，需要企业采取有区别的项目治理措施，但其落实到具体项目管理层面，则仍然表现为具体的项目或项目群。所以，在本书的描述中，如无特殊说明，我们都是用"项目"代指单个项目和项目群。建设工程项目责任目标成本和里程碑节点工期计划，是基于建设工程产品从无到有实现的逻辑顺序，结合资源配置安排所能实现的工效指标，通过网络技术分析确立的关键路径，制定的实施性施工组织设计基础上形成的。这就建立起项目工程产品，在不同管理责任单元、不同阶段，工期和成本上的内在逻辑关系。施工组织设计一旦被批准，项目的责任目标成本及其对应于工期计划的分解，就形成了项目管理绩效评价的基准。项目实施过程中的每一个时间点上，实际成本和形象进度与批准的基准进行对比，当偏差超过阈值时，就应当预警并采取管理措施。同时，采用当期的工期和成本绩效指标，还可以预测项目剩余工作未来的绩效，以支持对项目潜在风险的预期判断。工作分解结构、组织分解结构的整合点,是明确项目工作责任人的控制账户(亦称管理责任单元、工作单元,视论述场景对象而不同),控制账户须明确需要完成什么工作、由谁完成、什么时间完成、资源的预算是多少,并得到工作负责人的认可。在流程化不成熟的企业环境中,可以采用在时间轴上计算进度度量和指标的挣得进度;而非完整的挣值管理进度度量那样,在成本轴上对实际成本进行计算。它的前提是必须有完善的挣值管理体系,能够提供挣得进度指标所需的分段计划值或绩效度量基线,以及挣值信息。进度绩效与计划的比较可以发生在从工作包到其他层级控制账户(可以是分部工程、单位工程)、关键路径或项目的不同层级。建设工程项目的工程和技术、质量和安全问题、现金流问题等,通常首先表现为项目的进度下滑,从而进一步导致成本问题,所以挣得进度为进度和成本绩效问题提供了主导指标,挣值管理成本指标反而是绩效问题的次要指标。

目前,我国建设工程企业及工程、成本、项目管理其他相关人员,普遍不熟悉和了解挣值管理相关概念。企业在企业治理、项目治理规则的制定上,缺乏对相关业务流程和规则配套的系统要求,项目整体管理体系精细化程度不足。项目策划在工作结构分解和组织结构分解上,没有形成清晰、系统的控制账户体系,在项目过程出现问题时,无法追溯到具体的岗位或人;或者工程形象进度完成值、商务同步统计商务成本值、财务部门科目发生汇总成本值不能统一基准,项目得不到可靠的信息支撑;或者过程信息人为手工处理,信息失真,无应用分析价值等,都无法实现挣值管理。项目管理层只能通过各种人工渠道,掌握相关信息后,进行粗略的分析判断;或者目标管理体系不完善,岗位工作量旱涝不均,无法按照策划,实现以问题为导向的项目预控式管理。造成企业项目履约能力不足、低成本竞争力不够,常常导致项目,非关键路径工程变为影响工期的控制性关键路径工程,被迫加大投入、加班加点、打乱仗赶工。

还有一种值得说明的现象,就是经验管理。很多常年从事项目管理的项目经理,虽然没有从理论和实践上理解和掌握挣值管理技术;但是,其基于常年实践积累的经验,具备"老马识途"挣得进度风险的经验直觉,进而能够表现出较强的提前预测和防范项目工期风险的能力。但这就会造成项目对经验管理者的依赖,一旦他离开现场一段时间,项目工期就会积重难返或成本失控。

造成我国建设工程企业上述现象的根源,除了对挣值管理技术,从管理体系的设计上,不能主动实现系统应用外;还有"部门墙"对日常管理工作造成的割裂问题、信息碎片化现象。使企业执行层、管理层、决策层,对项目总体进度和成本情况,不能获得有价值的决策判断信息。IT管理信息系统,要依据程式化的逻辑架构进行开发、通过流程控制下的结构化数据或信息的收集、传递、共享,实现对传统管理的赋能。挣值管理技术,作为建设工程企业项目管理、企业项目治理、企业治理的一种基础性管理技术和方法，构成了建设工程企业全面信息化、数字化转型的一种基础能力。既需要企业从战略层面，完善对管理体系的顶层设计和改进；也需要建立和形成"大商务"管理理念，以及融入管理体系的相关流程和准则，形成适应全面信息化、数字化转型要求的基础管理能力。2022年3月国务院国资委在《关于中央企业加快建设世界一流财务管理体系的指导意见》中指出，企业可以建立统一的信息化管理系统，将财务工作、业务及管理有效地联合起来，实现共享业务流程规范化和标准化，在降低经营风险的同时提高经济效益。目前，建筑业头部央企实施的业务财务一体化系统，对信息的录入大多停留在，其他职能管理业务经人工处理后的财务信息上，业财一体化平台的功能都停留在财务核算层面。其中原因之一，是管理语言的不统一，造成企业管理信息集成应用上的"拦路虎"，尤其是工程、商务、财务的"一体化"。工程和商务之间，工程部门聚焦工序、工艺与资源的匹配性，现场产能工效符合计划的情况，其对计划的编制和下达以工程形象进度为关注焦点；商务部门关注成本与收入，但是在企业"大商务"理念和体系未形成情况下，商务的成本预测、成本控制、成本核算，在统计口径、数据来源、核算方法上，与工程口往往是各行其道；导致两个部门在控制账户划分、计划编制口径、成本归集口径上存在人为的不一致。在商务和财务方面，由于商务成本和财务成本的成本子项科目的名称、内涵和核算规则的不一致，数据和指标不通用，使得业务财务"一体化"举步艰难。只有工程策划与商务策划，基于WBS技术就层次结构管理账户达成高度一致；商务成本科目与财务核算会计科目，就控制账户相关信息标准统一，才能实现工程形象进度测算成本、商务过程成本与财务核算成本及资金支付，基于相同的数据标准和口径，实现打通。这背后核心的逻辑，就是挣值管理体系、挣值管理技术，在建设工程企业基础管理上的普及和应用问题。从IT行业看，业财一体化其实就是ERP系统平台，要求企业通过基础管理流程化、集成化，实现业务流、信息流、资金流的三流合一。其中的核心突破口之一，就在于挣值技术、挣值管理的理念、管理体系、分析方法，融入企业基础管理流程，在企业的全面落地。

建设工程企业执行层，在理论和实践方面，缺乏对挣值分析方法、挣值管理的认识和专业技术管理能力，即使企业建立起融入挣值管理的全面信息化、数字化项目管理平台，也无法在项目现场落地和按照预期运行。

五、关于产品实现过程

《质量管理 项目质量管理指南》GB/T 19016—2021和《项目管理 架构》GB/Z 23692—2009，把项目过程分为：管理项目必需的过程—项目管理过程，实现项目产品或服务所必需的过程—与项目产品或服务有关的过程两个方面。《项目管理指南》GB/T 37507—2019提供了项目管理及相关过程的指南；而与项目产品有关的过程，是项目管理过程服务和控制的对象。一个项目产生的产品、服务或结果，具有区别于其他项目产生的产品、服务或结果的特征；因此项目具有独特性，项目中重复要素的存在，不会改变项目在本质上的独特性。建设工程项目勘察设计、施工，以及相应的监理或工程咨询，所产生的设计交付成果、交付的工程实体及竣工文件，以及监理或工程咨询服务成果，不但每一个项目都具有产品或服务上的独特性；而且，由于建设工程项目所在地域，项目外部环境的独特性，更凸显了建设工程项目的独特性，对管理所带来的更为突出的挑战。这要求建设工程企业执行层，必须具备基本的对产品或服务的认知能力和水平，这从一定程度上，决定了企业执行层项目管理的成败。"管理体系方法论"的深刻理解和融会贯通应用，能够确保企业执行层，产品实现过程能力的提升。这在建设工程企业进入新的行业细分领域时，显得尤为凸显和重要。根据作者近十年来的项目管理实践经验，列举说明如下：

1. 工程认知

建设工程项目的独特性、临时性和一次性，一方面意味着项目团队建设，必须经过一个必要的磨合阶段，如施工企业的大型复杂基础设施项目，这个磨合过程往往需要1年到1.5年的时间，才能使项目团队基于统一的项目管理流程、准则达成一致和默契。相信项目管理信息化，能够大幅度地加快这种磨合过程、大幅度减少磨合时间。另一方面，项目团队对工程的认知，从业主所在细分行业或地方的管理风格、合同条件，工程所在的地形、地貌、气候、水文地质和其他外部条件（如市场劳动力、地材、施工设备资源），政府监管和其他利益相关方的要求等方面，都是全新的、独特的。如建筑业设计企业的产品或服务，公路、铁路、地铁等线性工程设计，首先，是选线、定线；然后，进行工程建筑和结构设计；其次，是机电安装设计。工业和民用建筑的设计，其程序是建筑设计、结构设计和机电安装设计、装饰装修设计。石化工程的设计流程是：工艺与自控流程图设计—工艺总平面布置设计—三维管道安装施工图设计等，所谓"隔行如隔山"。作者曾经目睹一个传统的房建企业，在首次进入城市轨道工程的施工中，简单地认为"地铁车站施工就相当于一个房建的深基坑"，由于没有认识到地铁车站内轨行区、土建和站后工程多专业之间，复杂的交叉施工关系，而导致项目管理策划失序，交付了巨额的学费成本；更遑论地铁工程相较房建工程，在征地拆迁、管线迁改，在线性工程工期关键路径施工组织规律、铺轨或制架梁基地安排等方面，存在的巨大差异。上述这些，都需要项目团队在工程实施的前期阶段，从对工程的全面认知方面，进行应对和解决。还有对产品的形成过程，安全、质量等各种技术条件制约的认知。比如：作者在审核深圳地铁9号线车站向站后铺轨预留孔洞策划方案时发现，负责该项工作的人员是铁路"四电"专业背景，由于不了解混凝土有初凝时间的限制要求，对轨道道床混凝土运输预留孔洞的设置距离，导致混凝土的运输时长超过了混凝土的初凝时限。这种由于专业局限，导致的工程认知问题，如果不能及时地发现并解决，无疑将对施工组织产生巨大的负面影响。作者在深圳地铁9号线、徐州地铁3号线的建设管理中，第一是组织项目各层级主要管理人员，进行招标投标文件、合同文本、设计概况、业主相关管理制度的全面学习；系统地组织施工现场调查工作，提高对项目实施的外部环境条件的认知水平。第二是组织设计交底，施工单位各级技术负责人，开展"读图讲图"活动，促进项目各级专业人员全面理解设计意图，为工程施工策划、工序安排、工艺选择、过程管控做技术准备。三是组织各级工程、技术、安全、质量、试验、监测等专业管理人员，开展施工技术规范、验收标准等的学习和考试测评，为工程的现场管理作技术准备。四是组织开展所有工序的样板引路活动，以全项目第一根桩、第一个隧道掘进、第一台盾构施工等，树立样板工序和控制标准，组织全项目相关人员现场观摩和宣讲。为项目各级围绕工程的协同策划和实施，提供了基础技术条件，取得了良好的效果。

2. 产品实现流程

建设工程实体从无到有的形成过程，有其基于结构和功能的特定内在逻辑和关系。如城市地铁工程从站前到站后，设计单位在设计过程中，需要通过设计总体的协调，保证各专业在功能、结构、施工工序上的相互匹配和协调。当前，由于BIM正向设计三维虚拟技术，尚未实现普及应用；导致设计文件在施工阶段存在大量的差、错、漏、碰问题。作为建筑业普遍共有的一种现象，我国施工企业主动应用BIM技术，通过施工建模，发现和提前解决管线碰撞问题。城市地铁工程土建、机电安装、装饰工程、轨道和"四电"工程，有特定的施工资质准入要求。地铁工程在转入站后工程阶段后，施工现场同时进行的工序，近30个专业类别。一个车站或区间，往往有10个左右专业队伍同时交叉施工。为此，我们在深圳地铁9号线站后工程策划中，在近一个月的时间内，组织土建和所有站后专业施工单位，经过40余次研讨，开发形成了，地铁站后工程关键工序及工效指标计划安排，如图2-1所示。并以此为核心，制定了《土建剩余工程站后界面移交计划》《图纸需求和优化节点计划》《站后物资设备需求计划》，成倍提高了项目施工的组织效率，杜绝了站后工程"打乱战"顽疾。随着建筑市场同质化、存量化竞争的加剧，未来企业之间的竞争，除了产业链、供应链所带来的市场资源组织能力外；这种基于产品实现流程的精细化、标准化，将构成建设工程企业核心竞争力的重要组成部分。相同的产品，谁能够采用更科学、更精细、

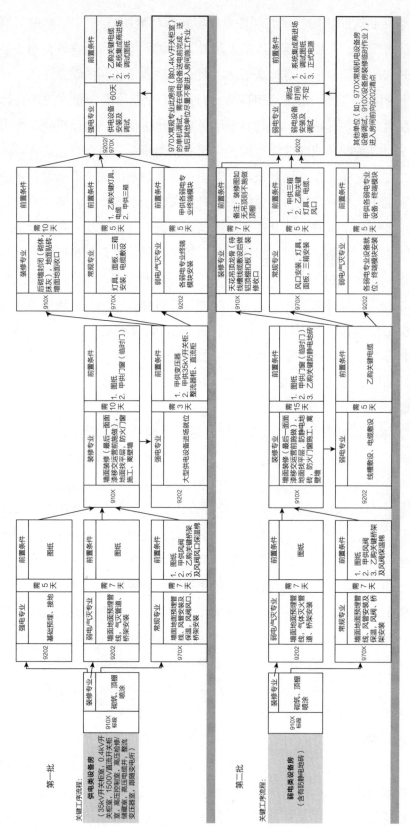

图2-1 地铁车站关键工序流程及功效指标示例

更经济的工序、工艺方法和标准，谁就会占据"物美价廉"的竞争优势地位。

3. 建设工程企业产品或服务工序、工艺，及其控制准则的开发和建立

我国建筑业数字化转型，处于经济社会各领域的末位。从宏观而言，是工业化、机械化、自动化水平低下，是劳动密集型、是产业工人队伍未形成等；但其最终的核心落脚点，都是建设工程产品或服务实现流程的标准化。想象一下制造业"灯塔工厂""黑灯工厂"自动化、智能化生产流水线，在机器噪声衬托下的各种监测仪表，此起彼伏闪烁期间的情景，这一点并不难理解：

（1）这是建筑业全面信息化、数字化转型的基本要求。现代IT技术赋能传统产业，无论建设工程现场多么复杂、多么独特，都是可以通过标准化活动，建立起产品或服务实现流程的标准化。这其实就是"精细化"管理，在产品实现操作层面的具体表现。这种精细化，在作业组织上，是实施工单管理、计划管理的前提；在作业控制和末端数据的采集上，是建立以工作包为基础的WBS词典的基础。BIM技术之所以被看重，首先是其承载的产品的数字化信息，可以被施工阶段基于WBS技术，从工作包层面被直接应用。没有BIM正向设计和设计成果的BIM模型交付，施工单位就要首先完成对"产品信息的数字化"。这既是一项重复性、工作量浩大的挑战，又会带来很多人为的失误、遗漏、扭曲；又是我们前述的挣值技术、挣值管理，也必须对相关流程及其数据，提出配套和支撑要求。没有工序、工艺流程的精细化、标准化，与项目产品有关的过程，就无法实现全面的信息化、数字化，项目管理过程和与项目产品有关的过程，就无法实现在数据层面的整合，所谓的项目管理信息化就缺乏技术要素标准化的支撑。我国建筑业各细分行业施工组织设计规范、施工规范、工程质量验收标准等，正是这一方面的具体沉淀成果。国内一些细分行业协会和头部建筑央企，在自身传统优势领域，也通过内部工艺技术标准的开发和知识管理，取得了一定的成果和进展。建筑业全面信息化、数字化，对这个层面的要求，将更全面、更广泛、更彻底。

（2）这是精细化管理的基本要求。建设工程项目的策划，包括产品或服务实现策划、项目管理过程的策划。与项目产品有关的过程和项目管理过程，通过WBS技术实现结构化的整合，建立起基于流程的网络化、集成化、系统化的项目管理体系架构；才能实现建设工程项目全生命周期内，人、财、物、信息、基础设施等信息，全面共享和相关管理活动的全面协同。没有信息化、数字化转型要求，建设工程企业的管理，也需要全面的系统化协同，现代IT技术工具使这种复杂的协同成为可能。而产品或服务涉及的工序、工艺流程，及其控制准则的标准化，是项目管理过程精细化、标准化的前提和基础；更是项目的作业层能否被纳入全面信息化平台管理的先决条件。

（3）"管理体系方法论"提供了产品或服务实现过程，流程标准化的思维方法和技术工具。"夜半临深渊、盲人骑瞎马"形容无知者的困境，建设工程项目全生命周期中，无论业主、参建单位还是其中某一个个体，在没有搞清楚一项任务"要求"的情况下，就仓促动手，不但失败的概率很高，而且往往会导致后续不可挽回的损失或难以承受的后果。"基于PDCA模式的过程方法"、范围管理、价值工程、WBS技术、挣值管理等，思维方法和项目管理技术工具，会赋予建设工程企业执行层，进行产品或服务实现流程标准化的能力，从而使建设工程企业的全面信息化、数字化转型，具体执行层能力的支撑。

在作者看来，我国建设工程企业要推进数字化转型，首先要从战略上进行顶层设计，以WBS技术应用、挣值管理为突破口，从基础管理的标准化入手，全面提升企业执行层，对现代项目管理理论和工具的理解和应用能力；进而基于最佳实践的总结，完善企业管理流程和标准；然后上升到管理体系层面，实现跨部门、领域范围端到端的流程化、集成化。不跨越这些基础管理标准化的短板，所有的信息化、数字化转型，都缺乏标准化支撑，难以行稳致远。

第二节　提高企业管理层集成管理标准化水平

建设工程企业的执行层，指的是以项目经理为代表的项目部或承担某个具体项目的临时团队，及其管理的作业层。建设工程项目管理是建设工程企业治理体系和日常运营管理水平的具体体现。企业的治理水平、管理体系及其对项目的治理架构、管理标准化水平，决定了企业的市场竞争力、项目盈利水平和可持续发展能力。建设工程企业内部层级企业之间的关系，属于企业治理范畴；各级企业及其项目之间的关系，属于项目治理的范畴；而建设工程项目全生命周期的管理，则属于项目管理的范畴。建设工程企业的治理，形成了项目治理的政策、组织、要素资源等内部环境条件，和战略、价值导向；项目治理提供了项目管理的原则、体系架构、流程、责任体系及绩效标准等，企业内部环境；项目管理是建设工程企业治理和项目治理能力和水平的集中体现。企业管理层（亦称职能层）在企业治理架构下，围绕项目治理，在内部层级企业之间顶层设计、自上而下、逐级细化的职能业务管理，以及围绕项目管理架构稳定、流程清晰、精细可控的标准化，是建设工程企业在基础管理上，推进实现全面信息化、数字化转型的核心能力。企业管理层对上执行决策层的战略价值导向（管理方针）、对下引导和控制所属企业和项目的治理原则、架构、流程和准则，通过项目的治理，实现企业的战略意图，使企业执行层的项目管理活动处于有序可控的状态，并通过支撑项目目标的实现，为企业的战略服务。我国建设工程企业，当前在基础管理标准化方面，需要进一步厘清，企业治理和项目治理、项目管理体系之间的关系，构建系统完善的企业标准体系，为全面信息化、数字化转型，提供标准化基础条件。这有赖于企业决策层的价值导向和战略引领，更取决于企业管理层的贯彻和执行能力。

一、完善企业治理及项目治理的职能业务支撑体系

企业的决策依赖全面、完整、可靠的信息，不同的企业治理体系，决定了企业内部资源、信息、需求流的接口和流向，但都必须保证内部各级企业相关信息的完整性、可用性和适当的敏捷性，这是企业治理体系支撑和维持企业运营必须满足的基本要求，而企业管理层在其中，处于纽带和承上启下的地位。以我国建筑业央企头部企业为例，大多形成了母公司和多层子公司组成的多层次的国有企业结构：股份公司（上市主体）—一级集团公司子企业—二级子企业—三级、四级子（分）公司；同时各级企业还有其区域公司、事业部、SPV公司等法人或非法人机构。在企业实际日常运营中，内部各级企业都在独立地承揽和管理项目，以期实现企业的生存和发展目标。我国建筑业按照建造师专业类别划分为十个细分行业，在建筑业每个细分领域，工程总承包模式在快速发展的同时；建设、勘察、设计、施工、监理"五位一体"项目组织管理模式，仍占据建设工程项目实施组织方式的主体地位。我国建筑业央企头部企业，大多在行业细分领域和地域方面，除了巩固传统优势领域业务的发展外，通过设立事业部或专业法人实体工程公司（包括设计院），明确相关拓展、创新业务发展的主体责任，和项目治理、项目管理责任主体。这就使建筑央企头部企业的业务，往往包括海外、地产、房屋建筑、设计（多有包含监理或其他工程咨询业务）、基础设施、新基建、持有项目运营等多个业务板块；在地域方面，建筑业央企内部各级企业，大多成立法人或非法人实体的区域公司，统筹特定地理区域内的市场营销或区域市场的全面发展。这就构成了建筑业央企头部企业，在原来传统的内部层级企业基本治理结构基础上，在每一个层级，又都形成了或多或少的不同业务板块治理体系，和地域管理的区域公司的治理体系。建设工程企业这种多层级、多地域、多业务板块的组织治理体系中，每一个治理实体，都根据其经营责任、生存发展要求，要建立适当的组织结构，形成企业管理层，支撑企业的运营。在推进企业基础管理的标准化过程中，围绕管理层需要关注以下几个方面的问题：

1. 确保企业管理层持续满足和适应企业项目治理和项目管理的实际

以第一章第一节所列举的我国建筑央企头部企业为例。从上述企业门户网站组织

结构图可以看出，其内部层级、业务板块和区域机构组织结构现状，有很大一部分原因，是出于项目治理和项目管理的需要使然。按照我国基本建设管理体制和市场投融资体制，2014年起，国家在公共领域大力推广PPP模式，PPP项目启动的法定前提条件，是项目可行性研究报告获得批复；EPC工程总承包的发包条件，是"工程可行性研究报告获得批准"或"初步设计文件获得批准或者总体设计文件通过审查"。虽然两者在可研报告获得批复后都可以启动，实际上对可研报告深度的要求不同。《招标投标法实施条例》第九条规定，已通过招标方式选定的特许经营项目投资人，依法能够自行建设、生产或者提供，可以不进行招标。使PPP+EPC+特许运营（BT方式下，特许运营往往单独确定运营商），成为建筑央企近年来普遍采用的一种项目实施组织方式，并成立了众多的SPV公司，组织集团内部所属企业，具体负责项目的设计、投融资、建设、运营维护与移交等工作。

建设工程项目是一次性的。对于建设工程企业而言，目前建设工程项目最复杂、最全面的项目实施组织方式，就是PPP+EPC+特许运营模式。这种模式管理的标准化问题解决了，相应的"五位一体"下的，勘察设计项目、施工总承包项目、监理或工程咨询项目、专业工程承包项目，就可以被覆盖和实现标准化。但就建设工程企业内部，不同业务板块的项目管理而言，由于建设工程产品特性带来的在市场营销、工程技术、项目管理经验的差异，以及企业在不同业务板块相关资源、知识积累的不同，造成企业必须以事业部制、专业的综合性工程公司或SPV公司方式，承担不同业务板块的项目、项目群、项目组合治理和项目管理。以在企业总体战略和价值导向下，落实特定业务板块，企业层级的运营及其项目治理的差异化要求。完善针对所有业务板块的责任制、目标管理和考核体系，以确保其在特定的资源、管理成熟度约束条件下，能够根据企业发展战略和项目投资决策，具体负责权衡利益相关方的需求和期望，以及风险管理需求等，合理确定项目优先级，保证项目目标的实现。这些都要求，建设工程企业通过适当的业务职能管理战略、管理方针，为各业务板块的项目治理和项目管理，提供尽可能多的通用程序、流程和准则。在项目支持性业务如人力资源、财务、安全上，执行母公司统一的规定；在项目管理过程标准上，为集团内部不同管理成熟度的企业或业务板块，创造个性化、差异化的发展空间。如铁路建设工程项目业主，往往要对施工单位的项目资金进行规则化的监管，这就需要参建企业调整内部资金集中管控的流程，以满足业主的要求。作者在项目管理实践中，还目睹过实施集中采购的企业，在项目现场装饰装修工程施工已经过半，但企业总部集中采购控制的，分包单位的招标和合同签订流程尚未完成。一些长期从事房建业务的企业，初次进入铁路、公路、地铁等基础设施建设领域，对征地拆迁、水文地质条件等外部因素，导致项目实施管理方案调整，要传导到后台总部对项目目标责任指标的调整，因总部迟迟不能做出及时的变更反应，导致人为的项目履约障碍，甚至造成项目最终亏损。我们也看到某家建筑央企，在总部设置业务板块事业部，牵头负责企业内部各层级，在特定业务板块项目遇到的类似问题的协调和决策，作为项目和公司总部其他相关部门沟通和协调的桥梁纽带，通过内部针对某业务板块特定的制度、标准的建立和实施，较好地解决了上述问题，极大地提升了企业项目履约管理能力。

我国投融资体制改革带来的，PPP+EPC+特许运营或其他形式的工程总承包管理实施组织方式，使建设工程企业的产业链、供应链，从原来以设计或施工为主体的业务结构，不断向规划、设计和项目建成后持有运营两端延伸；随着房地产市场进入存量竞争时代，国家城市圈战略布局，带来的建筑市场格局未来的变化趋势，建筑业头部企业业务范围，不断向不同细分领域拓展，其采用区域总部、区域公司策略，争抢城市圈市场份额，市场同质化竞争日趋激烈。都需要建设工程企业，在各级管理层组织结构设置和职能分配上，提供可靠的职能管理保障和支撑。

2. 提高各层级企业管理层自上而下贯彻项目管理的政策、方针和原则的能力

PPP是政府和社会资本之间长期的合作关系，自2014年国家大力推广PPP模式以来，《建设项目经济评价方法与参数（第三版）》中，财务盈利能力评价指标被广泛应用于PPP项目的各个阶段，是政企双方确定项目收益水平、能否达成合作的重要参考依据。《政府和社会资本合作项目财政承受能力论证指引》（财金〔2015〕21号）也对有效防范和控制政府方财政风险，提出了要求。PPP项目，是各参与方通过利益和风险科学测算，分析"博弈"后，达成的一种"合作共赢"。在作者近十年来参与的三个投融资项目中，其中同一个PPP合同项下，包含三个特许运营协议的独立的、不同专业类别、由不同的政府部门监管的建设工程项目。在该项目建设期，其中启动较早的一个项目，施工单位通过变更设计，大幅度调高建设规模，导致整个PPP合同资本金融资口径被突破。但在此过程中，由于项目上级相关层次监管责任主体调整、监管缺位，决策滞后。导致同一个PPP合同项下的，其他两个启动较晚的建设项目，资金链断裂，后通过地方政府和企业协商，调减后续项目的建设规模、调高SPV公司注册资本金，来满足剩余两个项目的建设资金需求。在此过程中，其中另一个项目的建设施工，因此被迫停工半年，造成项目未按期完成，项目投资成本增加、运营期后延。还有的PPP项目，因建设工程质量问题，导致项目建成后，迟迟不能交付运营。不但造成投资成本增加，而且大幅提高了运营期工程的维护成本，造成企业方项目亏损，政府方信誉受损。PPP+EPC+特许运营模式下，SPV公司章程规定公司股权结构、责任边界、权限和决策运行机制是公司工商注册的前提；SPV公司注册，是项目

融资合同签订、项目各类备案审批、发起工程用地起征申请的前提；施工图设计文件审查完成、建设资金到位，是施工总承包、监理招标的前提条件；一直到施工许可获批，项目建设施工全面展开等。按照国家基本建设程序，工程总承包模式下的，建设工程项目管理链条越长，意味着企业层面，在项目投融资、项目治理责任主体、项目管理流程和标准上，基于流程的项目管理标准，开发和建立的要求就越高。这都有赖于企业各层级管理层，越要掌握和践行系统思维和基于PDCA的过程思维，按照IPD理念，提高其基于流程的，对项目全生命周期协同管理能力和水平。

工程总承包易于实现对基本建设程序各阶段的整合，提升项目全生命周期管理的系统性。有利于提高项目设计质量，控制项目实施过程的交易成本和风险，增强项目实施过程的安全质量保证能力，提高项目投资效率和效益水平。从价值链的角度，工程总承包使项目从单纯的施工，向利润率较高的规划设计、交付运营两端延伸，是政府、建设单位、工程总承包单位实现共赢的有效途径。当前，建设工程企业的业务范围向产业链两端延伸，既是机遇，也是挑战。企业的项目管理链条越长，意味着建设工程项目全生命周期内，不同阶段的风险相互叠加、相互作用的传导放大效应就越明显。要求建设工程企业，必须通过充分的论证，采取适当的项目管理政策、方针和原则，使参与项目的内外部利益相关方，按照项目最初的策划，有序参与到项目全过程的管理中，确保项目预期目标的实现。比如：作者在徐州地铁3号线建设过程中，地铁车站位置原有市政道路下，暗埋的大型雨污水箱涵，需要提前完成迁改施工。该工程按照合同约定，由业主协调城市市政管理部门，负责实施。据了解，市政部门选择该工程的施工队伍，需按照政府采购流程进行招标投标，时间周期需半年左右，才能完成施工委托合同的签订；而且，当地施工队伍力量相对薄弱，施工周期长，与车站主体施工单位同一现场交叉作业，也增加了现场管理的协调难度和相互干扰风险。政府市政部门组织该项迁改工程预期的工期，与地铁车站主体施工计划安排存在严重的冲突，有可能造成项目总体工期关键路径的延误。徐州市政府重点工程协调办公室，基于以往地铁建设的经验，赞成项目总包部提出的，将该迁改工程纳入施工总承包合同范围，由主体工程施工单位负责实施，以化解地方单位迁改施工周期长，可能带来的地铁全线工期风险。"变更"的理由是主体施工单位主动承担该箱涵的迁改施工，虽在一定程度上增加了成本，但该动议造成的损失，可换来整体工程均衡性组织的条件，可有效地规避由于征拆滞后，可能导致的后期大幅度的赶工成本增加，或由此造成的连带工期滞后风险，从全线工期计划管理总体需求上，是经济的。但这项变更的审批，在该工点所在标段后台企业总部的评审中被否决。理由是施工总承包合同有降造8%，由业主负责的管线迁改工程没有降造规定；该箱涵迁改施工，因涉及城市市政管理要求，我方承担施工组织责任，仍需使用政府部门分包商名录中的队伍，其在迁改施工费用上，仍要求按照不降造的价格签订合同和支付工程款，这就意味着"变更"会带来主体施工单位额外的"降造"费用成本。既没有名，也没有利。后经过上一级企业总部工程部门和商务部门的会商同意和协调后，才使该项"变更"得以实施。

由此可见，企业管理层构成了建设工程项目，企业的内部环境和后台支撑。建设工程企业内部参与到项目的各级企业管理层，承担着项目管理政策、方针和原则的落地、执行和监管的责任。全面信息化、数字化条件下，建设工程企业绝大多数管理岗位人员，都要在信息化IT管理平台上，处于某一系统流程的节点位置，承担相关数据的采集、录入或审核责任。这就意味着企业必须通过标准化工作，加强对内部层级企业、区域机构、SPV公司，组织结构的治理和岗位设置的标准化管理，合理确定其面向项目治理和项目管理的，职责和权限分解、管理接口，以及资源、信息、业务流策划控制安排。工程总承包项目，给建设工程企业内部各层级企业的管理层之间，基于统一基础标准的、相互的协同，提出了系统化、流程化、集成化的更高要求。

3. 数字化转型是企业管理层，人力资源集约高效利用的必由途径

企业的运营和项目管理都是由"人"来主导，都受到资源的约束，都遵循策划、执行、控制、改进的基本管理逻辑。企业内部层级和分支机构的增加是一把"双刃剑"。一方面，有利于贴近目标市场和项目管理；另一方面，也分散和散点固化，稀释了企业宝贵的核心人力资源，削弱了企业集成化、标准化体系集成开发能力，增加了企业标准落地的难度和信息流处理路径的复杂程度。更需要企业提高集约管理及其标准化水平，以获得资源的统筹利用效率和集约化管理带来的潜在收益。而全面的信息化、数字化转型，是建设工程企业未来唯一的"既能扬长，又能避短"的途径。这就使企业信息化管理平台的集团统建，成为一种必然的战略选择。

二、增强管理层对项目治理和项目管理的保障能力

建设工程企业项目管理的程序、方法、工具、标准，均来自且须执行企业总部的规定。以PPP+EPC+特许运营项目为例，SPV公司作为项目的管理主体，具体负责项目的履约、价值创造和价值交付。建设工程企业以投融资带动工程总承包，其项目设计、施工总承包，一般均主要由其集团内所属企业承担。企业作为项目的投资发起人，将承担项目成败的最终风险。由于建设工程投资额巨大，项目投资的成败，事关企业生存和发展，大多数企业都对投资决策，实行高度集中化的管控。如我国建筑央企头部企业，在高管层一般都设置了"投资管理委员会"，对全集团的投融资项目，进行高度集权化的评审和决策，以确保项目符合企业发展的战略要求，严格预判和控

制项目潜在的各类风险。在项目中标进入实施阶段后,首先要确定投资管控的责任主体单位,具体负责对SPV公司,PPP项目全生命周期投融资的监督管理工作。从项目投融资预算管理、统计、监控和预警、后评价,进行全过程管理;并将所有融投资项目作为利润中心,纳入母公司财务管理系统,实行独立核算和监控。其次,明确企业层级的EPC项目监管责任主体。SPV公司可以作为建设单位,履行投融资、项目前期报建审批、设计管理、施工总承包管理、工程交付、项目运营和移交职责;或者成立工程总承包部或指挥部,承担工程设计、采购、施工总承包管理职责。其中,工程总承包管理其组织结构,如图2-2所示,企业同样要明确其授权范围、决策机制、重大问题报告和协调处理路径等。再次,是施工总承包组织管理模式,要综合考虑施工标段划分、工程监理、设计配合施工等安排,明确施工总承包管理责任主体、范围以及施工总体部署方案、资源保障措施等。企业管理层各部门,都要从以下方面分工负责,确保国家和行业相关法律法规要求,在项目的落地,保证项目全生命周期活动的合规性。

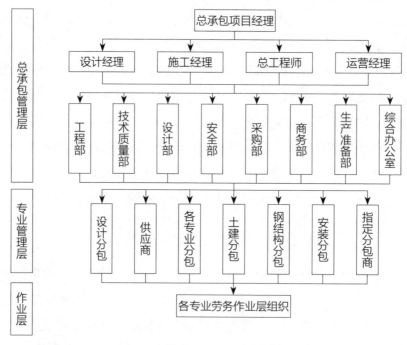

图2-2　EPC项目的组织架构(引自李茂月,重庆大学)

1. 内部层级企业,围绕项目组织管理模式的合规性

《建筑法》《建设工程质量管理条例》和《建筑工程施工发包与承包违法行为认定查处管理办法》(建市规〔2019〕1号文),规定了建筑施工承发包违法行为的治理要

求。要求建筑业企业在转包、挂靠、违法分包上，对内部层级企业在市场招标投标、合同签订、施工组织、项目履约等环节，规定明确的各类违法行为认定标准和合规性实现途径，确保各级企业，项目组织管理模式和项目管理行为的规范、合规、高效。如：关于工程转包的表现有，母公司承接工程后将所承接工程，交由具有独立法人资格的子公司施工；施工总承包单位或专业承包单位，未派驻项目负责人、技术负责人、质量负责人、安全负责人等主要管理人员；或其中一人与施工单位未签订劳动合同，且没有建立劳动工资和社会养老保险关系，或项目负责人未履行组织管理职责；承包单位将工程肢解后，以分包的名义分别转包给其他单位或个人；合同约定承包单位负责采购的主要建筑材料、构配件及工程设备，或租赁施工机械设备，由其他单位实施或不能提供合同和发票；专业作业承包人承包的范围是承包单位的全部工程，其计取的是除上缴给承包单位管理费外的，全部工程价款的等等。上述每一条，都可能造成分包违法、违规，都需要企业管理层制定相关的内部规范、标准予以控制。

2. 作业层组织管理的风险防范与合规控制

建设工程企业作业层的组织模式和标准，不仅涉及《劳动法》《劳动合同法》关于用工制度的合规性，建筑施工承发包违法行为治理；还涉及贯彻落实《保障农民工工资支付条例》的要求。须建设工程企业在层级企业、项目部层面，从机构设置、人员配置、制度建设、工作机制方面，完善劳务和作业层管理体系建设；在分包商选择入库、分包合同签订、劳务实名制管理、农民工工资专用账户开设、劳动合同及实名制考勤、工资支付管理等方面，明确工作流程和标准，有效防范相关用工风险，履行企业社会责任。这些都要求企业管理层，建立跨部门的协同工作机制，予以规范和监控。

3. 项目过程监控和改进

企业管理层要围绕项目的相关活动，以贯彻国家、行业法律法规和其他要求为底线，建立完善的项目管理制度体系，规范项目与企业总部、层级企业之间，围绕项目的信息沟通和管控机制。保证各层级企业管理层之间，形成数出一源、协调一致的，对项目过程的指导、监督和控制，以及时地发现项目存在的问题，采取纠偏措施，保证项目目标的实现。比如：传统从事房建业务的建设工程企业，很少接触到像公路、铁路、地铁工程，在征地拆迁、管线迁改、绿化迁移、交通疏解等前期工程方面，对工程施工组织的影响。项目前期工程大多数由建设单位负责，也有的投资项目由企业负责实施。前期工程不能按预期完成，会造成工程无法按照预期的安排，获得施工场地或正常的施工条件，导致工期关键路径调整，甚至建设工期延误、成本大幅增加。作者在深圳地铁9号线和徐州地铁3号线，通过对业主负责的前期工程，进行内部配合协调管理过程的识别，制定工作流程和标准如图2-3所示。

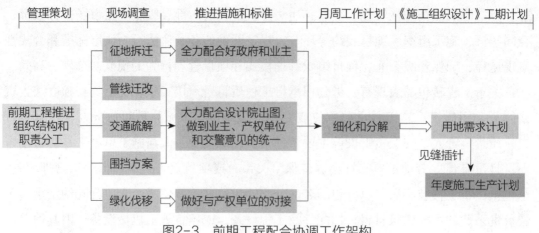

图2-3 前期工程配合协调工作架构

具体的做法：一是由项目工程部门组织，对照前期工程设计文件，对工程施工用地范围内，各类征地拆迁建筑物、各类管线、交通疏解、绿化迁移的全面调查，通过分类现场踏勘、数量清点、探挖核对、走访交流，调查清楚每一项前期工程项目，设计有无遗漏或差错、是否存在受施工影响的沉降或开裂受损风险、有无影响迁改施工的外部连带问题等，形成完整的前期工程分类、分项统计台账，和前期工程相关风险识别和分级管理台账；二是由项目部前期工程协调部门，逐项核对迁改项的产权单位、施工单位，及其对征拆过程的要求；三是按照项目施工组织设计确定的各工点开工时间，预留适当的提前量编制全部前期工程完成时间节点计划，作为施工组织设计的组成内容，一并报业主确认；四是制定前期工程月度执行计划，报送业主、监理、相关产权单位，并由项目前期工程协调部门，建立月度或周前期工程迁改推进情况统计表，通过可能影响迁改推进工作进展事项的管控，将业主、监理、设计、产权单位、迁改施工单位纳入统一的计划管理。

在明确上述工作思路、迁改过程和流程标准的前提下，使项目部各部门的相关工作处于相互协同的管控状态。并通过目标管理手段，分清轻重缓急，对前期工程各项现场调查完成时间、产权单位对迁改方案确认、设计单位方案确认、方案稳定、迁改费用财审情况、迁改合同签订、迁改费用支付、迁改施工队伍进场、迁改过程需要协调事项落实、迁改进度滞后等情况，进行过程监控和协调。通过该流程的实施，基本消除了地铁前期工程滞后现象顽疾，为工程均衡组织，提供了场地和相关施工条件保障。建设工程企业管理层，要依据企业职能发展战略和职能管理方针，建立职责范围内职能和要素管理顶层设计，实施自上而下逐层分解的指标体系，及时识别、总结上述类似的项目管理最佳实践，纳入企业基础管理制度和相关标准，实现内部各层级企业管理层、各部门的同质化、标准化的管理，并逐层细化。在全面信息化条件下，类似的流程，对于一些业务板块而言是多余的；而对一些项目管理而言，系统平台没有这部分流程，由前期工程可能造成的项目履约问题的信息及其原因，就会被忽视，从而影响各级决策层，对项目信息的遗漏，无法准确掌握项目情况，及时做出项目改进的决策。

三、提高企业管理层项目管理流程集成化能力

项目是建设工程企业的核心业务，合规是其底线。项目的管理流程化、集成化，是企业管理成熟度的标志性里程碑，是价值工程、WBS技术和挣值管理等项目管理技术应用的内在要求，更是全面信息化、实现数字化转型对基础管理的基本要求。建设工程企业是建设工程项目履约的责任主体，任何一个建设工程项目，都是由建设工程企业总部和现场项目部协同完成的，其成本主要取决企业总部。即使在当前，项目集成交付理念和管理体系，在我国建筑业未得到全面理解和落地情况下，因为项目部的临时性、一次性、人员的高度流动性；项目的市场营销、招标投标或议标、项目实施的资源保障和过程监控、项目交付后的缺陷责任期、特许运营，以及项目相关的优质工程申报评选、项目最终结算、项目目标责任书考核兑现等工作，均主要由企业总部完成。项目部的工作从项目收到中标通知书、任命项目经理开始，到交付和结算完成、项目部解体终止。

自1984年云南鲁布革水电站建设引入"项目法"施工以来，我国建设工程企业目前均已形成了典型的项目型组织结构。建设工程企业治理、项目治理，都面向和服务于单个项目、相互关联的一组项目组成的项目群、基于业务板块或投融资带来的项目组合的项目管理。这决定了建设工程企业总部层面，各层级企业、事业部、区域机构和专业工程公司、SPV公司的布局、组织结构、经营管理责任制和目标管理体系。无论是PPP+EPC+特许运营、勘察设计、施工总承包、专业承包；还是工程监理或全过程工程咨询项目，都要遵循启动、规划、执行、监控、收尾5大基本管理过程，每一个项目，都是由一个特定的总部及其项目部，负责其全生命周期的管理。企业的日常运营和项目管理是相互独立，又相互关联、相互作用的两大范畴。建设工程企业的运营，是一个持续的、重复的运行过程；而项目是临时的、独特的一次性活动。

以《项目管理 术语》GB/T 23691—2009中，项目管理的几个术语概念为例，说明建设工程企业项目管理流程化、集成化的要求。

1. 项目采购管理

项目管理的一部分，致力于从执行组织外部获取，达到项目范围所需产品与服

务。建设工程项目，由各市场参与主体协同进行的一个复杂的、系统性过程。项目采购往往涉及分包、分供、技术咨询、合作开发、试验检测监测委托、安全评估、造价咨询等各种专业。采购工作本身，从流程规划、询价规划、询价、采购合同管理、采购合同收尾等，有其内在的规律性要求。这构成了一个完整的流程，以支撑企业关于采购方面的战略、目标管控要求。但是，不同专业领域的采购工作，由于其采购标的所涉及的法规和标准要求，相关的风险管控技术差异；不同采购标的，在采购工作各个环节，如供方选择评价标准、合同条款、采购过程控制等方面，具有一定的技术门槛，要求专业的人干专业的事。这就使得不同的采购标的，依据企业内部层级、部门设置、职能分工，需要被分配到不同的部门或层级分工实施，所谓的专业化导致科层制。采购作为建设工程企业一项必不可少的职能需求，是组成企业供应链的主要内容。电子商务采购平台是采用信息化、数字化手段，提高企业供方选择和管理、询价、合同、结算和支付效率及质量的有效途径。在保证采购流程完整性的前提下，不同采购标的由不同的部门负责具体执行；这就必然导致采购管理主流程，与不同部门的工作流程之间的交叉和关联。形成在具体操作环节各负其责，在整体采购流程上执行端到端统一标准的，不同部门和层次工作流程之间相互关联、相互作用的集成网络化流程的安排。并通过采购合同的履约担保、支付和结算，与企业财务流程进行集成和关联。

2. 项目风险管理

项目管理的一部分，致力于减轻风险对实现项目目标的影响。建设工程企业风险的来源极具复杂性，市场的、工程的、技术的、经济的、社会的等。企业内部管理或外部来源的各类风险，往往存在相互交叉、相互传递叠加、相互作用放大关系。一些风险是局部的、具体的，可以由一个部门或岗位层级的职能范围管控；有的风险则上升到项目部或企业层面，需要从企业或项目的管理体系、项目策划等较大、较高层面，采取系统措施予以应对。这就使风险管理，成为企业决策层、管理层、执行层、作业层活动，所共有的工作属性和要求。风险识别、风险定性定量分析、风险响应规划、风险监测与控制，有其系统的规律性要求，这构成了一个完整的端到端流程。但建设工程企业项目的风险，往往是综合的、需要各方协同采取综合措施，予以管理和控制。比如矿山法隧道施工涉及的风险有，因工程地质原因，存在沉降、坍塌、突水、冒泥等安全风险；由于企业工程认知和经验限制，可能导致的中标价潜亏风险；分包选择或管理不善，导致的质量或工期、成本风险；施工过程技术方案不周或执行控制不到位，造成的工期、安全、质量、成本风险；工程临时设施投入过大，或隧道开挖临时支护参数随围岩类别变化动态调整等，不能及时通过过程签证，获得合理的成本补偿，导致的成本结算风险等。

再比如在企业层面，2023年上半年，国家PPP项目审计，导致全国PPP综合信息平台暂停；对企业市场营销、在建PPP项目及运营期项目的冲击风险。这种企业层面风险，需要跨部门的汇总识别、分析和应对策划。由此可见，建设工程项目临时性、独特性带来的风险，必须从项目全生命周期价值流角度，进行系统识别、评估和控制策划；并结合工期、成本、安全、质量等外部约束和内部目标要求，进行综合权衡，合理确定优先级，以适当地应对各类风险，才能确保企业综合利益最大化目标的实现。这就必然要求建设工程企业，有一个主责部门负责风险管理端到端流程的建立、维护和改进，而其他部门和项目部，须根据职能分工或具体项目风险管控要求，通过不同流程之间的交叉、联结，实现对企业风险、项目风险的综合识别、评价、策划、控制，进行绩效报告，形成企业流程化、网络集成化的风险管理体系。

3. 综合变更控制

协调整个项目进行过程中的变更的活动。建设工程项目合同及其有效组成文件，任何的实质性更改，都属于项目变更。既包括外部合同，也包括内部合同。项目外部合同的变更如：国家强制性标准变化，导致的工程建设标准、施工工序或验收标准调整，造成的合同造价成本的变化；政策性环境保护、税金、贷款利息调整，带来的对项目工期或成本的影响；业主对工程物资设备，甲供、乙供方式的调整，涉及料差补偿和质量控制责任的变化；业主临时指定分包，涉及工程结算归口和支付资金的时间成本；施工图数量、清单工序特征描述的变化，导致工期或清单组价的变化；非企业原因，因工程施工组织方案调整，产生的非预期投入成本或工期的变化；工程实体质量争议，导致的非企业责任的，新增质量确认成本费用等。对内合同方面如：设计单位，施工图设计文件因各专业分包之间，协同不到位，而导致的后期变更；施工单位，因标段划分范围或工程单位、分部、分项划分的调整，都会导致工序验收责任、合同结算归口、竣工文件归档移交责任等的变更；分包、分供违反合同约定，给企业造成的工期、成本损失，或安全、质量信用损失等。综合变更控制，一般都要执行项目合同的约定；要求企业在项目治理规则上，应有对不同流程及其相关的部门、岗位职责和权限、工作标准等，相配套的预先安排。这必然要形成跨部门、跨层级的基于流程的协同和流程的网络化集成要求。

建筑业项目管理是将方法、工具、技术和能力应用于一个项目，组织各种资源来实现项目的可交付成果。建设工程项目涉及的各种概念和要件，有其明确的范围和最佳实践总结，具有相对的稳定性。对于特定的建设工程企业而言，与上述列举的三个类似的概念（亦称主题组）及其流程，都通过企业管理层进行定义、规范和控制，每一个概念或要件的流程和准则，都有其内在规律性。既要满足企业相关的政府法律法规、规章和规范性文件的要求；同时，要考虑项目合同约定的利益相关方的要求，并以企业战略目标为导向；而且，各概念和要件的管理流程，与企业和项目的组织机构设置密切相关。简单而言，企业管理层机构设置越简单，跨部门的流程接口就越少；而分配到具体职能部门的流程就越复杂，当然对部门人员的能力要求就越高。我们只列举了上述三个项目管理概念，使读者能感受到，当前企业以部门为单元的职能和要素管理格局下，管理流程所客观存在的，跨部门、跨层级的流程网络化集成要求。事实上，建设工程企业几乎没有任何一个管理概念或要件，是由某一个部门可以独立覆盖或完成；几乎所有的概念或要件流程，都是覆盖和关联至少两个或多个部门。这些概念和要件，当前在建设工程企业，都具体表现为企业的职能和要素管理。这实质上反映了这样一种现实：建设工程项目管理涉及的各种概念和要件，都有相对应的外部法规和标准的约束；特定概念和要件，都有所需的管理知识、专业技术，构成了对人的能力要求门槛。即专业化产生了分工，专业化与科层制结合，就产生了流程。流程导向的管理下，传统部门管理，容易产生"只见树木，不见森林"的问题，就需要KPI。KPI就是，流程把部门作为一个整体分散后，通过KPI再还原。

职能和要素管理服从、服务于企业决策层、企业治理和建设工程项目价值交付过程。项目的价值形成和交付过程，有其内在逻辑和客观规律性，这决定了建设工程企业的职能和要素管理，围绕项目的价值形成和交付过程，必须进行跨部门、跨层级的流程化、集成化。所谓"上面千条线，底下一根针"，才能满足项目价值交付过程，对管理、资源、信息等需求流的管控要求。企业决策层通过职能和要素管理方针和KPI、项目目标责任书，将总部职能日常持续性、重复性的运营过程，与项目管理的临时性、独特性过程之间，进行整合，使之共同服从和服务于企业的发展战略和价值观。这种整合形成的以企业面向市场的，端到端的融合、关联、匹配、支持项目全生命周期的，各种概念和要件的流程网络化集成，就是所谓的集成项目交付（IPD）管理体系。企业管理层，在其中处于承上启下的纽带地位。

当前，建筑业数字化转型，被业内普遍关注的主要问题之一，是"部门墙"导致的信息碎片化、信息烟囱。其实质是建设工程企业，普遍没能"基于PDCA模式的过程思维"，全面识别建设工程项目管理全生命周期所需的过程；或者因为囿于部门利益的藩篱，不愿意通过相关过程的输入、输出，建立跨部门的过程接口和流程联结；或者缺乏决策层顶层设计和推进，而无法使其集成化、标准化。我国基本建设程序确立的建设工程项目全生命周期，及其各个阶段或者其组合，都可以视为一个过程。上一个阶段过程的结果即输出（如设计阶段交付的施工图设计文件），是下一个阶段（如施工阶段）的依据和过程的输入。建设工程项目全生命周期的每一个阶段，都包含启动、规划、实施、监控、收尾五大过程组（其实质是PDCA模式的具体应用）。这五大过程组之间不是孤立的，而是通过上一个过程组的输出，作为下一个过程组的输入，实现五大过程的相互关联、相互作用关系。《项目管理指南》GB/T 37507—2019（ISO 21500：2012）描述的39个过程流程图，形象地表达了10个项目管理要件（主题组）与五大过程组，通过输入、输出所形成的相互关联、相互作用的流程化情景，这样的流程化，使得每一个过程输入、输出及其所承载的信息或者数据，有了特定逻辑下的传递、应用、控制和分析的通道，即被结构化。当前，在建设工程企业，"10个项目管理要件"被分配到不同的管理层职能部门，即企业的职能和要素管理。也就是说，项目管理原本就具有特定规律性流程的主题组及其要件，被人为地割裂到了不同的企业层级、部门、项目部。这就是建设工程企业，必须建立跨部门、跨层级的项目管理流程，这一要求背后的理论和实践缘由，也是建设工程企业管理层应该具备的能力和要求。五大过程组中的每一个过程组，对10个项目管理要件的需求强度是不同的，比如在施工总承包项目，开工阶段对人、材、机的需求，远没有施工高峰阶段的强度大。当10个主题组以企业职能和要素管理流程应用时，面对具体的项目产品特性，需要在每个过程组中通过WBS技术，具体安排10个主题组流程同时应用的架构，这就是流程的二维、三维或多维叠加、关联和流程的网络化。其中，核心理念、关联的纽带，是基于项目管理客观规律的"逻辑关系"。

  德鲁克强调"管理是一种实践"。任何管理理论、方法论和项目管理标准化成果，都是基于长期实践，对企业和项目管理客观规律的格物致知。对于建设工程企业而言，"管理体系方法论"赋予人们现代管理的理念、思维方式和实践方法论。国际项目管理标准和知识体系指南，是集世界项目管理界精英，来自项目实践之大成，反映了当今世界项目管理最佳实践，总结、提炼和凝聚升华，而产生的最新感悟和知识成果。ISO项目管理标准体系，是将上述两者结合起来的理论和实践产物。《项目管理 术语》GB/T 23691—2009、《项目管理 架构》GB/Z 23692—2009、《项目管理 知识领域》GB/Z 23693—2009、《项目管理指南》GB/T 37507—2019、《项目、项目群和项目组合管理 项目群管理指南》GB/T 41246—2022/ISO 21503：2017、《项目、项目群和项目组合管理 项目组合管理指南》GB/T 37490—2019等标准，是我国项目管理领域，最贴近于指导建设工程企业项目管理的标准化成果。2020年12月，ISO发布了最新的项目管理国际标准——《项目、计划和组合管理 项目管理指南》ISO 21502：2020，规定了项目管理的17个要素，代替2012年发布的ISO 21500。把ISO 21500：2012《项目管理指南》适用于单个项目管理，上升到了覆盖项目、项目群、项目组合的管理；将项目管理的十大要件，具体化到17个要素。我国全国项目管理标准化技术委员会，已出台了未来5~10年进一步地采用转换计划。有望更贴近我国建设工程企业目前的实际，为企业未来的管理流程化、集成化，提供更具有针对性的理论和实践参考。

从没有从天而降的灵丹妙药，那些欲撇开企业的基础管理变革提升，想当然地认为依靠外部IT咨询或服务，从IT架构设计、数据中台、智慧工地、智能化末端感知等时尚新词中，寻求实现数字化转型的企业，无一将面临"两张皮"或"推倒重来"的失败风险。

第三节　提高企业决策层的集成化管理水平

决策层是企业的灵魂和大脑。决定着企业的发展方向、运营的基本规则、全体员工的价值理念和行为规范、道德标准。企业文化根植于社会传统文化，是现代管理学的一个重要组成部分，已成为现代企业的一个显著标志，近十多年来逐步为国内企业广泛重视和实践。人是最活跃的生产要素，文化的影响对象是人，文化必须内化于心、外化于行。企业文化建设，是企业"一把手"治理企业不可或缺的重要手段，塑造着一家企业的信仰与灵魂。如谷歌的"不作恶"；华为的"以客户为中心，以奋斗者为本"；阿里巴巴的"让天下没有难做的生意"等。它是企业在实践中，逐步形成的为全体员工所认同、遵守，带有本企业特色的企业精神、价值观念、经营作风、经营准则、道德标准和发展目标的总和。从企业文化需求的角度，可以将企业文化分为三个层次，即企业精神文化，企业发展文化，员工需求文化。企业精神文化是对传统的继承，是文化观念、价值观念、道德规范的总和，是企业文化的核心所在，它具有相对稳定性。企业发展文化则是随着国家经济、社会发展变化而变化，它包括企业发展战略、发展理念、经营方针、品牌建设等，是需要不断变化和创新的。员工需求文化，也是根据时代和社会的进步不断创新与变化，以适应员工不断增长的新的精神与物质需求。企业文化在表现形式上，包括核心层的精神文化、中间层的制度文化，表面层的视觉识别物质文化（企业CI）。

党的十八大以来，为了推动建筑业供给侧结构性改革，促进建筑业持续健康发展，国家第一次提出了打造"中国建造"品牌的要求。新时代"中国建造"的内涵就是建筑业要秉持新的发展理念，转变发展方式，坚持质量第一、效益优先，不断提高创新力和竞争力；就是要以节约资源、保护环境为先导，调整产业结构，创新施工技术，为新时代的绿色生活方式提供更多的优质产品，以满足人民日益增长的对优美生态环境的需要；就是要树立行业的文化自信，弘扬民族精神和时代精神，弘扬企业家精神和工匠精神，推进诚信建设，提升产业工人队伍的素质。"中国建造"不仅仅体现着新时代中国建筑业的质量品牌，更是要展现新时代中国的民族精神和建筑行业的精神文化。我国广大建设工程企业，是"中国建造"的主力军和践行者，建设工程企业的精神文化、制度文化、企业CI外部形象符号展示，必须体现新时代"中国建造"的品牌形象和高质量发展的价值导向。这都有赖于各级企业决策层的身体力行和统筹推进。

一、建立完善的法人治理结构和决策机制

建设工程企业作为市场主体，其治理体系都要遵循《中华人民共和国公司法》，上市企业还要满足《上市公司治理准则》《上海证券交易所股票上市规则》《上海证券交易所上市公司董事会审计委员会运作指引》等法规、规章的要求。十八届三中全会提出混合所有制改革，提供国有经济与市场经济结合的途径。国有企业改革三年行动圆满收官之后，决定了建立现代企业制度关键的产权改革逐步进入深水区，将使企业成为享有民事权利、承担民事责任的法人实体的市场经济主体地位更加确立。具体到我国建筑央企头部企业，国务院国资委颁布的《中央企业合规管理指引（试行）》《中央企业合规管理办法》，要求中央企业完善合规管理体系，提高在招标投标、项目报建、安全质量、环保、劳动用工、商务结算等环节的合规管理水平。这些都使建设工程企业的最高管理层在企业治理方面，有了全面的遵循和标准。

1. 规范企业文化建设，牢牢把握企业正确的发展方向

（1）企业文化的内涵、概念和要求。企业的经营和发展，离不开愿景、使命和战略的指引。企业愿景，是对企业前景和发展方向一个高度概括的描述，由企业核心理念和对未来的展望构成，其本质就是将企业的存在价值提升到极限，是世界先进企业战略管理的显著特征。企业使命，是指企业在社会经济发展中应当担当的角色和责任，是指企业的根本性质和存在的理由，内容包括业务范围、生存发展和盈利、经营哲学、企业形象等，它提出企业的价值标准、明确企业发展方向和核心业务，确保企业行动目标一致，有利于协调不同利益相关方的关系，能够为企业所有计划工作提供方向性指导，为战略的制定提供包容性的边界和导向。企业的发展战略，是企业愿景、使命和价值观的集中体现。德鲁克的一句话"战略不是研究我们未来要做什么，而是研究我们今天做什么才有未来"。战略目标，是对企业战略经营活动主要成果的预期值，是由市场、创新、盈利、社会责任等若干个定性与定量目标项目，构成的一个体系。文化上的冲突和整合，是企业在并购、重组、外部人才引进、业务转型或拓展等过程中，不得不关注的重大问题。也是在行业内企业同质化竞争不断加剧下，将

企业拉开差距、区分开来的最主要的影响因素。有赖于企业最高管理层,将文化融入企业治理体系,实现对各层级企业的引领和凝聚。

企业文化建设要求企业最高管理层,将社会主义核心价值观融入企业文化建设和精神文明创建工作中,通过企业文化物质层,广泛地宣传企业的愿景、使命、核心价值观、企业行为标准、道德规范和企业文化的内涵;策划、运营、管理和改进企业的品牌建设;以企业发展战略规划的制定、分解、执行和动态调整优化为抓手,在对所属企业的责任定位、目标管理、组织建设、通用的规则制度建设、全面预算管理和绩效考核评价方面,贯彻和践行企业文化的核心价值观和战略目标要求。

(2)企业文化在数字化转型中的重要性。企业的全面信息化、数字化转型是一项复杂、艰巨的系统性工程。陈果坦言,信息化、数字化强调的是程式化和流程化,一切信息和数据都是基于逻辑的关联性,中国企业文化中"人治"现象难以根除,而数据决策和流程约束是双重反人治的,实施这样的系统,必然带来企业文化冲突。建设工程项目管理往往忽视计划的严肃性,而依靠"996"加班突击来搞定变化。华为的管理变革是从"转人磨芯"开始的,正如2023年4月20日,在华为"英雄强渡大渡河Meta ERP表彰会"上,孟晚舟所言,数字化是企业面临的一场深刻复杂的系统革命,其本质是战略转型和战略规划,成功的数字化转型是由战略驱动而非技术驱动,更重要的是企业的变革意识。Meta ERP研发替换耗时三年,投入数千人,联合产业伙伴和生态伙伴攻坚克难,如图2-4所示,研发出面向未来的超大规模云原生的Meta ERP,并成功完成对旧有ERP系统的替换。中国人民大学毛基业认为,数字化转型是"绝对的一把手工程"。人的转型是最关键、最难也是最根本的,如果人不转,思想不转,一切转型都是会流于形式,必须从一把手的认知开始,根本性的组织变革应该

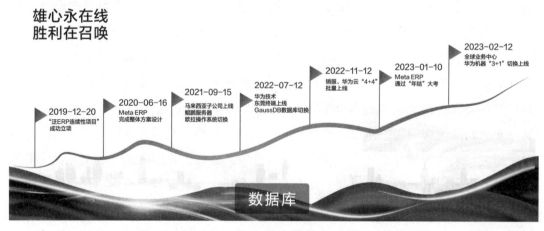

图2-4　华为Meta ERP连续性变革项目关键里程碑

始于使命愿景、业务战略；并提出了数字化转型领导的"七要事"模型。全面信息化、数字化转型核心在于人才，包括人的数据认知以及和数据相关的业务能力；还要考虑人与系统的交互体验。全面信息化、数字化转型是否成功在于"人和"，转型目标的一致性以及跨部门团队的有效协作配合。

建设工程企业的文化，首先要遵循工程文化所固有的成本核心理念，树立和强化全员的职业成本行为习惯，以提升企业盈利水平为宗旨的成本意识和价值创造能力；在企业管理体系架构上，要建立基于"价值工程""挣值管理"的"大商务"管理体系。所谓的"大商务"管理，是最近两年才被我国建筑业央企头部企业所洞悉，并上升到制度层面。简单地说，就是要遵循工程成本的形成规律，建立全员、全过程、系统性的，围绕成本风险控制的，以目标管理体系和考核激励约束措施为核心的企业治理体系；并基于企业的永续发展，建立合规、诚信、公平、公正的企业管理制度体系、流程和准则。面对信息化、数字化转型的时代使命，要求建设工程企业必须坚持以人为中心的企业文化理念，充分考虑企业员工的需求，发挥企业文化的引领力、凝聚力，挖掘员工潜能和全员身体力行的主观能动性，形成适应全面信息化、数字化转型的企业文化氛围。显然，只有企业"一把手"具备了对数字化本质的这种认识，才能从企业文化的高度，在全企业发起和培育变革意识，才能制定适应于本企业的数字化转型战略目标和推进路径，把数字化转型战略要求转化为各级企业治理主体的岗位责任制和目标考核要求。培养管理人员群体在数据开发、采集、传递、应用上的"工匠精神"，并通过内部制度、标准建设，在保证安全性、保密性前提下，合理平衡利益相关方对数据、信息可用性和透明性的需求，保障信息的完整性和可用性。

（3）我国建设工程企业的企业文化现状。以我国建筑业头部央企为例，在其门户网站，都设有各自企业文化专门的宣传页。在建筑市场投融资体制变革的带动下，建筑央企头部企业的经营范围，逐步延伸覆盖到建筑业全产业链，开始培育对建设项目从立项可研、勘察设计、施工、持有运营全生命周期的一体化管理能力。而且，随着我国建筑市场传统工民建建筑和基础设施铁公基基建市场逐步饱和；新基建兴起、绿色低碳高质量发展政策导向，市场各种变化，持续加剧建设工程企业竞争格局的演化。建筑央企头部企业中，除了石油、石化、电力等个别市场技术壁垒门槛较高领域外，其他央企在区域化、跨多个细分领域方面，同质化竞争格局持续提升。各大建筑央企，通过跨细分领域高端人才的引进，对战略发展新领域设计、施工资质单位的并购重组，不断扩大向建筑业多个细分领域的跨越和交叉延伸。建设工程项目是建设工程企业捕捉市场机遇、控制风险，实现战略目标的主要途径和手段。建筑央企从企业原有的优势业务领域进入其他细分行业领域，及随新基建兴起产生的创新业务领域，如中国建筑股份有限公司从房建业务向基础设施业务领域的转型拓展，中国中车从装备制造向城市轨道交通建设业务的延伸，有些建筑央企在"双碳"目标驱动下向装配式建筑、城乡水务、风电水电储能发电等"新基建"领域的发展等。伴随着业务范围的上述变化，各建筑央企母公司，有的是成立专门事业部、有的是设立专门的二级公司、有的是经过兼并重组或多种方式并用的途径，进行市场开拓营销和项目治理。这种新时代高质量发展，带来的建设工程企业治理的巨变，更加凸显企业文化在企业治理方面的核心引领作用。未来，行业的数字化转型，还将为建筑央企围绕管理变革的企业文化建设，提出新的、更高要求。

2. 发挥战略引领作用，提高企业组织治理水平

20世纪60年代初，美国管理学家钱德勒在《战略与结构：工业企业史的考证》一书中，提出"结构追随战略"的论断，被公认为"环境-战略-组织理论"的首位企业战略专家。构成战略的基本要素，有资源、业务、结构及体制和过程、公司远景、目标与目的等。企业的战略从层次上，有总体战略、经营单位战略、职能战略。德鲁克把企业的组织方式，分为联邦分权制和职能分权制。并认为建立管理结构必须满足：以绩效为目标，尽可能包含最少的管理层级和设计最便捷的指挥链，能培育和检验未来的高层管理者等，三个条件。低成本、差异化是企业竞争的主要手段和战略途径，组织结构服务于战略，组织治理各种重要组成要素的关系，如图2-5所示。

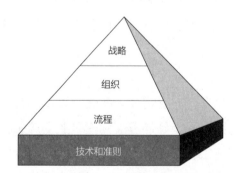

图2-5　战略-组织-流程-技术的关系

科学、稳定的组织结构，是建设工程企业治理和项目管理流程化、集成化的前提基础。如《项目管理知识体系指南》第二部分《项目管理标准》，对组织治理的定义，是通过制定政策和流程，用结构化方式指明工作方向并进行控制，以便实现战略和运营目标；组织治理通过以下方式影响项目组合、项目集和项目的治理，执行法规标准和合规性要求，明确伦理、社会和环境职责，制定运营、法律和风险政策。这一要求

与建设工程企业总部、项目部的部门设置和职责分工密切相关。

企业治理的主体，是其最高管理者所代表的最高管理层。以建筑央企头部企业为例，系统研读各企业集团母公司及其内部层级企业，门户网站组织结构图。各头部企业集团母公司总部，一般定位于战略管控型总部，按照中国特色现代企业治理体系和治理结构要求，管控和完善集团内层级企业的公司治理体系和运行机制。在企业治理结构上，建筑央企各层级企业，基本完成了党的领导融入公司治理。法人治理结构从"老三会"领导体制，向"新三会"全面转型。形成决策层党的组织和股东会、董事会、监事会等运行制度，规定的公司法人治理结构。母公司大多构建了以董事会为核心，下设战略与投资委员会、提名委员会、薪酬与考核委员会、审计与风险委员会等，公司决策支持体系；在经理层，设置了投资管理委员会、预算委员会、安全生产委员会等运营管理决策支持体系。不断规范和完善以公司章程为核心的制度建设，以职能部门为载体的流程建设；以全面预算为核心的年度经营单位责任制，总部职能KPI指标体系为主要形式的企业治理机制建设；形成上下贯通、横向协同的经营管理体系。如中国建筑股份有限公司经理层，还特别成立了标准化工作委员会，对企业制度、标准体系进行顶层设计，控制和维护覆盖企业所有层级生产经营活动的制度、标准体系。

2004年，联合国环境规划署提出ESG概念。近年来，ESG（环境、社会、治理）作为一种防范社会风险、推动可持续发展的新理念，已经成为国际主流共识，在我国也进入了快速发展阶段，并且愈发呈现标准化、强制化趋势。2022年5月，国资委产权局发布《提高央企控股上市公司质量工作方案》，其中就促进上市公司完善治理和规范运作明确提出，"贯彻落实新发展理念，探索建立健全ESG体系。"国资央企将成为我国ESG体系中的中坚骨干，只有将ESG上升到企业战略层面，融入企业的产品、服务和业务运营过程中，才可能更容易获得市场和消费者的认可，帮助企业实现健康、长远的发展。各建筑央企头部企业，在总部部门机构设置上，覆盖了企业经营范围向投融资、设计、施工、运营全产业链延伸的管理职能，满足投融资带动工程总承包市场环境下，项目管理对企业管理层在职能业务上，对项目的支撑和保障作用。为央企承接国资委"一利五率"指标考核，转变发展方式，稳增长、创效益提供了政策和组织保障。按照我国国有企业建立职业经理人制度、完善国有企业经营管理者薪酬机制、职工收入分配市场化调控机制和内部财务审计、纪检监察的监督约束机制等改革举措，建筑央企都高度重视企业总体战略、经营单位战略、职能战略的管理，形成了以现代人力资源管理体系为核心的战略管控、方针指引、目标激励约束的管理机制。在全企业形成"战略—规划—计划—行动—绩效"战略闭环管理运行机制。我国建筑央企头部企业各级总部决策层，在治理结构和决策流程上，基本具备了标准化、流程化、集成化的条件。2023年2月国务院国资委提出，国企改革的"一个目标"和"两个途径"，以及打造"四新"新国企，将极大地促进建筑央企头部企业，进一步强化企业治理的决策管理、组织治理、运营管理水平，为建筑央企在行业数字化转型中，抢占引领地位和龙头带动作用积量蓄能。

3. 实现项目组织结构的标准化，为项目管理流程化、网络集成化提供组织保障

项目的组织结构，由企业最高管理层决策确立。企业的组织结构，对项目能否获得所需资源，项目以何种条件获得所需资源，起着重要的制约作用。不同建设工程企业，其项目组织形式的选择，受企业自身情况和具体项目的要求来决定。德鲁克强调，管用的组织结构就是好的组织形式。其总的原则是高效率、低成本，能使各方面有效地沟通，责权利关系明确，能够有效地进行项目控制；并要考虑到项目生命周期不同阶段，对项目组织结构调整改变的要求。项目组织结构，在我国建设工程企业，有传统职能型组织、项目型组织、矩阵型组织或复合型组织。

职能型项目组织结构是人员按其职能分组分级的一种组织结构，项目范围限制在职能部门内部；适用于项目技术较为单一或标准化程度很高、项目规模较小、复杂程度较低、时间限制性较弱的项目。如作者在管理体系外审中，一家地质勘察企业，在张家口的地热井钻探项目，现场就一顶帐篷、一台钻机、三个工人，打一个直径10cm、深800m的地热井。这种情况下项目经理职权很少，项目预算的控制权在职能经理，项目管理人员基本都是兼职。

项目型组织结构，项目团队成员一般集中办公，组织中大部分资源都可以用于项目，项目经理具有很大的独立性和权限，职能部门用来为项目提供支持服务，项目管理人员全部全职为项目工作；适用于规模大、技术复杂、持续时间较长、外部用户较为单一的项目，如地铁、铁路、公路建设项目。

矩阵型项目组织结构，由威廉·大内于1981年在《Z理论——美国企业界如何迎接日本的挑战》中首次提出，由职能经理和项目经理，从纵横两个方向共同负责，安排并指导工作的一种组织结构。如作者在管理体系外审中，一个从事电信移动基础网络建设施工项目，其项目管理机构组成人员，就是按照矩阵型结构，处于项目经理和部门经理的双重领导下。在矩阵型组织类型中，通常还有弱矩阵型组织，保留了职能型组织的特征，项目经理以协调和沟通作用为主；强矩阵型组织，则具有项目型组织的许多特征；平衡矩阵型则介于前两者之间。

复合型项目组织结构，职能型和项目型组织的项目开展方式都存在。如作者在深

圳地铁9号线BT项目中,其中施工总承包管理是项目型组织、设计管理则采用了职能型组织。

对于特定的建设工程企业而言,其业务范围所决定的项目类型和范围具有一定的确定性。项目组织结构的稳定性、标准化,与企业管理层职能划分、工作程序和跨部门的工作接口关系之间密切相关、相互关联、相互作用。按照市场化导向原则,项目产品特性和业主的要求,决定了项目的组织结构设置;项目组织结构,反过来影响企业管理层的职能划分和工作流、信息流安排。而这一切都有赖于企业最高管理层的顶层设计、职能战略引领、职能管理方针的管控,以及对具体项目风险管控、绩效监控所带来的持续改进要求。其中涉及以下几个环节的理念和认识问题:

(1)关于企业运营和项目管理之间的关系。我国建筑央企头部企业总部的职能部门一般都在十几、二十个左右;而项目团队或现场项目部,职能部门一般只有五六个。两级之间职能部门数量的差异,一方面反映出项目全生命周期不同阶段的工作,在总部和项目部之间的分工协作;另一方面,也客观地说明,企业管理层流程在项目必须围绕项目的实施进行整合或集成。这是建设工程企业总部和项目部在管理流程上,客观存在的现实规律。

(2)关于项目的决策和过程管理。以PPP+EPC+特许运营模式为例,我国建筑央企头部企业,PPP决策几乎全部由集团母公司总部最高管理层控制。项目中标以后,最高管理层对项目实施过程的控制,一般仅限于财务指标归口的投融资风险的监控。而具体的PPP+EPC+特许运营实施过程,往往授权给具体的二级企业、区域公司或事业部具体负责。到SPV公司层面,EPC项目的实施组织模式上,由哪些内部企业、以何种方式、相互之间以何种关系纳入项目的管理,不同的企业依据内部层级企业治理、管理成熟度、资源状况等,又有其具有企业特色的不同惯例、模式和流程安排。

(3)关于项目的过程控制流程、准则和方法。上述两个层面的问题,决定了企业关于项目管理流程的具体面貌和集成方法。PMI《项目管理标准和项目管理知识体系指南》(第七版)提出"价值交付系统"概念,旨在建立、维持和(或)使组织得到发展的一系列战略业务活动,项目组合、项目集、项目、产品和运营,都可以成为组织价值交付系统的一部分;并明确指出"价值交付系统"即项目的运作系统,包括治理、可能的职能、项目环境以及方针,对项目管理和产品管理之间关系的考虑因素。组织的治理系统与价值交付系统协同运作,可实现流畅的工作流、管理问题并支持决策。

前文我们系统说明了"管理体系方法论"的核心理念和思维方法,而"价值交付系统"概念,反映出国际项目管理实践领域,对现代管理理论和方法论,及系统思维和基于PDCA过程思维，在实践端探索和认知的最新成果。他揭示了这样一种客观规律，项目部是建设工程企业面向市场的最前沿主体，而项目的所有活动取决于企业决策层、管理层围绕项目全生命周期，风险认知、项目规划、项目实施决策、过程控制、信息互动交流、绩效监控评价、风险应对和持续改进等，一系列过程的持续系统互动、协同管理之中。企业的决策层、管理层、执行层，在预先安排的规则及其相互关系的控制下，系统有效地协同，构成了建设工程企业的"价值交付系统"。这是建设工程企业项目管理体系及其管理流程、准则和方法，所应满足、遵循和达到的基本要求。建设工程企业围绕其"价值交付系统"，管理体系及流程的构建和维护，依据华为IPD的经验，我国现行项目管理国家标准，项目中使用的过程可以分为：一是企业核心业务流程，即"与项目产品有关的过程"，并非项目管理独有，取决于特定的项目可交付成果而有所不同；二是管理流程，即"项目管理过程"，是针对项目管理，并确定如何管理为项目选定的活动。

企业战略和企业经营单位战略，决定了企业集团及其各层级企业选择和实施什么样的项目；这决定了其与项目产品有关过程，即核心业务流程的特性。如设计院的核心业务流程，与施工单位的核心业务流程，完全不同。企业的职能战略、明确的职能管理方针、项目管理方针，使企业管理层、执行层，围绕项目的管理流程，形成一个协同、系统的，围绕"与项目产品有关的过程"的集成运作系统，它们共同构成和支持企业"价值交付系统"，实现企业的战略目标。项目经理在此基础上，通常将选择恰当的项目管理过程、输入、工具、技术和生命周期阶段，以管理项目，这一选择活动即为对项目管理的"裁剪"。

我国建设工程企业要按照这样的认知、理念和思路，通过标准化工作，为全面信息化、数字化转型，提供基础管理准备和条件。对此，我们按照项目管理一般规律先作了理论上论述，后文将结合建设工程企业实际，予以进一步的阐述。

二、项目治理架构为项目创造良好的内部环境

项目治理架构，为项目相关方提供管理项目的结构、过程、角色、职责、终责和模型。我国各建筑央企头部企业，以总部和项目部的关系界定和接口管理、信息流控制为抓手，不断推动内部各级企业，建立完善的项目治理架构。依据企业发展战略，结合不同业务板块企业管理体系成熟度、可用的资源状况、相关管理制度建立和执行情况，针对投融资（PPP）、工程总承包、勘察设计、施工总承包、监理或工程咨询等不同类别的项目，在各业务板块、各层级企业、区域机构，建立发展战略、落实经营责任制和目标管理；明确企业总部各职能部门业务管理方针和原则，保证各类项目

在管理方针、目标上，始终与企业的价值观、战略保持一致。

1997年，作者在建筑央企第一次成为项目经理。当时"项目法"施工观念，已经在建筑业得到广泛传播和普及。建设工程企业的内部治理体系，逐步向有利于"项目经理根据项目管理需求统筹调配项目资源"的方向转变；但是一些企业在传统管理体制下，作业层成建制的专业施工队阶层尚未解体。这种体制化的作业层队伍，机构固化臃肿、管理僵化、效率低下，项目经理可以通过社会分包资源的使用，解决项目的资源配置需求。当时汉显的BP机和模拟信号移动电话刚刚普及，企业关于项目的管理制度，主要通过会议、文件的形式传达；企业总部关于项目的管理要求，主要通过项目经理与总部领导、相关管理部门的沟通来获取和掌握。作者的感受是，项目经理的岗位履职倾向，主要是向企业总部几个相关的领导负责，"项目管理的权力无限大，责任也无限大"。这个时期，一些建设工程企业曾频繁出现一个失败项目拖垮一家企业的现象。如前所述，2005年中国建筑股份有限公司提出"法人管项目"原则，在项目法施工基础上，从项目管理体系角度，规范企业层与项目组织层间的责权利关系。"法人管项目"不是企业的哪一个人管项目，而是企业的各职能环节，按规范化的程序，实施对项目的管理控制。项目经理只是代表企业去管理项目，是执行人而不是决策者；项目经理要严格体现企业管理项目的旨意，严格执行企业管理项目的规范制度；项目的授权经营管理体系，把过去承包的"分权"变为"授权"。比如"三集中"，材料采购集中分派、各个劳务分包集中分派、资金集中管理。"三集中"的权力不是在项目上，而是在公司。企业要借助信息化管理手段，实现"零距离"管理，掌控对项目的商务、财务、物资等关键环节的管理。中国中铁股份有限公司自2014年以来实施的"工程项目精细化管理办法"，提出总部对项目的"12大集中"管理流程和标准，并于2022年1月出台了"大商务"管理制度。这些都反映出我国建筑业央企头部企业在项目治理方面，不断向集约化方向逐步发展的趋势。

由于项目管理的临时性、一次性和复杂性，要求企业通过标准化工作，并利用信息化、数字化手段，尽可能实现对项目的同质化管理。但现实的情况是，同一家建筑央企内部的不同企业、不同的业务板块、不同的工程项目中，管理体系成熟度、人力资源能力的适用性、对具体项目的工程认知水平，基于知识和经验的综合管理能力等方面，存在一定程度的千差万别的离散情况。需要企业在坚持核心价值观和总体战略要求的前提下，对不同的项目、项目群、项目组合，在管理责任制、管理目标、资源保障上，采取一定的差异化措施；需要项目经理，根据项目内外部管理环境和相关约束条件，进行有目标的对轻重缓急优先事项的权衡，以追求企业战略导向下，项目综合收益的最大化。项目治理要求企业，以总部和项目部的关系及其接口问题为核心，为各种不同类别的项目全生命周期，从管理原则、价值导向、管理目标、管理机构、资源保障、管理过程及其准则、管理方法和工具、信息流要求、绩效评价及改进等方面，制定完善的管理政策、程序、管理流程和准则，以指导和控制项目规避风险、实现项目目标。以施工企业的项目治理架构为例，当前我国施工企业项目管理模式主要分两种：一是本级企业资质中标，并直接管理的项目（直营项目）；二是本企业资质中标，授权下级企业以自己的名义实施的项目（授权项目）。项目管理流程，是通过具体项目管理组织实施的，项目组织管理模式的扁平化和组织结构的标准化，决定了管理体系运行的效率和质量。实践中，当同一项目中，独立核算的现场项目管理机构设置多于三级时，项目管理标准传递会层层衰减。

无论何种类型的项目，其现场项目管理机构，都应优先采用模拟公司化方式实现项目的一级管理；只有当工程规模大、技术复杂情况下，方可实施具有两级核算机构的项目现场组织构架。项目组织管理模式的扁平化，是标准化管理的前提；而全面信息化，又是实现扁平化的有力武器。企业作为项目后方支撑平台，应确保项目包括：项目主要负责人选拔任命、企业层级管理职责履行、项目资源保障等责任的落实。企业应按照合同约定设立项目现场管理机构，履行现场管理职责；独立核算的下属企业项目部，只能作为分包参与项目施工。当项目由多个下级企业单位参建时，原则上必须采取直营项目模式；各参建企业，通过"内部经济管理合同"组成现场管理机构，明确参与各方项目管理及经济责任关系。授权项目，通过内部授权程序，只能授权到下一级企业层级，即项目管理关键岗位人员由下一级企业选派，但其劳动合同关系、建造师注册单位须在中标企业，其任命须中标企业审批。有多个下级企业参建的项目，因客观条件制约或其他原因，确需采用授权管理模式时，应明确授权责任主体单位，由其在授权范围内承担项目履约责任，统一负责外部对接、项目策划及内部管理标准制定；其他参建单位独立核算的项目部，与责任主体单位项目部之间，是总包和分包关系，并不承担直接对业主的履约责任。这种情况下，企业层级的管理职责，由被授权的责任主体单位总部承担，其他参建企业只限于人、财、物等自有资源的调配管理，并须在具体的操作方式上，征得责任主体单位项目部的同意。必须指出的是，授权项目的责任主体单位，不允许再次将项目进行向下授权管理；若被授权的单位，不设立项目现场管理机构；或项目实施的后方支撑平台，由其他企业实质承担，则已实质形成了违法转包，是建筑市场法规所禁止的。

总之，项目治理架构的核心，是每一个项目都有一个明确的企业层级的履约主体，由其为项目管理团队或现场项目部，关于项目进行决策、提供（如团队、财力、物力、设施）资源，确立围绕项目的角色、职责和权限，指导和监督对项目工作的管理,确保项目遵守相关法规、标准和合同要求,确保相应相关方的参与,并就项目风险、变更和相关信息进行交流,持续地监督和评价项目的成效,并采取适当的措施保证项目目标的实现。陈果的冰山图(图2-6)形象地反映出企业治理和项目治理体系、标准化管理体系,与企业数字化战略,数字化平台之间的关系。

图2-6 企业业务和管理与数字化方案蓝图及其应用

我国建筑业央企头部企业,目前颁布实施的《项目管理手册》,大多停留在以部门或执行单元为对象的"程序",即"为进行某些活动或过程所规定的途径"阶段。只有部分企业的《项目管理手册》,开始引入WBS技术、建立了基于职能和要素的流程,及其项目管理网络化流程的总体架构。但其对项目全生命周期相关过程的流程化、集成化,基本没有实现实质的全面突破。只有个别企业在部分段到段流程上,如中国中铁的项目成本管理系统V2.0,实现了流程化、集成化。基于系统化的企业治理、项目治理理念,建立围绕项目全生命周期标准化的管理体系,企业才能打破"部门藩篱",建立跨部门的、面向项目的流程化、集约化管理,是我国建设工程企业全面信息化、数字化转型,面临的最艰巨的任务和挑战。

三、建立服务全面信息化的企业标准体系

建设工程企业的信息化、数字化转型,是一项复杂的战略性系统工程。这种复杂性、系统性体现在按照现代管理理论和方法论,对基础管理进行变革和提升,使其流程化、集成化、标准化。要求建设工程企业打通企业发展战略、数字化战略和标准化战略,在顶层设计下,协同推进和实施。华为的IPD变革,从业务建设、组织建设、流程建设、干部建设上,建立起的管理机制,使企业逐步摆脱对资金、技术、人才的依赖,使体系架构和流程成为企业最核心的竞争力。正如任正非2012年在公司流程

与IT战略务虚会上讲话所指出的,我们留给公司的财富只有两样,一是我们的管理架构、流程与IT支撑的管理体系;二是对人的管理和激励机制。时至今日,华为仍一直强调战略决定业务,业务决定流程,流程决定组织。因此,数字化转型的变革,应该从业务(即项目及其要件)先开始而不是流程。当前,我国建筑业很多企业,对自身的业务仍没有形成统一的模型和理解;没有认识到只有基于清晰的业务流程,在项目管理达到一定的成熟度情况下,才能开启集成化管理的变革。只有集成化管理,才可能支撑全面信息化,走向数字化。

项目管理成熟度表达的是一个组织具有的,按照预定目标和条件,成功地、可靠地实施项目的能力。对于建设工程企业而言,就是其围绕项目的管理体系的成熟度。"价值交付系统"概念将企业和项目的管理视为一个整体,着眼企业和项目一体化管理体系的构建和发展,是项目管理成熟度的一个里程碑。重庆大学李茂月经过参考文献整理,提出关于管理成熟度的五个划分等级:经验式、制度化、规范化、集成化与持续改进,如图2-7所示。与《卓越绩效评价准则》GB/T 19580—2012、《企业标准体系表编制指南》GB/T 13017—2018等,关于管理成熟度的核心理念,基本一致。

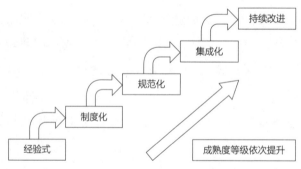

图2-7　企业管理体系成熟度等级

对照李茂月对成熟度模型的定义,我们结合我国建设工程企业的情况,分析说明如下:经验式,又称传统式管理,管理者凭借个人经验办事、操作,员工培训主要以师傅带徒弟的方式传授个人经验,这种现象在我国建设工程企业的项目管理中,尚普遍存在;"师带徒"仍是很多企业当下流行的一种新员工培养机制。制度化,项目组织管理协调手段立足于制度规范,有相应的管理体系,但缺乏标准管理方法与工具,如本章第一节关于执行层应掌握的WBS、挣值分析、价值工程等技术方法和工具;在多年的"贯标"认证促进下,大多数企业管理制度上,比较健全,但制度系统性、精细化水平低,特别在企业技术标准体系构建方面,比较薄弱。规范化,有清晰的组织管理方法、工具、手段与组织管理体系,项目控制协调有序进行,我国建筑央企头部企业，有个别企业目前已经进入这个阶段。集成化，打通部门界限，利用总部和项目部一体化的整合，各项项目组织管理要素都严格把控，资源整合分配，多项目综合集成管理，即前文提到的企业"价值交付系统"概念，强调项目作为建设工程企业价值创造和价值交付实现平台，必须实现企业决策层、管理层、执行层的系统协同。要达成这种要求，需要全面信息化、数字化转型的支撑。持续改进，结合行业环境，加强自身知识库建设与输出咨询内容能力，通过不断提升组织管理能力，在现有组织管理方法标准基础上，对流程规范不断更新，对比行业内顶级的企业与项目，完善组织管理水准，华为应已达到这个阶段。建设工程企业实现数字化转型后，利用IT平台和数据资产支撑的智能化，具备持续提升面向外部市场的价值创造能力。

第一章列举了五家建筑央企头部企业及其工程项目管理情况，我国建筑行业、建筑业央企头部企业，在标准化方面已经有了一定的基础。但是全面信息化、数字化对企业标准化提出了更高、更系统的要求。《企业标准体系表编制指南》GB/T 13017—2018根据不同管理成熟度，提供了对应的"企业标准体系结构图类型"。根据我国建筑业央企头部企业的现状，作者认为，建筑业央企头部企业，应该对照该标准"板块模式企业标准体系结构图"的架构，持续推进建立覆盖"战略方针顶层设计、资源管理、产品实现或服务提供、监测评审改进"的，创新跨部门、跨层级流程的企业标准体系；才能在基础管理上，达到图2-7所示"集成化"体系成熟度要求的层次，企业才具备实现全面信息化、数字化转型条件，为智能化的实现积累数据资产准备基础管理条件。

1. 建立基于过程精益的管理体系架构及其流程

项目是建设工程企业的核心业务，集成化的建设工程企业管理体系架构，是企业总部及其项目一体化的管理体系及其流程。系统研读第一章列举的五家建筑央企项目管理体系文件，基本都以《项目管理手册》描述的项目阶段或管理要件为对象，与企业管理制度之间，建立"索引堆砌"的形式，描述本企业项目管理程序、运行机制和要求；以部门级粒度规定了项目"什么事、由谁干、怎么干、干到什么程度、形成什么结果和记录、由谁检查和验收"（即近三十年前开始"贯标"提到的"5W1H"）的要求。其内容从架构上，都基本符合《项目管理指南》GB/T 37507—2019启动、规划、执行、监控、收尾五大过程组的结构要求。但没有达到该指南将"十大要件"和"五大过程组"整合的39个流程的水平；更遑论"管理体系方法论"所主张的"使项目所有的工作，在实际进展与目标基准对比出现偏离时，通过以往过程信息的追溯和分析，都能确定明确的原因，并能使改进的措施和责任，落实到具体的'人'头上"。ERP系统在我国建设工程企业落地之所以难，之所以无法实现预期的运行结果，最重要的根源在于企业以部门为单元的基础管理流程化、集成化程度不够；或者企业以人的能力所体现出的基础管理水平，与ERP套装软件所承载和固化的流程、标准之间，存在错位或"两张皮"现象。

当前我国的建设工程企业，每个企业都有一套企业或项目的管理制度体系，每个企业都能列举出自己"精细化"管理实践案例和措施；但是，到底能否支撑全面信息化、数字化转型，还要靠实际的转型进程和管理绩效来证实。根据2023年8月Data数据分析站，对我国50家获评"灯塔工厂"的分析，其数字化转型的鲜明特征首先是"人"的转型，大型企业集团发挥龙头企业的驱动作用，高层领导和员工能全面地积极参与；其次是突破"集成陷阱"，通过实施标杆引领，建立了企业精益生产管理、质量提升基础工作运营的持续改进机制。50家工厂平均的劳动生产率提高50%、交货期缩减50%左右、能源消耗降低超过25%、销售增加超过20%、运营成本削减约20%。许多获评"灯塔工厂"的企业，都积极建设了企业自身的主干工业互联网或物联网系统，以此推动整个产业纵向一体化上的数字化水平。相比较而言，我国建设工程企业，鲜有全面数字化转型成功案例，尚需从基础管理的流程化、集成化、标准化问题上下功夫。

管理体系方法论、国际三大项目管理标准和知识体系指南，使我们具备了后发优势。我国建筑业以央企头部企业为引领，基于过程精益的管理体系架构（业务架构），为企业全面信息化平台的架构设计（信息架构）提供了指导理论和最佳实践；而企业的核心业务（项目）、职能和要素管理的流程化，有业务架构、信息架构集成化顶层设计的管控，可以走标准化、信息化融合发展策略，由企业管理层以模块化方式，逐步流程化、信息化，从而可以实现集团企业全面信息化，带动集团企业各领域、各层级逐步走向数字化。可以使企业在IT应用架构和技术架构顶层设计控制下率先起步，建立起框架完整的全面信息化IT管理平台，并在顶层设计控制下，有计划地向企业各阶层、全产业链覆盖延伸；根据不同层级、不同领域管理成熟度进展，逐步地通过IT平台模块化系统的迭代走向数字化，是建筑行业一条可行的全面信息化、数字化转型战略路径选择。

那种撇开企业信息化、数字化，对基础管理体系成熟度的客观要求，一味贪大求全，在基本的业务架构和信息架构不稳定、概念模型体系不清晰的情况下，就盲目地定战略、铺摊子，奢求几年就要实现智能化；或满足于可视化看板、远程视频监控等展示得表面靓丽，只能导致企业数字化转型进程的蹉跎延误。

2. 建立和完善系统的技术标准体系

灯塔工厂的自动化、智能化流水线生产，是基于不同的产品、部件的工序、工艺流程及其控制参数构建和运行的。建设工程项目产品的一次性、独特性，使项目管理的组织结构、资源、流程通过WBS技术和与项目产品有关过程进行关联时，同样需要针对产品特性的工序、工艺流程及其控制参数的标准化，这构成了企业的技术标准体系。

灯塔工厂能够实现无人化，是其产品实现过程的所有要素、流程、实体都被标准化，都被唯一性地赋予了编码，从而被计算机IT系统所识别和纳入基于逻辑运算的自识别、自分析、自控制的智能化系统。建设工程项目的产品实现过程产品、构件、原材料和工序、工艺的标准化程度较制造业整体上存在巨大的差距。建筑业项目管理的信息化，首先要实现程式化管理。经验管理以项目的内外部复杂的不确定性、资源的约束性为由，排斥程式化管理的合理性和可行性。实际上，经验管理依靠个人经验的模糊判断，对规模较小、技术复杂程度较低的项目可以实现对风险和偏差的预判和控制，但对于几十亿元、上百亿元规模的项目，技术和外部影响不确定性复杂的项目，往往会因为信息不完整或信息滞后而导致关键问题的遗漏、误判。建设工程项目最终都是要完成的，项目过程的误判最终都要依靠后期加大投入赶工来弥补，从而使项目处于失控的风险之中。程式化管理流程越是精细，对产品实现过程工序、工艺的标准化程度要求越高，对企业技术标准体系的系统性、完备性要求就越强。这既是全面信息化、数字化的要求，又是克服和杜绝经验管理的基本要求。

技术标准体系构建的精细化程度，与企业管理体系成熟度密切相关，也决定了企业实现信息化、数字化的程度、水平、层次和范围。管理体系成熟度不足时，技术标准体系控制的需求往往停留在"程序"、部门层面。这种情况下，企业所运行的信息化平台的大多数实体和流程，都离不开人工介入或全面参与。只有完善、系统的技术标准体系的支撑，企业才可能基于过程的精细化流程，建立和运行全面信息化、数字化管理平台。

3. 建立系统完善的工作标准体系

工作标准是对岗位工作进行描述的标准，管理标准、技术标准都要依靠工作标准才能落地。这三类标准的内容构成上，都隐含着对相关信息、记录的格式化、数字化要求。数据的粒度越精细，意味着对管理的精细化程度越高，对人的工作能力和工作质量的要求越高，这都有赖于工作标准体系的不断建立和完善，给予支撑。

标准化以流程化、集成化为前提，上述要求，都以企业标准体系的建立和持续流程化、流程的集成化为核心。根据作者长期从事企业"贯标"工作的经验，一个企业管理体系的成熟度，一般3年为一个迭代周期。通过标准化工作的持续推进，支撑企业信息化、数字化转型的渐进性、持续深入进行。标准化意味着包括企业决策层的全部工作行为的固化和可视化。企业最高管理层充分熟悉现代管理理论和方法论，持续了解、掌握和贯彻《项目、项目群和项目组合管理 治理指南》GB/T 41245—2022、《项目管理专业人员能力评价要求》GB/T 41831—2022、《企业标准体系 标准》系列标准的最新动态和要求，有利于企业标准化工作的持续有效推进，有助于行业企业间、利益相关方之间的沟通和协商交流。企业的标准化到位了，无论是企业自研、还是依靠IT企业的协同开发，建设工程企业的全面信息化、数字化转型将水到渠成。企业管理层是实现决策层意图的决定性力量。"管理体系方法论"首先是决策层的全面理解，管理层的熟练应用，执行层的全面执行，最终通过企业标准体系标准予以固化和呈现。这种标准化公开、透明、得到充分沟通和认同，深入于心，固化于行，对企业一把手、其他决策层成员、管理层和执行层都会形成制度性约束。全面信息化管理IT系统是机器承载的一套逻辑运算法则，这个法则来自企业及其项目管理标准化流程、准则。对于施工企业而言，理想的项目管理数字化系统平台，应该是项目一线工点工序层面每天的施工生产活动信息输入以后，围绕项目管理的后台各个层级，都能通过系统平台的自动集成和分析，获得所需的各类项目动态信息和决策、评价信息，以资与各自通过系统下达的策划基准进行比较，并支持采取纠偏调整措施，实现对项目的"自动化"管理。

中篇

建设工程企业面向数字化的底层架构

全面信息化,是推进数字化转型实现的过程。本篇,我们用两章的篇幅,结合上篇中建筑业现状,采用"管理体系方法论",对建设工程企业通用的业务架构、信息架构进行解析和说明;并具体结合建设项目施工总承包阶段,按照项目集成交付(IPD)理念,对从事工程承包业务的建筑业企业的价值交付系统,进行设计和说明,并重点论述其"集成"的原理。

第三章　我国建设工程企业的通用底层架构

建设工程企业数字化转型，必须基于顶层设计，绘制企业未来的数字化蓝图，并结合企业实际，据此制定和实施企业数字化转型战略。数字化蓝图的基础，是企业的业务架构。目前，各类建设工程企业，对自身的业务架构缺乏清晰的认识；更遑论对信息架构、应用架构和技术架构的认识和规划。根据作者30余年来，企业管理理论和实践总结，本章提出和解析，我国建设工程企业通用的业务架构，对应企业决策层、管理层、执行层，对业务架构中几个通用的概念建立模型；对业务架构下，企业标准体系所决定的建设工程企业通用的信息架构，进行解析和说明。作为全行业企业，进行数字化蓝图设计的参考依据。

第一节　我国建设工程企业的业务架构

一、从标准化到数字化

企业的信息化、数字化，是指业务对象和业务活动对象的信息化、数字化，属于产业数字化范畴；而业务活动本身流程的数字化，是数字化的核心任务，属于数字产业化的范畴。建设工程企业数字产业化，需要在实现整体的数字化转型后，才能通过IT系统迭代与优化，推进流程的数字化，进一步促进其与业务对象和业务活动对象，整体上从数字化走向智能化。

上篇从我国建筑市场、建设工程企业及其项目管理、行业数字化等实际状况，对照"三化"概念及其关系，提出建设工程企业面向数字化转型中；必须按照"管理体系方法论"，借鉴"三大国际领先标准"最佳实践，跨越管理集成化的挑战和任务。如果将其视为数字化转型的第1道门槛，对于具体的建设工程企业而言，还将面临按照"板块模式企业标准体系结构图"，完成企业标准体系框架的设计和规划，以企业标准体系支撑信息架构设计的"第2道门槛"。跨越了这道门槛，企业的全面信息化、数字化转型，就具备了前提和基础，剩下的就是如何从线下到线上，进行IT平台化的"第3道门槛"了。之所以称之为"门槛"，是因为这个阶段，同样需要企业管理层给IT开发人员，提供基于跨部门流程的，对业务工作当前及未来的深刻理解，才能保证IT人员在系统规划、开发上，符合企业管理体系标准化，在当前和未来的实际。企业完整的信息化、数字化管理平台，无论是自身团队，还是外部IT企业协同开发，都要基于对企业总体信息化、数字化对象的结构框架、底层运行逻辑、流程、相关环节的标准及其"文件化信息"体系，有清晰的了解和准确的转化。从数据治理的角度，就是要建立清晰的业务架构、信息架构、概念模型、逻辑模型和物理模型，以此作为IT架构规划、数据治理、流程模块化开发、IT物理系统实体化设计的依据，从而形成人与人基于系统平台的交互、人与机的交互安排。并通过IT系统的上线运行和迭代，随着企业基础管理的扁平化、精细化、集成化变革，从信息化走向数字化，从数字化实现智能化。只有到这一步，数据作为一种资源，成为企业运营和发展的支撑，企业才能称为真正实现了全面的数字化转型。

现代企业管理理论体系，从一般性项目管理领域到建筑行业，一直到与具体建设工程企业结合，落实到企业标准体系这个"第2道门槛"，依靠的是企业全体人员的相关认知，从不知道，到知道；从不懂，到懂得；从不会，到会；从个别人会，到企业群体达成共识，才能变成指导企业行为的理念、方法和工具。"管理体系方法论"是当代企业管理的实操理论和方法，远没有上升到哲学的高度，但管理仍被视为是一门科学。德鲁克认为，管理作为一种实践性科学，完全可以通过学习和实践获得和掌握。在企业要跨越"第3道门槛"过程中，按照我国制造业和华为的经验，建筑央企头部企业数字化IT平台的开发和建设，必须以企业自己为主体。外部IT项目咨询人员的个人知识（开发、硬件、实施）和经验（行业宏观、微观视野和洞察），一般不可能通过企业标准体系的全面了解，洞悉企业当前和未来实际业务流程的要求；依靠外部机构或人员，提出的数字化转型蓝图方案，往往存在巨大的风险。而且，IT人员在与企业人员就未来蓝图、数据建模过程的沟通，常常是"各说各话，鸡同鸭讲"。华为对此的经验，是选拔内部各专业业务骨干，做到"业务懂IT，IT懂业务"；而且，把每一项IT系统的开发，都视为一个投资项目，组建IT人员与业务人员专业齐备、搭配组合的项目团队，按照项目管理的系统方法进行管理和控制。

建设工程企业，无论是上述第2道槛，还是第3道槛，都属于企业数字化转型进程的组成部分。其数字化转型战略的实施，最终的成败和推进效率，最终都取决于企业内部"人"认知改变、能力提升。一个人的行为，会随着对外部事物的认知，产生潜移默化的改变。这些年，作者在应邀给建设工程企业开展的各类培训授课中，最大的挑战在于讲什么、怎样讲，才能使受众获得期望的培训收获，并反映在具体工作绩效的提升上；写这本书，最大的挑战就是如何把自己30余年来，学习和实践建设工程企业及其项目管理的感悟，全面准确地表达出来，以获得理解和共鸣。对于面向数字化转型要求，广大建设工程企业的"人"而言，特别是"一把手"，转型既要调动主观能动性，又要具备学习和自我改变的能力。

二、业务架构的由来和作用

建设工程项目管理、建设工程企业管理，是如此宏大、复杂的一项课题。2020年，ISO正式发布ISO 21502项目管理标准，用来替代我国目前已等同采用的《项目管理指南》ISO 21500：2012。2021年PMI颁布的《项目管理标准和项目管理知识体系指南》（第七版）已经摒弃流程导向性，而采用了一种基于原则的标准，首次从系统角度来论述项目管理，这正契合了"系统思维和基于PDCA的过程思维"，这一现代管理理论和方法论的核心精髓。这两种处于活跃地位的国际项目管理标准之间的差异，从理论和实践两个侧面，反映出当今国际标准化领域，对项目管理在当前和未来发展规律，认知角度的不同。从一个侧面，也说明了世界建筑业数字化转型，相较于制造业一直处于落后状态的理论和实践层面的原因。建设工程企业数字化转型，既要解决基础管理的存量问题；又要兼顾未来发展的增量需求。我国作为世界建筑业大国，无论从中华民族"百年变局"下的复兴挑战；还是市场存量化竞争日趋激烈情况下，企业的生存和发展，信息化、数字化转型都时不我待。亟须我国广大建设工程企业，特别是建筑央企头部企业，立足行业和企业现状，充分吸收和利用国际现有企业及项目管理领域理论和实践成果，从现代管理理论和方法论出发，勇于站在世界建筑业未来发展的潮头浪尖，综合国内建筑业最佳实践，推进行业和本企业管理的集成化、标准化，利用后发优势，实现我国在项目管理领域理论和实践上的"弯道超车"，力争在信息化、数字化转型中，走向世界建筑业未来发展的潮头引领地位。华为一直强调战略决定业务，业务决定流程，流程决定组织，因此变革应该从业务先开始而不是流程；而很多公司连自身的业务都没有完全想明白，就急匆匆地从流程开始作变革，这是传统的烟囱式运作。当前，我国建设工程企业对企业核心业务的架构、概念、构成要件、运行机制，缺乏统一的参照和标准，对行业和企业的数字化转型理论和实践方面的成果描述，还存在一定的"盲人摸象"现象。

上市公司信息披露说明，所有的上市企业都已形成了内部，基于顶层设计的信息收集、整理、汇总、分析体系；全面信息化是将上述活动，通过计算机网络技术，变成自动集成，以提高信息收集、汇总、分析和利用的及时性、准确性。网络公开信息显示，建筑央企目前大多实现了自下而上，财务一体化的信息化；有的企业实现了，集成劳务、材料、机械、现场经费等责任成本目标控制的成本管理信息系统；还有的企业，建立运行了工程施工、技术、安全信息化协同管理系统；更有的企业，建立和运行了把成本管理系统和财务结算支付系统进行融合的业财一体化信息系统。项目管理局部或部分功能的信息化，或者单个企业闭门开发、不具备全行业普遍适用性的信息化，很难避免系统底层构架和功能的更新迭代，导致信息化管理系统走回头路，重复投入建设，甚至推倒重来，欲速而不达。而且，这样发展起来的管理信息系统，也很难使从事建设工程项目某一阶段业务的企业，具备向建设工程项目全寿命周期其他参与主体延伸、拓展、联结的条件，无法满足我国建筑产业互联网构建的未来趋势。

建设工程企业管理信息系统，应该基于"一步到位"，完善框架顶层设计、模块化开发运行，并通过企业标准化和信息化的"两化"融合，逐步构建、充实、链接、融合、完善，最终实现全面的数字化。IT企业提供数字化转型技术咨询或系统开发服务，首先要全面理解并建立企业的业务架构。依据"管理体系方法论"和我国建设工程企业实际，图3-1是描述我国建设工程企业以项目为核心的企业治理、项目治理和项目管理体系总体构成框架和运行机制。该模型的雏形最早形成于2009年，作者在《铁路施工企业标准化管理实务》（中国铁道出版社，2009）一书中，针对施工企业进行了解析。15年过去了，随着国际项目管理标准基于现代管理理论和方法论，在标准化工作方面的进展，以及我国建筑业、建设工程企业自身的发展，根据作者30余年来，对现代管理理论体系和具体项目管理实践的总结，提出的基于建筑业各类企业共性的、通用的综合管理体系，涵盖企业治理体系、项目治理体系和项目管理的企业业务架构。提高行业企业，对以项目管理为核心的企业管理体系及其运行规律的认知；

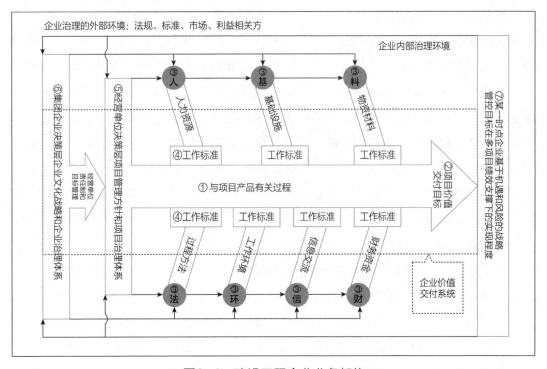

图3-1　建设工程企业业务架构

统一行业企业，关于项目管理规律沟通和借鉴的管理语言体系；为行业企业和相关IT企业协同，探索和推进建筑业数字化转型，提供借鉴和启发。

三、我国建设工程企业业务架构

如图3-1所示，该业务架构的构成内容，结合了我国建设工程企业普遍的共性特征，并采用IPD理念和"价值交付系统"概念，描述了我国建设工程企业及其项目管理体系的总体组成概况和运行机制。其各组成部分及其相互关系，结合图3-1中不同组成部分基于逻辑的编号，依次说明如下：

（1）建设工程企业不同的经营范围，决定了其项目具有独特的①与项目产品有关过程。

（2）项目的目标具有确定性要求，企业根据自身的发展战略，在满足项目合同目标要求的前提下，会确定自身对②项目管理所追求的价值交付目标。

（3）建设工程企业项目的管理过程，以企业③人、基、料、法、环、信、财七个要素，相关的③+④管理标准、技术标准、工作标准组成的企业标准体系为基础，在具体项目通过管理"裁剪"，与项目产品有关的过程进行整合，构成项目管理过程。项目部依此进行项目策划、实施、检查和改进，确保项目目标的实现。

（4）建设工程企业是项目的履约责任主体，需要完善⑤企业项目治理体系，通过项目获取和履约创造价值，交付项目成果，实现企业战略发展目标。这包括：确定项目相关的政策、原则，建立项目管理方针和目标，以总部和项目部关系为核心，确定适当的项目组织管理模式和组织结构，并通过标准化活动识别项目所需过程，开发形成支撑多项目的企业标准体系。并依据企业发展战略，负责项目获取、实施规划、资源配置、过程绩效监控和改进，为项目目标的实现提供后台保障和支撑。企业总部和现场项目部围绕项目全生命周期的一系列职能、结构、要素、过程和活动，共同构成企业的"价值交付系统"。本书"价值交付系统"概念，意在替代传统习惯上的企业管理体系、项目管理体系概念，突出系统化、结构化、流程化、集成化管理特征，更适应行业和企业全面信息化、数字化转型的要求；虽然我们在后续的论述中，在一定场景下仍会使用企业管理体系、项目管理体系提法。

（5）建设工程项目是建设工程企业实现战略意图，保持可持续发展的载体，项目对企业而言，机遇与风险并存。我国处于建筑业头部地位的大型企业集团，其所属的二级、三级企业，共同组成的业务能力和资源，使其产业链、供应链往往覆盖国家基本建设程序各个阶段；具备跨多个行业细分领域，项目规划、投融资、勘察设计、工程总承包、全过程工程咨询等，建设工程项目全生命周期的管理能力。这些头部企业集团，须建立完善的⑥企业治理体系，通过标准化活动，建立包括：企业文化和总体发展战略、经营单位战略、职能战略，对所属的层级企业、事业部、区域机构、SPV等经营单位，进行企业价值导向和战略管控；通过全面预算管理，建立各经营单位、各职能板块以及项目、项目群、项目组合等，经营管理责任制和目标管理、激励约束机制；通过人、基、料、法、环、信、财七个要素资源，在集团内企业的分配和调整，强化对系统内各经营单位能力的培养和均衡发展水平，获取企业内部资源整合和综合效能的最大化；通过标准化、数字化转型活动，建立和实施全集团共同使用、重复使用的企业标准体系，强化知识管理、优化基础管理、提升工作标准，以在全集团范围内建立最佳秩序、促进交流成长；并建立企业治理、项目治理、项目管理持续改进机制，通过对⑦多项目围绕战略目标绩效的实现情况，进行持续的监测、评价（图3-1中的箭线，代表了信息流的来源及其流向），发现和实施改进的机会，促进企业基础管理标准化、数字化转型的不断优化和提升，支撑企业高质量、可持续性发展，并力争担当起我国建筑产业互联网构建的时代使命。

本书后续章节，将围绕该业务架构，结合我国建设工程企业不同的业务范围和业务类别，对其各组成部分及其信息、信息流，在后续章节，进行全面、系统的深入解剖和分析。

第二节 我国建设工程企业的通用概念模型

PMI《项目管理标准和项目管理知识体系指南》（第七版）给出几个术语的定义：模型是解释过程、框架或现象的一种思考策略。方法是获得成果、输出、结果或项目可交付物的方式。工件可以是模板、文件、输出或项目可交付物。建设工程企业的业务架构，阐述了在战略引领下，企业业务的组成内容、各组成部分的边界及其相互关系，以及业务如何支撑企业战略目标的实现。一个业务架构包含了一系列领域及其概念，领域即问题域、问题空间，领域是一种边界、范围，一个领域代表了一个问题域的边界或业务的边界。每个业务，都有一个对应的业务架构，用来描述业务边界范围内的各种业务概念，以及业务概念之间的关系。概念模型，显示最重要的业务概念和它们之间的关系。本节对建设工程企业，如图3-1所示业务架构中，在组成内容、概念及其相互关系，相同或相似的企业决策层、职能和要素管理框架、价值交付系统，建立和解析其概念模型，并进一步对照图3-1中，不同构成组件的编号进行解析。建设工程企业业务架构中，除这三个概念外，其他部分就属于具体企业的个性化内容了。必须强调的是，本书从这里开始所有的内容，都以前面所述管理体系方法论、集成化、标准化要求，全面贯彻作为前提或基础，没有特殊情况，将不再作重复性说明。

一、概念模型之企业决策层流程及其说明

1. 企业决策层流程

对应于图3-1中⑥、⑦组成的外围框架及其"连接箭线"关联的部分。企业治理以外部市场所确定的企业战略为导向，以规范的现代企业法人治理结构和决策机制为核心，其中进一步细化的业务概念及其相互关系如图3-2所示。企业治理为项目治理提供了内部环境，项目治理是项目管理的基础。集团母公司和所属各层级企业最高管理层，是企业治理的责任主体，我国建筑央企头部企业大多是"弱总部"，定位于战略管控型总部职能。主要以"企业使命、愿景、价值观"等，企业文化建设引领企业发展方向；以"企业综合战略目标及规划"和"战略目标和管理方针分解"，指导和

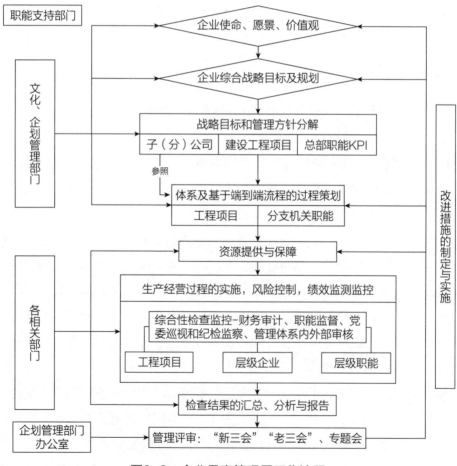

图3-2 企业最高管理层工作流程

控制层级企业运营、项目治理和项目管理；以"体系及基于端到端流程的过程策划"标准化活动，建立企业内共同使用、重复使用的企业标准体系，规范层级企业的治理、项目治理和项目管理等日常运营管理规则；内部"各子（分）公司"在此基础上进一步细化，完善本企业的标准体系建设；各层级企业通过全面预算管理，确定经营单位责任目标、总部职能部门KPI，建立项目管理责任目标，为全企业生产经营建立评价的基准，并按照目标要求落实"资源提供与保障"；通过层级企业和项目管理责任制，开展"生产经营过程的实施、风险控制、绩效监测监控"，保证企业和项目的平稳运营管理；通过综合性检查监控"检查结果的汇总、分析与报告"，完善企业治理、项目治理、项目管理的目标管理和绩效考核激励约束机制；并通过"新三会"或"老三会"、专题会等形式，开展"管理评审"，发现和实施"改进措施"等。形成对层级企业治理、项目治理、项目管理，基于持续改进的治理框架。

2. 企业最高管理层工作过程要求及其应建立的记录

基于"管理体系方法论"要求，组成企业最高管理层工作流程的每一个过程，都应有其输入、输出，这些输入和输出，在企业一般由企业文化、企划管理部门、其他各相关部门分工负责协助最高管理层。表3-1对"流程"每个过程的"管理要求"进行说明，并在其"记录"栏提出与过程相对应，须建立的"文件化信息"概念。这些"文件化信息"在数字化条件下，会具体表现为经过确认的"数据"，以支撑IT信息化、数字化系统平台，用于对数据的管理、共享、分析和其他应用。

企业最高管理层工作过程要求及其记录　　　　表3-1

阶段	过程	管理要求	记录
策划	1	德鲁克认为，企业的宗旨和使命回答了"我们的企业是什么以及它应该是什么？"，是企业确定优先级、战略、计划、工作安排的基础。企业最高管理层，要依据建筑市场政策、法规、利益相关方现状和未来的趋势，基于企业的历史沿革和未来的发展环境，规范企业文化建设，向企业内外部宣传和彰显企业的使命、愿景和价值观	1）企业形成文件的愿景、使命和核心价值观，并在内外部得到广泛的宣传。有的企业还制定了员工道德行为规范和标准。 2）企业形成文件的总体综合战略目标及其实现路径的规划。 3）企业形成文件的面向层级企业的经营战略、企业管理层相关职能战略和管理方针、企业的项目管理原则和方针。 4）建立并维护形成文件的全集团各层级企业和机构组织结构图、职能部门组织结构图、项目部组织机构图；各级企业工商注册的经营范围、各类相关资质证书及其相关的过程记录
	2	按照"目标和战略思维"，建立现代企业治理结构，明确以董事会为核心的决策层、以经理层为核心的运营管理层，形成规范、透明的决策机制和流程。设置相关的专业委员会，向决策层负责，以提高决策的质量；企业的企划部门、办公室提供相应的业务支持	
	3	依据企业总体综合战略，分解制定经营单位战略、企业职能战略及项目管理原则和方针。依据战略，完善层级企业、区域机构、事业部、SPV公司、项目部机构设置管理机制，明确职责分配和权限管理	

续表

阶段	过程	管理要求	记录
实施	4	制定企业基础管理标准化发展战略，采用"系统思维和基于PDCA的过程思维"自上而下顶层设计，规划企业管理标准、技术标准、工作标准发展规划和目标。针对不同业务板块管理成熟度，自下而上分步实施。跟踪吸收国际国内项目管理最佳实践成果，全面贯彻"管理体系方法论"，建立和维护企业综合管理体系，完善企业"价值交付系统"。制定企业信息化、数字化转型总体战略，以基础管理集成化、标准化，加快推进企业的信息化、数字化	1）企业形成文件的标准化战略规划。 2）企业形成文件的信息化、数字化发展规划。 3）企业基础管理标准化（管理标准、技术标准和工作标准）成果及其执行落实情况。 4）企业信息化、数字化发展成果及其应用情况。 5）层级企业年度经营单位目标责任书、各级企业职能管理KPI责任书、项目管理目标责任书。 6）层级企业和项目人力资源管理、资产管理、财务管理等相关记录
实施	5	按照"风险思维"，立足年度综合预算和专项预算，对层级企业按照经营管理责任制，完善年度经营目标制定和实施策划，确保企业运营和项目管理规划决策持续受控，按照规划安排保证企业和项目的资源提供和保障，包括人力资源、基础设施、财务资源，保证所属企业、项目部资源状况，满足企业运营和项目履约管理要求，推进企业管理政策、程序、方针和流程得到全面的贯彻和实施	
检查与改进	6	按照"可证实思维和循证决策思维"，以基于流程的"文件化信息"的顶层设计，完善企业综合管理体系（含项目）及其相关信息的定义、形成、收集、共享和分析，综合相关管理体系认证内审和外审、财务决算和审计、合规性检查、党组织巡视和纪检监察、职能部门项目管理检查、项目绩效评价、项目过程的监督检查等，建立和实施包括外部要求的、规范的企业运营和项目过程的监测、检查和评价机制。传统管理企业管理评审的方式以各类专题分析会议、经济活动分析、年度"三会"等方式进行，对所属企业和项目进行绩效考核和评价，发现企业和项目决策、企业运营和项目履约过程及其绩效的改进机会	1）企业各类监视和测量工作的职责、流程和准则，及其相关的"文件化信息"定义、形成、收集、共享和分析情况，信息化、数字化有利于记录以"数据"的方式采集、共享、汇总和分析。 2）企业运营和项目绩效及其相关证据，包括负面的和正面的，满足战略规划目标的情况。包括形成文件的外部的评价信息。企业管理与项目管理绩效信息。 3）基于全面预算的经营责任制、运营管理KPI、项目目标责任书的激励约束考核评价记录。 4）企业改进措施及其企业对企业标准体系文件、管理信息系统的修订或迭代升级情况记录。 5）企业对政府部门、其他市场相关方、上市公司信息公开等的信息交流记录
检查与改进	7	"管理体系方法论"强调企业综合管理体系及其过程改进机制的建立和完善。企业决策层、管理层、执行层都应以绩效为导向，通过对现有管理体系运行过程的监视和测量，发现和实施对战略规划、目标与方针、资源适用性、流程的适应性和效率等的改进，并将其纳入企业标准体系，通过信息化系统的迭代升级予以固化和实施，不断提高企业和项目的管理绩效水平	

二、概念模型之建设工程企业职能和要素管理框架说明

1. 建设工程企业职能和要素管理框架的组成内容及其说明

对应于图3-1"业务架构"中，发自于⑤、⑥两个部分的"箭线"所指部分，即编号为③的各组成内容，"箭线"表达其相互之间的联结关系，代表着③各个工件，受⑤、⑥两个部分的管控，并通过④"工作标准"服务于①"与项目产品有关的过程"，支撑②"项目价值交付目标"的实现。任何一个企业，都有其长期形成，相对稳定的治理体系和职能管理层组织结构；企业的日常运营、项目治理、项目管理借此

得到维持和保证。"价值交付系统"概念本身就隐含着以市场为导向、以顾客满意和其他相关方满意为宗旨的管理理念。在作者的工作经历中，一直到2000年前后，我国建设工程领域与国际接轨起步较晚的细分行业，在项目竣工交付时，才开始在实体工程以外，同时重视竣工文件的系统性同步交付工作。高速公路建设项目从20世纪90年代初开始，用世行贷款筹集项目资金，到本世纪初，项目交验已经把竣工文件的交付等同于实体工程对待。当前，随着BIM技术的逐步推广应用，设计单位交付的设计成果，除纸版图纸和电子版CAD文件外，有的还要求同步交付BIM模型及其数据库。未来，随着BIM正向设计的全面应用，BIM模型的应用和交付，将贯穿建设工程项目从设计、施工到运维的全过程。PMI《项目管理标准和项目管理知识体系指南》（第七版）首次提出"价值交付系统"，反映出国际项目管理实践领域信息化、数字化转型，对项目可交付成果认识和要求的变化趋势。

目前，我国建设工程企业在信息化、数字化转型中，"流程再造""削足适履的变革"呼声频出，其背后反映了企业目前在运营组织结构层面，客观存在不适应全面信息化、数字化要求的问题，而企业管理层的部门设置及其运营管理是核心影响环节。根据建筑业相关法律法规、建设工程标准体系、企业标准化工作要求；结合我国建设工程企业的实际，我们把建设工程企业总部和项目部，围绕"价值交付系统"的职能和要素管理所有活动，归结为"业务架构"中，"人、基、料、法、环、信、财"七个工件。不同业务范围的建设工程企业价值交付系统，围绕其业务范围对应的"与项目产品有关过程"，整合七个工件的管理过程，与企业决策层共同形成项目治理框架，支撑项目管理，实现和交付项目价值。《企业标准体系表编制指南》GB/T 13017—2018中，"板块模式企业标准体系结构图"的资源管理中，也提出了人力资源、设备设施、工作环境、知识信息和技术、供方及合作关系、自然资源、财务资源等七种类型的资源，建设工程企业参考学习，有利于促进对"七个工件"的进一步的理解。

关于建设工程企业价值交付系统"工件"，当前，我国建筑业有不同的认识和表达框架。有的表达为"人、机、料、法、环"；有的表达为"人、机、料、法、环、测"。事实上，不同业务范围的建设工程企业，对"七个工件"的需求和具体内容是不同的。重要的是"七个工件"概念的提出和界定，须包含和覆盖建设工程企业，围绕"价值交付系统"的所有活动；而且不应产生对管理的无价值冗余。对"业务架构"各工件具体概念和内涵说明如下：

（1）"人"人力资源。包括建设工程企业的各级、各类管理人员；处于企业管辖权限范围内的作业层人员、分包分供方、协作方人员等。企业党、工、团工作影响的对象是"人"，其相关的流程、准则和要求，可以归类到对"人"的管理范畴。企业的管理标准、技术标准，通过岗位工作标准落地。工作标准，构成了职能和要素管理与企业价值交付系统的纽带，如"业务架构"中编号④所示。

（2）"基"即基础设施。包括建设工程企业经营过程必需的相关生产、生活建筑物及其相关设施和配套软件，企业参与的建设工程项目全生命周期相关的生产、生活建筑物和设施，通信、网络、视频监控设施，相关的生产机械设备、设施及其软件系统，工程试验、监测设备和设施，企业文化物质层的CI标识等。

（3）"料"即物资材料。包括建设工程企业占用或消耗的各类物资、材料和低值易耗品。包括建设工程企业运营、项目全生命周期所需的各种物资和低值易耗品，构成企业参与的建设项目工程实体的材料和设备，项目全生命周期所需的周转性物资设备、工装、各种低值易耗品。

（4）"法"即过程方法。本章节开篇段文字给出了"方法"的定义。指企业治理、运营及项目管理活动涉及的方法、专业技术或工具。包括且不限于企业治理的企业文化和战略管理、品牌建设、内部层级企业及其组织管理、合规性、责任制和绩效管理；项目治理的政策、原则和方针、职能组织结构和资源要素管理；围绕建设工程项目的市场营销、投融资、项目交付和运营，项目招标投标、合同、工期计划、安全、环保、质量、成本、创新等的政策、程序及其相关的工作流程、准则和方法。风险管理可视为一种属性，贯穿于企业活动的所有方面和要求上。

（5）"环"即工作环境。用于服务和保障建设工程企业及其项目活动符合要求所必需的，对相关人员、物资、设备、设施、数据资产等所处环境，满足相关要求而实施的一系列有形或无形的措施、标准和要求，它与建设工程企业产品的独特性、一次性、人员的流动性密切相关。如数据安全环境的保障，严寒或酷热条件下作业人员工作环境的特殊要求，城市施工条件下对昼夜作业时段的划分。以及建设工程所处的特殊的细分行业（如军工涉密）或其地理、地形、地貌、气候、水文地质条件下，对项目全生命周期为保障价值交付满足要求，所必须考虑的相关要求和措施。

（6）"信"即信息交流。信息是有意义的数据及其承载媒体。支持或产生于企业活动的有意义的数据，可视为一种资产。包括但不限于相关产品信息，如建设单位提供给设计单位的工程设计所必需的工程设计资料，设计单位依据设计合同提供的纸版图纸、CAD设计文件、BIM模型及其数据库，以及相关的变更资料中包含的数据或信息；建设工程企业的元数据、基础数据或主数据和参考数据体系及其编码体系；企业治理（含数据治理）和职能活动的信息或数据；需要向内外部提供的"可证实"性信息（管理标准、技术标准、工作标准体系），企业活动流程规定的"文件化信息"及其具体的表现形式；围绕建设工程项目全生命周期有关活动涉及的，信息化或数字化平台或"价值交付系统"相关的过程信息或数据（各类过程文件和记录）；会计科目和财务信息等各类与企业综合活动有关的"有意义的数据"。"信"可视为企业一切活动的一种属性，必须予以预先地规定，并按照业务运行规律控制其定义、产生、收集、传递、共享，以满足证实、协同、监控、循证决策、改进、交付等的要求。"信"作为建设工程企业的一种独立"工件"，有利于企业在数字化转型过程中，把数据架构、数据分布、数据标准、数据安全、数据流转认责、数据价值管理和交易等工作，系统、全面地纳入战略管控、组织结构和职责与权限的管理之中。

（7）"财"即财务资金。包括融投资管理、财务管理、资金管理、资产管理、税务管理、全面预算管理、会计核算、财务审计等管理政策、流程、准则和方法。"财"作为独立的工件，可以使建设工程企业在信息化、数字化转型过程中，立足于需求流、信息流、资金流的系统全面集成，更系统地审视和管理企业的流程及其相互关联关系。

上述"七个工件"作为一种资源，不同建设工程企业，对每种工件的需求程度和要求存在很大的差异。比如对从事工程设计或全过程工程咨询的建设工程企业，其主要依靠"人力资源"所承载的隐性知识、技能和经验；而在安全生产、环境保护等"③法"的方面，从企业和项目管理活动上，相较于施工企业就有很大的差异。

2."七个工件"提出和划分的必要性和意义

（1）我国建设工程企业都处于国家基本建设程序所规定的"价值交付系统"范畴，都须遵循以市场为导向的基本经营理念和原则。

（2）建设工程企业受《建筑法》《招标投标法》《民法典（合同篇）》《建设工程质量管理条例》《建设工程安全生产管理条例》的共同约束和调节。

（3）所有建设工程企业处于我国相同的"技术法规"体系框架内，都在我国建设工程标准体系约束下，通过具体的建设工程项目进行协同工作。"七个工件"的规定和划分，无意统一所有企业的组织结构和流程；但它提供了一个共同的结构化参照体系，使所有企业有了一个审视其管理体系职能和要素构成的统一的框架，相互协作和交流的共同语言，更有利于在标准化、数字化活动中，思考顶层设计问题，并有助于避免不必要的冗余和遗漏。

（4）"七个工件"能使建设工程企业的管理体系，基于同一个框架下，为不同企业间以建设工程项目为纽带，在企业和项目管理框架、运行机制、数据治理标准化方面，提供相互理解、交流和数据共享的共同基础和纽带，为未来"建筑产业互联网"提供企业、行业所需的市场生态基础。

（5）"七个工件"可以作为一种纽带，能够将建设工程企业的所有活动，清晰地纳入决策层、管理层、执行层系统化的治理体系下，有利于从观念上强化"价值交付系统"概念，使人们对每一个工件地位和作用的认识，有助于跨越"部门藩篱""层级障碍"，更多地从服务于战略的"流程"角度，思考解决问题、提高效率的途径。既能够满足各工件之间的交叉和重叠关系的处理，又便于实施基于流程的模块化、集成化管理体系的建构。为建设工程企业以战略为导向，进行组织结构优化、企业标准体系的策划和开发、信息系统的建构和迭代升级，提供共同参照的指导框架。并便于以绩效为导向，识别管理冗余或无效、低效管理活动，发现和实施改进的机会。

（6）"七个工件"在具体的建设工程企业，表现为企业管理层的职能和要素管理。彼得·德鲁克《管理：使命、责任、实践》系统阐述了组织的管理逻辑和要点。建设项目"价值交付"所需的各种生产要素、管理资源、知识体系等，是确定的、可清晰识别的。每个企业依据其自身的资源禀赋和企业文化，要围绕市场需求，以职能管理为依托构建对上述七个生产要素，开发、维护、管理、改进的体系、制度、流程和标准。这一部分所形成的基础管理制度，既是企业文化的载体和体现，也是企业之间市场成长力、竞争力、执行力差异的根源；同时也是影响和决定，企业市场资源整合能力的核心。比如有的企业主要通过劳务分包、专业分包途径组织项目资源，而有的企业把自有队伍的建设作为核心竞争力之一。

本书的后半部分，将结合施工总承包项目实际，解析相关职能和要素流程，基于建筑业法规要求和满足国际国内管理体系标准，充分考虑有关合规性、风险管理、内部控制等相关要求；并借鉴PMI《项目管理标准和项目管理知识体系指南》成熟经验，其本身具有一定的客观稳定性的基本思维逻辑、文件化信息，及其进一步关联、网络化集成的面貌。

三、概念模型之建设工程企业的价值交付系统

项目是建设工程企业创造和实现价值的主要途径和形式，建设工程项目全生命周期最终的有形标的，是建设工程物理实体的建设、改造或拆除。在建设工程物理实体从最初到最终形态的演变过程中，规划阶段的"双碳"目标创新性安排、设计阶段的专项研发、项目相关的评优评奖，合同规定的产权属于业主的项目工艺和工装设备、信息化管理系统的研发等，有形或无形产出价值，共同构成了建设工程企业的交付价值。建设工程企业，围绕交付价值的一系列相互关联、相互作用的系统性活动，如项目、项目集、项目组合、运营及其管理过程等，构成了其"价值交付系统"。按照我国建筑业企业资质管理制度，每一个项目都有一个特定的企业，作为项目履约和项目

管理的责任主体，企业总部的日常运营和现场项目管理，共同构成了建设工程企业的价值交付系统管理体系。对应于图3-1中虚线框部分。价值交付系统，是建设工程企业的核心业务流程。从"业务架构"的通用性角度而言，也可以将其视为概念模型之一，体现在不同业务类型、不同建设工程项目实施方式下，其具体的在图3-1中①②③④等工件上的差异。

1. 建设工程企业的建设工程项目"与产品有关的过程"

建设工程项目的一切活动，都是围绕建设工程产品展开的。《项目管理 框架》GB/T 23692—2009把项目过程分为两类，"与项目产品有关的过程"，详细说明并创造项目产品的过程，一般用项目生命期来界定，会根据应用领域的不同而变化。产品管理涉及对产品特性的控制和项目范围的管理，不同的建设工程产品，决定了建设工程企业从事的细分领域业务类别、内部业务板块及其经营管理责任制的划分。对应于"业务架构"中编号①关联的"大箭头"部分。"项目管理过程"，描述、组织和完成项目的过程。对应于"业务架构"图虚线框内，即"价值交付系统"的其他部分。是建设工程企业针对不同业务类别、不同业务板块、不同项目实施方式下，项目管理方针、项目治理体系及其"七个工件"，围绕"与项目产品有关过程"，在项目的具体整合及应用（即IPD）。建设工程项目"与项目产品有关过程"，遵循我国基本建设程序，对于建设工程企业而言，主要是指建设工程项目可行性研究报告得到批复开始，通过采取适当的建设项目组织管理方式，到建设工程项目竣工交付进入运营期、项目特许运营协议规定的项目运营期结束，完成项目移交终结。不同建设工程企业的"与项目产品有关的过程"，包括建设工程项目规划、勘察、设计、施工、交付、运营等某一个或几个阶段，是区分开建设工程企业经营范围和企业业务类别的决定性因素。

建设工程产品具有一次性、独特性，与项目产品有关过程是保证产品特性得以识别、定义和实现的基础。对产品特性的识别和确定，类似前文提到的"工程认知"，是将人员、数据、过程和业务系统整合；以便在整个产品生命周期中，创建、维护和开发产品或服务提供的管理体系和流程的前提。产品管理是一个单独的知识领域，我国建设工程标准体系对产品特性的管理，有一系列的强制或非强制性标准予以规范。不同的建设工程产品，不论在勘察设计阶段、还是在施工阶段，都有其明确的产品特性。建设工程企业经营范围所对应的建设工程产品类别，决定了企业在建筑业所处的细分行业领域。《建设工程分类标准》GB/T 50841—2013，将建设工程按自然属性分为建筑工程、土木工程和机电工程三大类；按照功能可分为房屋建筑工程、铁路工程、水利工程、石油天然气工程、航空与航天工程、医药工程、电子与通信工程等31个专业类别；按照建造师行业管理专业划分，上述31个专业类别又被划属于10个细分专业。《建筑工程咨询分类标准》GB/T 50852—2013将建设工程咨询分为12类，包括项目决策分析与评估、环境影响评价、安全影响评价、社会影响评价、勘察、设计、招标代理、工程监理、项目管理、竣工验收、后评价、其他；上述12个类别，从建设工程企业作为服务主体上，对应涵盖了从事工程总承包的综合性工程公司、项目建设单位；以及参与建设工程项目全生命周期，其中某一个阶段的勘察、设计、施工总承包和监理单位的业务范围。至于不同业务范围的行业其他综合性工程咨询机构、招标代理、项目管理、造价咨询、工程检测等业务类别的企业，其业务范围也是对应于建设项目全生命周期的某一个或几个环节的工作。不同业务范围的企业，其"与项目产品有关过程"完全不同，都有其相应的"产品或服务工序、工艺及其控制准则"，需要不同的"七个工件"，要求建设工程企业建立和形成相对应的管理体系和运行机制，完善其相应的项目管理过程。同时也要看到，按照我国基本建设程序，建设工程项目的全生命周期从项目可研批复开始，到建设工程项目竣工交付结算终结。所有的建设工程企业，都服务于特定的建设工程产品的实现过程，其业务对象均受特定的时间和费用的约束，均围绕建设工程项目工期、造价、质量目标，贡献和交付各自所应创造的价值；无论建设工程项目是新建、改建、扩建还是拆除等哪一种类别。建设工程项目特定的产品特性，是所有参与建设工程项目，建设工程企业共同的对象和纽带，这是构建我国"建筑产业互联网"的理论基础和前提条件。

在我国当前和未来的一定时期内，处于不同行业细分领域经营范围和建设项目生命周期业务范围的建设工程企业，其"与项目产品有关过程"可以归纳为以下几个大类：

（1）从事工程总承包的综合性工程公司，我国建筑央企头部企业均属这一类型。按规范勘察设计—项目投融资管理—按设计采购—按设计施工—按设计和合同交付—按合同运营和移交。

"五位一体"中的建设单位、全过程工程咨询单位、项目管理承包单位，其"与项目产品有关过程"基本与综合性工程公司相同或重合。这样的"与项目产品有关过程"，决定了相应建设工程企业的项目管理过程，包括的项目规划、项目勘察设计、项目投融资、项目采购、项目施工总承包、项目试运营和交付，在特许运营协议（如果有）下的项目运营和移交等过程。从而构成其企业以及价值交付系统中，"七个工件"特定的内容和要求，以及"与项目产品有关过程"进行整合的方式和状况。而这种整合的方式和状况，是对企业管理成熟度有决定性影响的因素之一。

（2）勘察设计单位。按规范勘察设计—按合同要求交付设计成果—按合同提供设计服务。

目前，GPS、GIS、卫星和无人机摄影测量、CIM、三维扫描成像、BIM等技术的发展和广泛应用，未来的工程勘察、设计，将依托现代信息技术，越来越凸显设计师创意的发挥；而相应的其项目管理过程，则基于软件化、信息化等技术路线发展的支撑，变得相对简单和便于标准化、数字化。同样的，从事招标投标代理、造价咨询、施工图设计文件审查、工程监测和评估等单位，其项目管理过程也与勘察设计单位有相似的，未来数字化技术路线支撑和发展趋势。

（3）工程承包企业。按图施工—按规范操作—按验标检验。工程承包企业的项目管理活动，是在规定的期限内将施工图纸转化为符合要求的工程实体，其"价值交付系统"的流程也可以称之为"产品实现过程"。施工总承包项目管理，涵盖了专业承包、专业作业等单位的项目管理过程和要求。

（4）监理（或工程咨询）单位。按合同和监理（或工程咨询）规范提供监理（或工程咨询）服务。监理单位的"与项目产品有关过程"与从事施工总承包的工程承包企业基本一致或重合，其项目管理围绕施工总承包项目管理过程中，相关的"三控两管一协调"过程。至于工程检测、监测单位，其项目管理规范和服务的范围，"与项目产品有关过程"的关联处于较低的范围程度。

2. 建设工程企业的项目管理过程

管理的系统方法源自系统论、控制论、信息论的产生和兴起，是确定不同管理层次、不同业务及其职能和要素管理接口，按"管理体系方法论"构建管理体系的重要理论基础之一。上述"三论"可以抽象出三条最基本的原理：反馈、有序、整体。一切活动都可以被视为过程，策划—实施—检查—改进（PDCA循环），是所有管理活动应具备和遵循的最基本的思维逻辑。策划的前提，是要"充分识别要求"。无论是企业集团的总体管理、职能或要素管理，还是工程项目一线具体的施工组织活动，都会有意或无意地遵循PDCA循环。这是企业管理现代化，应该具备的基本特征，其中最重要的一个工具就是"过程方法"。按照国际标准的定义：过程是利用输入实现预期结果的相互关联或相互作用的一组活动，过程方法是将活动作为相互关联、功能连贯的过程组成的体系来理解和管理时，可更加有效和高效地得到一致的、可预知的结果。"过程方法"能够让我们围绕目标，从整体上审视、思考、安排、实施相关的活动或过程，有效和高效地实现目的、防控风险。我们也可以简单地说，任何活动都有输入和输出，任何活动都隐含着一个PDCE循环；若干个相互关联、在功能或意图上连贯的PDCA循环也可以视为一个过程，这个过程也会有其输入和输出。这种过程中，相邻的、关联的PDCA循环之间，通过输入、输出，建立起关联关系或者说逻辑关系。我们把上述内容称之为"系统思维和基于PDCA的过程思维"，是"管理体系方法论"的重要内容之一。作为管理者，它不是可选的工具，而是任何管理活动应该具备的属性，或者说它们是一个合格的管理者应该熟练掌握、运用自如的思维方式和管理行为习惯。过程之间的联结是客观世界的基本规律，其实质是整合或集成。我们把"集成"单独提出来，是基于建设工程企业目前的管理，对这种客观规律认识，或揭示得成熟度不足而言的。

建设工程项目的管理可以视为一个过程，而任何类型或规模的项目管理，有其共同的基于过程的内在逻辑和规律。目前，国际国内相关标准，共同认定的"项目管理过程"，都由启动、规划、执行、监控、收尾五大"项目过程组"组成。其实质是对"与项目产品有关的过程"全生命周期，或者其中某一或某几个阶段，在管理过程上采用"管理体系方法论"的具体体现。如图3-3所示，适用于建设工程企业及其项目管理所有的过程和活动。我国建设工程企业建设工程项目各阶段，项目管理过程具体说明如下：

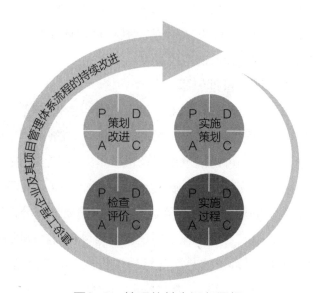

图3-3 管理的基本运行逻辑

（1）项目启动过程组。项目启动是建设工程企业，对是否参与某项建设工程项目进行决策的一系列活动的总称，无论企业参与的是建设工程项目生命周期的全过程，或者是其中的某一个或几个阶段；还是提供建设工程项目监理、全过程工程咨询、造价咨询等服务。仍以PPP+EPC+特许运营模式的建设工程项目为例，PPP项目一般投资额巨大，项目包含特许运营情况下的周期很长（一般建设期加运营期要15～30年），不确定性风险较大。每一个建设工程项目，对于建设工程企业而言既是机遇，也是风险和挑战。我国建筑央企头部企业，都对投融资项目决策实施高度集中的管控。由集团母公司总部决策层，依据企业战略对项目目标的要求，组织进行项目风险评估、融投资方案评审、项目实施责任主体选定、项目组织结构和管理政策的确定，以做出是否参与项目投标或议标的决策。项目投、议标工作流程的启动，项目的成本就开始发生，意味着项目的启动。未中标项目所发生的成本，则列入企业市场营销费用。

（2）项目规划过程组。建设工程产品是通过规划、设计、施工逐步确定的，项目管理也具有渐进明细的特性。按照我国基本建设程序，建设工程产品是在项目建议书、可研、勘察设计、施工、竣工交付和试运营过程中，一步一步逐渐得到明细和形成运营期最终产品的。其中的每一个阶段，建设工程产品的范围、产品特性呈现不可逆的渐进明细逻辑。项目规划以"与项目产品有关过程"的识别和确定为核心，最重要的内容是项目范围及其产品管理的要求，按照产品特性确定或开发产品实现流程和产品工艺标准。在对相关管理过程的要求上：

①首先是企业标准化工作，明确项目管理的政策、方针、流程和方法，建立相关的企业管理标准和技术标准体系，并通过工作标准体系保证其满足项目管理对"人"的要求。

②根据企业战略需求、可用资源（人、财、技术）、风险承受能力、差异化或低成本竞争水平等方面综合因素的考虑，采用PERT/CPM技术，通过进度计划和产能的匹配和平衡，确定可实施的进度计划；制定保证进度计划实施的资源、管理保障措施等对"七个工件"的需求及其流程进行"裁剪"，以适应项目的实际；以满足外部要求为底线，以合同中标为优先原则对合同要约做出响应。

③项目中标后，在满足合同承诺兑现要求的前提下，进一步地关于项目管理方针、项目经理、项目组织结构、管理职责和权限、内部组织管理模式、资源配置、基于标价分离原则下的项目预算、财务核算账户、项目管理责任目标等方面的细化安排，以内部资源的充分利用和发挥自身比较优势为原则，保证履约能力和提高项目综合盈利水平。在项目进入实施阶段，还要进一步围绕"与项目产品有关过程"，进行项目具体实施层面的组织、资源、流程、准则，以及项目合同履约在作业层组织管理方式、项目实施保障措施等的详细安排和策划，以保证项目实施过程在符合法律法规和其他要求前提下持续受控，确保项目目标的实现。

我国建筑业不同的行业细分领域、不同建设实施组织方式的建设工程项目产品，对项目规划阶段的具体内容和形式，有上升到国家、行业技术法规和标准的要求，以及一些约定成俗的规定或范式。比如，《建设项目工程总承包合同示范文本》《建设工程设计合同示范文本》《建设工程施工合同示范文本》，关于合同工期计划的管控条款等的要求。不同的建设工程企业，依据自身最佳实践总结，也形成了本企业在项目规划上的，具有自身特点的项目规划具体内容和形式。我国建筑业相关法律法规和其他要求，对建设工程项目全生命周期的活动，有特定的规范性要求；通过合规管理确保全面执行和满足这些要求，是项目规划必须达到的底线要求。

必须指出的是，建设工程项目具有目标确定性。参与建设工程项目的建设工程企业，能否确保项目目标的实现，不仅对建设工程项目的成败造成影响；而且也决定了企业发展的可持续性和质量。建设工程企业项目管理规划，因企业的企业文化、项目管理方针、管理体系成熟度、知识积累、基于其项目管理关键岗位人员"人"的隐性知识和经验上的差异；不同的项目管理团队或人员，由于其对建设工程产品的认知水平、以往工程经验、对工程风险的预判能力和水平，以及企业产业链、供应链所赋予的资源保障水平的差异，每个企业在每个特定的建设工程项目的规划上，其具体的规划成果都是不同的。这正是企业市场核心竞争力差异的具体体现。项目规划无论采取什么具体的内容和形式，其任务都是要明确项目的目标，以及为实现目标所需的组织结构、职责和权限、资源、过程、准则、风险和变更控制、相关方及其信息交流等方面的可实施性安排。我国建设工程企业项目管理的目标：

①从事工程总承包的综合性工程公司。其项目目标定位于建设工程规模、布局、功能、性能和关键技术措施等，满足项目立项审批要求，并在建设项目功能、性能的共性的、通用的专业性技术措施指标上，满足国家"技术法规"的要求；在市场化竞价和合同约定的工期内，完成和交付符合质量要求的项目实施过程和项目可交付成果；实现企业在该项目的内部成本收益、安全、创新及其他相关目标，为企业的发展战略提供支撑。

②勘察设计单位。其目标定位于设计任务书、设计合同规定的设计研发或创新指标、限额设计、设计期限、设计成果交付内容和形式，以及现场设计服务质量等。

③工程承包企业。确保合同工期、质量、安全和文明施工目标的实现，完成企业内部关于项目的成本收益、创新、人才培养或队伍建设或其他经济或社会效益目标。

④监理（或工程咨询）单位。履行"三控两管一协调"或合同规定的其他责任，确保"顾客满意"。

建设工程项目全生命周期受诸多不确定性因素的影响，特别是在项目的实施阶段。建设工程企业的项目规划，往往因各种内、外部不确定性导致的变更，需要对项目规划的目标及其实现目标的相关措施安排进行调整。所以，项目规划往往是一项需要阶段性、持续进行的活动。建设工程企业应该按照《项目管理敏捷化指南》GB/T 42892—2023，探索建立和提升项目管理敏捷化能力与水平，不断提高对外部变化的敏捷性反应水平。

（3）项目执行过程组。项目的执行是围绕项目规划所确定的项目计划的执行，次第展开的，以按照预期的安排提供项目的可交付价值。建设工程项目全过程，主要是由"人"在控制和执行；"人"的意识、能力及其协同，对项目过程绩效有决定性的影响。确保项目相关层次和岗位人员，全面、适当地参与到项目规划过程，是项目人员在执行过程中能够协同不可或缺的重要措施。由于项目团队的临时性、一次性，项目团队的建设和磨合，项目内部的信息交流和寻求共识，项目岗位责任制和工作标准，项目绩效考核和激励约束机制，是确保项目执行力的必要保障。

（4）项目监控过程组。项目的所有活动都可以视为一个过程，每个过程都有其特定的输入、资源和管理职责、输出。没有实现预期目标或不能提供增值的无效过程，无疑都将直接或间接地影响项目的绩效。项目监控过程就是按照预先的安排，对项目所有过程进行系统的监视、测量和控制项目绩效，以项目规划成果为基准，发现当前或未来潜在的不符合或偏离，采取纠正或预防措施实施改进，以确保目标的实现。挣值管理是项目绩效监测和评价、发现和实施改进机会的重要手段。关于项目的改进措施，有的可能需要上升到企业总部层面的项目规划、项目管理体系策划安排等相关事项的调整。

上述每个过程组中，都针对和服务于建设工程项目特定阶段的管理，都有其相应的建设工程"与项目产品有关过程"要求，都有与其对应的一系列的项目管理过程，这些过程也都要遵循"目标思维""风险思维""系统思维和基于PDCA的过程思维""可证实和循证决策思维"等"管理体系方法论"要求，在建设工程企业都表现为企业或项目管理体系要求及其成熟度水平。也决定了建设工程企业信息化、数字化转型，所能选择的战略定位条件和可实施性。

（5）项目收尾过程组。在项目按照项目规划，完成项目价值交付后，用于对项目完成后遗留问题的关闭，和项目经验教训的总结，强化企业的经验和知识积累。

3. 建设工程企业价值交付系统流程解析

对应于图3-1虚线框内部分。基于上述对"与项目产品有关过程""项目管理过程"的描述，我们进一步用流程图的形式，对建设工程企业价值交付系统进行解析和说明，如图3-4所示价值交付系统流程，泳道图能够更直观地呈现企业决策层、管理层、执行层围绕项目全生命周期，所包含的工作概念及其相互关系，内外部的信息流接口。该流程图对应表3-2，对过程进行说明并提出其过程相关的"文件化信息"框架。

（1）建设工程企业价值交付系统流程图说明（图3-4）。建设工程项目是建设工程企业价值创造、价值实现和价值交付的平台和手段。企业的治理和运营，构成了其项目管理的后台内部环境。项目治理框架为项目相关方提供管理项目的结构、过程、

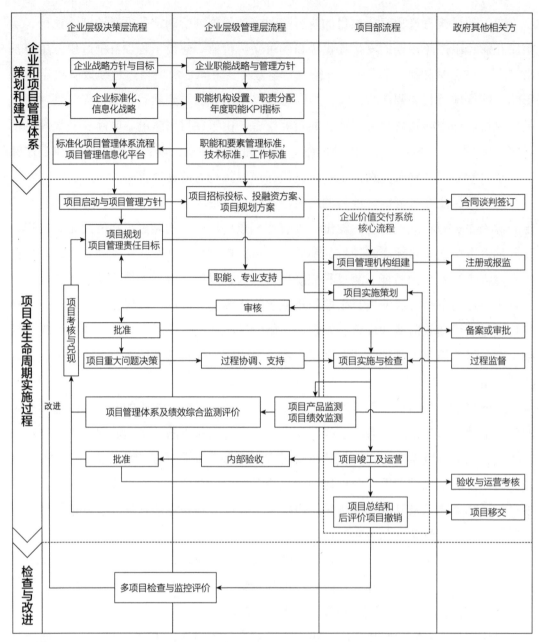

图3-4 建设工程企业价值交付系统流程

角色、职责、终责和模型。不同建设工程企业的市场定位、发展战略、经营范围、经营规模千差万别,每个企业都有自己独特的业务板块、传统优势领域或产业链开拓延伸发展的新领域。这意味着一个企业在不同的业务板块、不同的层级企业,其"价值交付系统"体系成熟度,因企业治理和日常运营管理能力、资源约束水平、项目执行力等导致客观上的差异。这决定了建设工程企业基于总体发展战略,在不同业务领域，确定和实施有差异化的项目管理方针和宗旨要求。包括且不限于围绕项目的风险、问题、人力资源、管理职责和权力的授权、质量、环保和可持续性、信息和知识管理、采购、健康和安全、预算和财政、合规性、过程检查和监督程序等方面，管理宗旨和方针指引。并制定符合方针的程序和过程，保证管理方针的贯彻和落地。在内部资源和外部市场环境约束下，追求实现战略发展利益的最大化。这就产生了我国建设工程企业，目前普遍的内部层级企业、区域机构、事业部、SPV公司等，多层级、多类型、多地域分布的法人组织架构，来适应不同业务范围、不同专业类别、不同细分领域的项目管理要求。综合我国建筑央企头部企业组织架构，无论集团企业内部分多少层级；但是，对于具体的工程项目而言，项目管理的主体其实都只有两个层级，即企业层级和项目部层级。这些层级企业或机构作为项目治理主体，独立地承担其经营范围内，项目全生命周期的管理责任。就企业所承担的项目实施组织方式而言，无论是PPP+EPC+特许运营、工程总承包项目、项目管理承包、全过程工程咨询项目；还是勘察设计项目、施工总承包项目，抑或专业承包、工程监理，仅仅是项目合同覆盖的，建设项目生命周期的阶段和范围不同。图3-4描述建设工程企业决策层通过战略引领，不断优化企业组织结构；建立和实施企业标准化、信息化战略，建立与企业实际相适应的"标准化项目管理体系流程"和（或）"项目管理信息化平台"；企业管理层全面贯彻企业战略方针、目标要求，制定职能和要素标准体系，为"标准化项目管理体系流程"提供支撑；项目部依据授权，在项目实施策划中，对企业项目管理标准进行"裁剪"，确定项目管理策划方案，在总部的统一组织、协调、指挥、控制下；推进项目具体的过程策划、实施、检查和改进工作，实现项目目标。清晰地界定企业内部围绕价值交付系统两个层级关系，是企业构建项目标准化管理体系，开发项目管理全面信息化系统的前提。

建设工程项目的要求和目标具有确定性，这就要求建设工程企业只能通过内部管理的改进，来满足市场竞争的要求。"七个工件"给所有建设工程企业的项目治理，提供了一个审视和优化企业组织结构、进行模块化管理、组织项目资源、开发和完善管理流程和标准的框架。企业的运营是持续性、重复性的；而项目是一次性、独特的。"七个工件"有其自身的管理运行规律，它们在具体的企业，被分配到不同的部门或岗位，表现为职能或要素管理的流程、准则和要求。我们在前面的章节中，论述了面向全面信息化、数字化转型的，企业和项目管理体系流程化、集成化的基本要求。上述建设工程企业的"价值交付系统流程"，直观地说明了在建设工程项目全生命周期，企业决策层、管理层、执行层围绕其"价值交付系统"的，基于流程的相关概念、相互接口关系，及其内外部信息流（图中的箭线代表了信息流）。这种接口关系和信息流，都是项目治理必须满足的基本要求。

（2）建设工程企业价值交付系统过程要求和记录，见表3-2；该表与图3-4对照理解，可以获得对相关过程更完整、全面的信息和要求，促进企业内部形成更加一致的理解。

建设工程企业价值交付系统过程要求和记录　　　　　　表3-2

阶段	过程	管理要求	记录
企业及其项目管理体系策划和建立	1	企业的项目管理体系标准化、信息化要适应和服务于企业的发展战略，其项目管理方针和目标应贯彻企业的统一要求。"标准化项目管理体系流程"规定了企业项目管理体系的基本结构框架和运行机制	1）企业形成文件的项目管理方针和目标； 2）企业形成文件的覆盖本企业项目全生命周期的"标准化项目管理体系流程"； 3）企业与项目管理有关的职能部门设置和职责分配； 4）企业与项目有关的管理标准、内部技术标准、工作标准体系制定和实施情况； 5）企业项目管理信息化、数字化状况
	2	按照企业确定的项目管理原则和方针，各级企业应围绕"标准化项目管理体系流程"的实施，通过优化职能机构设置和相关的企业管理标准、内部技术标准、工作标准的制定，为企业及其所有项目提供统一的管理流程和执行标准，实现多项目的标准化、同质化管理	
	3	各级企业应按照集团总部信息化战略顶层设计，按照"标准化项目管理体系流程"开发项目信息化管理系统，以标准化促信息化，以信息化将标准化引向深入，最终实现全集团项目的全面信息化、数字化转型	
项目全生命周期实施过程	4	"标准化项目管理体系流程"规定了企业层级和项目部层级，自项目启动到项目注销全生命周期中，各个阶段的"项目策划-实施-检查与改进"过程，以及内外部信息流。"两层"流程化、集成化水平，是企业管理水平的重要标志，也决定了企业的项目绩效水平	1）以项目分权或授权为标志的企业层级和项目部层级的项目管理职责分工及落实情况； 2）"标准化项目管理体系流程"及其相关职能和要素流程贯彻的证据、内外部评价和项目绩效记录信息
	5	在项目实施中，企业层级通过项目策划和过程监控、资源保障、重大问题决策和协调、过程绩效评价和考核，构成了项目实施的后方支持平台，项目部在授权范围内履行相应的项目管理职责	
检查与改进	6	企业对多项目实施标准化、同质化管理，企业总部和项目部以其责任划分和工作接口，对项目管理情况进行检查评价，并通过项目管理体系的持续改进，推进标准化不断走向深入。项目标准化管理体系明确了各层级"项目检查和评价"内容、方式和记录要求，以及如何用于持续改进工作	1）企业项目管理检查评价工作开展记录； 2）企业管理与项目管理绩效； 3）企业和项目日常检查采取的持续改进措施记录； 4）企业基于多项目监测评价，对企业和项目标准化、信息化和数字化转型的推进措施记录
	7	从企业治理角度，上一级企业通过项目和所属经营单位运营的检查评价，推进项目治理、项目管理标准化和信息化、数字化。"标准化项目管理体系流程"由企业决策层组织改进优化	

（3）项目全生命周期的实施过程。企业项目管理方针，标准化战略推进形成的企业标准体系，应当建立起本企业的"标准化项目管理体系流程"，作为企业面向全面信息化、数字化转型中，企业项目治理应采用的主要形式和内容。建设工程企业，依据本企业"标准化项目管理体系流程"，实施对项目全生命周期的管控。上述"建设工程企业价值交付系统流程"，按照PPP+EPC+特许经营项目模式建立，我国建筑央

企头部企业母公司总部，大多都具备项目融投资和工程总承包能力，并积累了较多的项目良好实践；其"标准化项目管理体系流程"，应覆盖项目投融资带动工程总承包全生命周期各阶段。其企业标准体系的管理标准、技术标准、工作标准，应满足项目全生命周期过程控制的要求。建筑央企内部各层级企业或机构，业务范围只涵盖建设工程项目全生命周期，某一阶段的企业，其"标准化项目管理体系流程"及企业管理标准、内部技术标准、工作标准的制定和实施，应与本企业项目生命周期管理的需求相适应。建筑央企母公司通过全集团共同的企业文化价值观、总体发展战略的企业治理体系，构建全集团各层级企业市场布局和发展规划，在全集团实施具有本企业特色的项目管理政策、方针和标准化战略。进行项目管理的顶层设计和企业标准体系的建设，实现项目管理的同质化、标准化，能够提升集团企业规模化、差异化、低成本竞争能力。这为企业的项目管理全面信息化、数字化转型，提供了母公司顶层设计、框架稳定，各层级企业分工实施，有计划通过基础管理提升，实现IT管理系统迭代升级，走向全面数字化的战略框架。结合"建设工程企业价值交付系统过程要求和记录"对"建设工程企业价值交付系统流程"的"项目全生命周期实施过程"说明如下：

①项目启动由企业决策层或被授权人，根据企业战略、项目管理方针、基于风险和机遇权衡，就是否参与某项建设工程项目做出决策。建筑央企头部企业集团母公司，各二、三级子企业，都在独立承揽和管理项目；其决策层根据企业治理经营单位责任制，按照项目风险等级，负责本级企业的项目启动决策，并承担项目风险、享有项目收益。项目启动是企业相关各方、各部门围绕项目开展工作的启动令。

②企业营销体系组织项目招标投标，通过商务标、技术标，完善项目策划和报价，确保项目中标。为了有利于项目中标后的实施，拟定的项目负责人参与项目招标投标过程，是一个比较有效的措施。

③项目合同签订后，企业决策层负责项目筹备，组建项目管理机构，批准项目章程，确定项目管理责任目标，任命及授权项目经理，提供项目所需资源，确保合同承诺的兑现。《项目管理 术语》GB/T 23691—2009项目章程，是高层管理部门发布的正式批准项目，描述项目使命的文件，通常描述项目在范围、质量、时间、成本、资源等方面的约束条件，授权项目经理。有的企业在决策层控制下，由总部职能部门分工以文件的形式，明确项目组织管理模式、组织机构、项目经理，签订项目管理目标责任书。PPP+EPC+特许运营项目模式下，在项目生命周期的不同阶段，随着项目管理对象和内容的演化，项目管理机构和项目经理（SPV负责人）需要进行相应的调整。

④项目管理机构负责按照招标投标阶段的成果，组织项目实施策划。PPP+EPC+特许运营项目模式下，根据国家相关政策、法规和标准，包括且不限于SPV公司工商

注册、项目总体实施方案、项目各阶段实施方案、项目管理体系和流程、项目过程控制标准和准则等，并履行向政府监管部门、业主或其他相关方的审批、备案或信息注录。项目各阶段策划成果，应经企业层级相关部门审核、企业决策层审批后实施，并按规定与外部相关方进行信息交流。

⑤项目的实施与检查。项目的实施过程，是按照批准的策划方案和项目机构管理体系安排，在总部相关职能部门的支持、协调下，围绕策划方案确定的项目计划开展的。不同的建设工程企业，总部与项目管理机构之间，因集约化管理水平的差异，围绕项目管理流程的责任划分和工作接口存在很大差异，如葛洲坝集团公司早在2005年各级总部就对项目分包实施高度集中的管控，中国建筑股份有限公司总部对项目的"三集中"，中国中铁股份有限公司对项目的"12大集中"管控等。当项目因内外部因素，导致重大变更或其他问题时，需要企业决策层及时地获取相关信息，并做出决策；项目的实施过程，按照相关法规和合同要求，须配合和满足政府监管部门、业主和其他相关方的监督。项目层面的监测活动，包括对项目工作质量状况的过程绩效检查，对项目可交付成果的产品监测，对发现的不符合情况采取纠正或预防措施；挣值管理在全面信息化条件下，可以使企业管理层、决策层及时地获取项目绩效信息，并对需关注的偏差做出必要的反应；企业对项目的其他监测评价方式，还有总部职能部门对照业务流程和标准，进行工作检查、党组织巡查巡视、纪检监察、管理体系内外部认证审核、财务与审计或内部控制合规性检查等，这些活动，都有助于企业发现和评价项目绩效和管理状况，作为对项目过程考核和激励约束评价的依据。

⑥项目合同规定的可交付成果，在完工交付前，应进行内部验收，以确保不符合的意外放行影响"顾客满意度"，或增加项目缺陷责任期、运营期的额外成本；特许运营的项目，应保证运营品质，满足合同规定的运营考核标准，确保项目投资费用、运营费用的回收。

⑦项目合同规定的要求全部履行完成，必要时应组织项目后评价和项目总结，其成果作为经验和知识积累，将成为企业项目治理、项目管理改进的重要来源。

建设工程企业不同的业务板块、不同的层级企业，一般都有一定数量处于实施阶段的存量项目。企业总部通过对多项目综合检查和监控信息，以及不同业务板块、不同经营单位的项目之间，基于挣值管理的绩效监测评价信息的对比，是发现层级企业治理、项目治理、项目管理改进机会，实施改进措施的重要机制。企业在"价值交付系统"相关流程的策划中，需按照"管理体系方法论"建立相关过程"文件化信息"要求，并确保项目按照上述过程，形成过程记录。全面信息化、数字化，有利于强化项目过程信息的形成、采集、共享、分析和应用。

项目管理机构（统称为项目部）的管理绩效，是企业价值交付系统适应性、可操作性、有效性和运行绩效的具体体现；也是评价建设工程企业集约化、标准化、同质化管理水平和数字化转型进程的依据，是建设工程企业价值交付系统的核心业务流程。核心业务流程是在不同业务类型、不同项目实施方式中，真正将建设工程企业区分开来的，其管理内容和流程存在较大差异的部分。比如设计项目、施工总承包项目的管理内容，就几乎完全不同；但基于项目管理的底层规律，所有类别的项目都有共同的底层逻辑。建设工程企业信息化、数字化转型，首先要解决项目的问题，已经成为行业共识。

4. 建设工程企业价值交付系统的核心业务流程

建设工程项目各阶段的可交付成果，是建设工程企业创造价值、进行价值交付的核心标的，如建设工程的项目规划、设计、施工阶段，项目可行性研究报告、符合要求的施工图设计文件、按照图纸从无到有完成的工程实体，都是建设工程企业从事建设工程项目相应阶段，创造的可交付的核心成果。与其相对应的"产品实现过程"，即项目部从设立到项目交付完成，项目部撤销阶段的流程，构成了建设工程企业，价值交付系统的核心流程。对应于图3-4中的虚线框部分。通过"建设工程企业价值交付系统流程"，就把《项目管理指南》GB/T 37507—2019，五大过程组流程及其通过输入、输出形成的关联关系，结合建设工程企业的实际，具体化、可视化了。但是《项目管理指南》规定的10个主题组及其相互关联、相互作用形成的39个过程，具体落实到建设工程企业总部职能部门，重复性、日常性运营管理，与项目一次性、独特性的管理过程之间，其流程的关联关系是如何建立的；企业的"项目标准化管理体系流程"和职能及要素管理流程，如何实现集成和协调一致性，还是需要进一步解析的问题。每个建设工程项目都有其独特的"与项目产品有关过程"，"项目管理过程"服务于"与项目产品有关过程"。而项目管理客观上具有集成性，项目管理必须根据具体项目特性，对项目管理中的各要素或各专业之间的配置关系，做好集成性的管理，而不能孤立地开展项目各个专业或专业的独立管理。所谓"上面千条线，底下一根针"，建设工程企业总部职能以部门为单位的流程千条线，到工程项目，必须服从和服务于"与项目产品有关过程"这一根针。显而易见，我国建设工程企业，必须依据建设工程项目产品的特性，通过与项目产品有关过程和项目管理过程的整合，建立起"产品从无到有的产品实现过程"，作为其核心业务主流程，在图3-1中对应"①大箭头"的"②价值交付系统目标"要求。为了更好地理解建设工程企业的产品实现过程这一核心业务流程，我们从ERP系统产生和发展的历程讲起。

ERP是产生于制造业的企业信息化管理系统，是英文"企业资源计划"的缩写。

E代表企业级而非部门级，R代表物流、资金流和信息流的实时整合，P则代表企业运营"策划、实施、监测、改进"的PDCA闭环管理思想。它涵盖了企业的核心主干流程（对于建设工程企业而言，就是企业价值交付系统的核心业务流程）、企业客户管理、供应链管理、制造执行、产品研发、计划预算等，其他企业级信息系统都以ERP为基础。ERP的产生和发展大致经历了以下5个阶段：

第一个阶段，20世纪60年代，美国制造业提出基于计算机应用的物料需求计划MRP。为了便于计算机识别，必须把组成产品的物料进行拆解，并把产品物料结构图转换成规范的数据格式，这种用规范的数据格式来描述产品结构的文件就是物料清单（Bill Of Material，简称BOM）。然后，对组成产品的每一种物料进行编码，物料编码是MRP系统识别物料的唯一标识。MRP的基本内容，是依据最终产品生产计划，在物料清单基础上，编制组成产品的所有零件的生产计划或采购计划。这个阶段，在国际项目管理领域，独立地发展出关键路径法（CPM）和计划评审技术（PERT），甘特图等项目管理技术。1959年，Kelly和Walker共同发表论文，阐述了关键路径法的基本原理，还提出了资源分配与平衡，费用计划的方法。1967年12月，美国国防部正式发布了"费用/进度控制系统标准"。项目管理领域这种进度、所需资源和费用协调控制的理念，超前于制造业物料需求计划MRP，也是后来相关项目管理软件开发的核心原理。

第二个阶段，20世纪70年代，闭环MRP系统。物料需求计划MRP相当于物资部门脱离生产部门在管物料计划，没有考虑物料采购计划是否可行。而实际上用MRP方法计算出来的物料需求的日期，有可能因设备和工时的不足而没有能力生产出来，或者因原材料的供应运输能力不足而无法按需求计划提供到位。闭环MRP系统在物料需求计划的基础上，制定能力需求计划，通过执行和控制计划的功能，使物料保障能力与资源需求实现匹配，保证计划的执行。其基本逻辑是确定主计划—制定资源需求计划—制定能力需求计划—现场作业控制：包括向车间下达系统生成的计划订单（派工单或任务单），依据优先级控制作业顺序，进行投入产出控制，作业信息（实际消耗和更新库存结余）反馈等，完成MRP闭环。美国生产与库存管理协会（APICS）发表的闭环MRP的模型（图3-5），要求闭环MRP必须根据需求建立生产规划，生产规划通过多次粗资源计划做产能负荷分析模拟，不断进行生产能力模拟，平衡与调整直至生产能力与生产负荷平衡为止，以保证主生产计划是真正可实现的。这个阶段，在国际项目管理领域，1972年在工程项目的合同索赔和纠纷解决中，使用关键路径法分析工期延误索赔得以胜诉，并逐渐形成了很多专门的分析方法。工程项目管理关键路径法（CPM）和计划评审技术（PERT），就是基于预设的生产能力，通过不断平衡和调

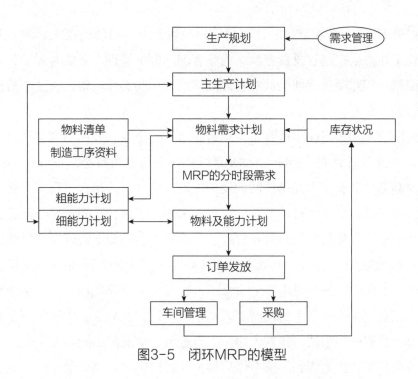

图3-5 闭环MRP的模型

整，在工程项目资源形成的产能与计划匹配的前提下，确定出"主计划"。

第三个阶段，20世纪80年代，制造资源计划（MRPⅡ）。MRPⅡ是一种制造企业在闭环MRP基础上，把生产、财务、销售（相当于建筑业的工序验收和项目交付）、采购、工程等全企业各子系统，集成为一个一体化管理信息系统。其原理和逻辑是：把企业作为一个有机整体，从整体最优的角度出发，对企业各种资源和产、供、销、财各个环节，进行有效的计划、组织和控制，使他们得以协调发展，并充分地发挥作用。MRPⅡ是一种计划主导型管理模式，把决策层、计划层、执行控制层三级计划管理统一起来。计划从宏观到微观、从战略到技术、由粗到细逐层优化，但始终保证与企业经营战略目标一致。这其实已经与2021年《项目管理标准和项目管理知识体系指南》（第七版）首次提出的"价值交付系统"理念，具有高度的一致性。MRPⅡ系统中，企业各部门都依据同一数据信息进行管理，任何一种数据变动都能及时地反映给所有部门，做到数据共享性。同时是一个闭环系统，要求跟踪、控制和反馈瞬息万变的实际情况，不但对外部变化具有动态应变性，而且可以基于策划的安排，具有对未来计划可能发生的问题，采取事先消除预防措施的模拟预见性，这其实与前文所述的挣值管理原理是高度一致的；包含了成本会计和财务功能，实现了物流、资金流的统一，由生产活动直接产生财务数据，通过资金流动状况反映物流和经营情况，参与决策，指导和控制经营和生产活动。这个阶段，在国际项目管理领域，1987年PMI的

《项目管理知识体系》首次推出，使项目管理被置于一个整体的视角。国外项目管理软件，实现了在进度控制、投资控制、质量管理、资金管理、采购管理上，对基层工作流程的模拟。国际项目管理领域对管理规律的认知和实践探索，在这个阶段与制造业形成了较大差距。

第四阶段，从20世纪90年代开始，制造业上升到企业有效利用和管理整体资源的思想，提出企业资源计划（ERP）。ERP是以MRPⅡ功能为核心，把管理的视野从企业内部延伸到客户需求、内部制造活动及供应商制造资源的整合，形成企业一个完整的供应链，并对供应链上所有环节，如订单、采购、库存、计划、生产制造、质量控制、运输、分销、服务与维护、财务管理、人事管理、实验室管理、项目管理、配方管理等进行有效管理。从单一生产方式向混合型生产发展，满足多角化经营需求。ERP支持对工作流（业务处理流程）的管理，通过定义业务处理相关的会计核算科目与核算方式，在业务处理发生的同时，自动生成会计核算分录，保证了资金流与物流的同步记录和数据的一致性，实现了物流、资金流、信息流的同步和一致。将财务预算计划和价值控制功能集成到了整个供应链上，得以实现对整个供应链信息进行集成管理。体现精益生产（把客户、供应商、代理商、协作单位纳入生产体系）、同步工程（把供应和协作单位看成是企业的一个组成部分）和敏捷制造（时刻保持产品的高质量、多样化和灵活性）的思想。而在我国建设工程企业，还在强调工程、商务、财务在业务口径、数据标准统一的问题，强调企业对挣值管理的认知和机制建设问题。

ERP系统中的计划体系主要包括：主生产计划、物流需求计划、能力计划、采购计划、销售执行计划、利润计划、财务预算和人力资源计划等；相比较而言，作者在深圳地铁9号线站后工程管理中，所制定和执行的"三大计划"，加上各专业批准的"施工组织设计"，在某种程度已经与ERP系统比较类似了。国际项目管理领域，1996年PMI《项目管理知识体系指南》，明确决定采用基于过程的标准；2004年的第三版给出了"挣值管理"定义，是将范围、进度和资源综合起来，进而客观测量项目绩效的一种管理方法。在这个阶段的项目管理软件，逐渐从以计划管理为核心的功能，向项目管理整体业务集成发展的趋势。我国个别建设工程企业在20世纪90年代后期，开始建立ERP系统，并取得一定的成效。近年来，国际知名的项目管理软件商，开始通过功能扩展，探索和尝试与市场上流行的ERP系统进行相互之间的集成和连通，并追求这两个系统最终的合并。

第五个阶段，集团化的远程管控，即ERP集成。最近这十年，大数据、云计算和移动终端应用等新技术，使得ERP架构进一步优化，实现大规模的、多产业、多业务、多地域的远程集成管控，即对多个单一、独立ERP"单元"的集成管控，被称为

"下一代ERP"。国际项目管理领域，2021年PMI第七版《项目管理标准和项目管理知识体系指南》，开始从系统视角论述项目管理，将系统视角的价值交付作为《项目管理标准》的一部分，并将信息化、数字化相关实践，纳入《PMBOK指南》的内容。从项目组合、项目集合的项目治理，到重点关注将他们与其他业务能力结合在一起的价值链，再进一步推进到组织的战略、价值和商业目标。ISO的《项目管理指南》2012年颁布实施，并于2020年12月进行了修订换版，也逐步将项目管理的视野，提升到企业战略管理的系统性高度。

MRP是ERP的核心功能。制造业MRP是基于把产品分解开形成的物料清单，从物料到产品对应的是工艺流程；这相当于建筑业建设工程项目的产品分解结构：从可交付产品（单位工程）—半成品（分部工程）—原材料或工程设备（分项工程或检验批），其中对应的是工序、工艺流程。闭环MRP的"生产规划"，相当于建设工程项目"与项目产品有关过程"，即设计单位的设计方案、施工单位的施工组织设计中工期计划；以及围绕工期计划对人、材、机、财、临时设施等，影响施工工效和产能的预测性安排及其保证措施。建设工程企业项目策划中，其围绕工期计划向影响产能的各种因素计划的分解，与制造业依据主计划，制定资源需求计划、能力需求计划的逻辑原理，如出一辙；MRPⅡ是ERP的重要组成，MRPⅡ同MRP的主要区别，就是它运用管理会计的概念，用货币形式说明了执行企业"物料计划"带来的成本与效益，实现物料信息同资金信息集成。建设工程的项目管理作为建设工程企业独立核算单元，企业要对项目按照"标价分离"原则进行盈亏分析，要以项目实施策划成果编制项目预算，在项目实施阶段要围绕工期计划的管理，同步对工程消耗成本与费用进行会计处理和财务核算，要求对导致主计划变更的各种内外部变化，通过信息反馈，在项目策划上围绕主计划的安排进行调整，以响应外部变化，保证合同工期目标受控。可以说，建设工程项目无论是工程设计，还是施工阶段的项目管理，其核心原理都与MRPⅡ系统完美地契合；ERP在MRPⅡ基础上，把视野延伸到供应链，对企业内部以及企业外部供需链上，所有的资源与信息进行统一的管理，相当于建筑业的产业链、供应链，涵盖规划、设计、施工、交付各阶段，及其每个阶段的项目管理。从ERP系统上述发展历程，我们不难得出如下结论和思考：

（1）建设工程企业项目部的管理过程是其价值交付系统核心业务流程，建设工程项目的工期计划向影响项目工效和产能的各种因素的控制计划的分解，是建设工程项目管理的核心原理。建设工程项目管理中，影响项目实施的各种因素，被分配到项目部组织机构的不同职能或层次，工期计划分解具体表现为向项目部各部门或层次的阶段性工作计划。ERP及其发展历程各个阶段的系统，与关键路径法（CPM）、计划评审技术（PERT）、甘特图、WBS、挣值管理、责任矩阵等诸多现代项目管理技术一样，都根植于计算机技术的出现，都是建立在一种流程性和结构化活动对象基础上的。现代建设工程企业的管理思想理论和方法论，与制造业企业是完全相同的。ERP套装软件，其核心是精细计划、精细控制和精细财务，其源自MRP的主计划到各项分计划的工作逻辑，与建设工程企业项目管理在核心原理上如出一辙，完全相同。这不禁使作者回忆起，2005年在企业从事"贯标"管理工作经历的一幕。当时在同一个企业总部的市场营销部门负责人，面对作者在"内审"中向部门业务岗位人员提出的问题，采取抵制的态度，摆出自己部门实施精细化管理的一系列文件和记录，准备打发"内审组"了事。但经过与作者对照ISO"管理体系标准"，对"内审"提出问题的逐项说明；他感叹，原来"贯标"就是在讲我们一直想推进的精细化管理要求。从此建立起我们之间延续至今且牢固的工作相知、互信的职业友谊。

（2）制造业工厂的本质是物料流动，物料受到产线能力瓶颈的制约和物料变动信息的影响，生产设备及其构成的生产线是制约生产的主体。建设工程项目产品实现过程，特别是在建设实施阶段，制约和干扰生产的因素远多于制造业，这就使闭环MRP所谓的主计划和产能计划，在外部各种不确定性因素干扰下，要频繁地进行重复模拟和平衡的过程。使得源自制造业的ERP套装软件，在面向建设工程企业的应用中，存在结构性的不适应性问题。建筑业的"产品"是固定的、一次性的；产品实现过程"人"的组织管理和"设备"的应用，相较于制造业工厂，处于高度临时性、离散性状态，更需要通过管理，使其从本质上尽可能地具备"生产流水线"的特质。这意味着建设工程企业，对产品实现过程所有活动和要素的控制，面临着大大超过制造业的艰巨挑战，提出了更高的要求，更依赖"人"的管理行为的规范化，管理执行力，管理过程信息的快速获取、准确传递、反馈和执行。这应当也是我国建筑业大力倡导建筑工业化、装配式建筑和智能建造的根本原因，也是世界建筑业数字化转型，始终处于社会各行业末位的原因。我国建筑业应当发挥龙头企业在全产业链对基本建设程序的执行和集约化、精细化、标准化管理已经积累的优势，基于完善的现代企业制度、法人治理结构和长远经营战略，围绕基础管理工作标准化的扎实推进，开发和实施符合我国建筑行业特点的、自主产权的ERP系统。

（3）我国建筑业参与到每个建设工程项目全生命周期的，某一个阶段的建设工程企业，其活动共同构成了类似制造业产品研发、设计、制造、销售、售后服务全流程的基本建设程序。建设工程企业每一个项目及其企业后台总部，就相当于制造业的一个工厂。建设工程项目的设计过程的每一个专业、施工总承包项目的每一个工点，相当于"工厂"的一个车间。这就意味着，建设工程企业围绕每一个项目，都有一个产品形成过程的"主计划",都要围绕主计划,制定物料计划、采购计划、人力资源计划、设备设施计划、财务资金计划、质量计划、成本计划、风险控制计划等,实施与"产能"相关的活动和要素的控制计划。建设工程企业项目产品实现过程,围绕这些计划的制定和实施,建立起"与项目产品有关过程""项目管理过程"之间相互关联、相互作用的关系,集成构成了一个以建设工程项目为单元的ERP系统的核心逻辑。对于一个特定的建设工程项目全生命周期而言,"下一代ERP",可以使产业链上众多参与企业,其相互独立的ERP系统,基于特定建设项目全生命周期的"主计划",向每个参与项目的企业"能力计划"的分解,构建起参与企业之间围绕该项目活动量化的关联关系和逻辑,成为构成"建筑产业互联网"的信息化集成底座。我国建筑业央企头部企业,依据自身全产业链优势,可以以"建筑产业互联网"为目标,设计和构建本企业的全面信息化、数字化转型体系架构和运行系统。而本章所阐述的相关模型、流程和准则,可以作为企业进一步理解及结构化、标准化自身业务和管理的参考模型。

作者现场观摩过许多"智慧工地"、建设工程项目部"智慧建造"平台。一直有一个困惑,也跟现场相关人员进行了沟通:没有企业统一的基础数据标准或主数据标准的支撑,单个项目部要建立项目管理信息化平台,就好比我们为了吃一个馒头,要从耕地、播麦种开始一样,其投入产出比低下,实际应用效果受限,更遑论会形成什么有价值的"数据资产"!

2021年,作者为本书的写作开始收集资料,才第一次接触到ERP的概念。2009年在《铁路施工企业标准化管理实务》一书中,提出建筑施工企业项目管理"从工期计划向工作计划分解的项目计划管理核心原理"和企业职能与要素管理"人、基、料、法、环、信、财"七个工件的概念。前者与ERP的闭环MRP核心原理完全相同;后者从建设工程企业的共性角度,抽象出影响"产能"因素的组成框架。作者学习和践行以"管理体系方法论"为核心的现代管理理论和方法论,在建设工程项目管理实践中总结出的思维逻辑成果,与ERP产生历程各阶段的核心原理不谋而合。而作者从建设工程企业基础管理标准化工作的角度,思考建设工程企业管理体系的总体构成、主要概念模型、企业和项目围绕"价值交付系统"的流程和"文件化信息"要求、项目管理核心流程的核心原理,以及在本书中阐述的关于建设工程企业全面信息化、数字化转型的实践和理论成果,也与ERP当前和未来的核心理念相契合。

特别是最近十余年来,作者在三个投融资建设模式下,SPV公司和工程总承包项目管理中,践行本书及后续章节将要论述的施工总承包项目集成化管理理念、流程和标准。期间感触良多。

一 "难"在项目部层面。在本书的后半部将要论述的，自2014年关于施工总承包项目管理的一整套流程和标准文件出台以后，时至今日几乎没有几个人能看得懂。当时只有一个标段的项目经理主动找到作者沟通，认为按照"文件"的规定管项目，确实把事情讲清楚了，确实开拓了思路、提供了方法，对实际工作有帮助。后来这位朋友基于在项目管理上的突出业绩获得晋升，目前已经成长为建筑央企三级公司的董事长。这些年来，作者接触到近百个大大小小的项目经理，虽然我们在一起共创了一个"国优工程金奖"、一个"鲁班奖"；但是，大多数项目经理在干的过程中，都是迫于"能理解更好，不能理解，先执行"的要求下，在一个个项目配合完成项目履约的。很多在作者看来，理所当然的项目管理理念、流程和做法，在实际工作中遇到"人治"思维惯性、经验管理、知识和能力相对不足问题的巨大障碍，使实际的项目管理秩序，距离"文件"要求，始终存在不小的差距。可以想见，如果将其转化为全面信息化、数字化系统，其运行的可行性和效果，恐怕在目前的项目现场很难落地。

二 "难"在企业层面。一些"外行"的领导在项目规划中，脱离建设工程项目产品实现内在规律，出于平衡或照顾项目参与各方利益，而在项目组织架构、工程部署安排上的随意性，导致人为地大幅度增加项目组织管理难度和风险，是作者职业生涯中遇到的最难以应对的职业梦魇；也反映出职场个人对企业文化的认同和主动融入要求；在项目过程管理方面，企业不同业务板块的项目治理，应以市场和产品特性的市场化原则为导向，在总体战略控制下，采取差异化的项目治理机制和项目管理方针；但很多企业要不在新业务领域失于管控，要不囿于以往在传统主业的成功经验，采取"一刀切"的方式，造成在业务板块发展和项目管理中反复走弯路、交学费。如前所述，我国建设工程企业，特别是建筑央企头部企业，目前以部门为单位的信息化已经取得了很大的进展，苦于"部门墙""数据烟囱"，系统"集成"目前已经成为行业共识。但IT公司或IT咨询服务机构提出的"数据中台"、数据清洗和迁移、人工式的数据集中等方式，在作者看来只能是区部的、一时的权宜之计。我们基于"管理体系方法论"思维理念，从基础管理集成化、标准化角度出发，提出建设工程企业通用"业务架构""概念模型"；目的在于给全行业提供一个共同的框架，使建设工程企业特别是建筑央企头部企业，能够采取集团母公司数字化转型战略，采用集团级的顶层设计，集团统一的基础数据标准，打破数据藩篱，实现从理论和实践两个方面，走上以基础管理流程化和集成化，促推全面信息化、数字化转型的道路。

三 "难"在全行业层面。基本建设程序的阶段性划分、每个阶段市场准入条件下不同参与主体，在建筑市场工程总承包模式发展不充分、不成熟的行业现状；都使我国建设工程企业，更有围绕建设工程项目的实施，增强内部管理整合、提高协同管理水平的迫切需求。这意味着必须立足我国建筑业全行业、全产业链、项目全生命周期，来考虑基于行业内企业，共同使用、重复使用事项的统一标准，打通在基本建设程序各阶段、各参与企业之间、产业链供应链中，相关语言、概念、数据标准的统一。并以"建筑产业互联网平台"的构建，提供建设工程项目全生命周期各阶段、各参与主体之间，基于统一标准的信息交流、数据共享通道。如《建筑施工企业管理基础数据标准》JGJ/T 204—2010，制定能涵盖项目"五位一体"共同的、重复使用对象的统一标准，这有赖于国家层面的政策引导和跨细分行业团体力量的推进。上述的众多困惑，在作者了解了ERP的核心原理和发展历程后，大多数IT技术困惑都迎刃而解。同时，也更加坚定了理论自信，及对我国建筑业数字化转型未来的紧迫感。本书后半部，就是瞄准我国建筑业数字化转型，最核心的环节，施工总承包项目管理数字化平台的开发需求，进行总结和探索。为我国建设工程企业走上系统性数字化转型，开启"建筑产业互联网"构建征程，提供启发和借鉴。

必须指出的是，ERP系统作为企业集成化IT系统管理平台的基石，只是一种工具，不能解决企业所有问题，如企业文化的塑造、企业的战略规划、企业制度的确立、企业融投资等问题；但它的开发和运行，离不开上述问题的支持和配合，或者要对其相关流程进行系统化集成整合。建设工程企业的建设工程项目，能不能干好，受理念、体系、资源、人的适用性、项目内外部政策环境条件等很多复杂因素的影响，"干好的项目都是相似的，失败的项目各有各的原因"。建设工程企业的项目管理，从启动、规划、执行、监控到收尾，核心的因素还是在"人"，在于企业的管理体系成熟度，在建设项目的每一个阶段，每一个建设工程企业的基础管理、每一个人的能力和职责的履行程度。以ERP为代表的，企业及项目管理工具、技术、方法，只是一种赋能工具。正像作者在项目实践中所感受的，每天80%以上的精力都在沟通，项目要设置大量的人力、物力，专门用于加强信息的收集和支持决策。信息化和数字化能够解决的，仅仅是信息的沟通和交流，无法取代人的创造性、能动性和智力性。

第三节 建设工程企业的信息架构

企业的数字化，是要建立数据、产生数据、利用数据，直至企业的所有经营活动，全部实现在一个数字映射的虚拟世界开展。为了对企业的全部数据及其整体面貌进行可视化描述，就要建立起企业的信息架构，亦称数据架构。《DAMA数据管理知识体系指南》(DAMA-DMBOK2)，按照国际标准ISO/IEC/IEEE 42010: 2011的定义，架构是"系统的基本结构，具体体现在架构构成中的组件、组件之间的相互关系以及管理其设计和演变的原则"。企业架构包括业务架构、信息架构、应用架构和技术架构等，它们共同构成了企业的数字化转型战略要实现的未来蓝图。参考《华为数据之道》的定义，数据架构是以结构化的方式描述在业务运作和管理决策中所需要的各类信息及其关系的一套整体组件规范，从而有效地管理数据以及储存、使用数据的系统，它包括了数据资产目录、数据标准、数据模型和数据分布。其中，业务架构定义了数据资产目录，便于从整体上制定数据标准；概念模型定义了数据的分布，数据分布定义了数据产生的源头以及在IT系统间的流动关系。企业的数据架构来源于企业架构。企业架构包括以下几个层面的意涵，一是我们前文中论述的集团企业内部多层级、多类型、多地域法人或非法人的层级企业及其相互关系，即企业治理架构；二是每个经营实体基于战略的企业决策层、管理层、执行层的组织结构和运营机制，即建设工程企业面向价值交付系统的日常运营和项目治理框架；三是建设工程企业围绕项目的"与项目产品有关过程"和"项目管理过程"及其整合后形成的管理体系各相关组成要素，及其程序、流程、准则等相关的要素。前面我们论述的建设工程企业业务架构，就是基于我国建设工程企业集团母公司、下属各层级企业、区域公司、SPV公司等的共同特性，抽象提出的建设工程企业的业务架构组成、各部分之间的关系，以及建设工程企业价值交付系统的核心业务流程。企业的"数据"根植于过程所承载的"文件化信息"，过程按照输入、输出关系联结起流程，流程之间相互关联、相互作用形成了过程网络，为每个过程的"文件化信息"提供了基于逻辑的产生和流通共享渠道。在这个渠道基础上，企业是信息化、还是数字化，主要取决于信息的粒度和完整性。

  在当前的建设工程企业的数字化转型实践中，企业整体的数据架构设计有两种途径，一是基于其信息化已有的实践成果，在IT人员的协助下，对企业信息化所涉及的概念模型、逻辑模型，包括采用特定的IT建模语言开发的物理数据模型等，通过总结、提炼、抽象设计形成。显然，这种方式建立的信息架构，受企业信息化水平和业务与IT之间相互沟通理解程度的制约，存在很多不确定性。二是在洞悉企业运营和项目管理底层规律，基于业务架构，自上而下顶层设计而来。即本书所致力阐明的一套架构模型。建设工程企业通用的信息架构，是对企业数据的总体构成及其各类数据相互之间的关系，所进行的完整的、全景式可视化描述，用于控制建设工程企业，围绕数据架构细化设计各分IT系统逻辑模型、物理模型时，自上而下的进行总体控制和管理。为建设工程企业数字化转型，不同管理成熟度的企业，在顶层设计控制下，灵活的选择数字化推进项目的优先级，创造条件。并为不同的建设工程企业间，数据治理提供共同的语言环境。

主数据是企业信息架构的重要组成部分，在数据架构中与几乎所有的问题域都有关系。主数据管控之所以重要，是其对企业共同使用和重复性的事项建立统一的数据标准，是企业能在统一的语义、语法、粒度层次划分标准上，对各个业务系统数据做明确的主题划分，使数据类型统一、内容协调一致，为全面的数据共享和交流提供共同的基础。建设工程企业的战略、组织、治理体系及其运营机制，在内容和逻辑上，有较高的相似性和成熟度。建设工程企业"七个工件"的具体内容，与企业经营范围对应的，"与项目产品有关过程"密切相关，为了在共性的基础上阐明差异性，并支持对本书后续章节内容的理解，我们把建设工程企业数据架构组件的细化设计和诠释，聚焦在企业价值交付系统对应的部分。对照"建设工程企业的业务架构"和主要的概念模型，提出"建设工程企业的信息架构"如图3-6所示。因其核心部分类似一棵树的形象，也可以称之为"信息树"。

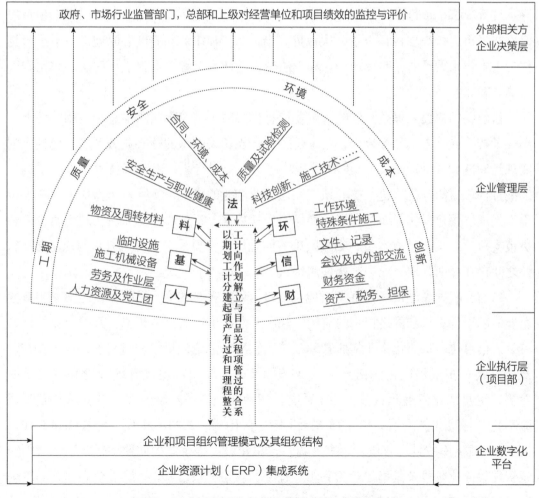

图3-6 建设工程企业的信息架构（信息树）

建设工程企业的业务，是在企业架构基础上，各层级企业治理体系、企业日常运营、项目管理体系被预先设计和规定的前提下进行的。传统管理最大的问题是基础管理标准化程度低、部门分割、信息标准不统一、信息不对称，管理层层下传，使管理打折；数据层层上报，会造成层层加工，使数据失真。企业越大、管理链条越长、管理指令层层衰减越走形，报表层层汇总、人为干预越多越失真，这就是传统管理的演变过程。在项目管理中，传统管理特点是，让好项目与不好项目都执行"一刀切"的管理，造成"一人得病，全家吃药"。在35年的项目管理实践中，作者曾无数次地设想，如果我们能建设一套承载项目管理逻辑的信息系统，使项目把计划和发生的实际业务真实地记录下来，建立起紧密的业务逻辑关系，把管理制度和管理要求嵌入系统，数出一源，让项目成为一个标准的企业"互联网工厂"，用系统平台杜绝层层人工对数据的干预；这种情况下，企业的各管理层级需要的传统报表由信息系统自动汇总生成，那么管理部门和企业决策层的管理就变得像原始管理一样简单了。每天打开系统看看哪个项目出现了偏差，超成本多少、超工期多少；然后想办法帮助项目纠偏，或者再去检查项目是否录入假数据。当了解了ERP系统的核心原理，一下子感觉作者近十年来秉承的一套管理理念和方法论，给建设工程企业提供了解决的思路和可借鉴方案。

目前我国建设工程企业传统的企业信息化实践中，在部门级信息化应用基础上，形成了若干支持内部业务流程，记录管控及合规相关信息的核心业务系统，包括个别实现跨职能集成的ERP系统。ERP套装软件产生于制造业，由于其技术架构的限制、发展过程积累的问题，这类核心系统在建筑业企业的应用，实际业务操作中存在大量手工处理、用户操作界面不友好、交易操作和数据分析分离，而无法实现实时分析和决策支持、二次开发成本高、集成困难等问题。其实质是企业基础管理与ERP套装软件之间存在"两张皮"或"结构性鸿沟"。

目前在我国高端市场占据垄断地位的ERP套装软件系统，是西方发达国家制造业企业，基于计算机和网络技术的应用，经历了六七十年的探索积累，开发形成的行之有效的信息化、数字化企业集成管理系统。它自20世纪60年代物料需求计划（MRP）开始，就是基于程式化和格式化的业务标准，并伴随着现代管理理论和方法论的发展，逐步演化发展到目前的ERP系统。华为在经历了25年的理念转变、基础管理流程化和标准化提升后，迫于西方"卡脖子"困局，2023年实现了全栈Mate ERP、GaussDB数据库的自主替代。本书上篇，提出建设工程企业面向数字化转型，必须跨越管理集成化阶段及其指导理论和重点任务，就是相较于ERP系统的核心理念和管理逻辑，建设工程企业基础管理目前存在的短板弱项而言的。关键路径法（CPM）、计划评审技术（PERT）、甘特图、WBS、挣值管理、责任矩阵等诸多现代项目管理技术，正是有助于建设工程企业以项目管理为核心业务的基础管理，实现程式化、格式化、流程网络化集成必备的技术手段和工具。管理有其底层的逻辑。这些项目管理技术工具是在实践中总结、应用和提炼形成的，即使我们在项目管理中不主动应用，经验管理其实也在自觉或不自觉地采用了这些工具所阐述的思维方式和工作逻辑。基于这样的理解，按照建设工程企业应用"下一代ERP"的IT技术条件，诠释建设工程企业的信息架构（信息树）。

一、关于项目组织管理模式和组织结构

"组织"是指围绕项目目标要求，结合建设工程项目内外部制约条件，本着基于风险的思维，对项目各种要素、职能进行系统性的筹划和安排。项目组织的基础是工程分解结构，它决定了建设工程企业围绕价值交付系统的项目规划、资源配置、程序和过程安排的范围和边界。在"信息树"中相当于"树根"部分，也是确定总部和现场项目部管理边界和接口的关键环节，更对项目总体履约能力、履约品质起到重要的决定性影响。项目组织管理模式，主要指建设工程企业总部和项目部定位关系、工作接口和内外部信息流安排，总部和项目部的责任边界和权限界定是其核心环节。不同的建设工程企业，其总部和项目部的关系千差万别，是企业项目管理能力、项目履约水平的重要决定因素，是企业集约化管理水平和竞争力的具体体现。建设工程企业，目前大多实行项目的分区域、分级授权管理，其从事的很多业务板块管理模式、业务逻辑，有共同的相同或相近的底层规律，如果说有差别，也只是管理的颗粒度粗细不同。项目管理流程，是基于具体项目管理组织结构落地的，组织结构的标准化，为流程的标准化和执行提供组织保障。项目组织管理模式确定的总部与项目部零距离，项目组织结构的扁平化、标准化，决定了建设工程企业价值交付系统运行的层次和质量。

实践中，当同一项目中独立核算的现场项目管理机构设置多于三级时，项目管理标准传递会层层衰减；零距离和扁平化，是管理标准化、集成化追求的目标。PMI《项目管理标准和项目管理知识体系指南》（第七版）定义，组织结构是指项目工作要素和组织过程之间的任何安排或关系。该"指南"强调"企业治理系统与价值交付系统协同运作，可实现流畅的工作流程、管理问题并支持决策，项目治理与项目集和/或组织治理保持一致。"将这些来自项目管理最佳实践总结的理念和原则，落实到具体项目的组织结构上，项目最理想的组织结构就是总部-项目部-作业层。而现实的情况是，我国建设工程企业的项目组织结构，基于管理跨度、工程技术的复杂性、资

源组织的专业化要求，往往呈现为：母公司总部及其项目部-所属参加企业总部及其项目分部-作业层；项目的决策，往往需要"母公司总部和所属相关企业的总部"的双重制约，项目的财务单元和会计核算账户，要两级总部分别建立、分别核算，最后到母公司企业总部并账抵销处理。这就使大型项目，有多个内部层级单位参与实施的情况下，从规划到决策，特别是变更的控制，不可避免地要受到企业内部层级企业之间和平行企业之间，利益的平衡和协调因素的制约和影响；构成我国建设工程企业项目管理标准中，相关方管理的重要内容。为此，PMI《项目管理标准和项目管理知识体系指南》(第七版)，提出"正直、关心、可信、合规"的管家式项目管理原则。对此，作者基于近十多年的项目管理实践，深有体会并高度认同。

无论是建设工程企业负责人、还是项目经理，"在遵守内部和外部准则的同时，管家应以负责任的方式行事，以正直、关心和可信的态度开展活动。他们应对其所支持的项目的财务、社会和环境影响做出广泛承诺。"建设工程企业内部各层级之间，基于共同的价值观、企业文化和项目管理原则，对于项目的成败和绩效，越来越重要。是建设工程企业在企业治理、项目治理、项目管理中，推进集成化和标准化工作，必须高度重视和重点解决的问题。

落实到项目的职能和要素管理层面，项目部管理部门及其岗位职责和权限的设置，一定要通过对企业相关标准和流程的"裁剪"，使其与项目的实际相结合，在企业相关要求和标准得到贯彻和落实的同时，满足项目外部干系人的相关要求。比如：建设工程企业的资金集中管控与业主对项目资金的监控之间，在关于项目变更的发起责任和办理流程上；再比如施工企业现场试验室是项目质量控制的一种专业机构，试验室的职能仅限于对试验检测的结果负责，而很多企业项目部把试验室设为与质量管理部门并列的职能部门，这样就会造成工程质量管理职责和流程的交叉或缺失；又如施工企业特种设备操作人员持证上岗控制，是设备部门安全生产责任履行的具体体现，但很多项目都认为该项工作是项目部安全部门的责任，从而形成安全管理的空白地带等。原国家铁道部在我国完成《中长期铁路网规划（2008年调整）》的铁路建设任务过程中，对全路所有铁路建设项目实施"管理制度、人员配备、现场管理、过程控制"四项标准化，使参建单位项目部采用全路统一的机构设置、职责分配和人员配置标准，对铁路建设标准化工作的推进、提高高速铁路建设管理水平，起到了很好的促进作用。综合考虑以上情况，建设工程企业必须首先对项目组织管理模式和项目部组织结构进行规范和适当固化。为项目管理流程的标准化、项目过程信息的形成、采集、录入和质量控制认责创造条件。

二、关于项目管理核心原理

建设工程项目具有时间、费用、质量目标确定性。项目日常的管理活动，是围绕计划展开的。在"信息树"中，相当于"树干"部分。建设单位的项目实施规划或指导性施工组织设计、设计单位的设计周期计划、施工单位的施工组织设计、监理单位的监理规划等，确定的项目关键路径主计划，是计划管理的依据。项目由于外界环境和工程特性的影响，关键路径和阶段性的计划调整频繁，项目日常管理应建立起"工作计划随关键路径、工期计划的调整而动态快速调整"的功能。工期计划通过年、季、月的调整和分解，构成了项目日常管理工作计划制定的依据。项目不同资源、要素和过程的管理，在建设工程项目可研、项目勘察设计、项目建设、项目交付各阶段，和项目启动、项目规划、项目执行和监控、项目收尾等不同过程组的工作内容、工作强度，取决于具体项目部基于产品实现流程的主计划安排。主计划向项目职能和要素管理工作计划的分解、统计和评价，使项目要素和资源管理与项目计划管理之间形成数量上的逻辑关系，将项目"与产品有关过程"和"管理过程"通过逻辑关系进行整合，使项目所有的活动得以系统地建立逻辑关系、集成起来。在这个过程中，关键路径法（CPM）、计划评审技术（PERT）、甘特图、WBS、挣值管理、责任矩阵等诸多现代项目管理技术是工具，其成果是"法"和"形"；主计划和分解计划是"道"，是项目管理的灵魂和纽带，赋予了过程"文件化信息"，从产生到共享的相互关联、相互作用的特性。计划来自项目规划，计划的分解和实施，是目标管理的精髓，对项目活动起到了纲举目张作用。

三、关于职能和要素管理流程

建设工程企业"人、基、料、法、环、信、财"七个工件，在"信息树"中处于"树枝"位置，它们与"树干"之间存在双向的信息流通关系。"七个工件"在具体的企业、具体的项目，具有与项目产品有关过程和项目管理过程相适应的具体内容，且被分配到了企业和项目不同部门的职能和岗位。

面向信息化的企业项目管理相关的管理标准，必须形成程序化、流程化、系统化的表述方式，为计算机系统提供逻辑运算法则。把职能管理流程作为"树枝"，体现的是在项目全生命周期信息流中，它们的相互定位和关系。这就要求企业职能管理层，必须解决支撑项目的通用数据的识别和构建问题。比如：招标投标和过程成本管理相关的，各细分行业的工程定额、概预算编制规则、工程量清单以及企业内部定额等；各细分行业的施工组织设计规范、技术规范、工程验收标准以及企业内部典型案例库或内部技术规范，它们都是项目策划必须依据和使用的专门知识或规则；不同类别项目的职业健康安全、环境、质量、成本管理重点事项（重大风险）清单及控制策划案例库，这些既是支撑和指导项目提高识别、评价、控制策划能力的资源，又是总部对项目过程支撑和管控必须采用的手段；其他的诸如会计科目与凭证系统、固定资产台账基础数据、项目关键岗位人员、主要施工设备和重大装备、主要市场合作伙伴等；包括内部管理制度、技术标准、工作标准等，都是项目层级所需的后方支撑资源和运行基础，这些通用数据就像密集树叶构成的树冠，通过树叶和树枝为树的生长输送了能量。项目部从现场一线实时收集数据和信息，这些信息在系统中的传递、集成环节，必须经过项目部职能部门的审核确认，项目部审核确认的信息再由系统通过枝杈进一步传递、集成提供总部职能，再按照企业绩效管理报告口径，自动汇总为企业最高管理层所需的决策信息。同样，从企业最高管理层、总部职能层、项目部、项目现场，自上而下的信息流动，也需要各级的识别、分解、贯彻和监控。从这里也能看出，我们秉承以业务流程为导向的设计思路，具体的职能部门机构设置，应服从和服务于企业业务流程导向原则，并以扁平化、标准化为原则规范设置。

每个工件在建设工程项目各个阶段、项目管理的各个过程组的地位、作用和工作需求是不同的。比如，基础设施类建设工程项目的征地拆迁和外部协调工作，在施工准备阶段地位非常突出，而在项目主体工程全面展开后工作量就很小；又如，施工企业的工程技术管理工作，在开工准备阶段的重点工作是设计文件评审、技术标准培训和施工现场调查、施工组织设计的制定，而在施工阶段，则是施工方案的编制评审、技术交底、工序过程控制等。通过施工计划向项目职能和要素工作计划的分解，形成了项目过程控制计划信息流关系纽带；而定期（周或旬、月、季、年）的统计和评价，形成了计划完成和下一步计划调整、修正的信息流，以及项目工期、质量、安全、环境、成本等目标实现情况的反馈和监测信息来源。

每个工件均基于建筑业法规要求和企业惯例，其本身的流程和准则具有一定的客观稳定性。建设工程企业职能和要素管理流程，明确了项目管理过程中不同的岗位和部门，在各流程中的职能、地位和相互接口关系；这为项目管理过程相关的岗位和部门之间，信息交流、信息统计汇总、信息传递，提供了格式化的管道和要求。从而建立了项目各管理岗位和管理平台的协同工作接口关系。

四、关于过程的"文件化信息"

"信息树"中"七个工件"，在具体企业将进一步表现为职能和要素管理的流程和准则。这些流程中，过程所承载的"文件化信息"，可以比拟为"树叶"。图3-6

中，每个"树枝"对应的细分内容，是按照施工总承包项目管理的最佳实践，对每个工件做出的进一步细分，代表施工总承包项目管理相关的过程及其文件或记录。文件的功能在于明确标准、传递意图、公开信息；记录的功能在于提供证实、保留可追溯印记、知识积累和共享。ISO管理体系系列标准对文件和记录规定了系统的控制要求，文件和记录的格式化、数字化、编码化，是支撑全面信息化和数字化的前提基础。建设工程企业在标准化工作中，应当要求企业职能管理层，在设计、开发相关职能和要素管理流程和标准时，必须对"文件化信息"进行规定，以满足项目管理、项目治理、企业治理等，对管理活动进行策划、实施、监测、改进的要求。这既包括对企业标准体系各类文件制定、宣贯、执行和检查改进的要求；也包括对相关记录的范式设计、记录的形成、记录可靠性复核、记录的归档、记录使用管理。企业决策层，负责战略管控和顶层规划设计；企业管理层按照职能战略和管理方针，通过管理标准、技术标准、工作标准的制定和贯彻，履行企业日常运营责任，规范执行层的工作流程、标准，包括应该产生的记录的内容、格式及时效性要求；企业执行层的活动，要按照企业的规定，及时地收集、整理、汇总、上报相关的"文件化信息"规定的内容。比如：2020年3月1日，《中华人民共和国证券法（2019年修订）》开始施行，设专章规定及系统完善了信息披露制度。上市的建设工程企业对外信息披露，必须由企业根据国家证监委信息披露相关规则，通过内部管理制度，制定分解详细的企业内部报表，层层收集规定的生产经营活动数据，逐层进行归纳统计分析，最后汇总成反映企业运行状况的公开信息。实际的企业管理中，由于企业内部层级和业务板块划分，会存在更复杂的内部报表信息收集和交流需求。传统的靠人工的内部报表系统，面临一系列问题和挑战，最突出的一是时效性和准确性存在差距，人工层层收集、层层审核，费时费力，效率低、出错率高；二是跨部门信息汇总分析难，必须要有专门的跨部门协调或者汇总分析过程才能实现；三是决策支撑价值实现水平差，市场情况瞬息万变，传统报表依靠人工汇总分析，以及分析结论缺乏展示手段，都会影响对决策的支撑效果。而这项工作一旦全面采用信息化手段，就会变得更便捷、准确、及时、科学。所以，建设工程企业的信息化、数字化转型，要求基础管理的标准化工作，必须把记录的设计作为必不可少的重要内容来完成。

按照ISO标准定义，"信息系统是组织内部使用的沟通渠道的网络。"企业管理信息系统的构建，不但要求决策层对企业总部、项目部的组织结构进行系统管理和维护，以保证所有的经营活动都被适当地分配到管理层；而且，要求企业管理层，在企业统一的文件和记录结构和范式的顶层设计下，要尽可能地考虑"文件化信息"的规定，能满足提升信息网络的功用和效率的要求。比如：职业健康安全管理中的重大风险及其控制策划,是职业健康安全管理体系核心流程。如果企业职能主管部门只要求项目部按照规定表格,填报汇总各项目的重大风险和控制策划成果,那么这样的项目管理信息系统充当的就只是报表传递功能;一个企业一定时期的项目重大风险的识别是可以穷尽的,如果企业总部职业健康安全主管部门在项目管理信息系统,构建重大风险识别评价流程和控制策划方案数据库,则会有效支持新上项目重大风险的辨识和控制策划工作,也能构建重大风险清单动态更新机制,这种情况下内部沟通过程就有了"增值"效应;进一步地,如果项目管理信息系统围绕项目危大方案管控,以成功案例知识管理为支撑,以模块化方式构建项目危险性较大工程风险识别、评价和控制策划系统功能,通过"结构化知识积累"甚至"大数据",实现基于数据库的危大方案自动编制、评审功能,则这样的项目管理信息系统,就具有了"智能化"特征。关于这部分,我们有以下的思考和结论:

（1）"文件化信息"的要求贯穿于企业决策层、管理层、执行层,所有的活动过程要求上。每个过程都有输入、输出,每个过程都以其他若干过程的结果为输入条件;每个过程的输出,都可能是其他若干过程的输入。建设工程企业的项目管理活动,具有集成的特性。这决定了建设工程企业管理层,虽然日常的运营表现为以部门为单位,但每个部门的流程在构建时,都必须把满足项目管理按照"与项目产品有关过程"对"项目管理过程"的整合,作为工作的出发点和关注的焦点要求。只有这样,所谓的"部门墙"才会被跨越打破。

（2）信息的共享和传递,有赖于共同的标准。信息在共享粒度上的数字化,将大幅度改善和提高信息的利用价值和共享的广度和深度,这正是BIM技术的魅力所在。信息化的最大优势是信息的对称性、业务的可追溯性和数据的共享性。安筱鹏博士讲,信息技术最本质的就是实现"五个正确",把正确的信息,在正确的时间,用正确的方式,传递给正确的人,以帮助做出正确的决策。《建筑施工企业管理基础数据标准》JGJ/T 204—2010适用于建筑施工企业在管理过程中的基础数据标识、分类、编码、存储、检索、交换、共享和集成等数据处理工作。其数据元集包括企业基本信息、工程施工招标投标管理、合同管理、施工进度、施工科学技术管理、施工质量管理、施工安全管理、材料管理、机械设备管理、施工节能环保管理。这个标准可以使建筑施工企业之间,在信息的规定和共享上有了统一的参照。可以看出,要使建设工程项目全生命周期参与的规划、设计、施工、交付和运营各阶段的建设工程企业,实现围绕项目的信息共享,必须开发和建立,跨建设、设计、施工、监理、供应商、服务商等的基础数据标准,才能为建设工程项目参建各方的信息共享提供条件。信息共享范围越大,标准化的覆盖范围就越大,要求就越高。当然,其数据共享过程,须伴随着企业在数据安全和使用增值方面，求取平衡的措施考量和实施。

（3）建设工程企业的项目管理过程，作为企业管理流程集成的纽带，其具体的结果在于"神"，而不在于"形"。任何一家建设工程企业，其建立和运行的信息化管理平台，从表面上并看不出实质性的差异。但是，支撑系统开发的业务架构、概念模型是否支持集成；或者企业和项目日常的管理活动，是否按照制度和规则执行，并达到或满足了规定的"集成"逻辑要求，则是决定信息化、数字化转型效果或成败的"灵魂"所在。这就是为什么我们强调，转型是战略性的，转型是"一把手"工程，有赖于全员参与、全员的理念、行为的实质性转变。建设工程企业数字化转型，有了正确的战略、"一把手"认知到位；还要落实到组织结构、企业标准体系的建立上，落实到管理标准的宣贯和培训上，最终要落实到全员意识的树立、能力的提升、行为的符合性上。这决定了，数字化转型的长期性、艰巨性和渐进性。注定了在同一家企业集团，不同的业务板块、不同的层级企业之间，不可避免地存在转型进程和水平的巨大离散和差异。这是信息化系统在规划阶段，必须考虑的客观因素，在系统应用架构和功能上，必须具有高度的包容性。

（4）信息化、数字化转型不可能一蹴而就，必然是一个持续、永续的迭代提升过程。电子化招标采购，给我国有形建筑市场和建设工程企业的供应链管理带来了深刻的变化。有理由预见，企业和项目管理的信息化，必然带来管理的零距离和组织结构的扁平化。随着信息化条件下，基础管理工作的改进，系统的不断迭代升级，数字化必将带来企业和项目管理变革的创新机遇，甚至使企业在现代IT技术的赋能中，由于生产力的发展，带来现代企业管理理论和方法论的根本性创新突破。这种生产关系上的突破性创新和发展，正如铁器的出现引发了人类农业文明和新的社会文明形态的兴起；信息化、数字化转型，存在无限憧憬空间和美好未来，正是其魅力和吸引力所在。这就更要求我们在信息系统核心流程和基础框架设计上，必须从客观规律层面，抓住项目管理的"内核"原理，确保基础框架一步到位，系统底盘稳固，行稳致远。切忌标准不清，系统框架设计拓展迭代冗余缺失，仓促实施，投入大、收效低，甚至影响企业上下对信息化的信心和信任。

五、关于绩效及干系人的信息交流

建设工程企业及项目的信息流，服务于项目自身的管理过程；同时，建设工程企业的相关总部、项目建设业主、项目所在地政府主管部门和监管部门等，都需要获得项目过程和项目相关绩效信息，以履行对项目的管理和监管责任。

建设工程企业的业务架构、信息架构，所描述的企业治理、项目治理、项目管理标准化，使项目生命周期全过程的活动构成了系统关联的过程网络，提供了项目数据从产生到采集、再到汇总分析的逻辑路径。在此基础上，建立的信息化管理平台，理论上以基于项目现场各层次和岗位，对"与项目产品有关过程"和"项目管理过程"，每日原始数据输入，就会自动生成整个项目的管理数据。在保证一线数据可靠性和及时性的情况下，后续大部分数据汇总、分析工作可以"不用管"，而由信息系统自动生成。这样的全面信息化系统，一方面可以满足项目管理过程日常信息快捷交流，向企业总部和项目部两个层级，提供对项目监控和相关的决策、预警支持；另一方面，也能扩展项目管理的能力。比如，项目的成本还原工作，项目90%以上的成本都是通过合同发生的，一个项目合同往往有几百份甚至几千份，加上合同执行过程中的变更、调整或者补充，依靠人工汇总成本还原信息，几乎不可能，但信息平台能使这样的工作变得异常简单便捷。

建设项目在建设阶段，建设单位、监理、设计、其他第三方机构、政府监管部门，都须依据建设法规、建设工程项目合同和其他相关合同约定，获取项目过程和绩效的相关信息。比如建设单位，要监控项目的工期进展、投资需求态势和竣工移交文件；监理或工程咨询单位，对参建单位的设备、人员、设施、方案、过程、已完可交付成果等，要进行审核、确认；设计单位，要掌握工程关键部位揭示地质信息、设计变更需求；其他第三方，要根据工程进展状态要求，履行相关的监测、试验等服务提供责任；项目所在地政府监管部门，要对建设工程企业的合规性、安全和环境管理行为和绩效进行监控等。项目既是建设工程企业生产经营的源头和支撑，也是政府、建设单位、设计、监理、运营单位履行各自职能、发生相互作用的纽带。施工企业施工总承包项目管理信息化，是引领和推动智慧建造的源头和始端。只有施工企业施工总承包项目管理信息系统提供"平台"，对内能为继承和应用，即有的BIM、财务一体化、采购、工程预算、办公系统等信息化成果，提供接入和集成整合的平台接口；又具备向政府、业主、运营单位，延伸扩展的高成长性。才能打通建设市场各参与主体，围绕建设工程项目全生命周期信息化的通道，拓展形成建筑业产业互联网。为建筑业项目管理，全产业链信息化、数字化提供基础支撑平台；促进和培养我国建筑业数字化、智能化转型，所需市场生态的形成和发展。进而逐步形成国家智慧城市、智慧建造的生态体系。为大数据、5G、人工智能、区块链、云计算、物联网等现代信息技术，赋能传统产业，促进我国建筑业整体数字化、智能化转型升级创造条件。

"信息树"树冠外轮廓，代表着项目目标绩效信息，也是项目层级信息的对外接口。企业总部决策层、管理层，对项目过程及综合绩效信息的掌握，可以及时发现项目存在的偏差，以采取措施予以改进，确保项目目标的实现。我国建筑央企头部企业,在建项目往往有几千个甚至上万个;建设工程企业决策层,还可以应用挣值管理技术,对整个企业或某个业务板块的项目管理绩效,进行评价和预测;发现和实施对基础管理,改进和系统迭代升级的机会。这要企业决策层进行决策,并将改进措施最终落实到企业以ERP系统为基础的平台的迭代升级中。

综上所述,围绕"信息树",我们解析建设工程企业的信息架构,直观可视化地表达"建设工程企业的业务架构"主要结构内容,在信息化管理方面的实现方式和内容要求。"信息树"的核心部分是一个树状结构,总部代表了企业决策层,上级包括了企业外部政府监管部门、业主和其他相关方;树枝代表企业管控层或者称职能管理层,对上配合决策层贯彻企业战略方针、实现企业目标,对下构建项目管理规则,对生产经营过程提供支撑和实施管控;树干代表了项目部层级的全生命周期活动,树干和树枝之间要构建信息的双向流动和沟通;项目组织结构根植于建筑市场,企业的生产经营活动以市场为导向,通过项目工期、质量、安全、环境、成本收益、创新等目标的实现,提高市场竞争力和发展能力。"信息树"的核心,是表达企业决策层、管理层、项目部之间的定位,以及内部信息沟通渠道和方式;企业和外部市场的定位,以及信息沟通界面和方式。企业管理的标准化、集成化,必须使企业围绕价值交付系统全过程的活动,构成系统关联的过程网络;才能提供项目数据,从产生、输入、审核、传递,再到汇总分析应用的逻辑路径。全面信息化,不但能使企业各层级的统计报表、监控活动,更加快捷高效;而且未来随着移动终端、计算机终端、云计算、物联网技术的广泛普及应用,能使数据采集更加及时、有效、准确。使信息的采集、传输、存储、应用和评价,在深度、广度得到大幅度的延伸和扩展,给企业各级总部的管理、控制工作,带来质的变化和飞跃。也必将带来,企业商业模式创新、内部治理结构优化、产业链生态培养的机遇和广阔空间。

本章,对建设工程企业通用的、共性的,业务架构、概念模型、信息架构进行了系统描述。并围绕企业"价值交付系统"概念,解析了建设工程企业,企业治理、项目治理、项目管理的系统化、集成化管理逻辑;并提出"价值交付系统"核心流程的概念。"专业的人干专业的事",对建设工程企业的流程,再进一步地解剖和分析,后续的内容,对不同的建设工程企业,将要依据企业经营范围和业务类别,开始分岔了。项目的"与产品有关过程"因项目产品特性而不同,相应的其"项目管理过程"也将产生必要的变化。在建设工程领域,项目设计和施工总承包,是对建设项目具有决定性影响的两大重点环节。工程设计作为建筑业设计企业的核心业务,其业务活动的标的对象是"物"。关于"物"及其基于设计创意的三维立体模型的构建,一方面BIM元素的标准化具有较高的确定性,比较容易完成;另一方面三维立体模型构建的软件化，使得设计过程与企业的管理过程的接口变得相对简单。我国在BIM技术上的差距，没有管理方面那么大；突破BIM软件核心技术，就会使工程设计企业的管理，产生结构性的变化。而围绕施工总承包项目的管理，除了技术、设备、材料等要素外；最主要的是"人"的认知、能力、管理和作业活动行为上不确定性的影响。就此而言，施工总承包管理标的对象更复杂，对管理流程的要求提出更大的挑战。本书后续的内容，我们将具体结合施工总承包项目的管理，基于全面信息化IT系统开发所需的业务架构、概念模型，进一步进行全面、深入地解剖和分析。以施工总承包项目管理为突破口，向读者全面呈现建设工程企业数字化转型中，对企业基础管理程式化、结构化、精细化、标准化的要求。并详细阐述，基于"集成化"管理要求，管理流程化、流程网络化的概念和原理。

第四章 施工总承包项目标准化管理体系概述

上一章我们针对建设工程企业的一般情况，提出并解析了建设工程企业，通用的业务架构、信息架构。对照业务架构各部分的概念，解析了企业决策层流程、企业管理层职能和要素框架、企业价值交付系统及其流程，以及与之相对应的，信息架构的组成逻辑和各组成部分的要求。通用部分之外的内容，就属于不同类别建设工程企业个性化的部分了。就基本建设程序全生命周期而言，施工总承包项目处于建筑业全产业链中各市场参与主体进行信息交流、项目协作的核心纽带地位。本章我们重点围绕施工总承包项目管理，从施工企业项目管理体系的角度，提出流程化的项目管理体系组成概念及其相互关系，为施工总承包项目管理信息化、数字化转型，建立业务架构、概念模型，并揭示其集成和运行的原理与机制，提高读者对图3-4中"标准化项目管理体系流程"，在建设工程企业管理体系中的定位，及其项目实现集成化运行的原理和机制的理解。

第一节 施工总承包项目的地位和要求

理解和认识施工总承包项目业务架构、概念模型，首先应对施工总承包项目的地位和要求，有全面、系统的了解。

一、施工总承包项目启动阶段的要求

施工总承包项目是建设工程项目设计完成，到工程竣工交付结算完成的阶段。发包人将全部施工任务发包给具有施工承包资质的建设工程企业，由施工总承包企业按照合同的约定向建设单位负责，承包完成施工任务的工程实施组织方式。在建设工程项目中，一般而言，土建施工单位即是法律意义上的施工总承包单位。土建施工单位负责整个工程的建设与服务，包括为业主指定的分包工程，负责提供现场平面管理、提供水电接口、运输道路维护、垂直运输、土建收口、施工脚手架、竣工资料归档、成品保护、平行交叉影响、预埋预留等，总包单位的服务和配合管理责任。一般按照合同约定，收取一定的施工配合费或工程管理费。与平行承发包模式相比，采用施工总承包模式，业主的合同管理工作量大大减小了，组织和协调工作量也大大减小，协调比较容易。但施工总承包一般都在施工图设计文件完成以后开始，项目建设周期可能比较长，对建设工程项目进度控制不利。《建设工程质量管理条例》第十一条第一

款:"施工图设计文件审查的具体办法,由国务院建设行政主管部门、国务院其他有关部门制定。"截至2021年5月,房屋建筑和市政基础设施工程、人民防空工程和民航专业工程、铁路工程已先后制定印发了施工图设计文件审查管理办法。施工图设计文件审查重点,为涉及公共利益、公众安全、工程建设强制性标准的内容,将环保、抗震、防雷、消防、节能、卫生、人防、无障碍设计等行业部门须加强监管的有关强制性标准、规范的内容纳入其中,规定施工图设计文件未经审查批准的,不得使用。其中,国铁集团《关于印发〈铁路建设项目施工图审核管理办法〉的通知》(铁建设〔2022〕159号),出于保证设计质量,控制工程投资;还规定了在施工图交付施工前,由建设单位进行施工图审核,作为施工图设计文件审查、工程招标、工程实施、验工计价和竣工验收的依据。目前,一些行业和地方按照国务院改革政策导向,正探索取消施工图审查(或缩小审查范围),代之以实行告知承诺制和设计人员终身负责制的可行性和经验。

《中华人民共和国招标投标法》第九条规定,招标项目按照国家有关规定需要履行项目审批手续的,应当先履行审批手续,取得批准;招标人应当有进行招标项目的相应资金或者资金来源已经落实,并应当在招标文件中如实载明。一般来说,施工总承包项目,在建设单位依法成立、初步设计及概算完成备案或审批手续、招标所需的设计图纸和技术资料完备、相应的资金或资金来源已经落实的情况下,开始项目的招标投标工作。世界银行2004年5月发布《标准招标文件》,规范全部或部分使用世界银行贷款,采用国际竞争性招标方式进行的采购。2008年5月1日,国家发展改革委等九部委第56号令,联合发布实施《〈标准施工招标资格预审文件〉和〈标准施工招标文件〉试行规定》。该标准在2013年5月1日,在九部委以联合规章的形式发布的《关于废止和修改部分招标投标规章和规范性文件的决定》(第23号令)中,改为"暂行规定",规范施工总承包招标投标过程中,资格预审文件和招标投标文件的编制活动。在国家标准文件范本的基础上,细分行业主管部门还编制本行业施工招标文件的行业标准。如:交通运输部2017年第51号公告《公路工程标准施工招标文件(2018年版)》,住房和城乡建设部《房屋建筑和市政工程标准施工招标文件》等行业标准施工招标文件。标准施工招标文件对施工总承包范围有明确的规定和描述,一般内容包括:项目概况、业主指定分包工程及界面划分、甲供的材料设备,发包人技术要求、发包人提供的条件等;对施工总承包管理与服务内容的描述,一般涉及现场及场地、工期、质量、安全和文明施工目标及日常项目管理要求,业主其他委托方如监理的配合责任,办理施工许可的配合责任等;同时,在投标文件的商务部分和技术部分,对施工总承包项目投标人的资质、业绩、现场项目管理机构设置、分包要求、项目经理和其他关键岗位人员、施工组织设计等，提出明确的要求。建筑业企业投标对相关实质性要求做出明确的响应，是工程中标的基本前提条件。为了与市场准入资质管理的提法相对应，本书后续用"建筑业企业"，统指与施工总承包项目相关的建设工程企业。

近20多年来，按照《招标投标法》《招标投标法实施条例》，以及建筑业各细分行业政府主管部门，关于建筑业有形市场管理的规范性文件，我国有形建筑市场不断完善，电子化招标投标得到广泛普及和应用。在有形建筑市场，企业在项目招标投标中，影响企业中标率的因素非常复杂，市场竞争态势、企业的技术实力、相对低价竞标能力、标书编制质量、业主对承包商选择的倾向、竞争对手的状况、企业以往的业绩以及信用信誉记录、企业财务状况、市场营销活动与业主交流的默契程度等，都是影响企业中标率的重要因素。从根本上讲，企业项目"中标率"是一个伪命题。所谓的"中标率"，与企业的市场营销策略密切相关。有的企业，坚持深耕优势领域市场，致力于与建设单位建立长期合作关系，以现场促市场，利用在特定领域形成市场"垄断"优势，能够掌握招标投标项目决策的主动权；而在一些拓展性、新开辟的市场领域，除了以投融资方式获取比较优势外，有时不得不采取"广种薄收"的市场营销策略，"十投一中"屡见不鲜，30%~40%的中标率对于大多数企业而言，就属于比较正常的市场营销水准。这就造成企业为了中标，在招标投标过程中，习惯于在标书中呈现最好的资源、最理想的方案和反复权衡的最优报价，以利于中标。

我国建筑市场，自2003年开始，建设单位越来越重视工程承包企业项目中标后，合同承诺兑现管理。有些细分行业和地方项目建设单位，对项目经理、技术负责人等关键岗位人员的承诺兑现，设置了高额的经济处罚措施。建造师执业资格制度，起源于1834年的英国，是针对从事建设工程项目总承包和施工管理关键岗位的执业注册人员。我国自2002年开始实施建造师执业资格制度，建造师资格作为建筑市场特定从业人员市场准入门槛，定位于懂管理、懂技术、懂经济、懂法规，综合素质较高的复合型人员。既要有理论水平，也要有丰富的实践经验和较强的组织能力。有力地促进了我国工程项目管理人员素质和管理水平的提高，促进我国进一步开拓国际建筑市场，更好地实施"走出去"倡议。2018年4月，住房和城乡建设部发布《关于加强建筑市场监管一体化工作平台工程项目信息监管的通知》（建市招函〔2018〕10号），在按照全国建筑市场"数据一个库，监管一张网，管理一条线"的目标，强化"四库一平台"信息化建设的同时，不断加大对建筑业企业资质申请和人员注册信息的查处力度。特别是2022年以来，随着全国社保联网的加快推进，使建筑业建造师、造价师、安全工程师、监理工程师等，人证分离的证书挂靠行为无处遁形。一些建筑央企头部企业，内部主动开展"人证合一"专项治理提升活动，以提升企业项目履约合规性水平和项目履约能力。

二、施工总承包项目实施阶段的要求

《建设工程质量管理条例》《建设工程安全生产管理条例》《保障农民工工资支付条例》《建设工程勘察设计管理条例》，是按照"五位一体"施工总承包项目管理，与建设工程项目管理关系最直接的政府强制性法规。系统涵盖了《建筑法》《招标投标法》《安全生产法》《劳动法》以及环境保护、合同、特种设备、消防、民用爆炸物品、危险化学品等国家相关法规，在工程建设领域的具体事项和要求。上述法规强调"必须执行基本建设程序"，围绕建设工程项目建设、勘察、设计、施工、监理单位的职责，相互之间工作接口关系，每个主体围绕建设工程项目的工作要求，作了系统的规定。除了农民工工资支付条例，其他几个建设工程法规，都是在2000年前后颁布的；当时我国工程总承包模式发展，远没有现在这样普遍，可以说上述法规就是针对施工总承包项目制定的。建设工程项目各细分领域政府主管部门，依据相关法律和上述建设工程法规，制定了一系列的部门规章、规范性文件；进一步从具体环节和具体事项上，规范"五位一体"各方，围绕施工总承包项目的管理行为。如：财政部、安全监管总局《关于印发〈企业安全生产费用提取和使用管理办法〉的通知》（财企〔2012〕16号），住房和城乡建设部《建设工程全过程技术交底指南》，2021年12月发布的《房屋建筑和市政基础设施工程危及生产安全施工工艺、设备和材料淘汰目录（第一批）》、《危险性较大的分部分项工程安全管理规定》、《危险性较大的分部分项工程专项施工方案编制指南》（建办质〔2021〕48号）、《关于加快培育新时代建筑产业工人队伍的指导意见》、《关于印发建筑工人实名制管理办法（试行）的通知》等。新旧建设工程标准体系转换过程中，有效的、实施中的国家强制性标准，以及推荐性国家标准、行业标准、地方标准，大多数被上述法规、规章、规范性引用，或作为上述法规的支撑性标准。

建设工程领域政府相关主管部门的规章、规范性文件，以及建设工程标准体系，对施工总承包项目"五位一体"，其他项目配合、服务的第三方，各参与主体的项目管理行为要求，涵盖了企业资质、安全生产许可、认证认可事项资格等准入事项，和项目过程相关具体管理行为的一系列规定。施工总承包项目干系人有客户、用户、项目投资人、项目经理、项目组成员、高层管理人员、反对项目的人、施加影响者等。可以说，我国建设工程项目干系人的管理，80%以上活动都由法律法规和其他要求所规范和约束。这是我们提出建设工程企业通用业务架构和概念模型的理论和实践基础。也是进一步针对施工总承包项目，以标准化、流程化的方式，细化、解析项目流程的依据。

三、企业的施工总承包项目管理体系要求

施工总承包项目管理的目标，主要是工期、造价、质量。安全生产作为一种项目施工底线条件，是建设工程项目不得不面对的副产品。施工总承包项目，是建设工程企业从事项目管理全都绕不开的一个环节；所有建设工程企业，或者直接作为施工总承包责任主体，或者其项目管理工作与施工总承包阶段，存在交叉和重叠的关联关系。施工总承包项目的建设单位，负责建设工程项目规划设计，为施工阶段提供符合国家强制性标准要求的施工图设计文件，保证建设资金、建设用地、提供施工相关地下管线资料和水电路接口条件，协调设计单位和监理单位为施工过程提供服务，办理施工许可手续和政府质量安全监督手续，对施工过程进行监督和协调，负责项目变更的审批、工程检测和交竣工验收、项目结算；设计单位和监理单位，按照与建设单位签订的合同，履行施工全过程的设计和监理服务职责；施工总承包企业，作为建设工程施工责任主体，对工程施工质量负责，履行施工过程现场管理、环境保护、安全生产、文明施工，及自身分包管理和业主指定分包协调管理责任，履行甲供材料的协调管理责任，保证合同规定的工期、质量、投资控制及其他相关管理目标的实现。其项目管理过程具有以下特点和要求：

1. 施工承包企业的价值交付系统

施工总承包项目完整生命周期从决定获取项目开始，至项目竣工交付、结算、缺陷责任期保修、评优评奖、项目总结、企业内部考核兑现完成，宣告项目部解体终止。项目启动流程的意义在于，企业获取高、新、难、复杂项目，须以企业发展战略为指引，以项目管理方针、目标为依据，通过综合的评估、分析，进行是否参与项目的决策。这种决策是项目管理信息系统，开启项目营销费用发生、财务成本归集流程的依据。施工总承包项目获取的途径包括：公开市场招标投标、带资承包、参与母公司融投资带动工程总承包（如PPP+EPC+特许运营）项目等。1996年，建设部、国家计委、财政部《关于严格禁止在工程建设中带资承包的通知》，明确禁止工程垫资施工。一些施工承包企业鉴于项目风险教训，也曾提出"亏损不干、垫资不干、合同未签订不干"等，项目营销原则。但随着我国2001年正式加入WTO后，依据国际惯例，很多涉外建设项目需要进行垫资施工。据有关专家初步估算，带资承包项目，约占国际工程承包市场65%，垫资行为在建设市场越来越普遍。2021年1月1日施行的《最高人民法院关于审理建设工程施工合同纠纷案件适用法律问题的解释（一）》，对垫资

工程合同纠纷，提出审判处理条款。从我国建筑业头部企业现状看，投融资带动工程总承包项目，大多由上市母公司法人层面，最高决策层按照"一事一办"的方式，进行决策和控制；由所属的企业参与设计、施工。施工承包企业，按照低成本、差异化市场竞争原则，各级企业决策层对不同细分行业施工总承包项目的承揽，也都有各自企业，基于战略的决策和市场营销管理机制。

2. 施工承包企业的标准化项目管理体系流程

按照ISO 9001标准相关要求，项目的招标投标过程，强调招标文件的评审，以充分理解项目的要求。基于投标文件编制的项目策划，充分评估项目的可行性和风险，并围绕相关风险控制措施的制定，在商务标、技术标和报价中，对招标文件做出有竞争力的实质性响应，确保项目目标符合企业战略要求，以中标后保证项目履约品质为宗旨，实现项目"中标"目的，投标文件递交前的评审，以确保对招标文件实质性要求做出全面响应，并确认中标后合同承诺兑现能力和条件。中标后，合同谈判和签署就项目营销情况对项目部的交底，是适应项目渐进明细特性，对项目现场管理的开展创造条件，很多企业规定，拟任项目经理参与项目投标过程，是一种比较有效的形式。项目履约完成后的总结，是识别企业项目营销、项目管理潜在改进机会的重要途径。施工承包企业项目管理信息系统的开发，要根植于企业现有的体系架构之上。本书对施工总承包项目流程的解析，定位于自项目中标，成立项目管理机构和任命项目经理开始，至项目部解体的现场项目管理实施阶段。为了聚焦对项目现场管理阶段流程的解析，本书没有把项目生命周期中招标投标过程纳入"标准化项目管理体系流程"。

3. 施工总承包项目的造价与成本

建立政府宏观调控、企业自主报价、市场竞争定价的工程造价形成机制，是我国工程造价管理改革的重要内容，是规范建筑市场经济秩序的重要措施。2003年我国开始实施国家强制性标准《建设工程工程量清单计价规范》和工程量计算规范，规范工程造价计价行为，统一建设工程工程量清单的编制和计价方法。建设工程领域各行业、各地区政府造价管理部门，在从预算定额计价到工程量清单计价的过渡中，完善工程计价依据发布机制，加强与工程量清单计价工作密切相关的社会平均水平的，工程消耗量标准和人工、材料、机械台班生产要素价格信息，以及工程造价指数信息的发布工作，供建筑市场各方主体参考；大力推行清单计量、市场询价、自主报价、竞争定价的工程计价方式，并鼓励企事业单位或机构，通过信息平台发布各自的人工、材料、机械台班市场价格信息。近年来，通过持续修订工程量计算规范，统一工程项目划分、特征描述、计量规则和计算口径；修订工程量清单计价规范，统一工程费用组成和计价规则；完善工程计价依据发布机制，优化概算定额、估算指标编制发布和动态管理，取消最高投标限价按定额计价的规定，将逐步停止发布预算定额等。我国工程造价市场化形成机制，已逐步形成和走向完善；要求建设工程企业，必须建立反映本企业水平的造价指标和价格信息数据库，增强企业自主报价的能力。施工总承包项目，是在施工图设计文件完成后开始的，《建设工程工程量清单计价规范》实施中，项目由投标人，依据自行编制的工程施工方案或施工组织设计，按照企业定额并考虑风险因素，自主报价确定项目的竞标报价。企业内部定额反映的企业平均劳动生产率，是决定企业市场竞价能力和水平的决定性因素。施工总承包项目工程范围比较明确，变更是局部或环节性、事项性的；但是项目实施过程，受企业内外部环境、资源制约，特别是基础设施类工程项目，受水文地质、征地拆迁不确定性，和工程所在地环保、地方重大活动、周边相关方等方面的影响较大。要求建筑业企业的项目管理，在工期、质量、安全受控的条件下，必须以成本管理为核心。一方面，控制不利成本的变更，通过技术、管理创新，增加有利成本控制的变更；另一方面，加强与相关方的沟通和协调，充分挖掘利用外部有利因素，控制外部消极影响，提高项目成本开源和节流水平。项目成本是干出来的，算只是手段；怎么干、干得怎么样，决定了施工总承包项目的综合收益水平。

　　解读《建设工程质量管理条例》和《建设工程安全生产管理条例》，对施工单位的要求，总结起来的核心就是"按图施工、按规范操作、按验标检验"。这三个环节，都与工程技术管理密不可分；施工总承包项目，无论是工期、质量、安全、环保，还是工程成本、工程变更，都以施工方案或施工组织设计策划和实施为依据纽带。建筑业企业，在施工总承包项目投标阶段，要根据以往工程经验，对项目进行策划，并依据技术标施工组织设计，采用内部定额投标报价；项目中标后，企业要按照"标价分离"，确定和达成项目部的责任成本目标；项目部，要进一步细化实施性施工组织设计和施工方案，通过技术、管理、优化设计变更、现场管理等措施，制定项目部预算工程量清单控制目标和分解指标，并依据月度工程进展，按照预算工程量清单，进行项目商务成本核算，开展经济活动分析，应对各种内外部不确定性，采取措施确保项目目标的实现。这客观上决定了，建筑业企业的施工总承包项目管理，必须建立"以工程技术管理为核心的生产管理体系"。项目工程技术部门，以年、季、月、旬或周工期计划管理为核心，以单项工程、单位工程、分部分项工程，形象进度和相应的产值完成额的统计，对项目绩效进行评价和管控。企业和项目部财务部门，按照财政部《施工企业会计核算办法》规定的会计科目，实时归集项目核算范围，企业营销费用摊销、固定资产摊销，项目人、材、机等各种成本费用归集，进行月度会计核算，向企业和项目部决策层，提供项目监控和改进决策参考信息。

上述项目经济管理活动中，WBS技术确定的产品分解结构和项目管理分解结构单元、商务分包合同核算单元、会计科目成本和费用归集核算单元三者之间，基于共同的分解结构口径、标准和粒度，使各分解结构基于相同的WBS"管理账户"（工作包处于其最底层）进行信息归集和核算。"三类"核算采用统一一致的可对比分析口径，核算对象按单位工程划分，并与责任目标成本的界定范围相一致；坚持工程形象进度、施工商务产值统计、财务实际成本归集"三同步"，使会计核算、统计核算和业务核算三算合一，是挣值管理技术得以落地的基本前提。这是施工承包企业，在施工总承包项目基础管理标准上，在面向全面信息化、数字化转型中，从基础数据管理、相关工作流程及其"文件化信息"，跨部门流程网络化联结上，必须解决和完善的基础管理工作机制和标准。简单地讲，就是项目部工程技术、商务、财务三个业务线条，都能够以"项目预算工程量清单"为共同参照，在"月度"时间维度，满足各自对项目过程管控的同时，实现对项目绩效评价指标之间的相互制约、相互可比性和相互验证性。《建设工程工程量清单计价规范》和《施工企业会计核算办法》完全可以满足上述要求，关键在于企业基础管理工作，在精细化、标准化、集成化方面，具体实现方式的程度和水平。

4. 施工总承包项目外部信息流接口

建筑业企业受多个政府主管部门分工管理，是由我国作为国土和人口大国的现实需要所决定的。这造成我国处于不同行业细分领域的企业，必须贯彻和服从相关政府主管部门，包括地方的部门规章、规范性文件和细分行业标准的要求。这一方面，导致建筑市场长期存在细分行业市场准入门槛；另一方面，由细分行业政府主管部门牵头形成的部门规章、规范性文件和行业技术规范、行业标准，也是一笔巨大的管理和技术知识财富积累。同时也决定了施工承包企业，项目管理与外部相关方信息交流共享的要求。施工总承包项目实施阶段外部信息交流、共享的相关方和内容有：

（1）政府监管部门。关于施工总承包项目，项目经理等关键岗位人员的合同承诺兑现、项目部关于分包管理的合规性、施工过程相关活动执行国家或行业及地方强制性标准等方面的信息。

（2）建设单位。在项目现场组织机构和关键岗位人员、分包管理方面合同承诺兑现情况，项目策划的施工组织设计和重点施工方案编制和报审，工期计划及其执行情况，甲供材料设备管理情况，工程变更信息，项目计量计价，其他工程施工过程执行相关合同要求的情况等。

（3）监理单位。项目监理实施细则中，应由施工单位配合、提供和报签内容。

（4）设计单位。施工总承包合同规定的地质确认、变更设计、工程竣工质量设计评价信息等。

（5）其他相关方。工程邻近建筑物、地下管线、道路及相关设施权属单位，关于建筑物、构筑物安全和正常使用状态受施工影响因素，周边居民受施工噪声、振动、光污染等因素，其他与施工过程可能产生关联影响的社会组织的相关诉求反馈信息等。

上述外部相关方，都需要建筑业企业或项目部给予识别，并在相关管理职责和管理流程及其"文件化信息"方面给予安排和规定。

第二节　企业施工总承包项目管理体系及流程

《质量管理体系　基础和术语》GB/T 19000—2016给出了以下定义：项目管理是对项目各方面的策划、组织、监视、控制和报告，并激励所有参与者实现项目目标；管理体系是组织建立方针和目标，以及实现这些目标的过程的相互关联、相互作用的一组要素，包括组织结构、岗位和职责、策划、运行、方针、惯例、规则、理念、目标，以及实现这些目标的过程；方针是（组织）由最高管理者正式发布的组织的宗旨和方向；目标是要实现的结果等。本节以全面贯彻我国建筑业相关法律法规和其他要求为底线，按照现代"管理体系方法论"，结合我国建筑业企业项目管理的一般规律和最佳实践，面向全面信息化、数字化转型要求，基于第三章解析的，建设工程企业业务架构、概念模型、价值交付系统和信息架构；进一步提出我国建筑业企业施工总承包项目管理体系框架，一套相对完整的相关过程、要素及其流程，促进在行业企业内传播和推广，可以使项目管理能力变成一种可持久体现、不依赖个人行为的组织行为。并促进企业基于IT技术，实现项目管理全面信息化、数字化。

一、施工总承包项目管理方针目标和组织结构

1. 项目管理方针

建设工程企业依据自身业务范围、市场定位和管理体系成熟度，都应当制定项目管理方针、明确项目管理目标，完善项目管理体系。以我国建筑业头部央企为例，大多数企业在项目管理手册中，都明确了本企业的项目管理方针。如中国建筑股份有限公司项目管理方针，"法人管项目、系统化管理、持续改进、相关方满意"，和"11233项目管理核心思想"；中国交通建设股份有限公司项目管理理念："策划预控、成本领先、持续改进、价值创造、相关方满意"，制定了"一本策划、两条主线、三项统

一、四类集中、五大关口、六张表单"的项目管理方法;中国中铁股份有限公司项目管理原则,"集约化、标准化、精细化、全员、全过程、全覆盖",和"13化"标准化、精细化管理内容,"12大集中"集约化管控,"一个目标、两大转变、三支队伍、四大支撑、五个集中、六大关口"项目管理核心内容等。项目管理方针明确了企业项目管理的基本原则、追求方向和目标,使内部各级管理人员,在项目管理活动中有了统一的认识问题、处理问题的原则性遵循,也为具体项目目标的制定提供了框架。

在作者最近十年的项目管理经历中,深圳地铁9号线的项目管理体系的指导原则,由最初的"以成本管理为核心"转变为"少算经济账、多算政治账",从而对项目管理机构、总包与各标段承包商的关系、资源配置等作了结构性的调整。在日常项目管理机制上,提出"构建以技术管理为核心的生产管理体系",和"按照流程和标准做事是效率最高途径"的口号,以统一项目各参与方、各层级的管理观念和行为意识,彻底改变了项目整体的管理面貌。2012年,在集团母公司企业项目管理标准制定过程中,基于基础设施类项目管理的特点,提出将企业原来"以成本管理为核心"的原则思想,调整为"技术先行,成本核心",在企业内部引起了巨大的争议。经历了大约10年的项目实践总结,才在企业各级决策层形成共识。项目管理方针、企业总部职能方针与企业战略密切相关,战略方针对总部与项目的协同,项目管理机构设置、资源配置、过程安排有决定性的影响;其对企业项目管理体系的构建和运行绩效,比其他任何体系要素都要重大和突出。如果把管理体系视为一部结构严密、性能优良的汽车,战略就是道路前方的指向路标,方针相当于驾驶者手中的"方向盘"。

2. 项目管理目标

施工总承包项目管理目标,必须以项目合同目标为底线,并结合企业发展战略和项目管理方针,建立项目管理责任制体系,明确具体项目的管理目标。项目目标是权衡和确定项目管理相关活动优先级的依据。如建筑业企业,出于市场开拓或经营战略需求,在项目合同"合格"质量目标基础上,提出创"省部优"或"国优工程",会导致企业在项目的机构设置、资源配置和日常管理过程中,围绕该目标进行系统的优先级事项策划措施的安排。我国建设工程企业,一般通过与项目部签订"项目管理目标责任书"、项目履约责任抵押金和项目绩效激励约束等措施,建立项目目标管理机制。

目标管理,是现代管理的基石之一。施工总承包项目的目标,工期、造价、质量三者之间,存在着相互关联、相互作用的对立统一关系。曾有一位工程局的董事长总结,项目"工期论输赢、质量定成败",意思是项目如果工期滞后,项目就先输了;如果项目质量有问题,则项目就失败了。项目要又快又好,意味着对优质资源的投入和管理到位；但是，项目如果不挣钱甚至亏损，则企业发展就无以为继。目标管理，不但在于合理地确定项目目标；而且，也是项目日常管理活动不可或缺的利器。在管理体系运行过程中，它相当于"汽车"的油门，决定了"汽车"在行驶过程中的速度和执行力。当前，KPI考评在企业从业人员中，存在很多争议；其根源在于，管理体系的构成和运行机制不完善。目标管理，要依靠系统完善的管理体系作为前提。试想一部"汽车"，如果底盘、行走系统、动力系统、制动系统、照明系统等不完善，相互配合不和谐、不系统，如何能"踩油门"加速前行！

我国建筑央企头部企业，大多建立了目标管理机制，对项目实施责任目标管理。但是，一些企业重目标的设定，轻目标的动态调整；一些企业，"不允许有亏损项目"或者"亏损项目的项目经理不能再用"；还有一些企业，采用大额的项目履约责任抵押金制度，而忽视对项目过程的系统性协同管理；这些都与目标管理思想的本质内涵相偏离。企业在基础管理方面，如果不解决好这些问题，则全面信息化、数字化转型就缺乏基础条件。

3. 项目组织结构

施工总承包项目典型组织结构如图4-1所示。项目组织结构是项目管理体系这部"汽车"的底盘，是项目流程组装和运行的骨架，它并没有一成不变的标准结构，关键在于管用！图4-1总结自铁路建设行业，对施工总承包项目部和作业层组织的标准

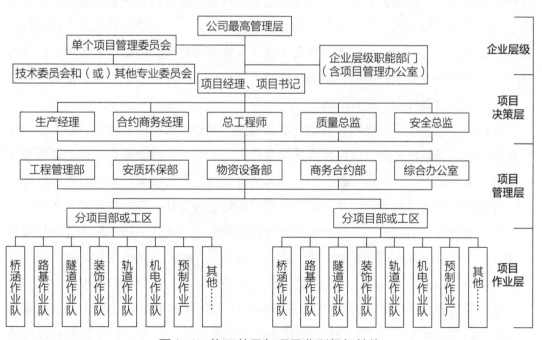

图4-1 施工总承包项目典型组织结构

注：后文中将"项目部管理层"中各部门分别简称为工程部、安质部、物设部、合约部（含财务岗）、综合办。

化要求，作为本书后续，描述施工总承包项目管理体系流程框架及其概念模型、项目过程责任分配矩阵的基础。任何对该结构图的调整，都必然产生管理"裁剪"要求；须相应的调整后续项目过程的职能、责任分配，以保证管理体系流程责任，及其流程网络化关联关系的系统性、结构化和完整性。

企业层级的管理机构包括企业决策层、"项目管理委员会"和"企业层级职能部门（含项目管理办公室）"；项目部层级的管理机构包括"项目决策层""项目管理层"（如果有，则含"分项目部或工区"）及"项目作业层"。为了后续流程描述的简洁性，项目部涉及的党、工、团工作，一般归属项目部综合办公室负责。

企业单个项目管理委员会一般针对某个具体项目的实施要求，企业建立跨部门、委员会式的临时项目管理机构，作为项目最高决策支持机构，以协调综合性项目管理职能，确保贯彻企业项目管理方针与目标。其职责包括且不限于：确定项目组织管理模式、整体实施方案、内部参建单位任务划分；确定项目分权或授权体系、下达项目全面预算指标并检查评价；负责内部资源协调保障；批准项目施工组织设计、项目部责任书、项目部经管理"裁剪"形成的管理流程及标准等；负责项目实施过程监督检查和考核兑现。必要时临时下设项目技术委员会或者其他专门委员会，协调解决项目重点难点技术或其他相关问题。企业层级设置的项目管理委员会及其下设的专门委员会，均为针对某项目设置的临时机构，在项目部撤销时同时解散。企业与其他企业组成的工程承包联合体或企业内若干企业组成的工程承包联合体，应建立项目管理委员会及项目管理章程，承担相应管理责任。项目管理办公室，负责项目管理工作计划、组织、协调、信息、检查、指导等日常工作，为推动项目重大问题产生各种工作资源冲突时，承担企业层面协调整合职能。企业可下设项目管理办公室，或确定某企业层级职能管理部门履行相应职责。

项目决策层包括项目经理、书记，以及由生产经理、合约商务经理、总工程师、质量和安全总监等相关决策层岗位成员组成的决策团队。一些企业在特定的总部和项目部的关系模式下，以项目"铁三角"作为决策主体。项目决策层成员对项目经理负责，并就岗位职责，对企业层承担相应的项目履约连带责任。项目决策层在企业授权范围内，负责施工组织设计、项目资源配置计划的制定和实施，统一施工过程规划和协调、统一项目管理流程和标准，统一技术标准和工作标准，统一对接建设单位、监理、设计等相关方。项目部上述标准，在执行前应经过企业层级审核批准。

项目管理层包括项目部各职能部门，职能部门就职责范围内的工作向项目决策层负责。具体协助项目决策层，履行对项目全过程的策划、实施、检查监控和改进职责，全面分工对接企业层级职能管理。需要指出的是，一些企业或项目的组织结构，把部门按照决策层领导分管责任进行垂直划分，这会限制决策层成员对跨职能部门工作的协调，导致部门流程与信息的割裂，不利于跨部门流程的构建和运行。

分项目部或者工区，在项目规模较大或者技术复杂情况下，在必要时可设置分项目部或者工区。按照项目决策层和项目管理层的要求，在授权范围内履行相应的生产管控职责。基于扁平化管理原则，一般情况下分项目部或者工区，不应承担项目的策划职责，仅对分工范围内的工作质量负责。分项目部或者工区，无论承担何种涉及项目策划的具体工作，都不应免除或削弱项目决策层的项目管理责任。这种情况下，可以将其视为项目管理层的组成部分。

项目作业层的建立与使用，可按照直营施工队的方式，组建专业作业队或综合性作业队。无论是综合性、专业性作业队及分包企业，都应保持企业集中管理、建制齐全、管理规范、人员稳定、信誉良好、实力充分、服从指挥的要求。在劳务用工、劳务分包普遍存在的情况下，提倡项目作业层的组织，采用原铁道部所倡导的"架子队"管理模式，以确保项目部，对作业实施过程"一竿子插到底"直接管控。

需要强调是，项目的"与产品有关过程"和项目管理过程具有客观规律性，这形成了对项目机构设置的约束性要求。部门越多，接口越多，效率越低。项目组织管理模式和组织结构的规范化、标准化，是项目标准化管理的前提基础。也是项目管理全面信息化IT系统，开发和运行的基础。

二、施工总承包项目标准化管理体系流程

在第三章第二节，我们论述了建设工程企业的价值交付系统及其流程。在图3-4中，按照建设工程企业的一般情况，描述了"标准化项目管理体系流程"和"职能和要素三类标准"、建设工程企业价值交付系统的核心流程；它们在建设工程企业价值交付系统中的地位，及其与其他概念之间的关系。本节具体提出施工总承包"标准化项目管理体系流程"，以及项目相关的"职能和要素管理流程"。可以分别视为施工总承包企业"业务架构"价值交付系统，及其相关"概念模型"在项目经管理"裁剪"后的具体应用。基于本章第一节，已经对建筑业企业项目获取阶段的相关内容和要求，进行了比较详尽的描述；本节及后续对施工总承包项目流程的解析，从项目中标以后的流程开始。

1. 施工总承包项目标准化管理体系流程

施工总承包项目管理参与各方的活动，有其基于法律法规和其他要求的共同遵循，结合我国建设工程企业实际和作者30余年项目管理实践，按照"管理体系方法论"提出施工总承包项目"标准化项目管理体系流程"，如图4-2所示。

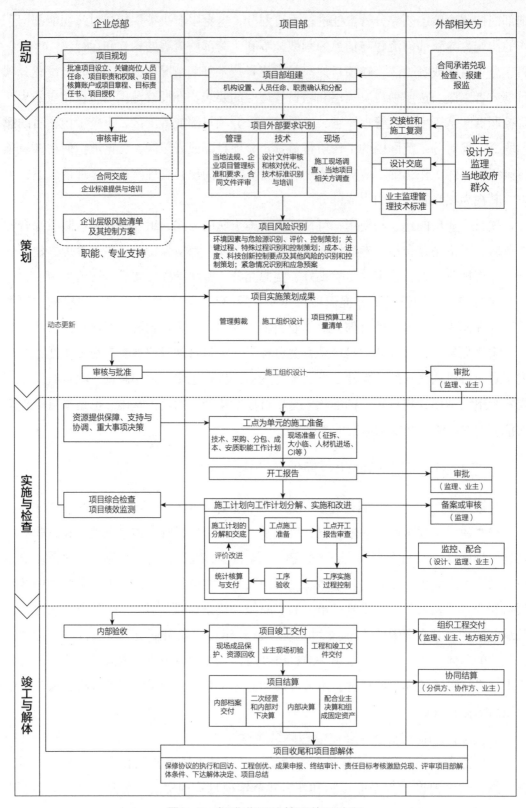

图4-2 标准化项目管理体系流程

2. 标准化项目管理体系过程要求

表4-1对应"标准化项目管理体系流程",简要说明其过程的管理要求,明确其相关过程按照"管理体系方法论"要求,应产生的"文件化信息"。具体记录的表现形式、实现方式和信息粒度,由企业依据自身管理体系成熟度具体规定。

标准化项目管理体系过程要求　　　　　　表4-1

阶段	过程	管理要求	记录
项目规划	1	项目规划由企业最高管理者或其指定成员负责,项目管理办公室具体组织,企业层级各职能部门参与编制,其内容包括但不限于以下事项: 1)项目组织模式:直营或授权管理,两层接口。 2)项目管理组织:管委会、项目管理办公室、项目部、项目内部参建单位的确定及现场项目管理机构"扁平化"实现方式、作业层组织要求,内外部多个企业参与时的协议、工程任务划分(不宜按投资额划分、坚持有利于施工、有利于成本控制、明晰项目管理责任的原则)。 3)项目授权及检查方案、核算账户开设。 4)项目预算方案:管理费用、建造费用、财务费用预算及审批原则。 5)项目重大事项决策与项目特点相适应。在适用时包括但不限于:初步设计或施工图优化组织方案,大型临时工程设置方案,征拆或前期工程组织方案,重、难、新工程实施方案,重大设备配备方案,业主指定分包或专业工程分包方案,重大科技创新或技术研发方案,重大风险及应对措施,采购方案等	形成文件的项目规划书: 1)项目组织管理模式; 2)项目组织结构和职责权限; 3)工程任务划分; 4)联合体协议/内部经济管理合同/承发包合同; 5)项目授权书; 6)项目预算及检查方案; 7)项目重大事项决策及其方案安排; 8)满足投标承诺兑现的相关安排
	2	项目部管理工作开启以项目部设立和关键岗位人员任命为标志	1)项目部设立文件; 2)关键岗位人员任命书; 3)批准的项目章程或其他类型文件
	3	为促进对"标准化项目管理体系流程"的理解和执行,本章第三节"项目管理过程职责分配表"对过程职责分配作了示例性细化描述,这种细化是基于项目各组成部分管理流程职责的界定。它们的结合使用构成了项目"两个管理层级"项目管理的工作模板	1)内部两个层级项目过程职能分配及接口; 2)项目部及各层级岗位的岗位说明书
	4	项目部责任目标由最高管理层或其指定成员负责,项目管理办公室具体组织,项目部和机关职能部门制定。项目部目标责任书内容包括但不限于项目工期、质量、安全、成本、创新、创优、风险抵押标准、检查兑现标准等责任目标、职责、准则和方法	批准的项目部目标责任书
项目策划	5	企业层级项目规划、项目部管理责任目标和业主、监理及其他相关方的要求,构成了项目部实施策划的输入。项目部实施策划成果由现场项目负责形成,实施前须经企业层级审批	批准的企业层级向项目的交底纪要(合同、企业标准、企业级风险清单及控制方案)
	6	项目要求的识别包括: 1)管理要求:企业层级项目管理标准、内部技术标准、工作标准;企业层级的风险及其控制方案;当地法规和标准;业主、监理相关的管理标准和要求。 2)技术要求:项目涉及的技术标准、设计技术交底、施工图设计文件审核及核对优化结论、合同文件要求、合同协议书、中标通知书、招标文件及其补充、投标文件及其承诺、工程设计文件及其他要求。 3)现场要求:施工现场调查、当地项目相关方调查等	1)项目部提供的相关交底证明资料; 2)设计交底纪要; 3)施工图设计文件审核优化记录; 4)合同评审记录; 5)批准的现场调查报告; 6)项目部执行法规和其他要求清单

续表

阶段	过程	管理要求	记录
项目策划	7	项目风险识别：项目外部要求构成了项目风险识别的输入。项目实施是基于各种综合风险的持续动态识别和评价，通过项目策划，实现对各种风险的预控，确保项目目标的实现	项目风险清单及控制策划表，包括但不限于工期、质量、安全、成本、创新、环保、应急事项
项目策划	8	1）项目部策划成果包括项目管理流程和准则、施工组织设计、项目预算工程量清单。 2）项目管理裁剪原则：优先执行业主和监理标准的原则；满足和服从本章描述的项目管理流程框架要求的原则；对企业标准体系未识别的过程予以规范和持续受控的原则。 3）《施工组织设计》（简称《施组》）内容在满足外部审批要求的前提下，应包括对以下事项的策划安排：工程数量总表；材料需求总量表；项目检验试验项目与频次；项目单位、分部、分项划分表；项目分包单元划分表；项目施工方案编制计划表；项目征拆需求计划表（必要时）；项目竣工文件构成及编制标准。 4）项目预算工程量清单应与施工组织设计对工程的施工组织分解结构，始终保持动态对应关系，支持控制账户、财务核算单元的建立和基于挣值管理的绩效监测要求	1）形成文件的项目管理流程和准则，包括对本流程的裁剪或补充完善结果； 2）批准的施工组织设计； 3）批准的裁剪后的项目管理文件目录及文件台账； 4）批准的裁剪后的项目过程职能分配表； 5）批准的项目预算工程量清单。 注：信息化、数字化转型，能使上述记录更利于形成、审批、管理和应用，并可能带来相关流程的优化改进
实施与检查	9	围绕《施组》的实施，项目以施工计划制定及向工作计划的分解为主线，以具体工点为对象组织工程的推进，以确保项目各主题事项的管理，围绕项目推进过程实现协同配合	年、季、月（周、旬）施工计划，月职能部门管理工作计划及实施记录
实施与检查	10	施工准备活动中的现场准备与技术和管理准备必须同步进行，技术和管理准备是现场准备的前提，也是开工报告获批与现场施工进程受控的必要条件。项目策划过程和施工准备过程同样应该纳入和实施计划管理	围绕现场准备和管理、技术准备计划及其推进过程的记录
实施与检查	11	在基础设施类项目中，征地拆迁或前期工程是现场准备的重点和难点，而企业层级后方支撑的重点事项决策、物资设备内部调配或采购、劳务或工程分包、资金保障构成了现场准备的后台基础性支持	1）征拆计划管理及其实施或配合过程工作记录。 2）资源组织及现场实施管理情况记录，监理核验和签证
实施与检查	12	工点施工准备工作包括临建成本计划、人材机进场及CI实施。必须建立内部工点或工序转换的工点开工报告及验收审批制度	工点开工报告、工序转换审批制度和记录
实施与检查	13	项目管理最终要落实到作业层管控上，按照控制账户口径完善单元工程施工方案，确定资源需求量并制定单元预算成本目标，组织现场布置及资源配置，对作业层进行交底、协调和控制，组织过程自查和工序验收。 月度统计、核算和支付，需要满足工程、商务、财务三同步，评价基准三统一	单元工程施工方案、单元工程预算成本目标、现场布置图、交底记录、检查记录、工序验收记录、月度工程形象、商务确权计价、财务核算三同步记录，项目周、旬绩效和月度经济活动分析和评价改进记录
实施与检查	14	企业层级和项目部层级应依据项目实施情况，对项目实施过程开展检查、协调和监控工作，以确保项目持续平稳受控	企业和项目工程实施过程检查、协调和监测记录，对项目实施策划成果的优化调整记录
竣工与撤销	15	工程在交付前应进行内部验收活动，是确保相关方满意的必要手段	内部验收记录及改进措施实施记录
竣工与撤销	16	基础设施项目竣工交付和项目结算，一般由业主来控制，并执行其标准	竣工交付记录
竣工与撤销	17	项目部应在完成二次经营、内部决算、项目总结及相关规定内容后，方可申请撤销，并由企业层级对项目进行考核评价兑现	二次经营、内部决算、项目部撤销、考核兑现相关记录、项目部总结报告

3. 项目职能和要素管理流程

"标准化项目管理体系流程"是揭示施工总承包项目管理最底层的客观规律性流程，可以视为建筑业企业从事施工总承包项目管理的业务模型，作为构建施工总承包项目管理信息系统开发的依据标准。我们把范围限定在项目获取后，成立项目部、任命项目经理开始，到项目竣工、项目部解体的过程。是施工总承包项目实施阶段，要遵循的标准化管理流程。该流程的实施，需要一系列的职能和要素管理流程的支持，这些流程依据不同企业、不同项目的实际而有所不同，但是它们都以"标准化项目管理体系流程"为纽带，通过联接服务和服从于项目标准化管理体系流程相关过程。本书依据我国建筑业企业的一般情况，识别和解析如下流程，可以视为建筑业企业从事施工总承包业务模型的概念模型：

（1）项目工程技术管理流程；

（2）项目人力资源管理流程；

（3）项目劳务及作业层管理流程；

（4）项目施工机械设备管理流程；

（5）项目物资和周转材料管理流程；

（6）项目安全生产和职业健康管理流程；

（7）项目工程质量及试验检测管理流程；

（8）项目环境保护管理流程；

（9）项目成本管理流程；

（10）项目合同管理流程；

（11）项目财务资金管理流程；

（12）项目计划统计和核算管理流程；

（13）项目综合事务管理流程。

以上只是列举出上述13个主要项目职能和要素管理。《项目管理 术语》GB/T 23691—2009中，项目采购管理，项目管理的一部分，致力于从执行组织外部获取达到项目范围所需产品与服务，通常由采购规划、询价规划、询价、采购合同管理、采购合同收尾等部分构成。项目风险管理，项目管理的一部分，致力于减轻风险对实现项目目标的影响。通常由风险管理规划、风险识别、风险定性分析、风险定量分析、风险响应规划、风险监测与控制等部分构成。项目采购作为项目管理的重要内容，在本书后续的内容中，被分配到项目劳务和作业层、施工机械设备、物资和周转材料、成本和合同等管理的流程之中。同样，项目风险管理被视为项目管理过程的一种属性，被分配到安全生产和职业健康、工程质量、环境保护、成本等相关的管理流程之中。以充分体现流程化、集成化管理理念下，相关过程跨部门、跨层级的管理特性要求。上述13个流程，不同的建筑业企业，依据业务范围不同，涉及项目的产品特性、管理体系成熟度，在具体项目管理体系流程上，可能会有其他的精细化管理安排。如基础设施项目施工图设计文件，对混凝土结构配筋的设计，细化到每一根钢筋的具体下料和制作、绑扎细部工序工艺；而房建工程的设计，需要施工单位进行"钢筋预算翻样"，以计算图纸中钢筋的含量，用于钢筋造价预算编制工作，"钢筋施工翻样"，根据图纸详细列示钢筋混凝土结构中，钢筋构件的规格、形状、尺寸、数量、重量等内容，以形成钢筋构件下料单，方便钢筋工按料单进行钢筋构件制作和绑扎安装的有效依据。"钢筋翻样"对房建项目成本管理有重大影响，需要房建企业在项目职能管理和相关流程上，制定详细的"钢筋翻样"职责分工、工作流程和标准。其他的如项目征地拆迁与外部协调管理流程、项目临时设施管理流程、项目科技创新管理流程、项目文明施工及CI管理流程等，都需要企业进一步进行细化和规定。通过上述13个流程的建立和解析，结合我国建筑业企业施工总承包项目管理实际，充分呈现对"管理体系方法论"的应用和实践成果。后续将分章节，对标准化项目管理体系流程和13个职能和要素管理流程及其要求，作进一步详细的解析说明。

三、施工总承包项目管理过程职责分配

《项目管理 术语》GB/T 23691—2009责任分配矩阵，是按照工作分解结构，来分配项目组织结构，确保项目范围内每个要素，都安排给确定责任人的组织规划方法。标准化项目管理体系流程（图4-2）融合了与项目产品有关过程和项目管理过程，其融合的内在机制和逻辑，我们将在后续章节中予以解析。"标准化项目管理体系流程"和"13个流程"，基于WBS技术的应用，贯穿了施工总承包项目产品分解结构、职能分解结构、资源分解结构、工作分解结构、工期计划及其相互关联和整合过程，使这些过程全部与项目管理职能和岗位实现结合。对照"标准化项目管理体系流程"，其规划—策划—实施与检查—竣工与撤销过程组，在项目部门层面，一共可分解成100余个项目管理过程；表4-2只列举其中靠前的17个过程，说明"过程"在项目管理各相关方的职责分配情况。"项目管理过程职责分配表"，建立起项目管理过程与企业总部、项目决策层、项目部职能部门、现场项目管理团队的责任分配矩阵。

必须指出的是，上述项目组织结构、各个流程、项目管理过程职责分配三者之间，是基于严密的逻辑关系建立起来的；对其中任何一个部分的调整，都将同时需要对与其有相互关联、相互作用的其他部分的相应调整，以确保其系统性、完整性和逻辑关系的稳定。

项目管理过程职责分配示意

表4-2

序号	项目过程及其工作内容			总部及职能部门	项目部领导层						项目部职能部门					现场管理团队	
					项目经理	项目书记	总工程师	生产经理	合约商务经理	质安总监	综合办	工程部	安质部	物设部	商务部	现场管理团队	工点管理团队
1	项目启动阶段	项目规划	批准项目设立	主办													
2			项目关键岗位人员任命	主办	协办												
3			项目策划书编写	主办	主办												
4		项目部组建	项目部目标责任书的签订	审批	主办		接受										
5			岗位设置和人员配备标准	审批	主办		接受										
6			人员配备、日常工作秩序建立	审批	主办		协办										
7			合同交底	主办			协办				接受						
8			设计交底	主办							接受	参加					
9	项目策划阶段		企业标准提供和培训		主办		协办										
10		项目外部要求识别	业主、监理的管理、技术标准和施工要求		主办						协办					参加	
11			交接桩和施工复测				主办					协办				接受	
12			当地法规识别		主办								协办				
13			合同文件评审		主办						协办						
14			设计文件审核和核对优化		主办		主办						协办				
15			竣工文件要求组成和策划		主办		主办						协办				
16			施工现场调查	审核							协办					参加	
17			当地项目相关方调查		主办											参加	参加

第三节　施工总承包项目管理体系流程的集成原理

本书全部的出发点，就是针对我国建设工程企业，目前信息化、数字化转型现状遇到的瓶颈，提出一个以施工总承包项目管理为突破口的系统性解决方案。"部门墙""数据篱"是目前建设工程企业信息化面临的共性问题。据埃森哲的调查，2020年我国企业数字化转型成功率由2018年的7%上升到11%，且大部分成功的企业都是大型企业。企业数字化转型失败率如此之高，如果把它归因或寄望于IT技术的应用，将大错特错，其实质是企业基础管理本身的问题！建筑业企业的施工总承包项目管理，是建设工程项目"五位一体"各方信息交流和共享的唯一纽带，结合施工总承包项目的管理，论述"集成"问题，更能贴近建设工程企业工作实际，促进"五位一体"各方对"集成"概念和原理的全面理解。

一、集成的本质和为什么要集成

1."集成"的本质

计算机只能按照人的指令，运行某种软件，通过对输入信息的逻辑运算，提供出软件预设逻辑推理下的结果。管理软件的核心是一种逻辑"算法"，一个工作事项"算法"被建立起来，这个事项就可以上机上线实现信息化，如企业OA、电子化招采；一个部门的工作流程隐含的逻辑"算法"被拉通，这个部门的业务就可以利用计算机实现信息化，如财务一体化管理系统、安全管理、审计管理系统。一个项目、一个企业要全面地信息化，必须是其管理活动流程，跨部门、跨层级、跨内外全部被打通和联接，使全部活动能够纳入基于流程转化的"算法"，这个项目或这个企业才能全面应用计算机IT技术进行信息化、数字化。"算法"不对，上了线的系统不可能产生预期的应用效果，系统就有可能失败；在一个连续的"算法"逻辑中，任何一个数据、信息失真，或被人为地改动，都会造成后续结果偏离实际，所谓的"垃圾进、垃圾出"。集成就是管理流程的跨部门、跨层级联接、端到端拉通；就是计算机技术应用中的"拉通"算法。集成的范围越大、集成对象的粒度越细，"算法公式"就越长，所涉及的"因子"和"变量"就越多，流程联接、拉通的范围就越大，流程网络化就越复杂。

流程是由过程构成的，每一个过程都有其输入、输出，这些输入输出在基础管理活动中，表现为管理活动相关的"文件化信息"。过程之间相互关联、相互作用，是通过"文件化信息"的传递和共享实现的。这些"文件化信息"就是"算法公式"中的"因子"和"变量"。显然，我们集成的对象，是用来描述管理相关的人、事、物的信息或数据。是信息化、还是数字化，取决于"文件化信息"的粒度，"文件化信息"全部在最小粒度被数据化了，信息化也就进入了数字化阶段。集成是从部门或局部信息化，走向全面信息化的基本要求。集成是从全面信息化，走向全面数字化，建立数据资产，实现智能化的前提。

2. 为什么要集成

为什么要集成的问题实质是一个伪命题，它与我国计算机技术应用和发展的历程密切相关。我国企业最初对信息化的理解，是为了提高效率、降低成本，利用计算机和网络技术，实现单点业务或办公能力的工具和流程改造。比如办公自动化（OA）、会计电算化、人力资源管理系统等。随着信息网络技术的快速发展，企业越来越多的部门或业务，通过在市场购买套装软件，或联合IT服务公司自主开发，企业几乎所有部门和业务单元都不同程度实现了信息化，比如：客户关系管理（CRM）、供应商管理（SRM）、产品生命周期管理（PLM）、薪酬系统、费用报销系统等，职能性的部门级和业务单元级的系统。这种起自于局部应用的信息化，提升了局部的效率；但随着人们对IT技术应用赋能的期望值越来越高，也带来了新问题：企业现有的信息化系统，在过去很长时期，通过不同的渠道、不同的方式、采用不同的标准和技术，经历了很多年陆续建立起来的。这些系统与系统之间彼此隔离，数据形成孤岛，信息难以共享，所以不得不思考和尝试"集成"的问题。

在企业历史形成的信息化系统中，数据存储在各个系统的数据库中，每个系统的架构、数据模型、软件开发语言、数据存储标准、数据语法语义粒度等，都可能存在不同和差异，使系统之间数据共享和复用变得困难。也造成了企业每一次信息化提升，都有可能推倒重来、重复建设。传统的手工条件下的信息共享和集成，主要是通过文件、表格进行信息和数据的传递与汇总。信息化条件下，为了实现原有的单体竖井式系统之间，数据共享和复用，由于每个单体竖井的系统数据有限，数据之间的关系相对简单，21世纪初，IT行业开始开发出一些中间件软件，使企业能够对异构数据源，采用中间件软件，通过不同信息系统之间数据的高层次检索，来自动实现多个IT系统之间的数据交换；但是用户界面仍然保留各个系统自有的界面。这种方式下实现的信息共享和集成，对于系统软件而言，都是一种加层补丁的方式，使系统之间的补丁越来越多，数据越来越乱，性能越来越差。为了尽可能沿用既往的信息化成果，进一步的改进是所谓的数据治理，就是通过业务流程改造，把多个系统的全部或部分功能串接起来，各个老系统仍然全量保留，用户处理业务对象的动作不是在各个老系统中，而是在新系统界面中操作。把各个系统的数据，通过对数据进行清洗、转换、去冗、补齐等操作，集成或者统一汇聚到一个地方（比如数据仓库、数据湖等），使之符合数据分析、数据运算和模型训练等要求。上述采用IT技术的集成方式，已经成为很多企业一种习惯了的简单方式；但这种方式一方面往往面临着主数据管理系统、数据质量系统、元数据管理系统等，不断的修补式建设，会造成数据的遗失或扭曲；另一方面，还可能伴随着跨部门、跨层级，对流程的调整和改进需求，重复建设、代价高昂，但也没见得数据质量有多大的提升，问题依旧，事倍功半。更遑论如何从总体上，全面提升企业的信息化、数字化水平了。这就是目前建设工程企业在数字化转型过程中，普遍强调"部门墙""数据篱"问题的实质。

有人认为，信息化解决了单体工具与效率问题，数字化转型构建起了业务应用体系，打通了数据之间的关系，数字化就是深度分析和洞察数据之间的关系，找到数据变化趋势和规律，并有效利用这些数据关系、趋势和规律，促进企业业务的变革、创新。这其实混淆了信息化技术应用历史累积问题和信息化、数字化的实质。信息化阶段也应该集成，否则就无法使企业获取应有的决策信息。只是因为计算机IT技术发展水平的制约，我们以前做不到，不是不应当做。正如陈果所言："数字化替代信息化"是个谬论。

3. 我国企业影响系统集成的共性问题

在面向信息化、数字化转型过程中，连接是一切管理活动的关键，将包括技术、生产、商务、劳务、机械等，项目实施各业务线条数据进行连接和打通，既是所有管理活动建立协同高效秩序的客观要求，也是程式化、结构化、流程化、系统网络化实现的途径，为信息、数据的交互和共享提供条件。以蒸汽机为代表的工业革命和电气革命逐步开启了工业化大生产时代。大生产催生了近现代科学管理，形成了以西方发达国家为代表的现代管理理论和方法论体系。正如turingERP软件交流平台文章的总结，大生产时代的竞争力，首先来源于"成本领先"；而"成本领先"又依赖规模，企业的目标是"大而强"。由于管理幅度所限，即使最基层也一般控制在不超过25人，韦伯的科层组织，为工业化大生产建立巨型组织提供了支柱。IBM在人数最多的时候，管理层次多达18级，才能把全球几十万人有效组织起来。工业化大生产随着科技发展，管理对象规模和复杂程度的不断扩展，科学技术和管理越来越专业化，使专业化分工成为一种必然选择。专业化与科层制结合，就产生了流程。

近十年来，IT技术的进步和新技术的兴起，我国企业掀起了一股信息化、数字化转型的浪潮。"拿来主义"的IT技术引入和现代信息技术的快速兴起历程，我们所欠缺的是一个对照计算机IT技术应用，对企业活动所提出的耦合适用性审视过程。智能移动终端快速普及，带来生活极大的便利化，又使人们产生了一种IT技术一用就灵的错觉。这就是为什么，随着数字化转型成为共识，应用实践的不断深入，我们面临的深层次挑战越来越大，IT技术应用的深层次矛盾逐步显现。近年来，甚至ERP即将消亡，BIM走向没落，程式化管理不适应中国国情等，各种非议不绝于耳。西方经几十年探索、应用、发展起来的ERP系统及相关的项目管理IT技术系统，在我国企业实施得不成功，标准化、格式化、程式化和流程化不足，即量化不够是一个关键原因。

对于建设工程企业而言，首先要基于企业活动的量化、结构化、集成化，才能有全面信息化。然后致力于"两化"融合发展，不断提升基础管理的成熟度，推进全量、全要素的数字化。只有在具备丰富的数据资产基础上，以数据驱动的机器智能，即根据历史规律，来对未来时间进行预测或者对决策进行优化，走向智能化。在这个过程中，观念的转变、认知的提升、基础管理工作的持续创新、全员程式化管理和数字工匠意识的确立等，是我国企业在数字化转型中，必须深入思考和面对的问题。著名的钱学森之问，"为什么我们的学校总是培养不出杰出人才？"在我国建筑业，"人治"氛围、职级等级观念比较浓厚的企业，对创新人才的培育和创新氛围存在制约；在人力资源市场化程度比较高的企业，对个人创新成果知识产权的尊重和保护，在激励机制上缺乏系统性的制度保障。这些问题，都是阻碍和影响数字化转型的体制、制度性障碍，必须由"一把手"带头，通过企业文化建设，并在企业数字化战略上，采取措施予以很好地解决和应对。企业才有可能沉下心来，从业务架构、概念模型上，系统地审视和思考面向全面信息化、数字化转型时，我们在基础管理标准化、集成化方面存在的差距和问题。才会摆脱目前广泛存在的，只要愿意砸钱、让业务上线，IT技术赋能，就可以实现信息化、数字化转型的错误认知；或者认为"集成"是IT技术的事，信息化数字化了，就可以智能化了，管理就可以被动地实现改进，这种本末倒置的错误观念。

二、施工总承包项目管理怎样实现集成

IT系统集成最有效的方式是彻底地重构。所谓的重构，就是全面梳理企业架构，清晰业务架构、厘清问题域及其边界、确立信息架构；立足建立全面高内聚性的、跨部门和层级多系统，模块化松耦合集成的平台系统（如"企业资源计划ERP"）。以此为出发点和目标，绘就数字化蓝图，明确企业数字化转型战略，扭住基础管理格式化、程式化、流程化的标准化推进工作；根据企业管理体系成熟度，以降本增效为导向，分步骤、分阶段逐步地，基于完整的顶层设计方案，重构替换或者新建企业的数字化管理平台。华为Mate ERP，就是一种基于全栈自主知识产权重构替换的生动案例。本书第三章第二节，结合ERP的发展演化过程，揭示建设工程企业管理集成，与制造业ERP系统，在核心原理上的高度一致性。下面具体结合施工总承包项目，其"标准化项目管理体系流程"和"13个"职能和要素管理流程之间，详细阐述总共"14

个流程"，是如何实现网络化集成的过程；为我国建设工程企业，提供一个基础管理系统性"重构"的应用场景；促进掌握基础管理集成的核心原理，及如何走向IT系统的集成。

1. "14个流程"的由来

作者1990年在走出大学校园时，就立志成为一名"懂技术、会管理"工程人的职业理想。至今记得，在从学校到单位报到途中的火车上，与一起分配到同一工程局的一位同学，聊了一路对未来职业的设想和规划。15年后，当我们周末在他家闲聚，回顾到当年在火车上的情景，他惊叹，"你这15年的经历，基本上是按照当年的设想走过来的。"作者几十年坚持做项目管理这一件事，时至今日，"14个流程"的探索和开发大约经历了三个阶段。

（1）最初12年。在建筑头部央企所属工程局先后参与了三条铁路、两条高等级公路、一个军用综合训练场的项目一线工作，一年的铁路勘察设计院路基处的工程设计工作。先后在工程测量、工程安全、工程质量、工程队技术负责人、工程段技术股长、项目经理、工程局项目指挥部指挥长等岗位工作。对施工总承包项目管理几乎所有的工作，经过理论学习和实践总结，都有一定程度的思考和涉猎。在计算机技术应用方面，除日常的办公和上网外，1996年自主开发和应用了"公路大地坐标测量的QBASIC程序"，成果论文在山西省计算机学会年会交流。在对项目管理和专业技术知识体系基本建立的同时，满脑子都是"项目到底应该怎样管，怎样才能管好项目"的困惑和问题。

（2）第二个12年。前6年在工程局中层岗位，专职从事三体系"贯标"工作。带着12年现场管理积累的困惑和问题，致力于对ISO"三个管理体系标准"的理解和在企业的应用实践。为了理解"三个管理体系标准"，系统研读了大量的近现代管理学著作、国家基本建设政策法规和建设工程标准体系；利用"国家三个管理体系认证审核员"兼职身份，除了每年在企业内审中，详细解剖分析15~20个左右的在建项目外；对铁路、水利水电、电力、公路、电信、化工等建筑业不同细分领域，项目建设、勘察设计、施工、监理单位及其项目管理情况，进行了系统全面的调研和总结。深刻认识到"三个管理体系标准"始终保持着对现代管理理论和方法论集大成者的特点。ISO标准的整体结构和文字布局，有其高度严谨的理论和实践背景，其某一个条款可能短短几十个字，但背后传达的管理理念和方法论，可能跨越和涵盖了几十年，甚至近百年的近现代管理理论和方法论的精华。2021年，在作者参与的国家管理体系标准编写研讨中，组内的专家都有一种高度的默契，只是从具体条款上，参考国际标准文本，进行提升、修订和完善，而不触动标准总体的结构安排——我们没有原创的替代性管理理论体系，对国际标准结构的调整，将有可能破坏或遗漏其要传达的，关于管理系统性、完整性方面的意图和关键信息。作者把围绕"三个管理体系标准"学习和实践总结出的个人感悟，称为"管理体系方法论"，并于2005年用于和完成了，对所在工程局综合管理体系的改造和提升工程。其理论和实践成果在《建筑施工企业一体化管理体系的建立与实施》（2005，中国标准出版社）一书中，进行了总结和发布。其中，最重要的突破，是对企业和项目职能和要素管理的模块化，最主要的内容是"项目管理体系流程及要求"。第一次撇开建设工程企业，目前普遍采用的，按职能部门分工框架叙事方式，编写项目管理手册的惯例；完全以施工总承包项目，启动、策划、实施、监测、改进、收尾的过程逻辑，描述项目管理过程及其要求。这个时期，作为我国建筑业一名工程人，基本完成了现代管理理论和工程技术专业知识体系的学习和积累，开始进入职业上的创造和回哺阶段。

后6年在建筑央企头部企业总部，专门从事项目管理标准化工作。通过对众多工程局，企业和项目管理情况的调研和总结，基于建设工程企业"价值交付系统"视角，完成了集团母公司项目管理标准的制定和颁布工作。在已有的"项目管理体系流程及要求"的基础上，采用了本书"泳道图"流程描述方式，以流程图代替文字铺排描述方式，完善了项目管理过程"文件化信息"、信息流、改进机制等，管理体系系统性、可视化直观描述内容，包括"14个流程"的一系列项目管理相关流程基本全部定型。其理论和实践经验在《铁路施工企业标准化管理实务》（2009，中国铁道出版社）一书中，进行了总结和发布。这个时期完成的项目管理标准，虽然经历了所在企业总部，十几个部门组成的集团标准化委员会，长达一年的评审和修订，经过了母公司董事会的审议和批准，但是能看懂这套文件的人并不多。

（3）第三个12年。2012年至今，感谢职业机遇，当然更有个人的职业选择，先后分别从事了3个投融资带动工程总承包项目，全周期管理和后期运营管理，有机会全面地实践，在总部完成的"项目管理标准"的具体应用。落实到本书的总结和写作：

①"标准化项目管理体系流程"具有客观规律性。这种规律性，来源于我国建设领域法律法规体系、现代管理理论和方法论体系，近20多年来，没有出现根本性、结构性的调整和改变。基于施工总承包项目管理，在建设工程项目全生命周期中的纽带地位，"14个流程"采用的系统性集成化管理思维和方法论，具有对建设工程企业的普遍适用性。

②提出的建设工程企业的业务架构、信息架构、通用概念模型，可以使企业就此进行全面信息化转型的顶层架构设计，搭建全面信息化系统平台基础设施架构，尽早启动信息化、数字化转型进程。职能和要素管理的模块化，对部门级的流程优化、改

进和调整，明确了责任分工和工作边界；给企业级平台的创建，创造了宽松的空间和条件。"标准化项目管理体系流程"，作为建设工程企业的核心业务流程，其内涵的核心流程对应于"信息树"树干，相当于制造业企业产品生产的"流水线"。不同业务类别的建设工程企业，因产品特性，决定了其独特的"与项目产品有关过程"；而包含职能和要素管理的项目管理流程，有其独立于产品特性之外的客观规律性。"标准化项目管理体系流程"是建设工程企业的产品"流水线"，"职能和要素管理流程"是"流水线"的支撑保障模块分系统。分系统信息化滞后，不会成为企业平台级"流水线"系统构建的障碍；分系统的调整和改变，不会触动"流水线"平台系统的架构。

③所有建设工程企业支持和保障分系统流程，与其"流水线"之间的集成，及其相互之间的协同，都遵循我们下文论述的共同的核心原理；使"建筑产业互联网"的构建，有了行业所有企业，都相同的逻辑和集成原理纽带支撑。

2. 集成的核心原理

与闭环MRP的核心原理一样，建设工程企业的项目，首先必须进行"生产规划"。在设计单位，"生产规划"的具体表现形式，是对应于设计项目合同、"设计任务书"要求的"设计方案"。设计方案的核心是"设计周期计划"。这一"主计划"是在反复平衡和调整后，形成的"能力计划"支撑下，从主观上确信可行的计划。在施工单位，"生产规划"的具体表现形式是对应于施工总承包合同要求的"施工组织设计"。施工组织设计的核心是"工期关键路径计划"。这一"主计划"是在对影响产能的各种因素反复平衡和调整后，形成的"能力计划"支撑下，被认为是可行的计划。项目经过上述策划过程，实现了"与项目产品有关过程"和项目管理过程的整合。由于建设工程项目不同阶段，项目可交付成果的独特性、产品实现过程影响因素的复杂性；我们提出建设工程企业建立"标准化项目管理体系流程"，是要确保企业能为自己所有的项目，规定一个通用的、程式化的、格式化的，具备持续深化其精细化水平的，流程化集成的控制标准；以确保对"与项目产品有关过程"和项目管理过程，在系统化集成"整合"前提下，持续可用、普适和有效。其与华为1998年启动的IPD变革，所追求的目标基本一致。使由此建立起来，用于控制企业产品实现过程中，构成产品的各种资源、创造产品的各种相关活动之间，其逻辑关系是科学的、规范的、程式化的。为企业所有的项目管理活动，提供了一个参照、评价的基准。如果建设工程企业在基础管理标准化方面，不具备使项目实现这些要求的能力；则这种对项目过程进行整合的成果，就会有遗漏、缺失或者扭曲。传统管理方式下，经验管理实质也会不自觉地遵循这样的逻辑，但其不系统，受个人经验和主观随意性影响大，对于大型复杂项目容易出现遗漏、缺失或者误判，其导致的后果被"996"和不计成本地砸资源化解、掩盖了。但在全面信息化、数字化条件下，就会变成一个某项目负责人惊呼的那样："项目每个月所有的指标都是红色预警，领导看到后简直无法交代！"

"信息树"的"树干"，代表了施工总承包工程项目部（同样适用于设计项目），从设立到终止的全部活动的核心运行逻辑。将其进一步地分解，如图4-3所示。工程项目（含设计项目、施工项目）日常的管理活动，是围绕以工期计划向工作计划分解为核心，工期计划管理展开的。施工组织设计确定的工期关键路径和控制目标成本（工程预算），是项目绩效管理的基准。从工期计划分解形成的工作计划，可以把"基准"分解传递到项目所有的活动。项目不同资源、要素和过程的管理，在施工准备、施工过程、竣工收尾阶段，其工作内容、工作强度，取决于基于施工组织设计的施工组织计划安排。使项目人、事、物的管理，与项目计划管理之间，形成数量上的逻辑关系。这种逻辑关系的形成和保持，是项目人、事、物被结构化，其信息化平台模块得以集成的纽带。决定了项目活动过程，所产生的"文件化信息"，是基于特定的逻辑，是结构化的。以此在项目与产品有关过程和项目管理过程整合的基础上，构建出项目现场末端生产作业活动，与项目部管理活动之间信息流通道，实现项目需求流、资金流、信息流的三流合一。必须指出的是，不同于制造业工厂，主要是设备仪表构成具有一定"自动化"基础的生产线；工程项目，由于外界环境和工程特性的影响，工期关键路径和阶段性工期计划调整频繁。项目信息化，应建立起"工作计划和控制目标成本，随关键路径、工期计划的调整，而动态快速调整"的功能。

图4-3是针对施工总承包项目制定的。把其中各流程节点（实体）的内容，换成设计单位相应的设计方案，建筑、结构、机电等各专业职能，及其各设计专业在设计总体协调下，专业综合碰口、审核、检查过程，就变成了设计项目"设计计划向专业设计工作计划的分解管理的核心流程"了。实质上，对于企业总部而言，其年度综合预算、经营单位年度责任目标、部门KPI之间，其实也是"主计划"，向"能力计划"的一个分解过程。

在施工总承包项目，"与项目产品有关过程"具体表现为，施工顺序安排、工点工序工艺流程。在设计项目，"与项目产品有关过程"具体表现为，建筑创意方案、结构设计检算、机电安装设计布局和功能选型配套流程。在企业总部，企业的产品可以概括为不同范围、不同类别的"项目标的"。工序取决于产品特性，具有客观性。如汽车必须先有底盘，才能依附安装其他系统；但可以通过BIM三维模拟或数字孪生可视化预演和呈现，BIM技术手段和工具，只是解放了人的精力和创意；产品工艺，是可变、可选择、可创新的，所谓的"四新"成果应用和创新。如钢筋混凝土结构，既可以采用支架模板现浇工艺，也可以采用预制装配工艺。项目策划，依据产品工序

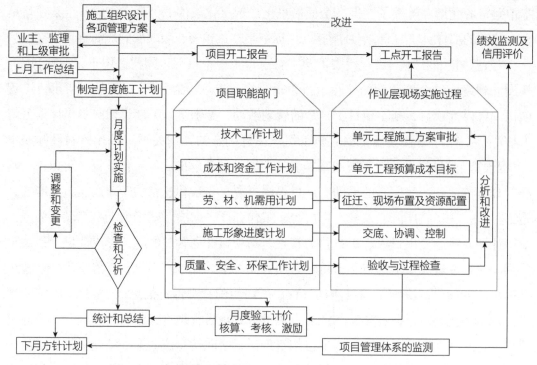

图4-3 从施工计划向工作计划分解管理的核心流程图

工艺，构建围绕其产品实现过程的要素和活动之间的逻辑；项目实施过程，依据"由施工计划控制下的工作计划"，确保过程下达的、形成和反馈的"数据"是结构化的。使项目所有人、事、物依据这样的逻辑，经过流动、共享和分析，形成与"基准"的反馈机制，这构成了施工总承包项目管理，流程化、集成化的最核心的"内核原理"，与图3-5闭环MRP完全相同。施工总承包项目标准化管理体系流程，必须确保现场项目部日常的现场施工组织管理活动，服从上述核心原理。施工总承包项目管理信息系统，也必须从形成这样的信息采集、逻辑运算、信息传递功能为始端来构建。我们认为，这一"内核原理"具有客观规律性，是施工总承包项目管理活动必须遵循的底层运行逻辑，也是信息管理系统实现集成的逻辑运算公式。真理只有一个，谁离客观规律最近，谁先认识和揭示客观规律，谁就占据了竞争的优势和先手。在企业标准化和信息化具体实践中，我们把它称之为体系或系统成熟度。如果策划与实施"两张皮"，或者实施过程信息人为干预失真，都会造成系统"垃圾进、垃圾出"。

3. 集成的"核心原理"的普遍适用性及其带来的挑战

美国项目管理协会（PMI）指出，"施工软件中最可取的功能是：项目跟踪、作业成本计算、项目估算、过程标准化/自动化，以及提高的技术效率。易操作性是企业购买建筑软件时的首要考虑因素，比功能、成本和与现有软件的集成能力更为重要。"这提示我们,建设工程企业的信息化、数字化转型,必须有计划地先从项目开始,先从项目计划管理这一核心原理的软件化开始;然后,随着企业执行层能力和意识的提升,企业管理层对企业标准体系的构建完善,逐步地拓展全面信息化平台的功能,最终向企业总部管理层和决策层覆盖。我们看到一些建筑央企头部企业,信息化、数字化转型战略,三五年就要实现项目管理、企业管理、企业决策的全面转型,反映了对转型实质认知上的偏差。项目管理标准化和信息化,从框架和基本组件上,必须确保其满足法规标准、管理体系方法论、合规性标准、风险管理和内控标准等,构建"内核"功能,真正实现流程化、集成化,才能带动IT系统的自动化管理功能。就能逐步实现,项目现场末端具体施工活动数据的采录和输入,使现场项目部、企业总部等各级管理机构,依靠信息系统的集成管理和分析运算功能,实时地获取项目各业务管理所需的,项目动态信息和监管决策信息;又能够同时适应不同体系成熟度的企业,仅通过项目信息系统,实现报表或者监控的局部功能,带动所有企业,尽早培育和形成管理工作路径依赖。客观上,无论企业层级和现场项目部管理人员,是否接受或主动践行这一"内核"流程,项目现场实际的管理活动,仍然遵循着这样的流程和规律。差别在于是否主动进行程式化管理,及其管控"精细化"的程度。即使企业没有构建以施工组织设计为主要载体的工程策划流程,现场项目部完全按照"经验管理""粗放管理"组织工期进度推进;回过头看,它也客观地存在"由经验决定的工期进度计划","向经验管理的工作计划"分解实施的过程。"经验型的工期进度计划"出自项目经理,但它推进"项目产品实现"的过程,肯定是通过组织项目部职能管理工作实现的;只是这个过程更粗放、不均衡,或在项目体量过大时,"人脑"会难以全面兼顾周全。因此,我们说,"内核"流程具有客观规律性和对建筑业所有细分专业的普遍适用性。

(1)我国建设工程领域几乎所有的细分行业都有"施工组织设计规范"行业标准,施工组织设计使项目管理过程,通过"七个工件"与具体项目的产品特性完全地独立开来,这使得"标准化项目管理体系流程",有了对建筑业所有细分行业施工总承包项目管理的普遍适用性。施工总承包项目,具体到某一个单位工程或分部分项工程,要编制单位工程施工组织设计或施工方案,对于具体的工序工艺,要按照"方案"总体安排,采用"派工单"或技术交底书(可以细分到"工作包")进行相应的策划和控制,即明确其起始时间、责任人、所需的资源、记录、计划成本、安全生产要求、质量验收标准等(即工作包词典)。施工总承包项目施工组织设计、单位工程施工方案、工点工序工艺交底书或派工单等,都对应地包含了,施工总承包项目、单位工程、工点工序工艺的,主计划、能力需求计划和物资需求计划等;这种贯穿于项目各层次管理的,"从施工计划向工作计划分解管理的核心流程",与ERP系统闭环MRP阶段的原理一模一样。图4-3呈现的施工总承包项目,工期计划管理月度分解、统计核算的闭环过程,以工序工艺管理为最终落脚点;这就是,我们提出"建立项目以技术管理为核心的生产管理体系"的由来。从图4-3还可以看出,工期计划代表的是项目需求流,需求流伴随着资金保障和支付;工作包词典的信息,来自项目部各部门,并最终与项目策划实现可追溯性关联;这样,项目的所有活动在月度核算环节,可以实现"三流合一",这就与MRPⅡ的核心原理完全相同。差别在于基础数据、行业标准、组织体系、与项目产品有关过程和项目管理过程具体内容上,由于产品特性及工程技术造成的差异。ERP系统,同样应作为建设工程企业系统集成的底座;只是其源自制造业的套装软件,在建筑业直接的应用,需要大量的二次开发或依据建筑业实际需要进行重构。

(2)在建设工程项目设计阶段,无论是初步设计、施工图设计;项目设计方案类似施工总承包项目的施工组织设计。设计方案同样要制定设计周期计划,设计周期计划同样要向不同的设计专业团队或岗位进行分解,每一个设计专业团队或岗位同样要预先进行物资计划和设计能力需求计划的制定。可见,建设工程项目的设计,同样遵循"主计划向能力需求计划、资源需求计划的分解";其管理逻辑同样遵循闭环MRP、MRPⅡ的核心原理。ERP系统,同样应作为建筑业设计企业系统集成的底座。设计项目,同样应当建立和开发"设计项目管理标准化流程和要求";而BIM技术相当于一种设计专业技术工具(类似于建筑施工的工业化),使设计企业的项目管理,更容易实现标准化、流程化。

(3)在"五位一体"施工总承包项目管理阶段,建设单位、设计单位、监理单位的相关要求,是施工单位进行项目策划的输入;其日常的管理活动,围绕施工总承包项目管理工期计划,即项目"主计划"进行展开实施。这构成了"五位一体"各方管理,过程信息共享和复用的核心纽带。

(4)必须指出的是,上述关于项目管理实现集成的"核心"流程,原理上并不复杂。但是根据作者近十年来在项目管理具体实践中的体会,我国建设工程企业项目管理的现实状况;与这个原理的要求,实质上存在巨大的差距:

①必须以程式化、精细化管理,替代普遍存在的依靠"996""砸资源"的粗放式管理。造成粗放型管理的原因和表现都很复杂,在应用方法上,我们只能重点地举例说明:一是在施工组织部署上让"利"不让"理"。一些企业,出于项目营销阶段的承诺、内部参建企业份额分配的平衡、相关方提出的在项目采购或分包方面等,不得不考虑的诉求等原因;或者因其"不懂工程",在项目施工组织部署上,脱离项目产

品实现过程的客观规律，人为地在队伍部署、任务分配、采购或分包安排上，造成项目管理接口、项目施工组织的冲突和扭曲；其实质都是对程式化、流程化管理，可实施性、可操作性，从组织架构上的解构和问题预埋。这种情况，会导致项目管理过程将"事倍功半"，很难搞好。1998年，作者所在项目类似的情况，当时的领导采取"修路建塘等地方共建活动"、工程预期利润补偿金等，让"利"的方式排斥类似干扰，而维护了项目施工组织部署的"理"。二是杜绝在项目策划上说一套、做一套的"两张皮"现象。典型表现，就是项目施工组织设计或施工方案，只是用于提报给监理和业主走审批流程；而实际的现场实施，却完全是另一套靠经验的随意性做法。这种现象，在工程规模小、技术较为简单的项目尤为突出；而在大规模、复杂项目中，莫不最终陷入亏损或打乱仗赶工的困局。三是项目管理如何跨越"分包合同的墙"。项目挂靠、以包代管，分包合同在签订定价时考虑不周，或者作为甲方管理责任履行不到位，或者分包合同对水文地质变化、外部环境不确定性影响导致的停窝工情况等，没有事先预见或约定；导致对分包工程缺乏管控力，受制于人，以致工期失控、偷工减料、粗制滥造，结算纠纷，民工讨薪，项目失序失控。四是放羊式管理。项目是临时团队，项目怎么管，项目经理没思路、没标准，或者屈从于各种内外部压力，对项目面临的各种阻力采取绥靖态度；缺乏对关键路径、里程碑节点"塔山保卫战"意识，导致贻误战机，积重难返。曾经有一个项目经理向作者抱怨，"我们标段月度计划完成了93%，有的标段只完成了70%，我们一样要受罚；上个月没完成的任务，要累加到下个月，这不讲情理"。作者的答复是，"每个月滞后一点点，把93%相乘十二次的结果是0.45"。

程式化管理，就是国内现行建设项目管理规范中，所谓的科学化、规范化、制度化，制度化隐含着标准化。按照"管理体系方法论"，作者把它总结为：要使管理，在其中的任何工作没有被做到位的情况下，能够依照工作链及其记录，追溯到具体的人或者岗位。必须强调的是，程式化管理并非因为推进信息化、数字化；而是基础管理必需的，一种管理理念和方法。

程式化、精细化管理，也有"弊端"。一是要确保项目策划工作的质量；二是要按照系统的思路，建立起项目管理团队，日常的基于流程的管理秩序；三是要保证，适当的项目过程信息收集，能持续支撑汇总分析和评估决策。而传统管理手段下，汇总分析工作，只能由项目经理直接组织进行。这项工作，须"劳心烧脑、持续不辍"；才能"身居庙堂、决胜千里"。

②项目策划是权衡利弊、确定优先级、决定项目绩效水平的决策过程。一般认为，华为"铁三角"概念，最早在2004年北非的某个电信项目中被提出。华为铁三角

的三个角色，分别是客户经理、解决方案经理和交付专家，其目的是解决当时组织中各自为战的乱象，形成一个联合作战的团队。就项目管理的一般情况而言，"铁三角"也用于说明，项目范围、时间和成本，围绕质量的关系。我国建筑业多家头部央企，近几年陆续建立项目"铁三角"概念，指项目经理、商务经理和项目总工。主要是围绕"大商务"管理体系的构建，完善项目总工、项目商务经理，围绕项目成本管理的协同工作机制，这也为挣值管理提供了组织保障。作者最近十年，经历过以下几个相关场景。

一是一位同事在交流项目管理时，很自信地讲："一个房建项目，总部机关一周时间，我们就能从项目策划到责任成本目标确定，把项目人、材、机、分包的事，全部确定下来；项目经理，按照安排组织现场干就行了"。但是，深圳地铁9号线受征地拆迁、水文地质变化、周边相关方的影响，项目关键路径工期策划，每三个月、最多半年，就要重新调整一次。项目每一次关键路径调整，都意味着盾构机等资源投入的增加，项目控制目标成本指标，产生不同程度的上调。有的企业对于其擅长的传统业务领域，项目管理精细化水平较高。而对于新进入的行业细分领域，因为各级总部人员不了解细分行业项目管理特点，抱定在传统领域项目管理的模式和流程，导致项目部决定成败的策划问题，由现场项目部负责、乏人问津；而人、材、机、分包资源，仍沿用传统总部对项目部的管控流程，无法对外部变化快速做出反应，举步维艰。反映出在同一企业，不同的业务板块，不同的管理体系成熟度企业之间，在项目基础管理方面的差异。这也是相关国家项目管理标准，突出强调"项目治理"问题的原因。

二是作者曾应某地方政府部门邀请，为某项目和铁路高铁站房施工总承包项目，做管理咨询。该项目为建筑面积108万m^2、几十栋高层住宅加商业综合楼，一年工期。施工单位的每个分包单位，分别承担一两栋高层建筑，同时施工。由于项目部，在施工总平面布置、现场道路、钢筋加工场地、其他生产辅助设施上，缺乏统一的规划和协调；导致各分包队伍，场地交叉、安全责任不明确、施工干扰大、文明施工水平低下。某高铁站房项目38万m^2，地上地下共三层、每层约8万m^2。工程局项目经理部，对所属土建、钢结构、机电、装饰等参建专业公司工区项目部，没有统一的策划安排，导致现场各专业各自为战，相互干扰和制约，效率低下。通过修订项目施工组织设计，要求总包项目部对每个施工区域，按专业流水，划分各专业作业分区和接口管理；统一所有专业单位，垂直运输设备的调度使用，以屋面钢结构吊装"断水"为关键路径，统筹其他各专业工期计划和施工作业顺序，大幅度提高了项目施工效率和现场文明施工水平。值得一提的是，在组织该项目修订施工组织设计时，其项目总工还是由局副总工程师兼任。一再强调"施组"早就有了，而且也经过监理审批。而程式化、精细化管理的要求是：不看重纸面的"施组"，而要真正能指导现场，控制和协调现场，平面管理、资源保供、垂直运输、工序接口组织的"施组"。施工总承包管理看似司空见惯，但是，落实到具体企业、具体项目的管理，其实并非表面看来那么简单。

　　三是应某高铁建设单位要求，作者现场协调该项目沿线站房施工总承包单位，项目管理问题。项目经理现场表示，因为商务经理被调到其他项目工作，导致项目剩余尾工因分包合同问题，使工程处于长时间停顿状态。反映出企业在"铁三角"关系定位和项目授权方面的问题。

　　③要充分认识到项目"施工组织"策划和管理"裁剪"，是构建项目团队的过程。在作者看来，只要掌握了项目管理的核心流程和方法，项目管理体系就像"流水线"，可以管理好各类行业细分领域的项目；前提是，必须理解"项目标准化管理体系流程"，各环节的要求实质，切实解决好以下问题。一是全面识别项目要求，过好项目团队工程认知关。这不但包括，对施工图设计文件、合同、业主、监理、设计单位要求的识别和理解；而且，还要对工程所在地、现场条件、地方可用资源、企业内部项目管理环境、相关方等，全面调查和了解。二是解决好项目团队，不同层次和岗位人员的应知应会问题。项目团队的临时性，决定了团队成员，需要在工程管理理念、工作思路和工作方法上，达成一致的理解，形成工作间的相互配合的默契。信息化的好处，是能将企业项目管理流程予以固化；使管理人员形成工作路径依赖，从而倒逼提升精细化水平和项目执行力。但在作者30余年的项目管理实践中，团队人员专业和管理能力的相对不足，始终是项目经理需要面对和解决的最主要矛盾。建设工程企业数字化转型，如果不认真解决这个问题，全面信息化系统就不能在项目应用。三是在推进精细化管理上，必须遵守循序渐进的规律。管理挖潜、向管理要效益，这个道理大家都知道。时至今日，我国建筑业头部央企，每年的合同额仍处于逐年增长之中。大型央企的在建项目，都在几千上万个，人力资源相对不足的矛盾，始终存在。建筑央企内部，不同层级企业、不同业务板块之间，基础管理水平、管理成熟度千差万别。企业建立的信息化管理系统，必须对内部不同企业、不同业务板块管理成熟度，有充分的包容性、适应性、可操作性；使系统在架构上一步到位，留有充分的迭代提升预留条件，同时在应用上，通过系统初始设置，适用于不同管理成熟度、不同精细化水平的层级企业和项目部。

　　我们列举上述问题，并非否定建设工程企业全面信息化、数字化转型的必要性、紧迫性和可行性。亚里士多德对待问题的法则：把问题讲清楚了，问题就解决了一半。项目管理的实践，恰恰使我们对利用现代IT技术赋能传统产业，寻求改善和提升建设工程企业和项目管理，有更急迫的渴望和更强烈的需求。期望从项目最一线的视角，尽可能地把问题提出来，以加快建设工程企业信息化、数字化转型的进程。

正如古希腊哲学家赫拉克利特的名言，"人不能两次踏入同一条河流"。我们所谓的项目管理最一般规律，是相对于我国法律法规和其他要求、"管理体系方法论"所规定的项目管理标准而言的。能够预见的是，随着项目管理全面信息化的深入推进，随着新一代信息技术促生下的建筑数字化、智能化发展，必然带来建筑业生产力水平的根本性变革，将带来现代管理理论和方法论的颠覆性创新，从而催生建筑业新型生产关系的孕育和产生。这正是构建建设工程企业信息化系统开发需求框架，推进行业管理全面信息化、数字化，所追求的目标和令人向往的美好未来。

三、从线下集成到线上集成

有别于以往部门级、段到段业务级的竖井式信息化应用；我们所讲的全面信息化，是集成式的，建设工程企业整体的、系统性的信息化。全面集成，是建设工程企业信息化的本质要求和基本属性。基于计算机IT技术发展历程，企业基础管理，规范化、科学化、标准化循序渐进的成熟规律；当前，现代IT技术和头部企业管理成熟度水平，已经给我国建设工程企业，全面、集成式信息化创造了客观条件和历史机遇。"集成"已不再是对传统局部信息化系统，进行补丁式续命的手段；而是从管理信息化本质要求上，从整体上认识和审视，建设工程企业的信息化、数字化转型发展战略。

数字化转型最后的落脚点和焦点是数据。数据治理领域，包括但不限于数据标准、元数据、数据模型、数据分布、数据存储、数据交换、数据生命周期管理、数据质量、数据安全以及数据共享服务。其中，数据模型包含三个部分，数据结构、数据操作、数据约束。数据结构，主要用来描述数据的类型、内容、性质以及数据间的联系等。数据操作，主要用来描述在相应的数据结构上的操作类型和操作方式。数据约束，主要用来描述数据结构内数据间的语法、词义联系、他们之间的制约和依存关系，以及数据动态变化的规则，以保证数据的正确、有效和相容。我们紧扣建设工程企业，通用的业务架构分析，解析建设工程企业的信息架构（信息树）；提出建设工程企业数字化转型中，数据架构设计的宏观依据框架。提出"七个工件"划分理论，建立建设工程企业概念模型框架，形成围绕业务流程的模块化管理架构。以施工总承包项目管理为例，进一步阐述，项目模块化管理与项目业务流程的集成原理。

人们在论述数字化转型时，强调"数字化转型"并不是简单地使业务数字化；而是利用IT技术，去分析、洞察业务数据之间的关系和隐藏的价值。利用数据进行分析洞察，从而获得数据表面之下更多的认知，发现更多的潜在机会，并尝试利用这些机会，才是数字化转型的根本目的。强调"数字化转型的本质是价值链重塑和商业重构"等。但是，类似的论述，是在数字化转型成功以后，对其收益和价值的预期和展望。这一切，还得回到怎样才能走上转型之路这个根本问题上。数据资产，指由企业拥有或者控制的，能够为企业未来带来经济利益的，以物理或电子的方式记录的数据资源，如文件资料、电子数据、软件或服务等。当前，我国建筑央企头部企业，几乎所有企业都或多或少有了一定的数据资产，并给企业创造价值、带来经济利益。但是，几乎没有任何一家企业，能够声明已经全面实现了数字化转型，实现了商业智能。

最近十年来，基于对以往信息化成果的应用，广大企业采用IT"集成"方式，不断地对已有的信息系统"打补丁"、开展"数据治理"，但收效甚微，这条路恐怕是走不通。从企业基础管理集成化、标准化入手，采用"管理体系方法论"，推动基础管理的集成和重构，将数据以标准化、规范化、高质量进行整合在一起，使数据从源头、从产生的地方，就遵循同样的标准和规范；在此原则下，寻求对以往信息化成果有选择的沿用，是我国建设工程企业信息化、数字化转型扎实起步、行稳致远、可行的战略路径。在这个认识基础上，以下的观念和理解也至关重要。

1. "14个流程"与企业总部的关系

项目是建设工程企业的目的，或企业总部运营服务的对象，企业是项目履约的主体。本章阐述的建设工程企业"标准化项目管理体系流程"，只描述了施工总承包项目，自项目部成立至项目部解体阶段，项目管理内容；项目职能和要素管理的"13个流程"，也只描述了项目部阶段，项目管理的流程，及其与总部、项目外部相关方的接口关系。"14个流程"是建筑业企业，围绕项目全生命周期相关管理流程的现场执行部分；其他的相关工作，由企业总部实施。这就意味着，企业管理层、决策层，围绕项目管控和企业运营；还有各部门层面的职能管理内容和工作流程，这些流程的核心任务，仍然直接或间接地服务于项目的管理。

就我国建筑央企头部企业而言，母公司最高管理层按照企业发展战略，通过全面预算管理，每年要制定年度企业发展目标，并通过经营单位责任目标、职能部门KPI指标的分解，与下属各层级企业、总部职能部门，签订年度目标责任书，进行目标的分解。这种企业决策层，围绕"价值交付系统"，自上而下的总部目标管理机制，其实也就是"主计划"向"能力需求计划""资源需求计划"的分解；构成了母公司与所属企业和机构、公司最高管理层与职能部门，流程之间的集成关系。这与闭环MRP、MRPⅡ一样，具有相同的核心原理，ERP就是在讲企业自己正在干的事。施工总承包项目，只是建设工程企业的项目形式之一，建设工程企业90%以上的资源，都分布和应用在项目，项目全生命周期的信息是企业信息化、数字化的主要对象，也是其数据资产的主要组成部分。项目数据+企业总部数据，需求流、资金流、信息流三流合一，构成了建设工程企业ERP系统数据集成的核心原理。它们共同的特征是基于目标制定和分解所形成的逻辑关系，在企业所有的层级、机构、部门、项目及其活动之间，建立起连接的关系。

2. 信息化系统平台与基础管理的关系

建设工程企业有了清晰的业务架构，呈现问题域或主题域及其边界和相互连接的接口关系；概念模型将各主题域进一步细化，采用流程的方式，进一步展现相关工作主体及其活动之间的逻辑关系，以及信息流通道。从大的思维逻辑而言，在这个条件下，是可以实现全面信息化的。只是其"信息"的粒度是"文件"层级的，而"文件"是人工形成的；这样的信息系统，起到的作用是文件的传递或者辅助报表功能，这显然与传统的以部门为单元应用的信息化在功能上没有本质的区别。进一步的信息化还要建立逻辑模型。逻辑模型是指数据的逻辑结构，要通过过程实体定义及拆解细化，带动对"文件级"的"文件化信息"，不断地拆解、细化、分类、合并，这种"数据"粒度层面的信息化，意味着实体和数据指数级的增加；实体和数据之间关系进一步地多样和复杂。但是，数据与数据之间保持特定的、来自管理活动规律的逻辑关系，是这个过程要保持的基本底线和准则。这些结构化数据，加上企业活动中的非结构化数据，采用数据湖技术，形成企业的数据底座，保证符合信息架构规划，包括和存储企业的所有数据。任何数据必定要储存在特定的数据库中，面向对象的数据建模，是数据仓库实施中的重要一环；它的作用是以特定的数据之间联系的表达方式，通过实体和关系，勾勒出企业面向对象的数据结构蓝图。其中，领域概念模型设计时，就确定了数据仓库的基本主题，并对每个主题的公共码键（即不同流程间的交叉点）、基本内容等作了描述。逻辑模型用来描述数据结构，是计算机数据组织方式和数据之间联系的框架描述，而数据文件（不同于"文件化信息"）的数据，就按照这种框架描述进行组织。数据结构是所描述对象类型的集合，是对系统的静态描述。数据仓库的每个主题都是由多个表来实现的，这些表之间依靠主题的公共码键联系在一起，形成一个完整的主题。在物理模型阶段，将采用特定的IT建模语言对选定的当前实施的主题进行模式划分，形成多个表，并确定各个表的关系模式，以及语义、语法、粒度层次划分，以便于数据操作。因为它能直接反映出业务部门的需求，同时对系统的物理实施（即开发各类系统软件）有着重要的指导作用。这种情况下，物理模型图对于没有一定IT知识背景的人而言，已经完全看不懂了。

所以，在现实的信息化实施过程中，物理模型的建立，是要企业管理人员和IT专业人员密切配合，充分沟通，以确保建立起来的模型，符合企业管理活动内在具有的，对实体及其属性，当前及未来关系的基本逻辑要求。建设工程企业及项目管理体系的所有概念，全部要通过逻辑模型，转化为实体和数据的关系所组成的数据结构蓝图，然后建立物理模型，以控制IT开发人员，将其转化为计算机能识别和运算的0和1组成的编码。这样的工作量本身浩大无比，而且期间不能出错，所谓差之毫厘，谬以千里；千里之堤，毁于蚁穴。企业的信息化，本身就是一项系统严密、工程量巨大、复杂异常的系统性工程。BIM技术之所以重要，就是其能够直接以"数据"的形式，提供施工图设计文件的信息，使项目的数字化转型，解决掉一大块的、容易出错的"数字化"工作量；并以其具有的强大可视化数据表达能力，使管理工作变得更直观、形象和易于开展。

企业的信息化系统平台，是由计算机、网络光纤电缆、数据库机架、智能终端等冷冰冰的硬件，和看不见、摸不着的各种计算机和网络运行计算软件构成的。这样的系统能干什么、具备何种功能、是集成的还是割裂的，完全取决于其开发的过程，企业所能够提供的，或者企业实际存在的业务架构、信息架构，以及由其控制下开发的概念模型、逻辑模型、物理模型，及其基于企业管理活动所规定的"文件化信息"的粒度细化。系统开发完成了，上线运行了，跑不通；或者在运行过程中实现不了预期的功能，无法获得预期的数字化转型增值效果。是因为系统在开发过程中考虑不周、偏离企业管理活动的实际；还是在具体的项目启动应用时，初始设置的问题，抑或具体工作领域数据采集认责缺失、数据录入质量的问题等，完全取决于企业实际的管理活动，是否按照预定的标准化文件全面得到实施和执行。基础管理的标准化是信息化、数字化的前提。基础管理集成了，标准化了，有执行力了；信息化、数字化转型就变成了一项纯技术性工作，水到渠成。可以说，信息化、数字化转型，80%以上的任务，都在于企业的基础管理工作。否则，就是本末倒置，舍本求远，争议不断，折腾蹉跎。

3. 全面数字化转型未来的展望

企业的数字化转型，是一个不断更新改造，常改常新的持续过程。这种变化，不但来自IT技术未来的不断发展和创新，来自企业循序渐进的管理精细化，提供了从全面信息化走向数字化的客观规律；而且，当前全球社会经济领域数字化转型的浪潮，是基于电气革命带来的现代管理理论和方法论的确立。现代计算机网络技术的应用，全面的数字化转型将带来生产力革命，必然引发生产关系的变革，和现代管理理论和方法论的革命。事实上，20世纪90年代后，互联网的普及和移动互联网的出现，信息无处不在，建立在高度信息化基础上社会的出现，使信息跨越管理层次成为可能，如电子邮件、微信、视频会议，跨组织层次进行管理；海尔"砸组织"，进行组织结构的变革，由过去的科层制结构变为平台型结构；小米宣称的虚拟办公楼、关闭会议室、打乱上下级、剔除KPI、发动自营销、放权消费者等"六大绝技"；柳传志说，没有ERP就没有联想；任正非说，对IPD要"削足适履"。管理的软件化，使得经济的组织方式呈现模块化、外包化，世界经济进入了模块化时代，一个跨国公司可能研发中心在硅谷，设计中心在伦敦，制造中心在中国，营销中心在纽约，呼叫中心在印度。这种建立在高度信息化基础上社会经济组织方式，使韦伯的科层制和专业分工，不再是管理的支柱，现代信息社会正在进行新的分工，预示着现代管理理论和方法论体系，正孕育和面临着革命性的变革。

中国曾经错失前几轮科技革命带来的机遇，我国建设工程企业如果错失基于现代管理理论和方法论的数字化转型契机，马太效应警示我们，未来的数字化社会中，只有第一，没有第二。数字化转型一旦全面实现，将意味着未来强者恒强，弱者恒弱。我国建筑央企头部企业已经在基础管理上形成了较为完备的管理体系。只有立足于基础管理持续不断地变革提升，建立和培育适应数字化的企业文化，以人为核心，提升基础管理水平和执行力，踏上未来数字社会快速发展的新赛道，才有希望引领未来产业变革和管理变革的先机，摆脱目前一提现代管理理论和方法论，就以西方"马首是瞻"的被动局面。

本书内容截止到本章，阐述的对象是面向所有建设工程企业的。上篇的行业背景分析、集成化管理基础理论以及企业集成化管理提升要求，到中篇关于建设工程企业的通用业务架构、信息架构和概念模型，以及本章以施工总承包项目为例，所揭示的集成管理的核心原理，旨在使所有的建设工程企业，能从行业整体视角，审视自身的数字化转型战略路径选择，思考本企业面向数字化转型的战略举措和推进实施策略。特别是在第三章第二节第三部分，我们用了五个"完全相同"，两个"如出一辙"，强调了建设工程企业价值交付系统的核心流程，关于工期计划向工作计划分解管理的核心逻辑，与ERP系统核心逻辑完全相同的关系。从这个意义而言，ERP也可以称之为"企业目标计划"系统。目的是要凸显ERP是建设工程企业未来数字化转型、IT系统平台的基石。这一我国IT技术在行业企业的发展和应用现实，是基于对我国建筑业整体现状的认识。意在强烈建议我国建筑央企头部企业应坚持成为国家建筑行业的华为，发挥行业建生态、搭平台的标杆引领作用，把适应建设工程企业的ERP系统开发和应用事业，作为带动行业迈入数字化转型阶段的突破口。其中尚未充分阐述的，关于建设工程企业作业层面管理的具体要求，本书将在下篇"项目计划统计和核算管理"一章中，以施工总承包项目管理为例，做进一步的说明。而下篇中，除施工机械设备、物资和周转材料外，其他章节的内容，对建设工程企业也具有普遍借鉴和适用性。

下篇

施工总承包项目管理信息平台开发需求框架流程解析

本篇以施工总承包项目为对象,解析施工总承包项目管理体系流程,揭示项目管理最底层的客观规律性流程,作为开发和构建项目管理,全面信息化IT系统的依据标准。施工作业要执行产品特性决定的工序工艺标准,作业活动离不开组织管理,组织结构的科层制和专业化,只有流程才能直观地呈现,不同部门、不同层级以及专业之间,围绕主题事项的工作内容及其相互交互关系。第四章提出"14个流程",所有流程的构建,第一,是合规性,确保对我国建筑业相关法律法规和其他要求的全面符合性;第二,是科学性、规范性和标准化,全面贯彻"管理体系方法论",体现现代管理理论和方法论,对管理活动的基本理念、原则和方法"集成"要求;第三,是考虑了我国建筑业各细分领域,施工总承包项目共同特性和最佳实践总结。标准化项目管理体系流程,处于"14个流程"的核心地位,是施工总承包项目现场管理客观规律的呈现,其相对的稳定性,来源于法规和现代管理理论和方法论的框架要求。其他"13个"项目职能和要素管理流程,是图3-1中"七个工件"在施工承包企业的具体表现方式。这些项目现场管理的流程,其内容和逻辑,同样主要由我国

建筑业相关法规和其他要求、现代管理理论和方法论所决定的。具体的企业项目职能和要素管理流程，根据管理体系成熟度，项目精细化管理水平，进行识别和有针对性地开发和规定。它们除了有一定的客观规律性外，更多地与不同企业的项目精细化管理水平相关，代表着企业的项目履约能力和市场竞争力。"13个流程"可以视为一种，对大多数施工承包企业，都适用的重点主题域流程的列举，而非穷尽。

在解析的方法上，每一个"泳道式"流程图，对应一个"过程管理要求表"，主要是对相关管理过程，必须的"文件化信息"框架，其产生的职责、内容进行说明。上市公司强调信息披露，上市企业必须根据信息披露相关要求，确保信息披露的及时性和真实性。从企业内部经营管理而言，也需要设计各个层级生产经营活动过程的记录事项、格式和内容，以实现对企业和项目运行过程全面的监控、评价和改进。工程项目竣工文件，也对项目产品的移交提出了具体的过程记录要求。上述法律法规和其他要求，以及管理体系方法论标准，都从过程方法、系统管理、持续改进的角度，对管理过程中应该产生的记录作出了明确的规定。这是施工总承包项目管理信息化平台开发需求流程解析，必须关注和解决的一个核心问题。它是项目管理信息系统收集、传递、共享、分析、利用的对象和目的。本书把记录的规定，限于满足法律法规和其他要求，及管理体系方法论要求的粒度层面，而没有进一步追求设计每项记录的具体内容和格式。这主要是鉴于多年来"贯标"的经验和教训，记录的具体内容和格式、粒度水平，与企业实际的管理成熟度、精细化管理水平有关。人为地固化记录的要求，有悖于流程框架包容性、适用性和成长性要求。应该由企业结合自身实际，在流程落地中再具体完成。实现我们所设想的流程框架上一步到位；具体实施又能适用于管理标准化水平，处于不同成熟度企业的初衷。

第五章 标准化项目管理体系流程解析

施工总承包项目的"标准化项目管理体系流程"（图4-2）是现场项目部全生命周期管理工作的流程，作为一个完整的PDCA循环，其整体工作输入和输出的接口，主要是企业总部和项目外部相关方（如业主、设计、监理等）。我们在前文基础上，对其中一些重点过程和接口，构建逻辑、相关记录要求进行解析说明。以期使读者在理解和实际应用的同时，提高对流程改进、优化的能力。

第一节 项目规划和项目策划

一、项目规划

项目规划是项目策划的组成阶段之一。按照"360百科词条"，项目规划是指从现实出发的思考、想象和谋划，进而确定、决定和安排，实现项目目标所必需的各种活动和工作成果。这包括两个层面的意涵，一是企业围绕项目管理，在基础管理标准化上，从企业标准体系完善项目管理的标准；二是对具体的项目，按照企业标准体系要求，结合项目实际进行的谋划安排。现行《建设工程项目管理规范》GB/T 50326规定项目管理策划应由项目管理规划策划和项目管理配套策划组成，项目管理规划包括项目管理规划大纲和项目管理实施规划。项目管理规划大纲，应是项目管理工作中，具有战略性、全局性和宏观性的指导文件。

我国目前的建筑市场，施工企业招标投标和项目实施过程之间，存在一定程度的割裂，是无法回避的现实。由于招标投标存在的不确定性，施工企业在投标阶段，企业总部营销部门牵头，在技术标、商务标编制过程中的策划，主要是依据自身以往项目经验，对项目潜在的履约风险及其应对措施，进行初步评估的基础上。按照一般情况，对招标文件要求，在现场项目机构设置、关键岗位人员配备、施工部署和主要风险应对措施上，做出响应性承诺，以有利于"中标"为目的。而在项目中标后，还要从项目实际实施安排上，重新审视项目的履约实施安排。我们这里所说的项目规划，是指企业总部对"中标"后，项目管理，在组织管理模式、项目目标、现场管理机构、项目关键岗位人员任命、项目职责和权限、项目核算账户、项目章程、队伍部署等方面，顶层设计安排。满足投标承诺，为项目部管理"搭台子"。

招标投标阶段的项目规划，是宏观的、粗略的。项目策划，是基于对工程认知水平的逐步深入，从粗到细、从定性到定量、从整体到局部、从粗算到精算，逐步提升完善的渐进性过程，贯彻于项目完整生命周期全过程，各个阶段的一种动态活动，这在大型、复杂项目尤其突出。项目中标后，施工企业要在不违背投标承诺的前提下，书面明确项目部机构设置和关键岗位人员的任命，作为项目部组建的依据。由于建设工程项目的一次性、远程分散性特点，在总部与项目部围绕具体项目的工作边界和工作接口安排方面，不同的施工企业都已形成了约定俗成的内部惯例。而项目核算账户、队伍部署和风险控制措施、项目责任目标等，则要依据项目中标后，由企业决策层根据企业现实的资源状况、在建项目情况、外部可用资源、项目风险和成本等情况，综合考虑和决策。

本书对这个环节，企业基础管理流程要求的设计，一是按照目标管理思维，强调总部必须对项目建立管理责任制，满足投标承诺兑现要求，实行责任目标考核；二是按照PDCA循环，依据企业总部和项目部的关系模式，在项目标准化管理体系流程中，建立对项目策划的管控机制和过程，以确保和提升项目策划水平；三是通过项目职能和要素管理流程，识别和建立符合本企业实际的"两个层级"，关于项目的工作清单（取决于"流程"的细化程度）和责任矩阵框架。施工总承包项目的相关内容（表4-2），作为项目部机构设置和人员配置的依据，并在上述三个环节，特别关注"文件化信息"的要求。必须指出，项目管理信息系统是一种工具，项目所有活动信息必须通过"人"或智能终端，完成对数据的采集和录入，实现项目管理的信息化、数字化。而项目机构设置和责任分配的标准化，是控制"人"使用信息平台工具的前提。施工企业项目工作清单、项目责任矩阵的构建；不但取决于施工企业的项目管理模式，还受到企业项目管理流程精细化、标准化水平的影响。在具体的项目管理实践中，还要考虑项目管理团队，具体管理人员的构成、素质和能力现状。项目工作清单和责任矩阵，在具体项目管理实践中，客观上也不可能一蹴而就；还要结合项目产品实现过程，进行动态的管理。比如，对于一整条地铁线路的施工总承包管理，站后工程的项目工作清单、责任矩阵构建，要等到土建工程进展到一定程度后，随着站后工程管理队伍进场、相关管理活动开始后，方能启动。由此可见，考虑到我国建筑业企业，对行业细分领域的业务覆盖范围、项目管理模式、企业文化和市场资源组织方式以及能力等方面的差异，项目管理标准化、信息化是一项长期的、复杂的、艰巨的系统性工程。但是，只要我们抓住"建筑业相关法律法规和其他要求"和"管理体系方法论"这两个牛鼻子，按照"底线"和"红线"，来构建施工总承包项目，面向全面信息化的集成化、标准化项目管理体系流程，就既能确保标准化流程的合规性、有效性和系统性；又能针对具体环节，在规定动作必须系统到位前提下，允许企业结合自身情况，在记录的设计和规定上，实现信息化管理在不同粒度上落地。由此实现"14个流程"，对全行业工程承包企业的普遍适用性、包容性和发展成长性。这是贯穿本书后续所有流程和内容解析所遵循的基本思想。

二、项目实施策划

项目实施阶段的策划作为一个过程，其前置过程是总部对项目的规划安排；过程的输入是对项目外部要求的识别，成果是项目策划的输出，即项目施工组织设计、项目预算工程量清单和项目管理"裁剪"成果——即项目管理流程和准则。

凡事预则立，不预则废。项目策划是决定项目成败的关键，也是影响项目成本收益的决定性环节。有的建筑头部央企，在项目管理上坚持"方案决定成本"的原则，突出强调了对项目策划过程的管控。在策划工作的组织上，有的企业在投标开始前，建立和实施《项目策划分工表》，规定由总部职能部门分工，对项目目标、项目组织模式、项目风险及其控制措施、项目成本测算和盈亏分析、项目现金流等方面进行分析；在完成投标过程的同时，也形成总部，对项目实施阶段的框架指导性文件。有的企业规定，由总部主管或分管领导牵头，组织现场踏勘和项目上场前的"五清五定"。还有的企业成立由内外部经济、技术、工程类专家组成专家团队，对重大项目提供技术支持，对项目策划成果进行评审把关。项目部在此基础上再进一步细化。目前，由于企业总部职能和要素管理造成业务流程的条块分割，部门之间存在的信息壁垒和沟通渠道不畅；加上项目部一次性、远程分散性影响，上述方式在流程或者实际执行上，都不能上升到流程化、集成化水平。"标准化项目管理体系流程"致力于项目策划、实施、检查、改进过程流程化和集成化，在此基础上的信息化、数字化，为项目管理的提升，提供了不可替代的契机。

随着建设工程合同管理的不断规范，要求施工企业确保项目招标投标阶段和实施阶段的系统一致性和连续性。由于工程项目受当地工程资源禀赋、施工环境、气候、水文地质条件等客观条件制约，项目实施阶段的策划应由现场项目部作为组织主体，项目经理作为第一责任人。同时，要求企业总部通过项目管理的信息化、数字化，给项目部提供必要的软硬件资源的支撑。具体的内容和要求将结合"14个流程"的解析具体说明。

1. 项目要求的识别

识别要求是基于PDCA过程思维的规定动作。施工企业施工总承包项目管理是工程总承包项目管理流程的一个阶段、组成部分。项目要求的充分识别和贯彻，是施工企业项目管理和建设工程项目全生命周期其他参与主体，实现流程对接，贯彻国家基本建设程序的必然要求。《建筑法》《建设工程质量管理条例》《建设工程安全生产管理条例》《建设工程监理规范》《建设工程合同示范文本》等法律法规和标准，做出了相应的强制性或基于最佳实践规定；"管理体系方法论"给出了贯彻和遵循这些要求的思维模式和方法论工具。项目要求主要来源于企业总部、工程所处外部环境和业主设计监理及项目其他相关方，包括与项目产品有关过程和项目管理过程两个方面的要求。项目部存在的主要目的是产品实现，项目的工程技术特性和项目施工现场条件是"与项目产品有关过程"的主要内容，这就决定了工程合同条件、工程图纸和相关技术标准是项目要求的核心内容。

（1）企业总部的要求。企业招标投标阶段的项目策划、合同交底，企业关于项目管理的流程、准则和标准，企业基于知识管理形成的相关案例、企业层级风险清单及其控制方案等，既有作为合同承诺，要求项目部代表企业必须履行的责任和义务；更重要的是企业知识积累的管理和专业经验资源是项目部必不可少的运行基础。企业总部最重要的要求是对项目的责任目标，它是项目部必须追求和实现的内部特殊要求。比如，一般合同对工程的验收标准是"合格"，而企业往往出于市场营销导向，要求项目实现"创优"目标。再比如，企业对于战略性拓展项目可能会降低对项目盈利要求，而提出工期、质量、安全方面，高于合同的目标。

（2）业主、监理和其他相关方的要求。合同文件特别是合同专用条款，是项目经理建立与业主、监理、设计等相关方工作接口关系的依据。业主的相关管理制度是项目部在产品实现过程中，征地拆迁、管线迁改、安全、质量、计量支付、过程检查和验收等工作，必须对接的流程和要求；当地政府主管部门、工程所在地其他相关方的需求和期望，是项目经理营造项目管理环境，必须识别和主动对接的因素。比如不同地区对夏季施工时间、夜间施工时间的规定，周围群众对噪声污染、光污染的关注度等，是项目策划在工期计划安排、相关管理措施中，必须考虑的外部制约条件。

（3）对工程认知的要求。工程认知是在业主设计交底、交接桩和施工复测完成后，以施工技术管理工作为核心，通过一系列的特定工作流程，主要解决两个方面的问题。一是实现对设计意图的理解和把握，这是合理安排施工顺序和工序工艺控制参数的前提。比如设计关于地铁车站开挖前降水井的设置和预抽降水，如果不能理解地下水位、土层渗透系数、车站基底涌水等因素要求，出于降低成本，随意变更降水井位置、深度、预抽水时间等参数，就可能造成开挖过程严重受阻。对施工企业而言，这方面的问题，其实是项目最基础、最底线问题，简单地说，就是"懂不懂、会不会干"的问题，须高度重视，确保万无一失。二是结合工程所处环境（主要指施工现场调查、当地相关方调查）、安全质量等制约因素，合理确定工程关键路径工期安排，按照均衡组织、流水施工原则，安排好"人、材、基、资金"等决定"产能"的资源配置。这要求施工企业，不但要全面了解工程环境条件、熟悉设计图纸，还要掌握合同规定的工程技术规范、工程质量验收标准、安全技术规程等准则所构成的制约因素。比如深水基础的施工时机安排，就必须考虑河流汛期或海洋潮汐影响因素；城市区域工程项目，一般涉及管线迁改，在推进过程中存在很多不确定性，以及扬尘治理可能导致的停窝工等，要求施工企业在工期关键路径选择和安排上，预留合理的自由时间。再比如，高速铁路软土地基路基工程，从地基处理、路基填筑、沉降预压等环节，都有明确的监测控制评估技术指标，工序安排和工期计划，要考虑可能存在的监测评估不确定性风险。工程合同条件、工程图纸和相关技术标准是项目要求的核心内容。如果把工程项目的策划，比作搭建项目产品实现的"流水线"，那么构成工程实体的物资、设备是通过"流水线"的加工、组装、测试，从检验批、分项、分部、单位工程，逐步形成符合要求的合同产品。建筑业细分领域不同的工程项目，同一项目不同的工程结构类别，其所需的施工人员技术工种、施工设备、技术装备、检验检测方法，就构成了"流水线"上，与特定工程产品相对应的功能器件；项目策划，就是要在施工企业项目管理体系这个通用"流水线"上，以全面系统的工程认知为基础，以项目责任目标为导向，选择和配置最合适的"功能器件"，以确保项目产品实现过程的全面受控。管理是手段，产品实现是目的。正如德鲁克所言，管理是一种实践，"管理体系方法论"的灵丹妙药，必须用于由知识和经验构成的"体质"，才能治病去疴。没有对工程的全面认知，产品实现过程就成为无源之水、无本之木。对于施工企业而言，工程技术是项目攻坚克难的硬核，工程项目必须构建以施工技术管理为核心的生产管理体系。

上述项目要求的识别、项目责任目标是项目风险识别过程的输入。

2. 项目风险识别和控制策划

项目管理过程是以项目责任目标为导向，对风险持续进行识别和控制规避的过程。施工企业项目目标，既有法律法规、合同规定的强制性底线、红线目标；又有企业自身出于生产经营发展，内部附加要求。施工企业追求社会效益、经济效益的最大化，短期目标和长期目标的协调统一。施工企业的管理，决策层通过战略、方针和目标发挥引领、导向、激励作用；企业管理层通过本部门职责范围内，资源、流程、标准的开发和建立，发挥对项目的指导服务和监督职能；工程项目部以企业总部为后盾，通过资源的调配和管理，履行产品实现的合同履约职责。ISO质量管理体系标准，提供了关键过程、特殊过程的识别和控制方法论；职业健康安全管理体系标准，提供了企业职业健康安全风险，识别和控制的方法论；环境管理体系标准，提供了重要环境因素的识别和控制方法论；还有合规管理体系标准、供应链管理体系标准、财政部和国资委企业内控标准等，都把"风险和机遇"作为基本的思维对象，采用基本相同的识别和控制策划方法论。企业的商务合约管理、科技管理等，也都有其成体系的内在管理流程和标准，形成关于项目成本、技术风险的应对逻辑和方法论工具。施工企业在多项目管理过程中，围绕工程项目相关的风险及其控制策划，每个企业都积累形成了自己独特的知识积累成果，成功实践案例。企业总部上述管理活动，在管理流程、准则和知识积累两个方面，构成了现场项目部的后台服务、保障和支撑条件。

施工企业的年度经营目标，其实现过程不可能是由某个层级、某个或某几个部门来实现。落实到具体的工程项目，无论企业对项目的责任目标如何下达，其核心还是围绕项目工期、安全、质量、成本收益、创新创优（有的项目还有党建、绿色施工、扶贫）目标的优先级权衡，追求所有目标的均衡发展和综合收益的最大化。项目的安全目标是安全部门能够掌控的吗？项目的成本收益目标是商务部门能够掌控的吗？项目总工程师编制项目工点施工方案，在确定施工工序、选择施工设备、安排施工工期计划时，是仅仅考虑技术工作要求吗？甚至具体到现场，由一个工人独立的作业活动管理，现场工程师在交底时，也不可能只关注安全、质量或者成本，一个或者部分目标要求。显而易见，项目部在围绕工程项目产品实现过程的策划中，其任何层级、任何类别的策划活动，都必须综合考虑，工期、安全、质量、成本收益等方面的要求，在外部客观条件、可选的技术方案、可获得的资源条件下，寻找最优化的产品实现组织方案安排。也就是说，施工企业总部管理"上面千条线"，客观上要通过项目经理主导的（或者由总部某个主体来主导）项目策划，这"一根针"来实现系统的集成。由此，才能形成满足项目责任目标要求，项目的策划成果。这是施工企业项目管理，不以人的意志为转移的客观规律。纵观我国建筑业，上述关于项目管理流程标准化的认识和要求已成为施工企业项目管理信息系统开发的最后一公里瓶颈。换句话说，施工企业以项目管理为核心，施工企业现场项目部以产品实现为核心，这客观上要求施工企业项目管理体系，必须打通以项目产品实现策划为纽带，相关流程"集成"这个"任督二脉"。只有这样才能形成系统、完善的项目管理体系流程框架，以此为标准构建的管理信息化平台，才可能达到框架完整、标准清晰、行稳致远。从中我们也能清晰地看到，项目管理信息系统只是一种工具，项目管理依赖的核心还是人，信息化能够通过IT技术手段，提高人的效率，更好地解放人的核心创新、创造能力。

这里重点论述了"项目风险识别和控制策划"，必须以产品策划为中心，对项目其他方面的策划进行系统引领、系统集成的客观规律，以及对面向全面信息化的项目管理标准化的具体要求。至于具体的风险识别和控制策划内容和要求，将结合后续章节的内容予以解析。

3. 项目策划的核心原理和思路

项目策划首先依据工程特性、可用资源，围绕"与项目产品有关过程"，识别项目可选的工序工艺流程，明确不同工序工艺，人、材、机配置标准和作业条件。其次采用关键路径法、计划评审技术、甘特图等工具，按照平行流水施工原则，依据企业内部工程定额、项目管理责任目标，编制工期计划和应对各类风险的工程保障措施，确保满足合同里程碑、总工期和项目管理责任目标的要求。再次，是根据市场价格，编制可选方案工程预算，综合项目管理责任目标要求，对关键路径施工顺序、可选工序工艺、风险控制措施等，进行经济比选，通过对影响关键路径工期、工程预算的资源配置方案，进行反复平衡和调整，选择最优施工组织方案。这个过程与前文"闭环MRP"中"生产规划"的原理是一模一样的。最后，是依据上述过程确定的"与项目产品有关过程"，对项目涉及的"七个工件"企业管理流程和准则，进行识别、"裁剪"和完善，形成项目职能和要素管理策划；再根据项目人力资源配置情况，建立工作标准，把过程职责分配到所有相关岗位和人员。

在上述策划过程中，我国建筑业各细分行业现行"施工组织设计规范"，是不可或缺的重要的知识、经验积累成果。"施工组织设计"，是苏联计划经济体制下的产物。1928年，苏联建造第聂伯水电站，施工人员编制了第一个较为完善的施工组织设计；随后，苏联组建了专门研究机构，进行施工组织理论研究。在20世纪60—70年代，我国各施工企业，均为计划经济体制下企业，企业不需要承担建设工程经济效益责任；所以对施工组织设计重视不够，当时只将施工组织设计作为一本技术性文件，职能单一，与整个项目管理、项目组织无关。进入20世纪80年代，随着市场经济的深入，施工组织设计也在不断地改变自己的角色，在施工组织中加入了项目管理的一些职能，施工组织设计由原来的纯技术性文件，改变为技术管理性文件。随着"项目法"在全国的大面积推广和我国招标投标工作的开展，施工组织设计不仅指导项目的工程技术实施，而且在质量管理、安全管理、进度管理、季节性管理、项目组织、项目协调等方面做了大量文章。随着市场化低成本竞争加剧，在施工组织设计中，又增加了关于降低成本与新技术开发的一些内容。1992年1月1日施行的《建设工程施工现场管理规定》（建设部令15号）第十条规定施工单位必须编制建设工程施工组织设计。1998年3月1日施行的《建筑法》第三十八条规定建筑施工企业在编制施工组织设计时，应当根据建筑工程的特点，制定相应的安全技术措施；对专业性较强的工程项目，应当编制专项安全施工组织设计，并采取安全技术措施。《建筑施工组织设计规范》GB/T 50502—2009，施工组织设计是以施工项目为对象编制的，用以指导施工的技术、经济和管理的综合性文件。施工组织设计按编制对象可以分为施工组织总设计、单位工程施工组织设计和施工方案；规模较大的分部（分项）工程的专项工程施工方案，应按单位工程施工组织设计进行编制和审批。《建筑工程施工质量验收统一标准》GB 50300—2013、《建筑与市政工程施工质量控制通用规范》GB 55032—2022，建筑工程的施工质量验收应划分为单位工程、分部工程、分项工程和检验批。《标准施工招标文件》，施工组织设计被称为技术标。一些项目评标标准，把商务标报价和技术标内容的协调一致性，作为评标的重要关注点。作者参与的徐州地铁3号线，业主特别关注施工组织设计中，人、材、机、资金、平面布置的临时设施方案，将其作为评估施工总承包单位，工程造价成本和项目资金需求计划的重要依据。《建设工程施工合同（示范文本）》GF—2017—0201通用合同条件，施工组织设计的提交和修改除专用合同条款另有约定外，承包人应在合同签订后14天内，但最迟不得晚于（开工通知）载明的开工日期前7天，向监理人提交详细的施工组织设计，并由监理人报送发包人。

综上所述，我国建筑业几乎所有细分行业，都有相应的施工组织设计编制规范。《施工组织设计》或施工方案是我国建设施工领域，项目策划的主要形式和内容之一。由于我国现行《建设工程项目管理规范》GB/T 50326在编制思路上，为了突出"与国际接轨"，在项目管理策划中强调"项目管理规划策划和项目管理配套策划""项目管理实施策划"的概念，模糊和淡化了"施工组织设计"的地位和作用；导致建筑央企"项目管理手册"，在项目策划思路、策划成果安排上的紊乱和不一致的理解，影响了企业项目管理标准化工作推进效果。基于对第一章第三节论述的"管理体系方法论"，四种思维的综合应用，围绕确保和提升项目策划水平的一些基本环节；我们把施工组织设计，从字面上分为施工、组织、设计三个关键词，解析以施工组织设计编制为核心的项目策划方法论和要求。

（1）《建设工程质量管理条例》要求"按图施工"，"施工"主要是指对工程的认知。以完整线路的地铁工程施工总承包管理为例，首先，铺轨是地铁建设土建工程工期计划的一条主线，铺轨只能从铺轨基地出发逐段向前延伸，"与项目产品有关过程"这一特性，客观上决定了从铺轨基地向铺轨方向，每个区间、每个车站主体工程的完工顺序。盾构区间的"洞通"，取决于车站提供的盾构机下井时间；而车站的"封顶"，受制于围护结构的"围闭"时间；车站基坑的"围闭"，受车站地面征地拆迁、管线迁改不确定性的影响。地铁线路围绕铺轨关键路径工期的保障，客观上要求项目部，从每个站点、区间相关的征地拆迁、管线迁改环节系统地考虑、掌握和评估。首先，对全线每个工点征地拆迁和管线迁改，从数量、征迁实施的外部条件、征迁设计方案，及其潜在的实施安全和工期风险；工点场地围闭和围护结构施工，与征迁交叉进行的可能性，及现场平面组织需要考虑的问题等，进行全面的汇总、现场核对、设计复核、周边建筑物现状调查取证等。其次，每个站点征地拆迁、管线迁改的规模和不确定性；每道工序的工程数量及在特定的水文地质条件下，采用的施工工艺和设备；每个工序要求的检验检测方法、实施的边界条件、所需的持续时间；流水施工原则下，围护结构、开挖、地基、防水、主体、盾构端头加固等，工序之间的转换条件等，这些内容是项目部分析、识别、确定工期关键路径，发现工程重点、难点和控制性工程的依据。再次，具体到控制工期或重难点工程工点，涉及的交通疏解，对场地分期、分段围闭的制约条件和应对方案；围护结构施工过程中，地面建筑物和社区居民，对大型构件吊装、大型施工设备场地、有噪声或光污染作业活动的限制；主体工程施工中，深基坑降水与开挖、大型模板和支架、高空作业等，都需要结合设计交底、现场调查，进行各类风险系统性识别和评估，工程质量检验和检测项目与频次的识别，工点倒边方案及平面布置的筹划。我们强调工程认知，是因为上述任何一个环节认知上的失误或者漏洞，都可能造成策划方案的偏离或者失控，需要从系统思维、过程思维，进行全面的审视和决策。

  一些在自身传统业务领域，其遇到的工程特性相对比较单一、依靠总包单位提供施工环境条件的专业工程施工企业，由于没有接触过上述复杂的"与项目产品有关的过程"；而在企业项目管理中，缺乏对"工程认知"方面的基本概念，存在以自身"个性"代表行业"共性"的误区，一旦业务拓展跨入到产品特性比较复杂细分领域，将面临巨大的挑战和转型压力。这也说明，施工企业在市场营销中，要慎重对待"跨界细分行业"的项目承揽；是否同时，在项目经理、项目总工等关键岗位人员队伍培育上，有相应的战略性保障措施，否则将面临巨额的交"学费"转型代价。

  （2）"组织"是指围绕项目目标要求，结合工程内外部制约条件，本着基于风险的思维，对项目各种要素、职能进行系统性的筹划和安排。项目组织的基础是工程分解结构（WBS），其决定了企业施工总承包项目的总体队伍部署、大型临时设施（道路、供电、供水、地材供应等）、工程总体平面布置安排，在"信息树"中相对于"树根"部分；也是确定总部和现场项目部管理边界和接口的关键环节，更对项目总体履约能力、履约品质起到重要的决定性影响。国内建筑央企大型项目的组织，一般是企业集团总部中标的项目，由下属各工程局或三级单位，分标段或者工区具体承担施工履约任务。

  首先，一是严格遵循"两个层级"管理模式，即明确一个企业总部，履行项目企业层级的管理职责。实际的操作方式有"直接管理"和"委托管理"两种形式，形成企业总部—项目部—作业层管理架构。这个层面的标准化,对项目管理信息化至关重要。显而易见,项目管理组织架构中,任何一个环节管理层级的增加,决策链的冗长,都会降低决策效率、增加管理标准化的难度,以及降低项目对现场变化和风险应对的反应速度和能力;当然,也会成倍地加大,项目管理信息系统设计和运行的复杂程度。二是强调总部履约主体的行政层级尽可能地高,特别是类似公路、铁路、地铁等线状工程,其土石方施工调配、路面施工、铺轨基地、盾构机投入和调配使用、预制梁厂和桥梁运架、地材的采供等大型设备和大型临时设施等,客观上以整条线路筹划比分段筹划的资源调配、利用效率和优化空间要大得多。比如某高铁施工总承包项目线路全长98km,施工企业划分为6个标段,共两千余片900t预制箱梁。就出现了标段之间,在预制梁场方面的重复建设,不同标段桥梁运架设备由于跨标段使用协调困难,而出现总体投入套数多、但单台套利用效率不平衡,反而影响总体工期的问题。

其次,必须坚持工程总体系统性统筹组织的原则。比如前文提到,某高铁站房项目站厅层8万余平方米,垂直运输能力是主要的制约因素。土建、机电安装、幕墙工程、装饰、屋面钢结构网架等工序交叉施工,如果由各专业工序各自为战,就会出现严重的工序交叉干扰和塔式起重机使用协调问题。总承包部在项目策划阶段,一是要根据工程总体工序形成规律和边界条件,合理划分各专业施工作业分区、作业顺序,主动控制各专业作业边界条件和工序转换交接过程,就会使所有专业队伍处于系统、有序的管理状态,大幅度地减少交叉作业干扰;二是统筹各专业所有塔吊使用,可以避免不同专业队伍,争夺资源的冲突,最大限度发挥垂直运输能力。再比如,某城市万达项目总共108万m^2、十余栋高层建筑群施工,在有限的场地空间内,每栋楼由不同的分包单位负责施工。由于没有从总体场地利用上,统筹各栋高层,基坑开挖、基础、主体工程施工顺序,导致后期主体工程施工阶段,不同基坑地基加固与相邻基坑开挖,在基坑安全距离预留、土方运输通道、主体钢筋加工场地、物资和周转材料存放场地等方面,相互干扰和冲突,不同施工队伍之间交叉施工协调量巨大,各自为保证工期节点相互纷争频发,现场文明施工差、安全隐患多,使整个工程陷入赶工的"打乱战"之中,严重制约了工期的总体履约,甚至造成工程质量隐患。这就要求项目部,在工程策划阶段,通过施工图和相关技术标准的全面解读,充分考虑工程各种内部、外部制约条件,结合工程分包单元划分,对项目工程总体资源配置、工点资源组织和管理、施工顺序等方面,进行系统地预测、安排和预控,形成"项目分项、分部、单位工程划分表"、工程物资需求总数量表、设备设施配置表、劳动力需求计划表、施工方案编制计划表等。组织对象的清晰化,能使组织措施比选,有了明确、统一的基准信息。

再次,是经济可行性、合理性对比分析。关键路径工程和重难点工程是决定项目成败的关键。工程不但要能干出来,还要能够有收益,否则项目整体履约将难以为继,更遑论实现项目成本收益目标。

一方面,只有综合考虑工期、安全、质量、成本、环保等各项目标,在客观制约条件下,寻求综合效率和收益水平的最大化,由此确定的工期关键路径才可靠、可行;另一方面,项目真正的风险都出在不同目标、不同队伍、不同工点、不同时段,项目组织的均衡性和综合协调性,或者说某一方面孤立的风险管控可能是合理的,但是放到整体工程综合推进要求上,可能就会造成系统性管控的漏洞或矛盾,需要进行反复的综合、系统评估和调整。可以说导致项目履约失败的大多数问题都不是某一方面孤立的因素,而是由于项目策划系统性不足产生的"蝴蝶效应"。比如某铁路项目,由于对高原特殊的施工环境条件缺乏经验,为保证桥梁墩台身质量,采用大型整体钢模板;但由于混凝土拌合站生产能力不足,造成墩台身混凝土浇筑缓慢、产能不足、冷缝频发,项目部迅速增加拌合设备投入来提高产能;但又遇到地材供应能力的瓶颈,而新增地材供应料源,又因为高原混凝土特殊性能要求的配合比设计周期,需要几个月的时间,导致大模板总体工程效能迟迟不能得到发挥。"五个手指长短不一,只有攥在一起才能形成拳头"。

正是因为工程组织上,这种客观存在的系统性、综合性要求,才使施工组织设计的编制、执行,具备了对施工企业项目管理,各种资源、要素集成的天然属性。使项目所有相关的资源、要素、活动,必须处于一种事先"顶层设计",过程"底线红线"控制下,综合权衡下的逻辑关系中。这是建设工程项目产品实现,内在要求决定的客观规律性,所以我们把它视为"信息树"的树干。这就使施工企业项目管理通过施工组织设计(或施工方案),跨越于具体的细分行业各种工程类别的差异之上;又能给施工企业总部职能、要素管理,在不同项目落地,提供了共同的、实现整合的纽带。

(3)"设计"是指在充分的现场调查、全面的工程认知基础上,基于项目内外部制约条件,在经济比较的前提下,选择最优的施工方法、最合理的施工顺序、相互协调的"人、材、机"配置,可行有效的综合性风险管控措施。比如,作者在深圳地铁9号线完整地铁线路项目施工总承包管理中,一是在土建施工阶段,针对人民南路车站,前后左右分别处于既有高铁、地铁运营线路、既有高层建筑、市政道路高架桥,构成的"四面埋伏"场地条件;车站顶部,是需要拆迁复建的两道雨水箱涵,底部是地质断裂带涌水,可谓"六面埋伏"。通过采用车站盾构"先隧后站"方案,顺利突破了影响全线"洞通"的"卡脖子"问题;二是如前文所述,在土建工程整体滞后的情况下,通过组织站后工程,十多个专业工程师的集体攻关,开发出地铁站后工程施工工序标准化流程和工序功效指标体系。并以此为基础，制定出"土建工程完工移交标准"，明确车站和区间，水、电供应，作业分区管理，垃圾清理与外运等合同责任分工，统筹协调站后所有工序各专业施工顺序和接口关系；控制铺轨与区间、车站安装和装饰交叉施工时间分配、轨行设备运行安全防护等管理措施，实现了全线站后工程施工组织效率的大幅度提升，解决了地铁站后工程常见的交叉施工效率低下、垃圾遍地文明施工水平低的问题。三是通过BIM应用，提前发现和解决了600余处站后各专业管线碰撞问题，并对车站顶棚、墙面装饰，进行可视化排版深化设计，提高装饰材料工厂加工一次性成活率。上述施工组织"设计"，保证了该地铁线路提前两个月交付，并获得国优工程金奖。

在上述施工组织过程中，项目策划环节在保证了施工工艺和工序科学可行的前提下，更重要的是通过相关的管理组织措施，保证所有工序作业活动，能够按照预想的安排一次性执行到位。越是规模大、技术复杂的工程施工组织，越像"针尖上跳舞"。无论是各种资源组织、现场作业活动管理、工序一次成活率要求，既要有系统严密的后台流程和制度保障；又要看到，工程的每一个具体步骤不见得都有很高的科技含量，但任何一个环节的失误，都有可能导致整个方案的满盘皆输。"大国工匠"精神支撑下的系统、全面的项目施工组织能力、执行力，才是施工企业最"硬核"的竞争力。这就要求施工企业，在项目策划阶段，明确重难点工程施工方案编制计划表、竣工文件组成表、项目重大风险控制方案，以及工期、安全、质量、成本、环保、创新等管理措施。

我们把上述围绕施工组织设计编制的项目策划过程，称为"产品实现的策划"。产品实现策划成果，西方一般称为施工计划或工程项目管理计划。它不是由各个专业分工拼凑出来的一套主意，而是由各个相关部门或层次提供信息，由项目经理牵头项目管理团队，在工程认知的基础上，围绕项目目标要求，综合权衡内外部各种制约条件和风险，权衡、比较和选定，关于项目产品实现总体作战图的创造性、创新性活动。每一次策划形成的成果，都是独特的、一次性的、无法重复的活动。上述关于项目策划环节，项目要求识别过程、风险辨识和控制策划、施工组织设计（或施工方案）编制和优化过程，不可能一蹴而就。一方面是因为"三边"工程的普遍存在；另一方面，以城市地铁工程为代表的项目组织管理过程，受征地拆迁、水文地质条件不确定性，导致频繁的设计变更，增加了项目均衡施工组织的难度。客观上，造成项目施工方案和总体施工组织设计，频繁地动态调整优化，成为常态。任何对施工组织设计和施工方案的优化调整，都应遵循编制过程的要求，以确保其系统性和充分性。而上述过程的信息化、数字化、智能化，正是项目管理信息系统，发挥信息技术赋能传统产业，提升和优化项目管理能力的途径。

必须指出，我们强调施工企业产品实现策划"程式化"的要求，是揭示和认识工程项目"产品实现"客观规律下的主动选择。现实的项目管理实践中，存在大量的"能人管项目""经验型项目经理"，依靠长期实践的经验积累，凭借"老马识途"式工程人的直觉，也同样能够取得良好的项目管理绩效。很多人因此借口，建设工程项目细分行业多、工程差异大、项目过程不确定性因素复杂多样，想用通用的"程式化"流程，在所有建筑业项目管理上应用是不可能的。其实，作者在从事项目管理的早期，也长期存在这样的想法和困惑。在掌握了"管理体系方法论"，又通过近十年几个大型项目的管理实践，才逐步地形成关于建设工程项目管理存在"普遍适用的客观规律性流程"的认识。其实，站在施工企业施工总承包项目管理全生命周期的高度，无论项目如何特殊，无论施工企业资源和管理能力高低，无论项目具体实施过程中，遇到何种特殊的不确定性影响，大量的项目最终都在一个一个地建成，差别在于履约的品质、盈亏水平。"成功的项目都是相似的，失败的项目各有各的原因"。不论我们愿不愿意，建设项目客观上有其"程式化"的流程规律，"经验型项目经理"的成功，其实是在不自觉的情况下，越来越以自己的感觉服从或靠近了这种规律，而这样"老马识途"项目经理的培养，根本无以支撑企业的发展要求。从项目管理客观规律出发，对项目管理进行流程式的解析，不但能够通过标准化，引领和培养更多的年轻项目管理人员，加快对项目管理规律、方法论、工具的认识和实践，更是开启项目管理信息化、数字化、智能化的客观要求。信息化、数字化和智能化，反过来又能进一步促进标准化流程的优化和提升，形成建筑业项目管理更高层次的提升潜力。

三、项目策划成果

施工总承包项目策划成果包括施工组织设计、项目职能和要素管理流程和准则、项目预算工程量清单。统一策划成果，可以使"与项目产品有关过程"和"项目管理过程"之间相对独立，有利于策划基于挣值管理的项目工程、商务合约、财务，跨部门流程的构建和实施。

1. 施工组织设计

施工项目施工组织总设计，对单位工程施工组织设计具有控制和指导作用。施工方案以分部（分项）或专项工程为对象编制的施工技术和组织方案，也可称为分项或专项工程施工组织设计。技术交底书、作业指导书、操作规程，是施工组织设计应用于分项工程、专业作业过程时，依据策划对象不同的规模、不同复杂程度，而表达产品实现策划成果的常用形式。上述策划成果各种形式，依次保持逐层从项目产品整体到局部、从宏观到具体、从定性到定量的分解关系。"标准化项目管理体系流程"构建了一条建设工程施工总承包项目，产品实现的流水线。该流程中的策划、实施、检查、改进所有环节，超越具体的建筑工程细分专业之上。也就是说，该流程对所有细分专业的施工项目，具有普遍适用性。

《建筑施工组织设计规范》GB/T 50502—2009将施工部署专门列为一章。该标准对施工部署定义是，对项目实施过程，做出的统筹规划和全面安排，包括项目施工主要目标、施工顺序及空间组织、施工组织安排等。施工部署是施工组织设计的纲领性内容，其核心是项目产品分解结构，通俗地讲就是要应用WBS技术，确定项目现场组织管理单元、项目管理账户、项目核算单元、项目分包单元的划分。《建筑与市政工程施工质量控制通用规范》GB 55032—2022等各细分行业通用规范和《建设工程工程量清单计价规范》GB 50500—2013，提供了单项工程、单位工程、分部工程、分项工程的产品分解结构，是施工总承包项目"五位一体"各方，必须执行的强制性要求，为各方围绕产品分解结构整合和叠加其他各类分解结构，提供了共同的框架标准。施工企业在具体的项目施工部署上，结合项目的组织结构设置、施工队伍部署、现场施工组织管理单元、分包单元划分，决定了信息管理系统，项目管理账户、项目商务以内部管理责任书或分包合同为单元的核算单元的划分、财务会计核算成本归集账户的划分。工作包是WBS最小的分解单元，工作包词典是结构化的汇聚各类活动信息、最底层的管理账户。

必须强调，在面向信息化、数字化要求的情况下，施工组织设计的编制，要满足和服务项目挣值管理对WBS技术应用的基本要求。其具体的体现方式有：

（1）项目部层面。在总体施工组织设计中，建立项目部，组织结构和职责分配、项目各类目标指标、工期关键路径计划、项目工程数量总表、劳动力需求计划总表、施工机械设备配置计划总表、工程材料需求计划总表、工装设备和周转材料需求计划总表、试验检测监测设备需求计划、试验检验项目和频次计划、资金需求和现金流计划。基于队伍部署，现场管理单元及其分包单元的划分计划表，以及与之对应的单位工程《施组》或现场管理单元或分包单元，施工方案编制计划、前期工程实施需求计划、施工总平面布置与大型临时设施计划、CI（企业形象识别）与文明施工措施计划、各类风险分级和控制策划措施表、竣工文件组成及形成归档要求等。

关于施工总承包项目的重点和难点。最近几年，在作者接触到的招标投标或项目策划中，一些业内同行，对项目重点、难点的概念模糊，不知道如何明确界定和描述。作者认为项目"重点"，就是对项目成败有决定性影响的工程或管理事项。一般而言，会导致工期滞后的问题，应该都属于工程的重点问题。有的企业甚至提出"项目工期是最大的成本",工期滞后往往会导致后期赶工中,工程质量和安全管控难度大幅度增加,显示工期在施工总承包项目的突出地位。"难点"主要是项目策划中,按照预期的计划和措施,由于项目内外部各种原因相互干扰或叠加,带来的对项目目标实现,存在潜在影响的各类不确定性。"重点"需要采取"塔山保卫战"策略予以应对;"难点"需要纳入项目持续的关注,以避免其转变为"重点"。在一些大型复杂项目招标投标中,业主往往把投标文件,对工程"重难点"的认识和应对措施,作为标书评审的关注点。上述我们列出的项目部层面,总体施工组织设计编制中,要明确的相关内容,是按照城市地铁、铁路、公路等,大型、复杂基础设施项目。在我国当前一般项目管理情况下,常见需要关注的重点、难点问题,施工组织设计中相关内容的明确和建立,其实是采用WBS技术,实现了项目产品分解结构、项目职能分解结构、资源分解结构、管理要素分解结构,建立起相互之间整合、重叠的关系。施工企业在招标投标过程及项目部实施策划过程,都应根据项目情况和企业管理体系成熟度,尽可能地在项目产品实现策划中,予以详细的识别和安排,并给予标准化。

(2)单位工程层面。施工总承包项目按照均衡施工组织原则,所有的单位工程不一定一下子全面同步开工。单位工程施工组织设计或施工方案,是在上述项目部层面的策划基础上,结合单位工程特点进一步地细化安排。其内容一般包括单位工程现场管理机构或团队职责与权限、开工时间和里程碑节点要求、单位工程施工工序工艺、"人、材、机"配置标准和要求、施工场地平面布置和管理、关键过程和特殊过程质量控制、专项安全技术方案制定和评审计划、安全文明施工管理保障措施等。

(3)分部(分项)工程层面。分部(分项)工程施工单位,项目部一般采用预制场、加工厂、桥梁运架专业作业队、专业分包或工序分包队伍、专业班组的形式,部署施工队伍。这个层面产品实现的策划,一般采用专项施工方案、工程技术交底书、作业指导书、操作规程等方式,进行工序工艺策划安排。其策划内容,在单位工程施工组织设计或施工方案的基础上,一般对作业现场、工艺标准、作业人员资格、日工效指标、施工设备和工器具、工程材料、检验试验和检测、作业过程记录、检验批或分项工程验收签证要求,以及相关岗位管理人员及职责等的安排。产品分解结构的"工作包"对应分项工程、检验批,是整合"工作包词典"其他内容的纽带。施工企业应当根据本企业实际,建立标准化的"工作包"和"工作包词典",以支持项目管理全面的数字化。这当然需要高度精细化管理水平的支撑。

2. 预算工程量清单

上述各类、各级产品实现策划成果,是项目预算工程量清单编制的依据。施工总承包项目产品实现策划,遵循"渐进明细"特性,建设单位的指导性施工组织设计,是编制招标工程量清单的依据；施工企业招标投标阶段的商务标报价，要依据其技术标（施工组织设计）、按照建设单位规定的工程量清单编制报价；项目中标后，施工企业一般采用"标价分离"原则，编制项目工程量清单预算，作为确定项目部成本管理责任目标的依据；项目部实施阶段的总体施工组织设计，是编制项目控制目标成本预算工程量清单的依据。

项目部的控制目标成本预算工程量清单，要根据项目总体施工组织设计中，"基于队伍部署的现场管理单元及其分包单元的划分计划表，以及与之对应的单位工程《施组》或现场管理或分包单元施工方案编制计划"，所形成的现场管理单元或分包核算单元的《施组》或施工方案，作为分包单位招标控制价编制的依据。分包单位投标报价与项目部招标控制价的差额，是项目部盈亏的主要决定因素。但是，项目部在实施过程中，月度向业主的计量确权和计价，仍要执行项目合同标价的工程量清单；项目部预算工程量清单的编制和使用，在单位工程以下的部分"内外有别"。施工企业应该通过企业标准体系的建立和实施，使项目部预算工程量清单的编制，适应和符合工程项目单位工程、分部（分项）现场管理单元、分包队伍或班组管理单元，逐级细化的预算分解编制要求，以建立本企业施工总承包项目，工程技术形象进度、商务合约计量核算、财务成本归集核算与支付三个环节，基于统一的口径和标准。中国中铁股份有限公司项目精细化管理办法，提出基于WBS技术，建立全集团标准化的工程项目"产品清单"和项目"工作清单"，施行与产品清单相匹配的预算管理，对施工图工程量和分包实际的工程量，施行了严格的内外有别的控制，确保其中存在的"虚量"不纳入分包合同结算。中国交通建设集团有限公司的项目管理手册，已经探索基于WBS技术和工程量清单，建立"分包工序库"，统一全集团项目分包工序项，以指导分包合同签订和积累分包工序成本大数据体系。而且，这两家央企都开始采用"流程"的方式，来描述项目管理过程；但其现有"流程"仍局限于"部门级"，尚未像本书提出的"项目标准化管理体系流程"一样，上升到项目部即建设工程企业核心业务流程的层级。反映出"基于PDCA的过程思维"已经被企业所认知和重视，但未上升到系统性"价值交付系统"的高度。必须强调，项目工程、商务、财务基于统一的口径和标准，"三统一、三合一"核算是我国建设工程企业，目前在信息化、数字化转型中，基础管理集成化、标准化工作，必须解决的一个核心问题。需求是变革的动力来源，在建设工程企业对于"三统一、三合一"的需求，主要来自项目经理和企业"一把手"，企业副职、部门负责人，其职责、工作决策所需的信息，都局限在其岗位职责范围内某一具体专业领域；只有项目经理和企业"一把手"，需要获取"三统一、三合一"信息，以支持岗位决策。推动这种变革的力量，从数量上处于"小众"

地位，这可能也是，这种亟须的变革在建设工程企业迟迟无实质性突破的原因。

上述各类、各级施工组织设计，工期关键路径和施工方案的里程碑节点计划、预算工程量清单的建立，在项目策划阶段，为项目过程的实施建立了绩效"基准"。

3. 项目的资源、职能和要素管理

上述施工组织设计和预算工程量清单，是"与项目产品有关过程"的策划。这些策划中，"生产规划"把影响"产能"的各种项目资源、职能和要素管理的需求，以相互关联的形式建立起来。给"项目管理过程"，如人力资源、物资设备、技术、安全、质量、环保、成本、财务等的管理流程，提出了明确的需求。施工企业项目每项职能和要素的管理有其自身的规律，也超越于具体的工程细分领域和专业技术差别之上，要求施工企业通过企业标准体系建立其管理流程和准则。这些流程和准则是部门级的模块化管理流程，落实到具体的工程类别或项目，需要项目部作必要的管理"裁剪"，形成具体项目的管理标准、工作标准。这是项目部在策划阶段，必须形成的策划成果之一。

产品实现策划，主要通过施工组织设计，与具体的工程细分行业实现结合。房建、市政、铁路、公路、电信、电力、水利水电、机电安装和装饰等工程，施工组织设计中，具体的施工工序、工艺流程不同，所使用的物资设备和工程技术有差别，基于项目工程量清单的各类分解结构不同，概预算编制方法和定额标准有差异。这些差异，通过施工组织设计工期关键路径计划的制定，实现了工期计划在形式上、管理活动和流程上的一致性。如图4-3所示，通过工期计划向工作计划的分解流程的控制，实现了把所有模块化，职能、要素、过程、资源的管理流程，得以与具体项目的产品实现过程，实现系统化的集成。由此构建的项目管理信息系统，就可以实现"项目部现场工点工序数据的每日上报，由系统自动归集、传递、集成、分析和应用"的功能。显而易见，造成施工企业项目管理本质水平差异的，是企业文化影响的执行力，是以企业基础管理制度代表的精细化管理水平差异，是以施工组织设计编制水平为代表的工程技术能力差异。施工企业现场项目部通过施工组织设计或施工方案等项目产品策划成果，及其相对应的预算工程量清单的编制，明确了项目产品实现的工序工艺流程、所需的资源配置、风险及应对控制措施要求。以此为中心，通过管理"裁剪"，规范项目围绕"与项目产品有关过程"，所需的"人、基、料、法、环、信、财"等要素，管理流程和标准。为整个项目全过程的所有活动，提供了基于逻辑的作战方案和管理路线图。由此我们有以下结论和思考：

（1）以施工组织设计、施工方案、工程技术交底书、作业指导书、操作规程等，为代表的项目产品策划成果，以及与之相对应的工程预算。是建筑业施工企业，在所有细分行业通用的产品策划形式,建筑业各细分行业所具有的这种通用特性,既是面向信息化的项目管理通用标准,也是项目管理集成的纽带。根据建筑业各细分行业,目前施工组织设计规范的差异,我们提出了施工组织设计编制的内容要求,突出强调了项目目标、工程数量表、现场平面布置图和大型临时设施数量表、单位分部分项工程划分表、工期关键路径计划、劳动力配置总表、机械设备配置表、物资需求总量表、征地拆迁计划表、检验试验项目和频次识别表、竣工文件组成表、施工方案编制计划表,以及工期、安全、质量、成本、环保、创新等,风险分级及控制措施等,作为施工组织设计编制的强制性要求,以满足面向信息化的项目标准化管理流程,在项目产品策划上的要求。上述内容的遗漏或不充分,将导致风险控制的漏洞,以及施工组织设计对项目管理流程和要素集成功能的实现。本书围绕施工企业项目管理体系的"14个流程"之间,存在基于产品策划成果,紧密的系统性关联关系。我国建筑业施工企业现有的施工总承包项目管理信息化应用成果,要不是一大堆关于项目管理的"部门级"流程的堆砌,相互之间缺乏系统的基于流程"集成"的严密关联性,系统信息的处理离不开"人"的干预和处理;要不是段到段的项目管理流程(如项目成本管理信息平台),把项目质量、安全、环保、工程技术等管理活动,涉及的人、材、基成本,通过项目管理费纳入项目预算,无法从上述要素的过程活动信息层面,汇总和分析,其对项目工期、成本绩效的影响信息。而这些恰恰是反映施工企业项目管理精细化程度,项目管理执行力的最重要内容。比如项目钢材或水泥批次,因出现检验不合格品而导致现场停窝工,地方环保扬尘治理导致的停窝工,某工点因现场作业人员伤亡事故而停窝工等,造成的工期延误或成本增加等。这种现象反映到我国建筑央企施工企业,现行项目管理手册中,就是绝大多数企业没有解决好,"贯标"认证的质量、职业健康安全、环境管理体系,与企业综合管理体系,从流程层面的系统化融合问题。如果施工企业不从项目管理内在要求上,主动思考和寻求解决这些问题的方法,那么后续将解析的项目职能和要素管理流程,就不是一种可以借鉴的解决方案,而成了一本"天书",很难看懂或者被企业所接受。这是企业面向信息化、数字化转型,在基础管理流程化、集成化工作推进中,需要深入理解和应用"系统思维和基于PDCA的过程思维",予以解决的重要问题之一。

(2)大型基础设施项目,工程水文地质条件与施工图设计文件存在不符;项目征拆迁改等前期工程,无法按合同约定期限完成;地方政府和其他相关方,因环保或其他特殊情况,导致项目正常施工环境条件发生变化等,这些都是影响项目正常实施的客观因素。它们都是施工总承包项目产品特性的组成部分。项目类似产品特性的变化,会导致项目产品策划的被动调整优化,很多情况下会造成关键路径工期计划的变更。如原来非关键路径工点，变成关键路径工期控制因素。这种变更，会引发项目整体或局部工序工艺方法、资源配置、项目预算、项目职能和要素管理要求的变更；甚至导致项目绩效"基准"作出调整，以保证项目对外部变化及时做出响应，确保项目目标特别是工期目标的实现。

（3）项目管理信息化，可以通过大量的项目施工组织设计、施工方案实践案例成果，采用人工智能技术，实现项目产品策划的数字化、智能化。不但能把人，从繁琐、重复的工作中解放出来，而且还可以通过知识、经验、积累、迭代、共享，获得超过专家水平的项目产品策划成果。目前，造价管理软件的广泛普及，已经使工程算量和预算组价，越来越快捷和准确。项目职能和要素管理流程、准则，通过项目管理信息系统的固化，使管理"裁剪"，变成了管理信息系统初始条件的设置。项目管理信息系统的开发，关于项目策划环节的项目要求识别过程、风险辨识分级和控制策划、施工组织设计（或施工方案）编制和优化过程，是一个相关过程及其"文件化信息"的信息化、数字化、智能化的过程。一旦这样的系统建立起来，形成了一定的"数据资产"，必将使企业收获智能化的时代红利。

必须指出的是，项目策划的成果，是项目管理活动的结果，而不是目的。项目部策划的实质，是围绕项目管理，进行工程认知学习、培训、交流、寻求共识，作为向作业层进行交底和动员的准备过程。而项目管理信息平台的开发和运用，会大幅地提高这个过程的效率和工作质量。

第二节　项目实施和检查

施工组织设计（施工方案）、预算工程量清单和项目职能和要素管理流程的策划，提供了工程项目产品实现过程，管理的总作战图。项目日常的管理活动，按照扁平化管理理念，体现为项目部和工点工序作业层，管理和施工作业活动。这主要通过从工期计划向工作计划的分解，形成的月度施工计划，落实到现场工点工序管控为核心，日常项目管理活动。它们遵循以下的基本流程和准则。

一、项目开工准备

1. 项目施工准备

施工组织设计（或施工方案）的编制和审批，是"纸上谈兵"或者"兵棋推演"。而项目管理，主要是解决"人"的管理行为和工作质量问题。这一方面要求，以施工组织设计编制为主要成果的项目策划过程，必须要项目部"全员全过程"地参与；在项目整体上把握工程认知、完成产品策划的同时，使项目部各级管理人员对工程的认知，达到自身工作岗位"应知会知"程度。另一方面，要求项目部决策层、管理层、各岗位，对职能和要素的管理，达成一致的理解，并能够落实到具体的日常管理工作行为中，形成习惯和默契。万事开头难，这两个方面需要项目经理牵头，进行耐心细致的管理"裁剪"和结合创新工作。比如项目的集中采购，首先要服从业主的集中采购要求。项目在执行企业、安全、质量、环保管理流程和标准时，首先要结合业主、当地政府监督管理的特殊要求。业主批准的监理规划和实施细则，是项目部处理与监理工作接口，需要了解和掌握的内容等。我们之所以强调施工组织设计，要完成对竣工文件组成的策划，是因为不同行业、不同地区，当地档案管理部门，往往有不同的要求；从源头主动对接，能够有效避免竣工交付阶段，可能出现的问题。比如作者近两年就遇到，已完工通车的城市道路工程项目，因项目遗留问题和竣工文件不完整，滞后合同工期2年多才完成交工证书的签署，大幅度增加施工单位项目成品维护成本，拖延项目结算和工程结算款支付。这两个方面到位了，项目施工准备工作才能顺利、有效地开展。项目策划成果，是施工准备的主要依据。施工准备，以工点为单元按计划同步或梯次展开，需要完成管理和现场两个方面的准备工作。

2. 管理准备

兵马未动，粮草先行。管理准备首先在项目人、材、基、财的配置上，满足现场按照施工组织设计（或施工方案）实施的要求，并按照项目"工程质量检验标准"，达到和满足监理单位检查验收条款的要求。

首先，是工程现场管理组织单元划分或分包单元划分，按策划方案的实施。施工组织设计的项目管理组织模式、分项分部单位工程划分以及预算工程量清单，是项目经理部建立工程现场管理组织机构、落实分包队伍、分阶段制定分包工程施工方案的依据。现场管理组织单元划分，对整个工程履约绩效有重大影响；在项目管理信息化下，涉及现场工序作业活动，信息采集、传递、集成分析应用，在认责、复核和审核环节的责任，必须高度重视。在具体实施上，应坚持以下原则：

（1）有利于目标分解、考核评价，合同履约责任和经济激励约束相匹配的原则。比如某城市道路工程项目的一个特大桥，施工总承包单位，与三个独立核算的下属企业，分别签订内部经济责任书。将桩基、墩身、梁部，分别委托给三个单位施工，并约定由墩身施工单位，负责现场牵头协调管理。由于项目前期征拆滞后、施工场地狭窄，牵头管理单位不重视桩基施工现场条件的提供；桩基施工单位，又因为桩身质量检测问题，延误了墩台施工界面提供时间；最后因工程总工期延误，而被业主大额工期罚款。加上后期，三家因为大型临时工程和现场文明施工投入费用分摊问题，产生纠纷，使总承包项目部陷入非常被动的管理境地。

（2）现场管理工序接口清晰，责任明确，有利于过程管理末端责任落实的原则。比如地铁工程车站站后工程施工阶段，高峰期往往有近20个专业的施工作业单位，同一场地内集中交叉施工。这些队伍，不但有施工总承包单位组织管理的队伍，还有业主直接委托的电梯、屏蔽门、广告屏等安装单位，施工过程中水电保障和结算、垃圾的清运，往往是站后工程安全、文明施工管理的难点。项目部在开工前，必须会同业主、站后施工各专业充分沟通，在施工合同层面，预定水电保障结算、垃圾清运责任和规则，由土建或安装一家单位合理收取费用、承担全部保障和文明施工责任；就比总包部现场管理团队，进行现场管理和协调这种模式，能获得更好的管理绩效。

（3）严守安全质量红线底线，有利于过程管控的原则。如某城市商业地产高层建筑项目，基坑围护桩基工程施工，被分配给两个独立核算的单位施工。基坑的降水和开挖，要以基坑围闭作为前置条件，这样的施工单元划分，会导致开挖、防水、主体结构等，工序安全、质量责任交叉，现场控制难度增加。总之，现场施工组织单元的划分，必须确保现场工序管理责任清晰、目标明确、过程可控。这个环节，要求项目部策划阶段，形成"项目管理单元或分包单元划分计划表"，作为工程预算分割、劳务招标采购、分包合同签订的依据。

其次，完善作业层组织管理体系。作业层组织管理，涉及管理跨度和管理决策权限，在层级之间的划分两个维度。这与上述，现场施工组织单元的划分密切相关。《建设工程质量管理条例》对违法分包的规定，是必须遵守的底线，这方面不同企业已经形成一套相对完善的管理经验或惯例。施工企业项目管理信息化，要求作业层管理以扁平化为导向，即项目部决策（主要是工点施工组织方案的编制和审批）集权化；而现场管理机构，作为项目派出团队，主要承担执行、监督、信息反馈上报职责。提倡作业层的组织，采用原铁道部所倡导的"架子队"管理模式，以确保项目部对作业现场，实施过程的"一竿子插到底"直接管控。这个环节，要求形成书面的作业层管理责任清单和岗位说明书，其内容应满足所有工序工艺，周期作业计划或派工单、工程技术交底、作业培训、特种作业人员资格管理、施工设备设施的准备和验收、有关记录的要求等，属于工序工艺"工作包词典"内容的要求；作为项目管理信息系统，人员登录权限划分和执行的依据。

再次，完善项目部施工过程保障和监督管理体系。按照现行《建设工程监理规范》GB/T 50319，施工企业项目施工总承包管理的全过程，都伴随监理单位的旁站、检查和签认。要求项目部，完善工程测量、试验检验或监测、基于"三检制"的工序过程管理，检查验收报检等，所需的设备、设施、人员配置标准和作业标准。这个环节，要求项目部策划阶段，形成工程检验检测设备计划表或外部委托检测合同管理计划，明确测量、试验、监测，及质量、安全、环境管理人员配备及其认责规定；作为项目管理信息系统，人员登录权限划分和执行的依据。对于一般比较常规的工程项目，上述层面的内容可以在总部项目策划阶段完成，项目部主要是配合总部执行落实。大型复杂项目，由于现场条件复杂，总部将上述内容授权项目部策划和实施，有利于提高对外部变化的反应速度。我们强调项目组织管理流程框架的客观规律性要求，具体情况企业可根据自身实际进行优化和细化安排。

3. 现场准备

《建设工程质量管理条例》《建设工程安全生产管理条例》和项目合同规定的相关标准，对于建设工程实体工程的施工，提出一系列强制性要求。施工企业，必须开发相应的管理流程，确保项目部相关的过程在受控状态下进行。现场准备，主要包括：按照批准的施工组织设计（或施工方案）组织进行的，征地拆迁的协调推进，以获得必要的施工场地；项目现场大、小型临时设施的建设，如大临便道、临水、临电、制梁场、集料生产厂、钢筋加工场、构件加工场、混凝土拌合站、其他生产生活设施等。以满足项目现场办公、生活、试验检验，路、水、电、场地、通信或网络等施工设施需求，企业CI布置。还有人、材、机进场和核验，施工复测和放样测量、作业人员培训、交底要求等。

基础设施类项目临时设施，对项目成本有重要影响。临时设施管理，除通过管理标准明确临时设施管理责任和流程外，还应开发相应的技术标准，以提高企业临时设施建设使用标准化水平，促进文明施工，控制项目成本。

4. 开工报告

施工许可管理，是国内外质量管理的重要措施之一。不同层级的开工报告制度，是规范现场管理的重要手段。不同于建设项目施工许可证或开工报告，《建设工程合同示范文本》明确规定，业主批准的"施工组织设计"是监理发出开工通知的依据。《建设工程监理规范》GB/T 50319、工程质量验收标准，对施工企业工程项目实体工程的施工，规定了明确的条件和要求。"管理体系方法论"对"产品或服务提供"过程的策划和实施，给出了方法论和记录要求。施工企业项目管理流程须综合这些要求，可以更准确地把握施工总承包管理，对项目工期、质量、安全、文明施工、成本的策划和管控能力。

施工总承包项目，无论建设单位、项目合同是否有开工报告审查和批准要求，施工企业从规范现场管理流程、落实现场管理标准，保证工程工期、质量、安全上，都应该高度重视和完善企业不同类别项目，不同层级的开工或工序转换条件的审查，建立开工报告审核、审批流程。这包括：对接外部要求的总体工程开工报告，也包括工点单位工程开工报告（含施工暂停复工条件审查），关键过程、特殊过程工序开工报告（如首件验收制度），日常工序转换交接审查验收等。项目总体开工报告的获批，是施工企业工程总承包项目，从"搭台子"到"开始唱戏"的里程碑。必须指出，开工报告不是一纸签证；而是应对经验型管理情况下，项目策划与项目实施"两张皮"，或现场管理无序、粗放的重要举措。

总之，工程项目必须基于系统严密的策划，项目实施过程必须按照策划，有序地均衡推进。项目纠偏和优化调整，必须基于对施工组织设计或方案控制下的迭代，是项目标准化管理应该实现的基本要求，也是项目管理信息化的前提。开工条件审查、开工报告审批管理流程，是基于标准化管理要求的重要控制手段和环节。

二、以工点为单元的施工过程管理

项目一切管理活动，必须采用"目标思维"和"基于PDCA过程思维"，形成闭环管理模式，包括上述的项目策划过程。从过程视角，对流程解析得越彻底，意味着目标分解的覆盖范围越全面，对过程绩效的监测和评估就越系统，发现和实施改进的机会就越多，也就是精细化管理水平越高。满足开发项目管理信息化管理平台，项目标准化管理体系流程，要解决的一个核心问题，就是建立项目管理各种要素、职能、活动信息流，集成的主神经、主线索；使项目相关的模块化职能和要素分支过程，得以实现网络化连接。以此作为逻辑运算法则，给过程的"文件化信息"，自上而下下达，自下而上采集、传递、共享、集成、分析提供通道。利用信息化、数字化、智能化赋能传统产业，实现建筑业施工企业项目管理水平和项目盈利能力的提升。施工过程管理，是项目策划方案落地，以项目过程执行力和工作质量，保证项目预期目标实现的主要阶段。其具体内容如图4-2所示，"施工计划向工作计划分解、实施和改进"框图部分。其进一步的分解流程，如图4-3所示。具体说明如下：

1. 建立以施工计划为核心的程式化目标管理机制，并使所有相关过程系统化、可视化、透明化

项目年度滚动计划，季度、月度、旬日计划，建设工程项目以施工组织设计关键路径工期计划为核心，分解制定月（或季）度计划，每月（或季）进行计量计价和支付，周而复始地进行项目全生命周期的管理，是我国建设工程企业习惯的目标管理方式。但是，随着市场化条件下，项目管理影响因素的日趋复杂，低成本竞争加剧，无论从计划的制定，还是计划执行、统计和结算支付上，都提出了更高的精细化管理要求。这首先就必须保证计划制定的科学性、可执行性和系统严密性。

前文已经介绍了国家标准《项目管理指南》，解析了项目39个流程。现行《建设工程项目管理规范》GB/T 50326，尚未上升到"流程"视角看待项目管理，没有从"与项目产品有关过程"和"项目管理过程"两个方面及其相互关系上，对"项目管理规划大纲""项目管理配套策划""项目管理实施策划"这三个策划成果，以及项目"施工组织设计"围绕建设工程项目全生命周期的功能定位、具体内容和相互关系，没有进行清晰的界定和说明。造成建设工程企业，在实际理解和应用中，对项目策划和实施过程管理的思路，偏离建设工程项目实际的运行规律。

比如施工总承包项目中，地铁盾构隧道下穿铁路既有干线，矿山法隧道浅埋下穿国道高速公路，路基石方开挖爆破作业临近高压电力线塔等，在工程项目一般被列为项目重大风险；在《施组》策划中，需要从工期进度计划安排、工序工法、采用的施工设备和材料等方面，制定专门的风险应对措施。国家既有铁路干线运营管理部门，一般不允许在春运、暑运期间，进行下穿施工；高压线塔影响范围内的石方开挖，可能需要采取静态爆破工艺；下穿铁路的盾构机，必须以下穿段水文地质条件，作为主要选型控制参数，并对盾构机操作人员、掘进防喷涌功能和掘进施工辅助材料等，提出特殊规定。上述重大风险的施工控制，还需要制定和实施严密的监测方案，确保施工过程对既有设施的振动、沉降扰动，处于设计规定的指标范围内。

上述工程项目类似的风险，是安全、质量、环境、成本或工期问题吗？这些类似的施工过程控制，涉及项目人、基、料、法、环、信、财等，所有要素和职能的管控要求。不同的工序工法，对每一种要素或职能的需求强度，都是不同的。当然由此制定的施工方案、编制的工程预算，肯定也完全不同；方案在实施过程中，任何一个要素或环节的短板，都有可能导致方案的失败，危及整个项目总体目标的实现。从中也可以看出，一方面施工组织设计（或施工方案）属于"与项目产品有关过程"的策划，工程施工总承包项目任何目标的控制，最后都会体现到人、材、机的选择、配置和消耗上；不同的施工组织设计方案，就会形成不同的分部分项工程费构成。所以，成本是以工程技术为核心的施工方案所决定的，成本是"干"出来的不是算出来的。项目的成本管理，以施工组织设计（或施工方案）编制和实施为核心；过程成本核算，是评价项目策划及其执行水平的手段，是发现项目策划优化和管理过程改进的契机，这也是"大商务"管理的核心内涵。另一方面，现行《建设工程项目管理规范》中，"项目管理实施规划"制定的各种计划，是对产品实现的计划？还是对管理工作的计划？还是两者兼有呢？

事实上，同一工程产品，可以采用不同的施工工法，不同的施工组织方案安排，对施工过程工期、技术、安全、质量、环境、成本等目标要素的管理，也提出不同的要求、采用不同的标准；在项目施工过程的不同阶段，对上述目标要素管理的强度需求，也是不同的。显然，施工组织设计对"与项目产品有关过程"的策划，是对产品实现过程相关的资源和要素的需求，进行一种"方案比选"后确定下来的系统设计，是"项目管理过程"需求的来源，是项目日常管理工作计划制定的依据。"与项目产品有关过程"处于策划成果的核心地位，它决定了预算工程量清单费用组成，也是"项目管理过程"服务和保障的对象。项目的月度施工计划，决定了项目各职能和要素管理月度的工作计划；这些计划，还须通过WBS技术，循着各类分解结构层次，逐次向下分解，直至"工作包"层级、"工作包词典"中，各类组成概念的"认责"人头上，计划的分解才算完全到位。这也是我们建立项目过程集成原理的来源和依据，也是"现场一线每日信息的输入，其他项目管理所有层级，都可以通过信息系统获得所需信息"的逻辑原理。

《建设工程项目管理规范》GB/T 50326关于上述项目策划成果概念的模糊性，也造成了建设工程企业，项目治理工作在理论上滞后于实践。具体体现在我国建筑央企头部企业《项目管理手册》，在制定过程中，难以实现对项目生命周期管理，跨部门、跨阶段的流程化；有的甚至是，通过总部不同业务部门分工、分篇章编制，然后汇总编排或堆砌形成的。这种情况，反映到项目部层面，"项目管理实施规划"的计划是部门级的，在项目管理过程活动内容上，缺乏时间维度和要素活动维度之间的关联性安排，从源头上形成"部门墙""管理烟囱"。对于项目管理信息化而言，相当于计划的制定，还停留在MRP阶段，即计划没有基于"生产规划"；其所谓的计划，缺乏得到执行的保证机制。项目部日常管理工作计划的分解、实施和改进，必须基于系统、完善、有效的项目产品实现策划，由此确定的施工计划、工程预算分解，形成各部门和层次，职能和要素管理的工作计划，再进一步横向和纵向地分解，直至无法分解的最低一层"工作包"，分解工作才算到位。但其具体实现形式，可以结合细分行业、企业项目管理经验和习惯，予以具体规定。

2. 建立对计划执行过程绩效的实时反馈机制

再系统、完善的计划也是人定的，计划是否可行，计划是否被执行，都要依据执行绩效来验证。纵观我国建筑央企头部企业，项目管理相关信息化现状。有的央企不断完善成本精细化管理制度标准，开发建立项目成本管理信息化平台，由集团母公司统筹、以工程局为管控主体、以工程公司为执行主体；推进集团母公司，对全国31个省份、建筑工程各细分领域，市场的工程分包、物资设备采购租赁供方资源及价格数据库的建设和共享，实现了项目收入和支出两条线成本对比分析功能；实现对工程分包物资、设备的采购、租赁数量和价格的总量限额控制；对过程工程量和消耗量等，实现了以图纸和项目策划为依据，总量限额控制；并延伸到对项目分包结算、支付凭证开具，从流程上直接链接银行支付的强制性项目成本管理，工作路径依赖功能。是目前在网络公开信息能够见到的，关于施工企业项目管理信息化的集成范围和程度，最高的管理系统。有的央企，最近十年来，坚持标准化、信息化"两化融合"发展，在企业总部职能管理信息化平台、项目现场管理信息化平台、智慧工地信息化平台等建设方面，全面开花；并在此基础上，不断探索构建不同平台之间的系统集成开发。还有的央企，通过内部施工企业大量项目最佳实践案例总结，归纳形成项目相关要素和职能管理标准化流程，并结合项目管理软件P6的应用、工作分解结构、"三个管理体系"要求，开发构建项目管理信息化系统。上述企业在项目管理信息化方面取得的进展，不但大大提升了项目管理的标准化水平；同时，在项目管理信息化、数字化、智能化方面，取得了大量的实践成果和经验，显示出标准化、信息化，对建筑业赋能、提升的巨大效能和效益。但是，从中我们更能看到，建筑业信息化、数字化、智能化发展，面临的挑战和任务。

（1）全行业在项目管理面向信息化的基础管理要求方面，一方面我国现行《建设工程项目管理规范》GB/T 50326相较《项目管理指南》、ISO项目管理系列标准，存在一定的差距。我国建筑业在项目管理基础理论上，相较国际标准存在较大程度的滞后；另一方面，建筑央企头部企业，在面向信息化的基础管理标准化方面，缺乏统一的理论和实践的战略框架指导。建设工程企业的标准化、信息化，缺乏科学的"顶层设计"，各自为战、条块分割、重复建设；呈现以集团母公司为单元的碎片化，不符合"建筑产业互联网"未来的发展趋势要求。

（2）建设工程企业全面的信息化，必须从基础管理上，解决项目计划分解、实施和改进环节的标准化问题。我们前面提到的，代表当前项目管理信息化集成范围和程度，最高水平的项目成本管理信息系统，能不能视为整个建筑业，项目管理信息化的基础框架和发展成长平台？显然这样的成本管理信息系统，更多的是一种成本归集结算功能，还不能完全实现施工总承包项目，成本从源头全生命周期的管理功能。比如：无论是由于混凝土浇筑前的钢筋检查、基础施工前的地基承载力检测、大型支架的预压变形、隧道岩爆导致的填充补强等工序，一次检验合格率低，造成的返工返修；还是由于安全质量事故，导致的停工和经济损失等，都会造成施工过程，工期的延误、人材机投入的增加。这是项目基础管理水平不同，导致项目盈利水平差异的重要原因。而类似问题，主要或者只能通过项目安全、质量管理检查，验收、事故处理等流程予以揭示、记录和反馈。这就要求，一方面在对产品实现过程的策划中，要将相关的安全、质量影响因素，综合考虑到工期计划、人材机的配置方案中。另一方面，在项目产品实现过程控制中，通过工序安全质量检查验收，实时地记录安全质量问题，导致的工期延误时间和由此导致的成本增加因素。只有这样，在项目月度经济活动分析中，才能全面、准确地，发现和评价项目成本中，安全、质量管理导致的工期成本和人材机增加成本，提示项目准确掌握管理的薄弱环节和改进机会。据了解，我国建筑业目前还没有任何一家企业项目管理信息系统，能够实现这个层面的项目过程信息集成水平。我们提出，以施工组织设计（或施工方案）的策划，作为项目管理集成的纽带；就是要通过对策划过程系统全面的流程构建和解析，使策划过程全面系统地，综合考虑工期、质量、安全、环保、成本、创新等，各项目标的综合性要求。尽可能地，使施工组织设计确定的施工顺序、工序方法、人材机配置、产品实现过程管控措施等，是全面地涵盖各类潜在风险、不确定性影响下的一种安排。那么，由此作为基础进行的项目月度施工计划，向项目管理工作计划分解及其执行过程，就具备了对安全、质量管理过程信息的集成作用。当然施工过程中，安全、质量管理造成的工期、人材机投入成本信息，就具备了得到系统地收集和集成的内在逻辑。

（3）必须在基础管理标准上，把实现"三统一、三合一"核算，作为项目管理应具备的基本功能或流程底线要求。一方面意味着对项目管理的策划，必须基于跨部门、跨层次的统筹理念，切实改变目前普遍存在的，以部门为单元的管理理念和行为习惯。另一方面，"三统一、三合一"核算要求，是反人性的；任何问题都会被透明化地放到桌面，意味着对所有岗位职责履行和工作质量，严密的监督和管控。这要求"一把手"，上升到企业文化、战略层面，予以系统思考和推进。

项目产品实现过程，在项目部以施工计划为核心的日常管理工作计划控制下逐步展开。每个工点的施工过程，必须遵循特定的管理流程，包括《施组》或方案编制与交底、工点施工准备、工点开工报告审查、工序实施过程控制、工序验收、计划统计和成本核算、财务支付与核算等。月度施工计划的统计，是一个持续、综合的过程；工程项目施工现场的所有活动，是项目部各职能部门、各管理层级，基于月度施工计划的工作计划管控下，得到保障和监控的。在没有项目管理信息系统的情况下，施工现场每天的人、材、机保障状况，施工过程中相关的作业管控、检查、验收、评价活动，是否协调有效等，都是项目部不同部门和岗位，通过人与人之间的相互沟通，和现场查看来实现的；而部门与部门之间沟通的天然壁垒，还需要项目决策层的召集、汇总和协调，这种日常管理活动大量的信息收集和汇总工作，占据了现场项目部管理人员主要的时间和精力。而且，由于工程的地域分散性、环境复杂性和不确定性、人员的流动性；大多数信息，都存在滞后性和口口相传，导致的失真问题。很多企业，建立项目部早会、晚交班会等制度，完善日常学习交流、沟通、协调机制；近年来智能手机微信、视频会议等功能的应用，大幅度地改善了人与人之间沟通的便捷性和效率。项目管理信息系统，以细化到工点工序的WBS为基础，通过每个工点工序，日形象进度及其相关的人材机资源信息、安全质量环保管控信息的收集，不但能够建立现场施工，要素和职能管理之间逻辑上的相互制约、印证关系；还可以实现一线信息，实时获取和形成各类可视化影像或看板，大幅改善项目管理人员，基于平台的沟通效率和质量，并支撑项目实现，实时的工期进度计划和成本消耗管理分析评价，提高项目部对现场施工管理过程，综合组织、协调、指挥的工作效率和效果。比如，在全面信息化条件下，临时工程及生产生活设施的建设，也可以视为工点工序对待。系统中，可将工序交底记录、原材料进场检验记录、班前安全交底记录等施工准备事项，作为工点或工序开工报告审批的前置条件时点；以开工报告审批，作为工点或工序开始时间，以检验批签证时间，作为完成形象进度工程量的审批条件。以各工点工序每日实名制系统记录的：施工人员（含计日工、杂工、电工、设备维修维护人员）及数量，机械设备台班及其消耗；以试验报告，作为物资的发料时间及其每日消耗量；每日周转材料、低值易耗品、施工器具进场时间和数量，每日混凝土现场签收单及其检验报告，工点月度用水用电量等，通过采用智能终端、智能门禁、智能感应、智能监控等设备，采集相关施工过程信息，实现施工过程绩效的实时反馈。可以使各级项目管理人员，对现场出现的问题，及时做出响应，真正实现向管理要效益的目的。项目策划及其对产品实现过程的控制，使现场各类活动处于系统协调状态；现场相互关联、系统有效地反馈信息，反过来又能加强和改善方案实施的控制力和工作效率，这就是信息化赋能的具体含义和表现。

  工程项目实施阶段围绕施工计划的统计，实质是产品实现活动，各类信息的综合、持续的采集、传递活动；这需要企业，对项目相关的职能和要素管理流程、准则、记录，进行系统的设计。使项目在日常施工管理过程中，能通过月度人材机实际消耗，与计划对比，发现节超及其产生的原因；通过实际工期形象进度与计划对比，发现滞后偏离及其原因——特别是由于安全质量环保，以及外部客观因素导致的时间延误及其时长，人材机消耗占比与总需求计划占比是否匹配，月度成本核算额和工程形象进度占总量的对比。这些项目工程与商务合约日常的统计信息，加上财务部门同口径、同时间点的财务支付和核算，可以给项目经理和企业总部，提供及时、全面的项目过程绩效信息，进行项目经济活动分析，发现项目施工计划和管理工作偏差；并作为下个月施工计划下达，和管理工作计划改进的依据。这构成了项目部产品实现，日常管理活动的基本内容和工作运行模式。

3. 项目计划的执行

产品实现是干出来的，干的过程，需要人、基、料、法、环、信、财等，生产要素的系统有机组织和联动。比如项目某月要完成投资计划1亿元，按照工期关键路径工点施工形象进度分解，项目工程技术部门要完成哪些工点的施工方案编制、评审和审批，要在什么时间、完成对哪些层级人员或对象的工程技术交底；物设部门，要组织哪些种类、多少数量原材料、施工设备的采购或租赁；质量部门，要完成哪些项目和频次的隐蔽工程检查、原材料进场检验及工序过程验收检查签证；安全部门，要对哪些安全、环境风险进行识别、检查、验收和监督，才可能保证不出现，对正常施工过程因事故造成影响；商务部门，要完成哪些分包的招标、合同签订，以及月度控制目标成本分解等。施工总承包项目，不像制造业工厂的自动化流水线，其施工生产活动和各种资源、各种要素，处于高度离散状态；施工进度计划是"纲"，项目部各职能和要素管理是"目"。项目经理依照目标管理的"纲举目张"，实现对项目日常各方面活动，组织、指挥、协调和控制，使项目日常现场施工组织活动，处于相互协调、系统受控的均衡组织状态。项目在实施过程中，由于征地拆迁、管线迁改、水文地质条件等复杂的外部不确定性影响；项目各部门、各层级人的工作质量，相互工作接口存在的不确定性；使项目每天的活动，都存在一定的起伏不定，造成实际进展与计划之间的偏离。传统管理下，日计划的这种偏离信息，很难及时地获取并采取管理措施。虽然一些项目部，采取了日交班、周例会、月度例会等制度，其主要功能就是要收集现场施工活动信息，评估其与计划基准是否存在偏差；但由于项目不同部门、层次，出于各种利益或绩效考量，往往存在"隐瞒不报"；或者当工程规模、复杂程度超过人脑可承受的信息容量时，就会造成问题的积累，积重难返。没有流程化、集成化，就很难全面信息化；没有信息化，项目过程的组织、指挥、协调、控制，就很难精细化和具有执行力。信息化助力实现"向管理要效益"，最终还是要落实到"人"的工作质量和执行力上。

上述，以工点工序每日活动信息为源头的控制，是项目管理信息平台构建的框架目标。根据企业管理体系成熟度差别，企业可以在系统初始条件设置中，选择按照月度为单位采集相应的信息，显然这时候采集信息的主体责任，就从现场管理人员提升到项目部职能部门管理人员一级；其统计粒度更粗放，对现场的控制精细度就降低了。但是，项目全面信息化管理平台的建立，能够引导和鼓励，项目职能部门主动推进本业务线条管理工作活动，形成对管理平台的工作路径依赖，实现信息化促进标准化的效果。

三、项目实施过程的检查和改进

项目实施过程的检查和监督,从主体上包括项目部自身、总部对项目、业主监理等外部相关方等,对项目的三个维度的内容及其接口。"施工计划向工作计划的分解、实施和改进",建立了项目部自身日常的检查和改进机制;业主监理等外部相关方,对项目的检查和监督,与项目部自身的检查和改进过程同步伴随;企业总部对项目的检查、监督和改进过程,包括项目过程绩效监测和项目综合检查。企业对项目检查和监督的目的,是按照"基于风险的思维"管理方法论,发现项目实施过程中的风险和机遇,以实施必要的纠偏和改进,确保项目目标的实现。相关信息,也作为企业对项目管理体系,进行优化改进的输入之一。下面从产品监测和过程监测两个方面分别予以说明:

1. 项目产品的监测

产品监测,是在产品实现过程中,按照相关的设计要求、技术规范、工程质量验收标准,对构成工程实体的原材料和设备、半成品、工序质量进行检查、试验、检测、验收,目的是发现和控制不合格品,以确保工程实体质量,持续满足合同和企业总部项目管理目标的要求。按照《建设工程质量管理条例》《建设工程强制性标准条文》,我国建筑业各细分行业的"工程技术规范、标准""工程质量验收评价标准",都规定了详细的产品实现过程中,与实体工程相关的原材料、半成品,检验批、分项、分部、单位工程,质量检查、试验、检测、验收标准;设计单位,在工程施工图纸中,也会规定并进行特殊的检查及试验、检测要求。上述要求,往往会在项目招标文件中予以明确,作为合同文件的组成部分,成为工程项目必须执行的强制性要求。

项目策划在施工组织设计中,要求建立项目"检验试验项目和频次清单",就是确保项目从源头上,加强对相关内容和要求的识别和策划。建设单位委托监理单位,按照《建设工程监理规范》要求,对施工单位产品实现过程的相关活动,进行旁站、见证检验或平行检测、检查验收签证;地方或行业政府安全、质量监督部门,也有相关的实体工程检查、检测、试验要求,这些构成了工程项目外部相关方,围绕产品监测的工作内容和接口。上述过程形成的试验、检查、检测、监测工程记录或签证,作为产品质量保证资料,构成了竣工文件组成的重要内容。企业总部,对项目实施过程的产品监测,主要是基于创优目标实现过程,对工程实体质量水平的检查、监督和评价,特别是在实体工程,出现等级质量缺陷或质量事故情况下,企业总部作为履约责任主体,按照相关法规、规范性文件和标准,进行不合格品处置管理。产品实现的监测,既是项目部产品实现过程的有机组成部分;又是企业总部、建设单位和监理单位,对项目部实施检查、监督、改进的重要依据和内容。产品监测结果,有可能导致项目策划的调整。比如,工程混凝土外观质量通病的治理,往往需要从混凝土模板体系设计、配合比设计等方面采取改进措施;这必然导致工程的投入结构、工期作业效率等的调整。

2. 项目过程的监测

依据基于PDCA的过程思维,施工企业项目管理的任何活动,都可以看作一个过程;通过对过程输入、过程的资源和方法及其准则、过程输出的管控,有利于保证过程目标的实现。项目月度计划管理PDCA循环,对项目日常的管理工作过程形成了强制约;围绕月度计划的实施和总结评价,已经对项目部层面的管理过程,形成了监测机制。

作者作为某城市一条地铁完整线路,工程总承包项目的项目经理,项目部从开工伊始,首先针对由建设单位负责的征地拆迁、管线迁改工作存在的不确定性,要求项目部必须"主动发挥征拆设计方案优化主体责任",协助建设单位按照《施组》计划,完成相应的征地拆迁工作;对于个别严重滞后的工点,通过施工组织设计关键路径优化调整,工点工序施工方案的报审监理签认,为由此导致的工期及成本索赔,建立合同双方履约责任原始记录。是否发起索赔,需要结合合同履约与建设单位总体互动情况;但是,这种记录建立本身,就是对建设单位构成了约束,客观上已经起到了加快征拆工作推进的效果。工程全面展开后,全线施工组织受到扬尘治理停窝工的巨大冲击,该地铁线路途经城市三个城区,各区政府在本行政区国家大气监测点指标一超标,就责令区内建设工程项目停止地上一切施工活动;导致全线关键路径工期,处于严重的不确定性中。总承包项目部,进一步强化"扬尘治理新常态下",工程策划和实施精细化管理,以项目部职能部门与工点对口业务岗位人员一体化协同工作机制,强化现场扁平化管理;以工点为单位,编制扬尘治理方案,通过监理审批后,健全现场大气监测、水雾喷淋、清扫冲洗、密目网覆盖等设备设施;建立扬尘治理专项停窝工时间、防尘消耗、人材机闲置数量日记录台账,按照合同规定期限,分批向建设单位发起工期和成本费用索赔。另一方面,主动强化项目履约管理工作,每季度对施工组织设计做一次优化调整,进一步提高月度施工计划的分解细化和奖罚激励约束;同时建立工点工序形象进度日报、质量检验验收日报、安全监管周报,总包部每周一,各部门负责人以上人员工作碰头会、全线每周工点负责人协调会议等制度。实现了在保证安全质量的前提下,尽可能地充分利用有效的施工作业时间窗口,形成了主动积极推进项目履约,和合同扬尘治理变更索赔之间,良性互动机制。通过项目部管理带来的价值创造,实现了工程履约绩效最大化,得到建设单位合理的经济补偿和履约绩效认可。同时，项目完善的过程记录，也给总包部评估、解决各工点，分包单位停窝工索赔，提供了扎实的基础，确保了队伍的稳定和农民工工资兑现。

实践证明，工程项目越是在不确定性、复杂性情况下，越是要加强程式化、流程化、精细化管理。上述项目实践，需要项目各级管理人员付出巨大的努力；显然利用信息化管理手段，能够大幅度地解放人的精力和信息收集的工作强度，进一步提高项目整体的管理绩效。

扬尘治理对工程项目履约，带来的冲击是一种突发事件。上述项目部，针对扬尘治理采取的"新常态"下的应对措施，涉及大量的管理流程调整、工程投入和成本结算风险。这样的过程，需要企业总部进行相应的风险评估和决策。施工企业作为工程项目履约责任主体，不同的企业总部和项目部之间，授权或分权模式不同，在对项目过程监测的具体方式和内容上存在差异。但就项目实施过程，都需要对项目策划的合理性、适用性、可实施性进行评估，对项目人力资源、劳务分包队伍和其他协作方，在项目履约中的适用性进行监督和评价，对物资设备工装采购管理的及时性、经济性进行检查，对项目实施过程工期、安全、质量、环境、成本等目标绩效和业主满意度进行监测。确保从不同维度，及时发现项目履约过程存在的问题和偏差，分析原因，采取调偏改进措施，以确保项目履约过程的持续受控。企业总部对众多在施的项目过程的监测，也能发现项目管理体系流程、准则改进的机会，有利于企业标准化管理水平的提升。

第三节　项目竣工与解体

《建筑法》和《建设工程质量管理条例》规定，建设工程经验收合格的，方可交付使用，并落实施工单位缺陷责任期的保修责任。《建设工程合同示范文本》对竣工结算、最终结清，规定了明确的时间和内容要求。我国建筑业各细分行业和地方，在工程竣工验收交付的具体组织方式，移交程序、标准上，都有具体的规定。ISO质量管理体系标准中，"以顾客为关注焦点"管理原则，在"生产和服务提供的控制"中，提出对"实施放行、交付和交付后的活动"建立受控条件的要求。目前，一些施工企业保证竣工交付环节，内部管控的具体做法，是在工程移交前，组织"内部验收"。主要是对照项目合同和施工图纸，进行已完未完工程核查、工程实体质量和外观质量以及竣工文件完备情况检查；发现存在的问题，并督促项目部进行整改完善，以确保工程的全面顺利交付。

一、项目竣工交付

项目竣工交付前，项目部须承担现场成品保护责任，配合建设单位，按照规定的程序进行工程交付验收，以及办理工程和竣工文件移交手续；并按照合同约定，完善交付后保修手续。

二、项目结算

项目部应在竣工验收前，完成所有变更补差、索赔申请项目的谈判和批复。对分包单位的结算，应该在分包合同规定的内容完成后及时进行，并确保分包单位在退场前，完成责任范围内的退场清理工作。项目部按照企业总部档案管理规定，完成内部档案移交、配合建设单位决算和组成固定资产，并全面完成现场清理和资源回收后，可以撤离现场。

三、项目收尾和项目部解体

由于建设工程缺陷责任期和评优工作的时限差异，项目收尾工作一般由企业总部和项目部共同组织。主要内容包括：保修协议的执行和主动回访、项目创优申报、项目决算及内部审计、项目责任目标考核激励兑现、项目总结等。项目部解体，应在项目决算完成后，及时下达解体决定。项目总结，作为企业知识管理的重要内容，是企业项目管理改进和知识积累的重要手段。

标准化项目管理体系流程，制定了一种程式化的项目管理规则，控制的是人的管理行为和智力活动成果标准及其应用方式。这样的体系下，企业和项目部两级策划主体，相当于项目管理系统的大脑；而项目相关的各种资源和要素管理，相当于人体的各种功能器官，具体项目产品实现就是人需要完成的任务。标准化项目管理体系流程，赋予了施工企业项目管理体系，在具体项目管理过程中一种系统性、协调性、抗风险性特质；也能使由此为基础构建的项目管理信息平台工具，具备类似人对项目管理活动的预测、控制、管理、信息形成、反馈、集成分析应用的能力。流程化、集成化是一种能力，就像一个婴儿逐步成长为一个体育健将。施工企业项目管理，需要按照标准化项目管理体系流程，不断地成长、完善和壮大，其各个流程和要素管理的机制和能力。体系完成产品实现任务的效率和效益，取决于体系成长的成熟度水平。

对"标准化项目管理体系流程"的解析，期望能够提供一个通用的框架标准，使施工总承包项目管理信息系统的开发，能够在框架上一步到位，在平台功能上具有逐步成长的特性。使企业尽早起步，建立起信息化和标准化"两化"融合促进的良性互动机制,打通基础管理流程化、集成化到全面信息化,所必经的观念、认知、能力上的误区和瓶颈。打通以施工总承包项目为发端,我国"建筑产业互联网平台"构建的最后一公里。以这样的标准化项目管理体系流程,构建的项目管理信息系统,其管理集成的主神经,是以施工组织设计(或施工方案)为工具,进行有组织的人的智力活动;系统集成的神经网络构成、信息的形成和收集,完全取决于人的创造性,而用信息技术搭建的项目管理信息系统,仅是一种工具,延伸和提升了人的智力活动范围、方式和效率。

后续的章节,我们将基于"标准化项目管理体系流程",解析施工总承包项目的职能和要素管理流程。施工企业职能和要素管理流程的范围和内容,应涵盖构成工程项目成本,所有的要素和活动。由于国内建筑业企业,在内部层级架构、组织管理体系和职责分工体系上的差异;按照管理体系方法论及法律法规和其他要求,以及建筑行业企业普遍适应的最佳实践,我们只解析前文罗列出的"13个流程"。这些流程以模块化管理,与"标准化项目管理体系流程"之间,以"工期计划向工作计划分解管理"为纽带,建立起密切的关联协同关系,是读者需要重点理解和把握的核心要义。本书无意于统一,建筑施工企业职能和要素管理的流程和标准;这在实践中,既不可行也不符合管理体系成熟度发展规律。施工总承包项目职能和要素管理流程,涉及总部后台的基础管理,则有赖于各企业的管理成熟度和创新发展作为支撑。

上述对施工总承包项目标准化管理体系流程解析,所阐明的管理逻辑原理和方法论,同样适用于从事工程设计,或其他类型项目的建设工程企业,建立本企业的项目标准化管理体系流程。

第六章　项目工程技术管理

　　施工总承包项目的获取和交付，是施工企业生产经营活动的核心和载体；而项目实施过程，所需的人、材、机、财要素资源，以及技术、安全、质量、环保、成本、创新、绿色施工等职能管理，来自企业总部的策划、保障及其监控。企业总部通过对上述职能和要素制定统一的程序、流程、准则，实现对多项目的同质化、标准化管理。相对于施工总承包项目产品的多样性、一次性、远程分散性、难易程度的高度离散性等特征，企业层级关于项目的职能和要素管理，需要厘清总部和项目部的责任边界和流程接口，使企业职能管理的日常性、重复性，与项目围绕目标一次性管理之间，形成相互协调、紧密沟通的机制，这就要求从管理的基本概念、基本机制上进行研究和探讨。按照施工企业项目"两个层级"管理原则，企业和项目部的管理层，分别各自对决策层构成支撑服务保障体系；企业和项目部决策层，通过组织、指挥、协调、控制管理层，服务企业和项目部管理目标的实现。面向全面信息化、数字化要求，这些流程的构建和运行，注意力应该放在跨部门、跨层级流程的接口安排上，特别是项目工程、商务、财务流程的协同上。由于建筑业细分行业产品特性的差异，造成这些流程在不同细分领域、不同企业之间，存在一定的差异。寻求这些流程的统一并非目的，而是注重各个流程对项目绩效服务和保障作用。项目工程技术管理流程，在其中处于相对核心的地位。

第一节　项目工程技术管理的地位和要求

　　《建设工程质量管理条例》第二十八条、第二十九条，关于施工单位的要求，可以概括总结为：按图施工、按规范操作、按验标检验。施工总承包项目以产品实现为首要目的，"按图施工、按规范操作、按验标检验"，是施工总承包项目"与项目产品有关过程"最核心、最基本、最底线要求。而这一要求全部属于工程技术管理的范畴，或以工程技术管理为始端。所以，工程技术管理处于施工企业项目管理的始端和核心地位。提出"构建以工程技术管理为核心的生产管理体系"，是因为工程技术是保证项目工期、安全、质量、环保、成本等目标，全部都要依靠的、不可或缺的工作始端、基本保障和手段。

一、工程技术的特殊地位决定了企业和项目部职能划分原则

在我国建设工程领域，一般把"工程管理"视为对建设工程项目全生命周期的管理；把"项目管理"视为对建设工程项目全生命周期某一阶段的"实施管理"。具体到施工总承包项目，管工程意味着是项目经理、项目生产经理的任务；而管技术是项目技术负责人或总工程师的工作。在我国建筑央企头部企业，有的企业把技术管理职能分配到科技部或称为技术质量部，归口管理工程设计和项目技术工作。有的企业，把工程和技术管理统称为"工程技术"，在企业和项目部设立工程管理部，统一负责工程和技术职能管理，与安全质量环保监督部、科技部（技术中心）并列。结构服务战略，我国建筑央企总部和项目部管理层，职能机构的设置和职责分配，反映了企业发展战略所关注的重点事项优先级差异。同时也要看到，企业和项目部的组织结构，决定了流程中"过程"职责的分配和接口管理。华为强调：战略决定业务，业务决定流程，流程决定组织，反映出其对"系统思维"和"基于PDCA的过程思维"深入理解和实践应用水平。"工程技术"概念的清晰界定和认知，对施工企业项目管理机构设置和管理流程标准化，是一个无法回避的重要问题。原铁道部在2004年，启动的大规模高速铁路建设管理中，通过推进标准化工作，对铁路建设项目管理机构以及参建单位项目部机构设置和人员配备，提出了统一要求；并纳入建设项目合同和管理制度，进行"刚性"约束。使铁路建设项目建设单位、施工单位项目部，原有的"技术质量部"职能，全部划属到"工程管理部"和"安全质量监督部"。图4-1借鉴了铁路建设行业的经验，施工总承包项目部职能部门的设置，也遵循工程和技术管理相融合的安排，即管工程必须管技术，或者说工程师必须是懂技术、懂经济、懂工程、会管理的复合型人才。

海外国际工程建设项目中，技术管理主要是执行项目技术文件，即项目规范，包括英国标准和美国国家标准协会标准。技术管理内容包括：施工图纸二次深化设计（包括设计问题答疑申报、图纸申报）以及其他分包设计，施工技术方案，材料报验和分包资格预审三个方面。

国外监理工程师监理工作范围包括，工程设计、选材、施工质量和进度。监理审批的内容包括，机构、建筑与机电施工图（含二次设计），分包图纸，施工方案，分包资格预审，材料，质量计划，技术建议等，报验和设计技术问题答疑申报。根据美国工业工程学会的调查，发现70%的工程师在40岁之后，都要承担工程管理的工作。

我国高校工程管理专业，出现在20世纪80年代末期。工程管理不是一种单纯的管理学科，高等教育对工程管理专业人才的培养，坚持一个基本的等式，就是"工程管

理=工程技术+经济管理"。要求学生掌握相关的管理理论和方法、掌握熟悉以土木工程技术为主的理论知识和实践技能、掌握相关的经济理论、掌握相关的法律法规等。华中师范大学刘莹教授认为，工程是以建造为核心的活动，是将科学知识和技术手段"集成"以后，转化为生产力的实施阶段的物质文明的创造活动，工程活动的主角是工人、工程师、投资人和管理者；技术是把知识应用于实际目的，是以发明为核心的活动，技术活动成果的主要形式是发明、专利、技术诀窍（也可能是技术文献和论文），技术活动的主角是发明家；工程技术哲学的研究，是介于工程哲学和技术哲学之间的，属于二者的交叉领域。正如远德玉教授所说："离开了工程中的技术问题的研究，这样的工程哲学是不完整的。离开技术谈工程，工程就没有了基础；离开工程谈技术，则把技术架空了。"

在作者看来，我国建筑业一些施工企业，把施工技术管理放到科技部或技术质量部，有悖于工程和技术的关系，会造成施工总承包项目管理中，工程技术管理工作的脱节，增加管理接口、降低工作效率、扭曲项目管理流程。比如深圳地铁9号线停车场出入段线隧道的施工，原设计施工图设中间竖井，增加矿山法隧道施工开挖作业面。施工单位出于成本考虑，申请变更撤销"竖井"，可以减少投资约800万元。后因该隧道进出口两端，因征拆迁改滞后及地质原因造成的矿山法掘进效率低下等问题，无法满足"洞通"里程碑工期要求，又被迫恢复了"竖井"的围护及开挖施工。因全线土建工程不同程度滞后影响，站后工程需要在该停车场增设铺轨基地；导致该隧道被迫采用盾构"干拼装管片、背后充填"方案，以加快隧道已开挖成洞地段的衬砌支护和剩余洞身开挖部分的掘进施工。而此时，"竖井"尚有近三分之一的土石方挖掘没有完成，又对洞身部分的盾构机施工造成阻滞，且盾构机通过后的"竖井"还要做回填封堵处理。在此工程案例中，如果单纯地从技术层面讲，上述三种施工技术方案都是可行的；但从项目工程的工期、质量、安全、成本而言，"三种方案"迥异。以施工组织设计或施工方案为主要形式的项目策划，是一项集项目工程所处环境条件、可用资源、可选技术、工期、成本、质量等各方面综合因素，进行优先级权衡的决策过程；如果该工点从开工进场阶段的策划中，就坚持按照原设计方案施工，完全可以避免"走弯路"。而"技术"与"工程"的割裂，会导致项目策划、实施过程，在工作机制、责任分工、工作流程的扭曲，决策的漏洞、误区和失衡。也与我国具有鲜明特色的，以"施工组织设计"为主要策划成果之一的，项目策划和过程管理思路与行业传统习惯存在冲突。

分析"技术质量部"产生的根源，一方面大概与《建筑工程施工质量验收统一标准》GB 50300—2013中，"分项工程由专业监理工程师组织施工单位项目专业技术负责人等进行验收"这样的规定有关；使施工企业认为，把技术和质量放在一起，设立"技术质量部"，更有利于技术人员履行质量职责。另一方面的原因，是在我国房建施工项目，由于施工图设计文件精细度相对不足，需要施工企业在项目招标投标、施工策划阶段，都要进行"钢筋翻样"深化设计，而这项工作主要依靠项目技术人员实施。

二、工程技术管理能力构成了企业项目管理的核心基础能力

2020年，住房和城乡建设部关于建设工程企业资质管理制度改革方案，将10类施工总承包企业特级资质，调整为施工综合资质；获得综合资质的企业，可承担各行业、各等级施工总承包业务。一方面《建设工程质量管理条例》颁布实施以来，政府设置资质管理门槛，并要求"建设单位应当将工程发包给具有相应资质等级的单位。"对维护建筑市场秩序，保证建设工程质量和安全起到了积极促进作用。随着我国建筑业生产力水平的不断提升，政府"放改服"改革，进一步放宽建筑市场准入限制，激发市场主体活力，充分发挥市场在资源配置中的决定性作用，无疑有利于建筑业转型升级，实现高质量发展。另一方面，建设工程产品的差异和政府传统的细分行业分线条管理，导致我国建筑业细分行业条块分割、政出多门格局，使施工企业每一步的跨界经营，都面临不同细分行业工程技术能力和项目管理标准差异的巨大挑战。

正如德鲁克所言："管理是一门实践"，工程技术能力不但来源于工程相关理论知识的掌握，还必须依靠经验的积累和应用。施工企业，财务、一般工程材料和物资、通用施工机械设备、常规作业劳务分包的采购和管理，在不同的工程细分行业，没有特殊的区别；但不同细分行业工程技术差异，是施工企业必须面对的行业门槛。比如水利水电工程主要是施工导流、坝体施工，其相关的工程技术领域知识和经验要求；化工建设工程项目施工管理，重点要从全场性的工厂化、机械化，以及重大关键设备的运输、吊装和安装技术上考虑；铁路和地铁工程，必须以铺轨作为关键路径，安排工程的组织要求。工科学生出身的施工企业管理人员，无疑都有数学、三大力学、工程材料等基础理论知识，但不同类别工程对技术的要求，即不同工程项目对工程技术的能力要求，是完全不同的。建筑业细分行业工程产品特性的差异，使工程技术管理"隔行如隔山"，而施工总承包项目明确的工期、成本、质量目标约束，往往也没有施工企业"现学现用"的时间和空间。

作者35年来，先后经历了铁路、公路、高铁站房、城市地铁项目的管理。在具体技术工作上，工程测量要从铁路的偏角法转换为公路的大地坐标法，工序检验要从路基压实相对密实度到弯沉值检测，半成品质量控制要从水泥混凝土到公路路面沥青混

凝土配合比、浇筑工艺控制，工序专业范围要从公路铁路的桥隧路涵扩展到高铁站房的机电安装、装饰、钢结构施工，以及地铁盾构机、车站深基坑变形和主体工程防渗漏、站后工程机电安装、"四电"系统安装调试的管控。上述工程产品特性带来的技术上的差异，上升到工程技术管理层面，使我们在施工图设计文件解读、施工技术规范掌握、工程验收标准执行，在熟悉业主管理风格和应用行业、地方工程定额或工程量清单预算编制等方面，面临巨大的挑战。一旦应对失措，将付出巨大的"学费"成本和造成企业市场项目履约信用风险。

近年来，随着网络、移动终端的普及，知识和资料的获取越来越方便。施工企业通过有计划地培训、鼓励和动员个人的随工学习，以及通过市场化人员招聘，这些问题应该都能够解决。要求建设工程企业，在跨越行业细分领域的项目营销、项目管理中，把企业和项目的工程技术能力，提升到战略高度予以重视和考虑。

三、工程技术管理是项目所有目标实现的始端和内核

施工企业在项目管理过程中，安全第一、质量第一，以成本管理为核心等，反映出项目管理，在不同目标优先级和地位上相互冲突的现实。以作者30余年的项目管理经验总结，工程项目工期是第一位的，施工总承包项目的使命是产品实现，项目把工程做不出来，一切都免谈，以至于一些企业认为"工期是项目最大的成本"。工程质量是基本保证，对于任何一个项目业主而言，工程质量都是百年大计，业主愿意花钱购买施工企业产品实现服务，保证工程质量当然是底线。安全、环保，是项目产品实现过程中的副产品，安全、环保管理，是项目必不可少的保驾护航。对于项目部而言，不干工程，哪来的安全和环保问题。成本是结果，项目干完了，赔钱了，项目本身难以为继，企业更难以持续健康发展。

施工总承包项目产品实现的始端是读图识图，理解设计意图，掌握合同规定的工程技术规范，执行工程质量验收标准，这是工程符合"要求"的最底线环节；所以，工程技术管理是工程质量的起源和保证。高速铁路在工期策划时，必须考虑工程本身的一些技术特性要求。比如耐久性混凝土配合比设计试验周期，一般需要2~3个月。桥梁尤其是连续梁的收缩徐变，在合龙后需要几个月才能完成，无砟轨道地段的路基在完工后，沉降期一般需要6~9个月等，梁的徐变和路基工后沉降完成前，不允许进行无砟轨道的施工。项目工程技术管理，对铁路上述特性缺乏了解，就不可能合理地确定工期关键路径安排；所以工期问题，首先要解决的是工程技术问题。工程项目在施工组织设计编制过程中，要确定劳动力、施工机械、物资材料、资金等各种资源配置，这些都要依据劳动定额、机械台班定额、材料消耗定额，按照工程数量、工期

安排、风险应对措施等,计算工程直接成本。人、材、机消耗,构成了建设工程项目成本的60%~70%;项目预算成本和成本控制,也是以工程技术工作为前提。项目隧道工程施工策划,是选择矿山法,还是盾构机、TBM施工,决定了后续安全、环保、工期、质量、成本风险类别和控制措施的具体内容;项目工程技术管理对隧道施工工法的选择,是决定隧道工程本质安全、环保水平的源头。工程项目的策划,一是根据工程特性、工程数量和关键路径里程碑工期要求,选择确定施工顺序;二是进行施工工法选择;三是确定资源配置;四是制定相应的管理措施计划。然后,在此基础上对照工程现场和企业资源的限制条件,进行经济技术比较,寻求项目在工期、安全、质量、环保、成本管理目标上,最优组合方案。这个过程中,项目工程技术工作,在其中起到了纽带和集成协调作用。

影响施工企业工程项目成败或绩效的因素,往往涉及以下几个层面。一是项目在获取端的合同价格和工程履约风险的匹配度,二是项目策划的水平层次、充分性、可操作性,三是策划执行过程的受控程度,一次成活率。近些年,随着"法人管项目"理念逐步成为行业共识,施工企业项目集约化管理水平不断提升。施工企业在进入建筑业细分行业新领域过程中,为了保证获取端项目品质,应该尽量让拟任的项目经理和总工,参与项目招标投标工作,或者加大对投标方案的评审组织工作力度。特别是融投资项目或以融投资带动工程总承包项目,应避免对工程实施过程的风险预判不足,给施工总承包阶段埋下履约隐患。对于战略性市场拓展项目,应该加强项目实施阶段的策划和现场项目部的资源配置。近年来,建筑业各细分行业建设单位,对施工企业项目部关键岗位人员的合同承诺兑现,越来越重视,也从一个侧面反映出项目经理、项目总工的能力和经验,对项目实施过程绩效的突出重要地位。

根据作者的经验,越是工程规模大、外部干扰因素多、复杂程度和技术难度大的项目,施工总承包项目在实施过程中,通过设计优化和施工组织方案优化,改善和提升项目履约绩效的空间就越大,对施工企业工程技术能力要求就越高。反之,即使简单的常规项目,如果项目策划水平低,或者过程管控导致某些过程管理目标失控,比如工期严重滞后,往往会导致项目策划不得不进行结构性的调整,意味着资源投入不正常加大,忙于赶工,也会大幅度增加项目安全、质量、环境管控难度,最后即使项目按期完成,也会付出巨大的成本代价。

第二节 项目工程技术管理流程和要求

一、项目工程技术管理流程（图6-1）

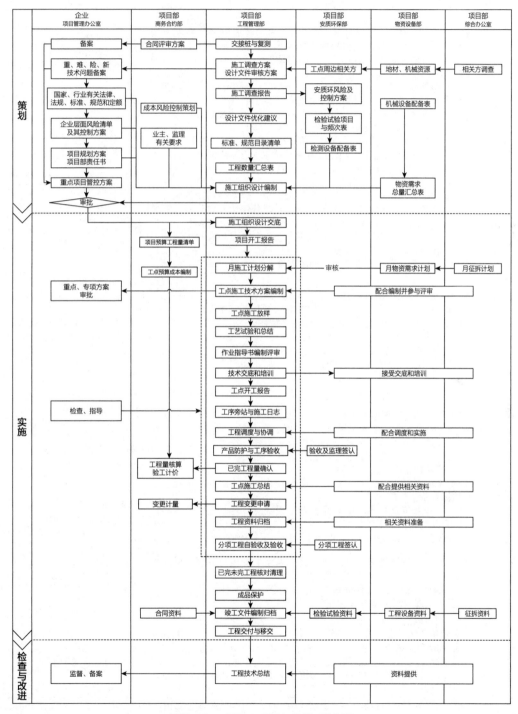

图6-1 项目工程技术管理流程

二、项目工程技术管理过程要求（表6-1）

项目工程技术管理过程要求　　　　　　　　　表6-1

阶段	过程	管理要求	记录
策划	1	1）企业项目管理办公室或相关职能部门将国家、行业有关法律、法规、规范、定额、与项目相关的风险清单及其控制方案、项目规划方案和项目目标责任书等相关要求向项目部进行交底，并将相关内容纳入书面交底记录。 2）项目合约部组织合同评审，项目部在充分了解合同要求的基础上组织施工现场调查和设计文件审核。工程重、难、险、新技术问题，向企业项目管理办公室备案，企业据此建立重点项目管控方案，必要时组织对项目部提供必要的技术支持和指导。 3）项目工程部依据企业交底和合同评审、设计文件审核资料，编制项目标准、规范目录清单，用于控制标准识别和使用。 4）项目经理主持施工组织设计编制，总工配合制定编制方案。工程部负责工程数量汇总表、前期工程台账；物设部配合制定机械设备配备表、物资需求总量汇总表；安质部负责前期工程风险台账，项目检验试验项目和频次识别，建立检测设备配备表；商务部配合制定项目现场管理单元或分包单元划分表、资金需求计划表；项目经理组织项目各部门进行项目成本、工期、质量、安全、应急等风险识别，并分级制定相应的控制方案，作为《施组》编制的输入。 5）《施组》应经企业审批后报外部审批	1）企业批准的项目交底记录； 2）施工调查方案和调查报告； 3）设计文件审核记录及优化建议； 4）项目标准规范目录清单及其更新和执行情况； 5）批准的施工组织设计（除常规内容外，应包含竣工文件策划、单位分部分项划分表、工程数量汇总表、检验试验项目和频次、机械设备配备表、检测设备配备表、总平面布置图、临时设施建设计划和标准、施工方案编制计划、前期工程需求计划等）； 6）工程技术管理责任制
实施	2	1）《施组》获批通过后，由总工组织《施组》交底，工程部对其进行月施工计划分解，其他相关部门据其制定相应的月工作计划。必要时，制定工期进度考核激励约束办法。 2）工程部制定工点施工方案并报批。 3）工程部进行施工方案交底，组织工点开工条件审查、工艺试验、作业指导书编制、操作规程，并就工序向作业层进行培训和交底	1）施工组织设计交底记录； 2）月施工进度计划和各部门工作计划； 3）工点施工方案编制与批准； 4）专项安全技术方案评审批准记录； 5）工点施工方案交底； 6）测量、工艺试验、作业指导书及工序交底等相关记录
实施	3	1）项目部向监理申请工程开工及工点开工。 2）工程部组织技术人员进行工序旁站，填写施工日志。 3）工程部负责工程调度及组织作业队实施，各相关部门予以配合，协调处理施工过程中的相关事宜，确保现场顺利实施。 4）检验批验收及成品保护。 5）工程部对工点已完工程数量进行确认，合约部进行工程量核算和验工计价。 6）工程部负责收集、整理并提出工程变更，与监理、业主的协商及变更设计工程的实施。 7）工点竣工文件归档，工点施工总结，工程验收	1）内部工点开工条件检查记录； 2）项目及工点开工报告； 3）工程日志和过程影像资料； 4）周、日工作安排或交班记录； 5）检验批验收签证； 6）已完工程数量确认记录； 7）月形象进度统计台账； 8）变更申请、纪要和批准记录； 9）工点工程资料归档情况； 10）分项、分部、单位工程验收签证
实施	4	1）工程部对照设计文件进行已完、未完工程核对清理，做好尾工施工、缺陷整治及成品保护。 2）工程部组织竣工文件编制和组卷，企业组织交付前内部验收。 3）项目部组织工程验收和交付	1）内部验收记录； 2）竣工文件移交记录； 3）竣工验收报告
检查与改进	5	1）项目部总工牵头负责施工技术总结，根据计划在施工过程中积累图像和文字资料，重点说明主要施工技术特点、施工方法、经验、效果、测量试验资料、主要技术经济指标完成情况、存在的问题和今后的改进意见等，提交企业进行备案。 2）项目经理负责，向企业档案馆移交档案，企业项目管理办公室审核	1）施工技术总结； 2）内部档案移交记录

注：施工组织设计编制的相关要求不一定全部纳入施工组织设计内容，但必须确保其得到落实，具体实现方式可依据实际情况合理安排。

第三节　项目工程技术管理流程解析

一、项目策划阶段的工程技术管理

1. 完善工程技术管理责任体系

"按图施工"要求，决定了工程技术工作的"读图识图"是项目一切工作的始端。施工总承包项目经理，按照企业授权，要负责和企业总部、项目所在地方相关部门、建设单位、监理单位、设计单位，建立基本的沟通协调机制，为项目实施过程组织资源、创造外部履约环境条件。项目总工程师，作为项目主要的行政管理岗位，首先是一名主要的工程技术人员，对项目负有作为总工程师岗位技术责任；其次是从工程技术管理角度，带领工程技术团队，为项目经理、各级现场负责人，提供工程技术服务保障；再次是要通过项目部、作业层工程技术管理责任的分解，从理解设计意图、工程技术标准执行落实、现场施工过程管控上，履行产品实现全过程工程技术管理、检查、验收、记录、反馈、报告、分析和改进责任。这要求构建完善单位工程、分部工程、分项工程，一直到工序层面的工程技术管理责任分解体系。根据工程规模、技术复杂程度、外部环境影响因素，按照分级、分工负责原则，配置满足要求的工程技术人员，使现场工序（检验批）随工处于全过程受控状态。

作者在大型基础设施项目工程总承包管理项目经理岗位，坚持"构建以工程技术管理为核心的生产管理体系""项目经理是项目的灵魂，项目总工是工程的灵魂""工程技术人员是责任工程师""按标准和流程做事是效率最高的途径"等理念，把"工程技术作为项目攻坚克难的硬核"。项目经理，以施工组织设计编制为抓手，是项目策划和实施的第一责任人；项目总工，以工点施工组织或施工方案编制为抓手，履行施工生产组织策划和现场工程技术管理责任；项目生产经理，以施工组织设计或施工方案执行、施工过程协调为抓手，履行现场管理协调调度责任。践行工程技术管理，在项目管理核心地位的理念，取得了良好的管理绩效。

这里有必要把项目合约商务经理的定位作必要的讨论。国内施工企业，随着项目管理集约化、精细化水平的不断提升，在项目部设总经济师或合约商务经理，强化对项目合同、财务、分包等经济线条的业务管理。有的企业在贯彻国家多部委《企业内部控制基本规范》中，建立项目经理、总工程师、合约商务经理"铁三角"，强化项目成本管理过程中，三个岗位在项目决策过程中，形成相互制约、相互验证的内部合规管控机制。我们主张项目经理和项目总工、项目合约商务经理之间是等腰三角形关系。即总工和合约商务经理配合项目经理，进行项目经济管理决策。有的企业，将

"铁三角"按照等边三角形关系安排。这一方面，有利于强化总部对项目的集约化管控，提高企业对项目财务、合同、分包风险的防范水平；另一方面，工程项目设计优化、施工组织设计或施工方案的优化，主要发起于工程技术管理，需要项目经理在经济比较前提下进行权衡和决策。等边关系"铁三角"情况下，会把"双优化"决策权上移到总部商务管理部门。在项目远程分散、工程地质和管线迁改等外部影响因素复杂情况下，不利于项目对"变更"的及时响应，也偏离了项目成本以"施工组织设计（或施工方案）"为核心的管理理念。

总之，完善横向到边、纵向到底的工程技术管理责任体系，不但是项目产品实现过程控制的要求，从工程技术与项目成本管理的关系而言，也是施工企业项目精细化管理的具体体现。

2. 读图识图和设计文件审核

读图识图是在建设单位组织设计交底后，为了充分理解设计意图，了解和熟悉合同规定的工程技术标准，给项目策划和现场施工组织做技术准备。读图识图应该由项目总工程师，组织工程技术管理人员分级、分工完成。这个过程应该强调工程技术人员全员、全过程参与，以确保相关人员的应知应会满足各自岗位工作要求，并建立和形成的记录包括：

（1）工程数量汇总表。工程技术人员熟悉施工图设计文件、按照"工程量计算规范"，结合一般的施工组织设计（或施工方案），对主体工程数量和措施项目中，如围堰及筑岛、便道便桥、脚手架、垂直运输、机械设备进出场、模板和支架、安全文明施工、夜间施工、冬雨期施工、成品保护、二次搬运、施工降排水、施工监测监控等，列出计算式、分类分项计算工程量，进行工程数量汇总。这些过程，有利于提升对工程整体及细部、工程施工的先后顺序，施工图设计文件中的差、错、漏、碰等，进行全面的检查、核对和理解。工程数量汇总表，作为项目劳动力、施工机械需求计划、物资材料需求计划编制的依据之一。信息化条件下，采用基于BIM应用的工程相关软件，如"鲁班施工""广联达""神机妙算"等进行工程数量计算，或完成WBS清单项下工程数量核定和导入。

（2）建立规范、标准目录清单。一般由项目组织，从合同和施工图设计文件中搜集统计。信息化条件下，企业总部可以建立分行业、地方规范性文件，技术规范和标准目录清单；建立数字化的文件查询、共享平台，支持项目部获取、培训和使用。包括细分行业通用图、参考图、标准图等。

（3）建立检验试验项目和频次清单。作为现场试验室，设备和人员配置或检验试验外部委托内容的依据。有些细分行业，除了合同文件"技术要求"规定的内容外；

还须特别注意设计单位,在施工图设计文件中提出的特殊要求,以避免遗漏或缺失。

(4)项目物资、设备需求总量表。有些建设单位会采取价格倾斜方式,对项目关键、大型施工设备提出配置要求,对重要的工程材料采取"甲供""甲控"方式。需要施工单位在策划阶段予以识别,纳入需求统计汇总表,作为项目资金、采购计划编制的依据之一。

(5)单位、分部、分项工程划分明细表。该表是监理单位审核施工单位过程管理相关报审资料,建设单位计量和支付口径的依据,需要在开工前三方达成一致并予以确认。施工单位应结合现场调查和工程验收规范编制,作为内部工程现场管理单元划分、分包计划以及工程竣工文件组卷的依据。

(6)设计文件审核记录。结合现场核对,发现设计文件中的"差、错、漏、碰",提请建设单位与设计单位予以澄清和完善。

(7)"双优化"建议方案。结合现场调查,从企业现有的施工设备、工程装备的优先利用,便于施工组织,改善施工工期、安全、质量管控条件,促进征地拆迁、管线迁改,节约成本,提高项目收益等角度,提出设计优化或施工组织方案优化建议。包括施工工法的优化,比如将矿山法隧道改为盾构法施工。

(8)工程监测项目及其基准。识别主体工程相关的岩土体、地基、基坑,及主体构筑物涉及的水平位移、垂直位移、结构变形,相关地下水位、大体积混凝土温度、结构应力应变等的监测要求及其基准。作为监测基准网布设及其数据处理与变形分析预报、预警的依据。

(9)关键过程、特殊过程及控制计划表。以铁路工程为例,涉及的特殊过程、关键过程有:软基处理、路基填筑、路堑开挖、钻孔桩、扩大基础、墩台身模板与混凝土、悬灌梁、预制梁、现浇连续梁、大型施工设施作业、梁板安装、隧道超前地质预报、开挖及支护、隧道衬砌、既有线加固、铺轨、整道和道岔拨接等。关键过程、特殊过程,对工程质量、安全有重大影响,一般需要分别编制作业指导书,对作业过程中作业人员的资格、采用的施工机械设备和工器具、检验试验检测方法和设备、工序放行标准等方面进行控制。

3. 交接桩及加密复测

项目部应组织专业的测量班、队,配备满足要求的测量、监测设备、人员,施行"三级"测量和监测。测量、监测设备应该定期鉴定,及时进行检查、校正并完善相关记录。相关测量监测软件,正式使用前应进行验证。建设单位组织设计单位交接桩完成后,项目部需根据设计文件规定的单位工程施工测量、监测要求,按照《工程测量标准》GB 50026—2020、《工程测量通用规范》GB 55018—2021等,国家和行业现行测量技术规范，进行控制网加密和复测，复测成果应该形成记录并报监理单位审核。

4. 施工现场调查、施工图设计文件现场核对

不同于招标投标阶段现场踏勘，施工阶段现场调查。

（1）对照施工图设计文件，详细调查工程所在地气候、气象、水文、地质、地形、地貌等，对工程施工的潜在影响因素。如冬、雨季雨雪量级和时长，汛期洪水量级和排洪通道等。比如：某南方城市地铁工程项目，车辆段出入段线路堑工程，要求原排洪干渠以改建箱涵形式穿越线路，由于项目部对汛期洪水认识不足，未能在汛期来临前完成干渠改建，导致洪水按原有排洪通道倒灌已完工线路路堑和隧道达3公里。我国南方梅雨季节龙舟水，对路基工程填筑和路基防护工程施工，提出形象进度节点控制要求，如果考虑不周，则可能导致未成型路基的严重冲刷或淹没，造成工期关键路径的调整。

（2）调查当地水、电、劳动力、地材、施工机械设备、临时用地资源和价格、质量情况，以及当地环保等政策潜在的影响。比如：某铁路项目施工图设计文件，提供的片石料源运距为45公里；但其开采量因质量指标卡控，该料源没有实际利用价值，合格片石料源运距达120公里。某公路项目，当地河砂资源充足、质量优良，但开工后因地方限制河砂挖采，导致运距增加、价格飞涨。

（3）征地拆迁、管线迁改及其影响范围相关的建筑物、设施、社区，以及当地风俗可能的影响因素。比如某城市地铁线路盾构隧道下穿高尔夫球场、化工厂车间，勘察设计阶段因地质钻探条件受限，地质资料不详，导致盾构在施工过程中出现高尔夫球场地面塌陷，化工厂车间地段微风化花岗岩掘进受阻等问题，给工期造成很大影响。特别要强调，在城市环境下，无论管线迁改是否由施工单位负责，都应强化对管线迁改影响范围内，地上、地下建（构）筑物现状的调查，充分考虑其中潜在的对施工过程的影响因素。

（4）工程建（构）筑物现场核对。所有的单位工程开工前，应完成建（构）筑物轮廓施工放样，具体核查每个建（构）筑物，位置、标高与既有河流、道路、管线、建筑物的空间位置关系及其现状。比如：取弃土场规模是否满足要求，是否受汛期、潜在滑坡等因素影响；穿越线路的通道桥涵，与既有道路在位置和标高上是否顺接；是否有桥代路、路改隧等需求；路基基地原地面标高、地面堆积物，是否与设计一致；大型构件安装，在工序现场作业条件上，有无制约因素或冲突等。

施工企业应根据我国建筑业各细分行业工程和行业管理特点，开发现场施工调查、设计核对标准化实施方案。现场调查和现场核对的组织，应遵循项目部全员、全

过程参与原则,应完成与工程所在地相关方的联络和沟通渠道的建立,应分别形成现场调查报告和现场核对记录,作为项目策划和"双优化"工作的输入条件之一。

5. "双优化"工作

应由项目工程部门,配合项目决策层实施。设计文件审核记录或变更设计建议,应经项目商务部门做经济比选后,按照先技术、后经济的原则确定。经企业总部审核或备案(设计变更往往需要企业总部层面的对接推动)后,按照业主、设计、监理流程,办理变更或完善过程签证手续。项目部应建立规范完整的变更过程记录,作为计量和结算的依据。

6. 施工组织设计编制

项目策划,由项目经理主持,总工程师具体组织,项目各部门分工配合;参照现行《建筑施工组织设计规范》GB/T 50502、合同和设计文件规定,主要完成以下工作:

(1)确定工程施工顺序、工序方法和工点平面布置方案(含临时用电、用水、道路、功能场地等)。根据设计图纸、相关技术标准、现场调查报告,企业可选的施工机械设备、工程技术装备、周转材料等,综合考虑工期、安全、质量、环境、成本等目标要求,选择合理的工序施工方法和工艺。比如:地基承载桩或地铁车站围护桩,需要依据工点水文地质条件,从回旋钻、冲击钻、旋挖钻等设备中进行选择。曾经有的项目采用油井式磕头钻,由于钻头冲击力小于地层岩土抗压强度,导致开工后被迫调换成孔设备。不同工点相同工序,应本着控制设备、人员投入总量原则,宜按照流水施工安排。比如相邻的几个桥梁桩基、承台、墩身,按照流水施工,设备、工装、劳力投入最省;同一工点不同结构部位施工的先后次序,有其客观必然性要求,但不同部位按照工程量、技术复杂程度,宜按照平行施工安排。比如:桥梁混凝土梁的预制或钢结构梁的加工,一般按平行作业安排。

(2)项目风险识别。结合工点工序工法、施工顺序、拟采用的施工机械设备、工装、材料,以及对施工人员的要求;须充分考虑工程所处的外部环境、气候、地形地貌、水文地质等,综合考虑工期、安全、质量、环境、成本要求,从工程施工阶段全生命周期的角度,进行项目风险识别。特别需要强调的是,对受征地拆迁、管线迁改等外部因素影响较多的工程,比如城市地铁施工,还需重点对受施工影响的管线和建、构筑物,工点场地内的管线迁改相关风险进行识别,无论迁改工作是否属于施工单位合同范围内工作。特别是有的工点,施工顺序由于城市交通保障要求;还必须结合交通倒边方案,统筹安排施工顺序和场地布置。

施工总承包项目的风险识别,需要基于充分的工程认知和相关工程的经验。除了合同经济商务条款、工程预算价格、项目结算支付或税金等方面的风险外;项目其他风险一般由总工程师组织工程技术、安全质量管理人员，进行识别和控制策划。风险识别和控制策划成果，有可能导致工点施工顺序和施工工序方法的调整，以消除或控制相关的工期、安全、质量、成本、环境风险。这在工程施工顺序和工序方法选择中，是一个持续的动态过程。最终确定的施工顺序和工序方法及其风险识别成果，才是项目制定风险控制措施的依据。

（3）确定关键路径工期计划。根据施工图设计文件和技术规范、相关定额和以往工程经验等，测算工序工效指标，按照工程量确定工序持续时间。按照施工顺序，确定每个工序最早最晚开始时间，采用关键路径法（CPM）、计划评审技术（PERT）、甘特图等技术工具，形成整个工程关键路径工期计划安排；必要时编制初步的工程预算，进行不同方案之间的经济比选。然后对照合同里程碑节点，或铺轨、架梁、沥青路面摊铺、截流、蓄水、屋面断水等合同里程碑节点要求，重新从施工顺序、工序方法、功效指标上，进行选择和优化，最终确定项目关键路径工期安排。

目前，市场上随处可见的项目工期进度计划软件，使项目在策划阶段按照总工期目标和里程碑计划要求，立足WBS工作包即工序活动层面分析，计算工序持续时间，采用列表、甘特图、网络计划图可视化特性、桌面拖拽实现工序流程定义、方便地从列表和甘特图进行转换等功能，确定各工作包的逻辑关系，形成详细的网络计划图。利用计算机强大的网络图计算分析功能，将计算结果按需要用带逻辑关系和时差的横道图或时标网络图输出。使项目进度计划在资源约束条件下、从均衡施工角度出发、考虑最优的施工顺序和成本控制要求，方便地进行比选计算和可视化优化调整呈现，快速高效编制总进度计划和期间进度计划，满足围绕进度的资源配置方案优选优化要求。BIM技术和工程造价软件的加持，又能大幅度减少数据填报工作量、人工计算工作量，编制工期计划横道图、网络计划图、进行工程预算和分解，进行可视化三维交底、呈现实际进度与计划进度对比分析，实现便捷的计划调整比选计算，和工序逻辑关系优化对比等。

对于工程结构复杂，水文地质或征拆迁改等外部不确定性影响因素多，采用"四新"技术或技术复杂程度高，"中标价"存在项目潜亏等情况的工点，宜列为项目重点、难点工程，需要专门组织科技攻关或技术研讨；必要时，报企业总部给予技术、组织、资源等方面的支持或保障。

（4）确定项目总平面布置方案和重难点工程平面布置方案。计算工点劳动力需求计划、物资（含周转材料）需求计划、施工机械设备配置计划，作为总平面和重难点工程平面布置方案设计的依据，主要内容包括：生产生活设施、材料半成品构件加工存放场地、水电路布置方案、相关试验检验监测设施设备等。

（5）提出项目工期、质量、安全、环境、成本等，等级风险控制措施建议。包括相关目标设置、管理机构和人员配置，围绕目标实现的组织、经济、技术措施建议。形成具体的成果有：项目现场管理单元或分包计划表，工点施工组织设计或施工方案编制计划表，项目应急响应预案等。项目策划从总体到局部、从局部到具体，是一个逐步展开、逐步深入的过程。对工点、工序层面策划的控制，是项目管理工作"基于PDCA的过程思维"的具体体现，也是项目进行风险分级管控的重要机制和手段。

这个阶段，有一个重要的环节需要重点说明，即项目现场管理单元或分包计划。综上所述可以看出，工程项目总的施工顺序、工序方法的选择，受产品实现过程客观要求的制约，也是通过对项目各项管理目标和风险综合权衡、按照平行流水组织原则确定。其间，各工点之间的施工顺序和时间、工点不同结构部位的施工顺序和时间，是统筹安排的结果。有的施工企业，将项目现场管理单元或分包计划决策权限，归属到商务管理口径，相当于现场实际施工队伍部署，与策划的工程总体部署成了两条线，有可能导致实际施工过程与项目策划的"两张皮"。所以，在项目单位、分部、分项工程划分的基础上，"项目现场管理单元或分包计划表"，应由工程技术管理部门提出，项目经理牵头总工程师、合约商务经理决策。有的施工总承包项目，因为工程结构单一、基本不受水文地质或征拆等外部不确定性影响，或者企业管理人员专业能力和经验，相对于项目工程要求，有较深厚的积累；不需要专门的工程技术管理策划，就能实现对工程的认知，各业务和职能也不需要围绕工程产品实现过程进行系统的集成策划，实际管理过程各部门按照习惯完全能够识别相关风险，并实现有效的管控。这只能视为，施工企业项目施工总承包管理的"特例"。

（6）竣工文件组成的策划。并非只是关注工程竣工交付时，竣工文件的形成和移交。施工企业应该建立施工总承包项目过程记录的标准化模板体系，按照产品和过程的"可追溯性"要求，依据"项目标准化管理体系流程"，建立工程项目产品和过程的相关记录。使其在"相互制约""相互验证"机制的控制下，以现场工序层面、每日的活动信息采集为源头，实现围绕工程项目管理的内部统计和对外信息交流、项目过程管控和管理基础数据积累（如工序功效指标、内部定额指标）、工程交付竣工文件要求等的内容和要求。比如：围绕工程钻孔灌注桩的施工，其从施工准备、施工过程、工序检测和验收等过程和活动上，有工序策划的分包合同及分包预算、施工方案或作业指导书、技术交底、桩位测量放样、成孔泥浆制备原材料和钢筋笼原材料检验及物资发放记录、设备进场报验记录、混凝土配合比及拌制和供应记录；有钻孔记录、成孔检验、钢筋笼检验、混凝土坍落度检验、灌筑记录、施工过程安全文明施工（如：泥浆排放）检查记录、施工日志；有混凝土强度试件检验报告、成桩无损检测报告、月度验工计量、分包支付及阶段性结算等。这些记录，涉及项目部工程技术、物资设备、质量安全、商务成本等部门，这些部门以钻孔桩施工工序为纽带，建立起跨部门工作记录之间的关联性、逻辑集成关系。施工企业项目管理信息系统，按照这样的底层逻辑流程，构建起现场工序、每日信息采集功能，可以从源头跨越企业职能部门之间，关于项目管理的信息壁垒，使部门围绕项目的信息，有了跨部门、跨管理层级集成、分析、应用，直达决策层的条件。

在此，我们进一步按照"程式化"的思维，解析工程技术管理，在施工组织设计编制中的过程。我国建筑业各细分行业，都有施工组织设计规范和技术规范、验收标准，无论何种工程，其工程结构类别、每个结构部位采取的工序方法、工艺技术标准和验收标准等，除了个别的"四新"技术应用或创新外，都是可以穷尽列举的。施工企业推进项目管理信息化，应以构建"施工组织设计编制智能化系统"为目标，实现对相关技术标准、规范的"数字化"共享机制，对常见工序功效指标体系收集、总结、迭代更新机制，建立重难点工程平面布置方案典型案例库，现场调查方案及调查报告标准化模板，施工组织设计编制智能化流程和标准等。这在理论上具有可行性，在实践中也行得通。项目策划优先实现信息化、数字化和智能化，构成了施工企业项目管理信息化、数字化、智能化的核心突破口，将成为促进项目程式化、标准化、系统化管理的助力器。

项目策划阶段，其他要素和职能管理内容和接口，将在后续章节解析。

二、项目实施阶段的工程技术管理

1. 工程技术交底

施工组织设计（或施工方案）按照规定的流程评审、批准后，技术交底工作分层次组织。一是项目经理就项目策划目标、管理架构和人员配置及职责分工、项目职能和要素管理流程及标准，项目部与企业总部、建设单位、监理单位、设计单位、地方相关方的工作接口和要求，项目部日常管理规则、绩效考核评价和激励等进行交底。二是项目总工程师围绕设计意图理解，对施工组织设计中，工程概况、工程部署方案、大型临时设施、总体工期计划安排思路、重难点工程方案，以及工程工期、质量、安全、环境、成本等管理措施进行交底。三是专业负责人或工点技术负责人，就工点施工组织设计（或施工方案）进行交底，重点明确工点人、材、机配置要求，安全、质量、文明施工管理要求等。四是工点责任工程师，对专项安全技术方案、工序作业指导书、技术交底书、操作规程等的交底，主要针对现场管理和作业人员应知应会要求，保证工序工艺标准和检查验收程序落实，以提高工序一次成活率为目标。工程技术交底，应建立书面的技术交底内容、交底人和接收人签字确认记录。

上述四个层次的工程技术交底活动，是一项伴随着施工组织设计、施工方案的动态优化调整，贯穿项目实施全过程的持续动态活动。产品实现过程中，项目各个层次、各个阶段的工作，都要遵循策划、实施、检查和改进（PDCA循环）模式，任何工作都必须以策划活动为始端，有策划就要进行交底、检查和改进。技术交底的四个层次，反映了这种系统性、持续性过程与管理层次、管理职责的对应关系。2022年11月，中国施工企业管理协会实施团体标准《建设工程全过程技术交底指南》，以施工过程技术质量内容交底为基础，延伸到建设单位、勘察单位、设计单位、监理单位技术交底的主要技术管理工作，包含五方责任主体的主要技术交底工作。从交底主要内容、交底准备、交底形式、交底管理、归档管理五个方面，对工程建设技术交底予以规定。吸纳行业和企业相关管理成果，以及国家标准规范、行业政策要求，形成先进、通用、指导性强的管理标准。反映了工程技术交底，被建设工程施工领域各方高度重视。

交底的目的在于控制和执行。项目经理、项目总工程师组织的交底活动，通过交底组织记录，交底实施过程的文件、BIM模型、图片影像资料，及所交代的施工组织设计文件予以记录。技术交底作为工程项目管理的重要环节和手段，技术交底书及其接交人签认，构成了竣工文件的内容。技术交底是一种形式，而工程施工过程执行人员的应知应会，现场执行过程中的组织、指挥、协调、控制活动，以及项目管理链条上一级对下一级工作过程及其产生的记录，必要的审核、检查和签认、放行审批等，才是项目部日常最基本的管理活动。工点及整个项目施工技术总结信息，来源于对上述过程的记录。施工企业项目管理信息平台，应该建立适用于项目一次性、全生命周期的OA平台模块，提供工程项目生命周期内，项目部各层级沟通的统一平台。建立项目全生命周期管理过程，相关记录大数据库，便捷项目日常沟通，完善项目过程活动记录，支撑项目管理总结和工程总结。比如，前文提到的"六面埋伏"地铁车站的施工策划，先后组织46次由院士、外部专家、内部专题研讨会议，才最终确定施工组织方案。该工点方案，从发起策划到成型，从执行到竣工验收，是一个非常生动、宝贵的项目成功案例。如果有上述项目层级的OA模块，就能够随时通过项目日常活动形成的大数据，不但有利于过程宣传、报道、总结，而且以关键词检索方式，非常便捷地回顾、总结、挖掘该案例的成功经验，体现出信息化、数字化、智能化巨大的潜在优势。再比如，徐州地铁3号线，在近五年的工期中，有两年时间因为扬尘治理导致频繁的停窝工影响，每个月都有工点工期计划因为扬尘治理停窝工不能按期完成，项目部几乎每个季度都要对工程关键路径工期进行调整优化。上述过程中，有关施工组织设计优化调整成果、相应的月度施工计划安排、工点扬尘治理方案及设施记录、扬尘治理停窝工时序记录等，是分析、总结、评价项目管理，进行项目经济活动分析，以至于项目索赔工作可资利用的宝贵的信息。只有在项目管理信息化条件下，才能被客观地记录，才能具备重复利用、开发的价值。

2. 月度施工计划的分解

项目总体施工组织设计完成内外部评审、批准，项目管理准备、现场准备工作有效开展后，以项目开工报告获批或监理开工令的下达为标志，项目工程从策划阶段进入现场实施阶段。

月度施工计划管理，是项目部日常管理工作组织的核心内容。根据施工组织设计确定的工期关键路径，管理"裁剪"形成的基础管理流程和准则，项目部通过综合考虑现场施工准备工作进展，各工点工程形象进度边界条件，参照工期关键路径确定月度施工计划。月度施工计划应该通过项目部各部门、各工点施工队伍沟通确认后，以书面形式正式下达。

月度施工计划下达后，项目部各部门、各工点，应该结合自身工作职责和管理范围，分解制定本部门月度工作计划、本工点工序层面形象进度计划。在实际项目管理过程中，项目部部门月度计划的制定、分解，是在项目经理牵头组织下，项目部管理层、各部门、各工点负责人，相互协调沟通达成一致的过程。项目部各部门月度工作计划，应以适当的方式形成文件，并经项目部分管领导审核、项目经理批准。其内容至少要包括：月度设备物资供应计划、施工方案编制审批计划、前期工程需求计划、资金需求计划、分包招标投标或合同管理计划、甲供甲控材料需求计划、工程变更或签证工作计划等。围绕工程施工月度计划的推进，工程管理部按照工程技术管理流程履行过程控制职责。

1990年作者参加工作时，施工企业还留存着一些计划经济时代的管理惯性。工程局和项目部，还都沿袭"计划统计管理部"职能机构设置，项目部月度计划由计划统计部门按照工程形象进度和投资完成计划额度指标，"双指标"下达、统计、计量。项目部月度施工计划由工程技术部负责编制，以项目部名义下达，有利于工程技术部门，发挥对项目总体施工组织设计关键路径计划的制定过程，比较熟悉；对工程现场各工点，施工边界条件动态比较清楚；对工程涉及的安全质量等制约因素，有较好的预见性等方面的优势。有利于保证各工点形象进度指标的确定，更好地处理和控制现场工序接口问题，使计划的可实施性更强。工程技术部门下达的月度计划，应同时包含投资完成计划额度指标，主要用于对非关键路径工点工期的管理。既要贯彻均衡施工原则，又要控制非关键路径的工点，转化为控制工期的关键路径工期工点。施工企业在项目管理基础标准上,"三统一、三合一",有利于项目月度计划的制定、执行和统计核算,在工程、商务和财务三方面的协同,提高计划的可执行性、执行效率和统计核算水平。

3. 施工过程工程技术管理工作

(1)按照"工点施工组织设计或施工方案编制审批计划",总工程师组织工点施工组织设计或施工方案,以及相关的危险性较大专项安全技术方案、监测以及工点临时用电方案等,按计划制定、评审和审批。对于关键过程、特殊过程,组织制定作业指导书或操作规程,保证按照施工计划安排,满足工点开工报告审批要求。组织工点技术交底工作,包括相关技术规范、验收标准、标准图(含通用图、参考图)的学习、培训或交底工作。确保现场管理人员、作业人员应知应会水平,满足现场施工要求。重难点工程施工组织设计或施工方案的制定,根据工程规模、外部影响因素、技术复杂程度,往往需要提前半年,甚至一年就开始推进。

(2)组织工程测量放样和现场监测,形成测量记录和施工监测数据,以及数据分析、预警记录。特别是铁路、公路隧道新奥法施工,需要进行地质超前预报和地下水超前探测,需要通过围岩变形监控量测,建立掘进、临时支护、二衬等工序,动态设计、动态施工的工程管理机制,以保证隧道施工的工期、成本、安全和质量持续受控。需要强调的是,由于上述工作都有一定的技术门槛,其策划和实施一般均应以工程技术管理部门为主,项目安全质量监督部门,对其过程结果进行监督、评价、预警,并对接外部监理、政府监督等部门。

(3)组织编制工艺试验方案和现场工序工艺试验,进行工艺试验总结,确定合理的工艺参数。开展工序样板现场交流活动,以样板引路提升工序工艺标准化操作水平。有的细分行业,工程实行工序首件验收制度,也应按照行业和业主管理要求,实施并形成相应的记录。

(4)组织工点施工准备情况检查,严格工点开(复)工报告审批和归档。开工报告,包括单位工程、分部工程开工报告和中间(停工7天以上,或重大安全、质量事故处理完成)开工报告。以铁路行业为例,工地开工报告审查内容包括:地质勘探完成,《施组》和方案审批、图纸会审、现场三通一平及临时设施、标准试验、工艺试验、主要材料机械设备落实、检测仪器、劳动力组织、工程基线标高复核、施工许可满足等要求,通过监理施工现场质量管理检查(含现场管理机构、质量管理制度、施工合同、设计交底、分包审查)合格并签认。开工报告内容和格式,应优先采用建设单位规定的表格。

(5)组织工序旁站、工序过程检查和验收。指导和检查工点技术负责人,每日填写施工日志,建立和归档隐蔽工程检查、地质确认、工序过程记录、检验批或分项工程验收签认记录。项目部应指导和监督工点,完善工程"三检"制度,明确相关责任人及记录的标准、格式。对于"例外放行",应按照放行事件的影响程度,规定相应的审批流程和审批权限,并完善相关的记录。

(6)配合项目生产经理或工点负责人,做好工程调度和现场组织协调工作。进行每日现场工点工序形象进度统计,每周或每旬对现场形象进度进行汇总分析,结合工点劳动力、施工机械设备、施工装备情况统计,发现施工过程存在的问题,提出前期工程、现场资源、现场组织管理活动调度协调意见建议,及时发现和解决现场施工过程中存在的问题,保证现场施工进度符合月度计划安排。

(7)组织成品保护和工序转换验收。由于工程的一次性、露天或野外施工、外部干扰因素的复杂性,项目部管理层、各职能部门应多深入现场,实地查看工程的实际进展情况,劳动力、机械设备和工装、物资供应储存情况,以及现场施工组织管理、文明施工等情况。成品保护,不但关系到向业主最终移交质量,而且对工序转换也有重大影响。比如高层住宅电梯,在装修施工阶段,必须进行内部包裹防护;再比如城市地铁矿山法隧道,由于受断面尺寸影响,一般都是在开挖初期支护贯通以后,在开始混凝土二次衬砌施工前,对初期支护平整度和侵限点、表面凸露的锚杆钢筋、渗漏点、影响二衬施工的垃圾杂物等,进行修正、补喷找平、堵漏和清理,并从工序转换的角度进行检查验收,以确保二次衬砌施工界面和作业场地,满足二衬施工要求。按照施工组织设计《单位、分部、分项工程划分明细表》,工序转换涉及的分项工程评定或验收,应按照"上道工序未经验收合格,不能进入下道工序"的原则进行。

(8)工程变更和现场签证。施工过程中,由于征地拆迁、管线迁改,水文地质变化、业主监理指令、材料替代等外部不确定性影响,建设单位、设计单位、监理单位、施工单位,都有可能提出工期、设计、工程数量、工法措施等方面的变更要求。现场签证,是业主要求施工单位完成施工合同内容以外工作,及其产生的费用,做出书面签字确认的凭证。我国建筑业各细分行业、各地方建设单位,一般在建设工程合同、建设单位管理制度,都有明确的变更程序和审批流程规定。变更设计,应坚持先变更再施工的原则。施工单位发起的变更,一般应在发起前经过经济技术比选,经项目经理决策审批后进行。施工单位应保持相关的通知、会商、洽谈记录,变更设计应随工及时完善四方会签审批记录。变更导致工期关键路径、施工顺序和工法调整的,有可能需要对施工组织设计或施工方案的调整和优化。

对于作业层分包单位提出的变更或现场签认要求,应按照项目部授权,并经过项目决策层审核、审批。

（9）工点施工总结。我国建筑业有的细分行业，把工点施工总结作为竣工文件的组成要求。工点施工总结，对于施工单位工程总结，项目经济活动分析，项目成本还原等工作，起到重要作用。施工企业应该设计和规范工点施工总结的内容、格式要求和编制、审核责任人，以确保施工总结随工完成。全面信息化管理条件下，过程记录的系统性和完整性，有利于施工总结工作，寻求实现智能化的可能性。

（10）已完工程数量确认和工程资料归档。按照月度验工计量时间节点，工程技术部门应组织工点责任工程师，汇总每个工点月度形象进度，对符合月度计量标准的工程数量进行统计汇总，并按照项目部计量支付管理流程，完善相关审核、审批流程和记录，作为月度工程结算和支付的依据。月度工程数量确认，要与工点施工图经复核的工程数量进行对比，按照总量限额控制原则确认。对超出部分，有的行业要求工程计量同时，提供相应的工程质量检查验收资料。工程技术部门应按照计量时间口径，完成相关资料的收集归档，并提交监理单位审核检查。工程资料除了按照施工组织设计"竣工文件组成清单"的内容、格式、审核签认程序形成外，还应满足企业自身管理相关要求。

每个工点完工前，工程技术部门应对照施工图设计文件、相关技术标准，核对已完未完工程，确保合同和施工图设计文件规定的所有实体工程内容全部完成，本部门工作职责范围内的竣工文件和其他内业资料，内容齐全，归档完备。

（11）工程竣工测量和施工场地复原清退。项目所有工程完工后，工程技术部门要组织工程竣工测量。有的行业，比如铁路、公路等项目，还有埋设地界桩、移交控制点标志桩，为竣工图绘制作准备。

随着工点逐步完工，工程技术部门要协助总工程师编制场地清退方案，包括临时设施拆除、场地清理、土地复耕，以及合同范围内的原地貌、构筑物复建。

需要指出的是，我国建筑业各细分行业，由于产品特性、行业管理惯例，不同细分行业施工总承包项目工程技术管理工作，在管理责任制体系、工作内容、管理程序、工作流程和准则方面，存在很大的差异。我们无意统一施工企业施工总承包项目实施阶段，工程技术管理的流程和准则；但是，按图施工、按规范操作、按验标检验，以过程工作质量保证项目"可交付价值"满足要求，是上述过程必须确保和满足的底线要求。

三、项目检查和改进阶段的工程技术管理

1. 工程技术管理工作过程检查和改进

工程技术管理工作中，施工测量、方案编制和评审、技术交底书审核，工序检查

验收中，质量安全专职人员的复检和监理部门的签认等，构成了工程技术工作的检查和改进机制。

施工过程中，企业总部业务部门、建设单位、政府监督部门的监督检查，构成了项目工程技术管理工作检查改进机制。

2. 项目工程技术总结

在工程竣工移交前，工程技术部门须完成工程总结中，相应部分的总结编制工作。完善工程竣工文件中，竣工图纸（有的行业含前期工程、地亩竣工资料和图纸）的绘制、归档。完成所有变更设计洽商、审批程序，汇总工程竣工工程数量、劳动力总量统计，提供项目商务部门进行工程结算和成本还原工作。并与项目策划阶段，施工组织设计相关内容进行比较，分析策划与实际执行过程存在差异的原因，提出今后改进和预防的措施建议。

第七章　项目人力资源管理

《项目管理　术语》GB/T 23691—2009对项目人力资源管理的定义：项目管理的一部分，致力于对参与项目的人员进行最高效的管理，通常由组织规划、人员招募、团队建设等构成。彼得·德鲁克在《管理的实践》中，首次提出"人力资源"的概念。他认为：企业的资源包括很多，但真正的资源只有一项，就是人力资源。"人力资源是所有资源中最有生产力，最多才多艺，也是最丰富的资源，它最大的优势在于具有协调、调和、判断和想象的能力。"21世纪，不论是商业机构或非商业机构，其最可贵的资产，会是他们的知识工作者和知识工作者生产力。依据我国建筑业施工企业资质管理、安全生产管理、工程质量管理等，相关行业法规和标准，结合我国施工企业现状，施工总承包项目人力资源，包括企业自有的项目管理和施工作业人员，通过合同形式组织的市场化劳动或其他服务类人力资源两大类。本书将施工总承包项目人力资源管理，分项目管理人员、作业层两个层级，分章节进行管理流程构建和解析，以满足相关法规要求，并适应施工企业当前和未来项目管理的实际。本章"项目人力资源管理"，主要指施工企业自有项目部层面的管理人员。而以工程施工分包合同为纽带，属于施工总承包项目部管理职权控制范围内，其他的项目管理人员，如专业分包方现场项目部主要负责人和其他关键岗位人员，施工企业在项目管理中，按照"合作共赢"原则，对其市场准入资格、培训情况、安全质量行为、日常项目管理职责、考核激励约束等，须纳入项目施工总承包管理范围的人员，在下一章"项目劳务及作业层管理"中介绍。

第一节　项目人力资源管理的要求

20世纪90年代以来，我国企业人力资源管理理念，在中国特色社会主义市场经济培育发展过程中，不断提升和优化。人力资源管理政策和制度体系，在吸引、发展、保留人才方面市场化水平不断提升，以关注员工岗位胜任能力的职业规划、绩效测量及激励机制逐步完善。人力资源管理，也是比较早的利用信息化管理软件，基于管理流程建立人力资源信息共享的平台，使企业人力资源管理水平，得到了全面的提升和发展。施工总承包项目管理中，人力资源在项目成败、项目绩效水平上，起着决定性的影响作用。我国建筑业相关法律法规，包括《劳动法》《劳动合同法》《工会法》《安全生产法》《建设工程质量管理条例》《建设工程安全生产管理条例》《中国共产党国有企业基层组织工作条例（试行）》等，对施工企业项目管理相关的人力资源，提出了具体的强制性要求。一是对项目关键岗位人员的资格、能力、业绩、经验方面的要求，比如从本世纪初开始，处于改革开放前沿的东南沿海省份，就对项目经理、项目总工等关键岗位人员的合同承诺兑现、现场履职考核、履约过程人员更换等，出台了详细的检查、考核、经济奖罚约束制度。二是对建筑业人员行业准入方面的制度不断完善，安全工程师、计量师、造价师、建造师等执业资格考试、注册、使用管理制度日臻完善，引导和培育以企业为主体的市场竞争格局得到了长足的发展和提升。三是围绕施工企业项目管理相关人员岗位应知应会教育、培训方面的规定。比如项目主要管理人员、项目安全生产专职岗位人员的安全生产考核制度，特殊工种作业人员持证上岗等，准入类职业资格考核认证制度，和社会化职业技能水平认定制度，以及项目管理过程中岗前培训、危害告知、沟通协商等要求。四是具有鲜明中国特色的企业党、工、团组织，其核心作用也体现在对"人"的思想、意识和行为的影响方面，构成我国在人力资源管理方面无可替代的体制和制度优势。

国际标准化组织（ISO）与施工企业相关的系列管理体系标准，突出强调企业文化、企业战略对人力资源的凝聚和引领作用，从人员能力、意识和沟通，以及岗位角色、职责和权限分配等环节，提出人力资源管理方法论。现代企业人事管理工作的主要内容有：人力资源规划、员工招聘与任用、员工培训、薪酬福利、绩效考核与奖惩、考勤与休假、人事档案、劳动合同管理等多方面。每一方面内容，企业都应建立相应的流程，将人事工作中一些常规的程序流程化、标准化，确保各项人事工作执行到位。我们无意介入企业人力资源管理的整体战略和流程，但是全面贯彻和满足建筑行业相关法律法规和其他相关要求中，对施工总承包项目人力资源管理的相关要求，既是决定项目成败的强制性要求；工程项目人力资源成本，也是项目成本的重要构成部分。施工企业人力资源成本，通过对项目提取管理费用和利润得到回报，对"项目人力资源管理流程"进行解析，有利于项目部以企业人力资源管理为后台支撑，通过全面贯彻和执行相关法规、标准，企业相关管理制度和合同要求，建立项目过程职责分配责任矩阵，完善岗位工作标准，确保履行现场项目管理职责，控制项目人力资源成本，全面实现项目管理目标。项目管理信息化、数字化，既对施工总承包项目人力资源管理，提出了更高、更广泛的要求；同时，还有利于形成项目现场，与项目特征相匹配的管理人员配置大数据。有利于企业动态优化项目管理人员配置标准，优化和提高现场项目部人力资源管理效率，充分发挥人力资源的主观能动性、提升项目管理效率和效益水平，控制人力资源成本，并提升企业劳动定额管理水平。

第二节 项目人力资源管理流程和要求

一、项目人力资源管理流程（图7-1）

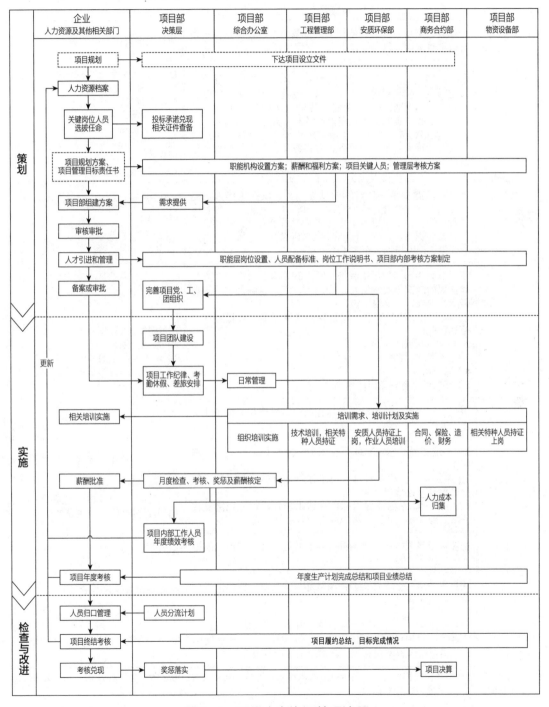

图7-1 项目人力资源管理流程

二、项目人力资源管理过程要求（表7-1）

项目人力资源管理过程要求　　　　　　　表7-1

阶段	过程	管理要求	记录
策划	1	企业人力资源管理部门依据人力资源档案，按照投标承诺选拔项目关键岗位人员，由企业决策层任命	项目关键岗位人员任命书
策划	2	1）项目管理层根据"项目规划书"及"项目部责任书"拟定项目部机构设置、人员配备、职能分配、薪酬体系，并报送企业审核审批；制定具体的党工团工作方案和目标，报企业备案或审批；完善项目人力资源考核制度。 2）企业根据需求引进人才或组织内部人员调配，协助项目关键管理人员组建项目部，并将有关人员岗位培训持证情况资料发给项目部，以备业主检查核对	1）项目人力资源需求计划； 2）项目职责分配表； 3）项目部岗位设置表； 4）项目部岗位说明书； 5）人员资格记录台账； 6）关键岗位人员调整时业主审批记录； 7）项目员工绩效考核制度
实施	3	项目团队建设是一项持续的过程，主要依据工作人员能力、技能、经验合理地分配岗位和职责，并建立岗位目标管理机制，在既有资源下形成团队能力最大化；通过党、工、团组织活动，提升团队凝聚力和执行力；通过内部沟通交流，提升协同工作水平	1）项目部各级管理人员和部门岗位职责； 2）党工团日常活动记录； 3）团队沟通交流机制及记录
实施	4	项目部职能部门依据工程施工特点和要求，国家和地方法律法规的强制性要求安排培训内容，培训以满足项目管理需求为中心，主要内容包括： 1）国家建设法律法规、安全生产法规标准、质量管理规范和标准； 2）工程专业技术； 3）三级安全教育； 4）取证培训； 5）定期组织各种党工团培训	1）培训需求计划； 2）培训计划； 3）培训实施记录； 4）培训总结或检查记录
实施	5	根据工作需要，派出员工参加各级政府机构和上级企业组织举办的相关培训	
实施	6	1）制定考勤、差旅、休假、福利、保险相关规定，并参照落实。 2）制定项目部内部管理人员工作责任目标，并据其进行月度检查、评价和奖惩。 3）在薪酬体系内根据内部检查结果、公司相关规定发放薪酬，财务部门将人力资源成本纳入项目核算	1）月度（或季、半年、年）检查奖惩记录； 2）薪酬发放记录； 3）考勤、保险等相关记录； 4）项目月度管理费用核算
实施	7	企业对项目关键岗位人员进行年度考评，并将考评结果记入个人业绩档案	年度考评及记录
检查与改进	8	项目竣工后，企业发文撤销项目部，人员归口原单位进行管理、调派或培训	项目部撤销文件
检查与改进	9	项目竣工后，企业依据"项目部责任书"规定的各项目标完成情况对项目关键岗位人员进行终结考评，并对关键岗位人员进行考核奖罚兑现，其费用纳入项目决算	项目终结考评和考核兑现相关记录

注：项目人员职业教育、职称评定、岗位晋升、入职离职等不纳入项目人力资源管理范畴。项目党、工、团活动，主要是贯彻执行企业层级的相关要求。

第三节 项目人力资源管理流程解析

施工企业项目人力资源管理，以企业总部人力资源管理部门，和施工总承包项目管理相关的总部职能部门为主体，项目部决策层和项目部各职能部门按照企业相关管理规定，做好项目施工总承包管理过程中，人力资源相关管理工作。

一、项目策划阶段的人力资源管理

1. 项目关键岗位人员选拔任命

《建设工程质量管理条例》第二十六条，施工单位应当建立质量责任制，确定工程项目的项目经理、技术负责人和施工管理负责人。《建设工程安全生产管理条例》第二十一条，施工单位的项目负责人，应当由取得相应执业资格的人员担任。住房和城乡建设部《注册建造师管理规定》，注册建造师担任施工单位项目负责人的，应当受聘并注册于一个具有施工资质的企业，不得同时在两个及两个以上的建设工程项目上担任施工单位项目负责人。《建筑施工企业主要负责人、项目负责人和专职安全生产管理人员安全生产管理规定》中规定，相关人员应申请安全生产考核，并取得安全生产考核合格证书。上述法规和规范性文件，从施工企业和从业人员两个方面，强化对项目安全质量管理责任的监督管理。我国建筑业大多数细分行业，在项目招标文件中，对施工单位项目部项目经理、项目技术负责人、生产负责人等关键岗位人员，在执业资格、专业技术职称、类似工程经验等方面，提出明确要求。要求施工单位在投标文件中，做出响应和承诺。行业和地方建设行政主管部门，在日常的建设项目安全质量监督检查中，也把施工企业项目关键岗位人员履约兑现情况，作为重要的行政监督事项。

我国建筑业大多数施工企业，在启动项目投标工作阶段，即根据内部项目关键岗位人员选拔任命流程和标准，选择拟任的项目经理、项目总工、项目总经济师或商务经理参与到项目招标投标过程。在项目中标后，正式下达项目部设立和项目部关键岗位人员任命文件，并将关键岗位人员相关证件资料提供所在项目部，以备外部相关方检查核对。

2. 项目组织管理方案的制定和完善

根据项目的工期、工程技术难度和复杂程度、项目外部环境影响因素，施工企业在招标投标阶段，通过企业层面的项目规划、项目投标文件或者项目组织管理方案，在项目部成立前，逐步明确项目部职能机构设置、项目部党工团组织、项目薪酬和福利方案、项目部管理目标、项目管理考核方案等。

项目部在策划阶段，要进一步结合现场调查、合同文件评审和项目施工组织设计编制，细化项目部职能管理层岗位设置、人员配置标准、岗位工作标准和项目部内部考核方案等。提出相关人力资源需求建议，报企业总部通过内部人员调配或市场化人才引进，落实和满足项目部人力资源配置需求，指导和批准项目部内部考核方案和制度，确保企业相关管理要求在项目部落地。

二、项目实施阶段的人力资源管理

1. 项目团队建设和日常管理

由于工程项目的一次性、产品的独特性，项目实施阶段的人力资源管理，以项目团队建设为核心，是贯穿项目全过程持续的动态活动。项目部团队建设，根植于以企业核心价值观为导向的项目管理文化。每个企业，都客观存在着自身基于长期实践形成的项目管理文化。这包括以企业CI为代表的企业文化视觉系统，项目党工团组织活动，塑造的企业精神、价值观、员工职业道德规范和管理行为规范等；以企业项目管理制度为代表的管理流程和准则；以目标管理为核心的日常组织管理机制。而基于项目产品分解结构及其管理过程，所形成的项目责任矩阵，项目管理角色分工、岗位职责和权限，以及项目团队内部沟通交流机制，是项目团队建设的核心内容。项目经理在其中，起着无可替代的核心纽带作用。

我们强调项目策划以工程认知为基础，就是指利用工作分解结构（WBS）技术，全面梳理项目的工程、组织、过程、资源、管理、外部相关方等各类分解结构，对构成项目产品的基本单元以及项目管理活动单元，进行标识和定义。以项目产品分解结构，全面梳理项目部管理和服务的具体工作，并以此为遵循，把每一项工作指派到每一个部门及岗位，形成覆盖项目产品实现全过程的纵向到底、横向到边的责任分配矩阵。明确岗位角色对每项工作的责任关系（主持、协助、参与、检查或审核等），作为制定项目部各岗位、各部门责任目标分解、员工岗位说明书的依据。

以项目产品分解结构为纲领，应使项目管理各层级，责任清晰、目标明确、接口顺畅，体现出一加一大于二的团队管理效能和效果。项目团队日常的管理，既要有明确的考勤、出差等工作纪律和人性化的休假、文体活动安排；又要围绕项目产品实现过程，建立分层次、跨部门、多渠道的内部沟通交流机制。要求项目部决策层、职能管理层及现场管理层之间，围绕项目管理的全过程，就沟通什么、何时沟通、与谁沟通、如何沟通、谁来沟通进行策划和实施，以确保团队运行的凝聚力和协同性。

2. 项目日常的培训、学习和交流

企业经营发展过程中，能力和资源相对不足的矛盾，是企业成长发展面临的永恒

主题，这尤其体现在人员岗位能力的适用性上。项目部除了依靠企业总部人力资源管理保障外，还需要通过不同层次、部门不同岗位人员，合理搭配组合和分工，充分挖掘和发挥每位员工的长处、规避其短处，确保团队能力持续适应项目管理需求。有计划、系统地鼓励员工自学和培训，是提升员工能力和技能的主要途径和手段。党工团组织的学习、教育活动，对于统一和提高员工的工作思想意识、化解矛盾冲突、凝聚共识，能起到不可或缺的重要作用。

一些施工企业，建立项目部学习日制度、职工夜校等。对项目产品实现过程中，涉及法规、合同等强制性要求，如项目关键岗位人员执业资格继续教育或岗位考核合格证有效期届满，相关职业技能准入考核和技能水平认定，工程管理过程应知应会等；项目部应依据员工需求，建立项目部年度或阶段性、专题培训需求计划，充分利用企业总部或项目部培训资源实施培训，建立和保持相关的培训记录，以促进员工岗位能力适应水平和职业能力成长。

3. 项目部考核与激励

唐太宗言"国家大事，惟赏与罚。赏当其劳，无功者自退；罚当其罪，为恶者咸惧。则知赏罚不可轻行也。"任正非曾说："华为不缺人才，钱给多了，不是人才也变成了人才。"《向华为学科学分钱》从人性的原点出发，从经营的原理着手，从底层的逻辑展开，廓清了分钱的基本原则，归纳了分钱的基本方法，演绎了分钱的具体算法。从一个角度呈现出人力资源管理中，考核激励与约束的精髓。彼得·德鲁克强调"一个组织和另一个组织之间，唯一的真正区别是其员工的表现。"

施工总承包项目团队建设、日常管理绩效，集中体现在项目履约目标完成绩效上。以施工计划向工作计划分解和月度总结评价为手段，项目部通过日常的管理协调和沟通，每个月围绕施工计划完成过程中，项目部各层级、各部门和岗位工作计划完成情况，按照月度、季度或年度进行制度性的总结评价，采用精神鼓励、晋升、提供培训机会和经济奖励激励相结合等方式，必要时与个人月度、季度或年度薪酬挂钩，形成团队考核激励约束机制。

项目部人员薪酬福利和考核激励基金，是施工企业人力资源成本的主要组成部分。项目部人员薪酬福利支出，应按月度归集，纳入项目成本核算。

三、项目检查与改进阶段的人力资源管理

PDCA循环是贯穿于项目管理全过程、各阶段、各个环节的基本管理模式。这里的项目检查和改进阶段，是指项目竣工交付、解体阶段。为了从流程图描述的基本结构上，建立各要素和职能管理流程之间的过程网络对应关系及其接口关系，我们对所

有的要素和职能管理流程图，按照策划—实施—检查和改进的统一格式进行描述。

（1）项目履约总结阶段，对人力资源的评价。施工企业应建立人力资源评价机制，每个项目完成后，对所有项目管理人员工作绩效进行总结评价，纳入个人人力资源档案记录。

（2）项目考核兑现。作为项目管理人员重要的激励约束机制，很多企业对项目部实行履约抵押金制度和项目目标责任书考核奖罚兑现制度。

项目部考核兑现奖罚，应纳入项目部成本决算。

第八章 项目劳务及作业层管理

当前，我国建筑施工企业使用农民工，作为作业层组织的主要方式，将在很长时期内难以实现根本性扭转。把劳务用工管理和作业层管理一并论述，有利于相关劳动用工风险管控，和项目作业层组织，提高项目施工作业管理水平。

第一节 项目劳务及作业层管理的地位和作用

人工费占到建设工程产品成本15%～20%。曾有央企高管坦言，施工企业"成也劳务，败也劳务"，形象反映出劳务在施工企业项目管理中的地位和影响。自20世纪80年代末以来，农民工和包工头逐步成为建筑业作业层的主体，劳务管理始终是我国建筑业改革发展的重要议题。1994年建设部印发《全面深化建筑市场体制改革的意见》，推行管理层和劳务层两层分离，后于2001年、2007年、2015年、2018年四次修订《建设工程企业资质管理规定》。目前建设工程企业资质，分为施工总承包资质、专业承包资质、施工劳务资质三个序列，形成以劳务企业为基础的"金字塔"型产业队伍结构体系。2003年以来，我国建筑业受"基建狂魔"和"刘易斯拐点"叠加影响，建筑市场对劳务需求连年增加，但供应总量逐年减少。加之建筑业工作环境差，从业人员社会认同度低，职业风险高，从业稳定性低，劳动权益侵害率高，吸引力低，导致建筑劳务用工市场长期供小于求。特别是近年来，劳务作业人员结构也产生了新变化。50岁以上、受教育程度低为主力军和30岁以下水暖电安装技能型工人群体并存。新生代劳务作业群体，从过去更关心收入报酬，转变为自我价值感提升、个人荣誉感增强，对工作环境舒适度和闲暇时文化休闲活动期望日增。总承包企业立足于培养优质供方资源库，用工模式创新步子不大，劳务阶层总体呈现后续梯队不足，培训薄弱，施工技能水平下降之势。造成我国建筑产业工人队伍，持续存在无序流动性大、老龄化现象突出、技能素质低、权益保障不到位等问题，已经成为制约建筑业持续健康发展的突出矛盾，引发了政府主管部门、建设工程企业的普遍重视和变革。

在市场端宏观管理方面，2014年《住房城乡建设部关于推进建筑业发展和改革的若干意见》，提出构建有利于形成建筑产业工人队伍的长效机制。2017年《国务院办公厅关于促进建筑业持续健康发展的意见》，要求健全建筑业职业技能标准体系，全面实施建筑业技术工人职业技能鉴定制度。全面落实劳动合同制度，实现劳动合同全覆盖。以专业企业为建筑工人的主要载体，逐步实现建筑工人公司化、专业化管理。

2019年3月1日住房和城乡建设部和人社部联合印发《建筑工人实名制管理办法（试行）》，建立全国建筑工人管理服务信息平台联通、共享，强化对建筑企业所招用建筑工人的从业、培训、技能和权益保障等，以真实身份信息认证方式，进行综合管理。2020年5月1日《保障农民工工资支付条例》提出，用人单位实行农民工劳动用工实名制管理，多措并举保障农民工工资支付。徐州市建立农民工工资发放与合同、考勤、工资表、银行发放流水关联一致的"四流合一"监管体系，严禁总包单位将专用账户资金直接打给包工头、班组长套取专户资金。2020年11月30日住房和城乡建设部《建设工程企业资质管理制度改革方案》，提出将施工资质分为综合资质、施工总承包资质、专业承包资质和专业作业资质。2020年12月，住房和城乡建设部、国家发展改革委等12部门发布《关于加快培育新时代建筑产业工人队伍的指导意见》（建市〔2020〕105号）特别提出，建筑企业加快自有建筑工人队伍建设。2022年，重庆市政府开展为期三年的培育新时代建筑企业自有工人队伍建设的试点，引导属地劳务企业向总承包和专业承包企业，或上述企业的专业作业子公司转型发展。各级政府上述改革管理举措，稳步推进培育专业型、技能型建筑产业工人队伍，强化产业工人权益保障措施，控制无序流动，提高从业稳定性，为施工总承包企业规范和强化劳务与项目作业层管理，推动我国建筑业高质量发展，营造出良好的市场环境。

在企业端作业层管理方面，2009年国务院国资委下达《关于加强中央企业班组建设的指导意见》，将企业班组建设的研究，视为在企业战略层面的一项重要课题。电力、铁路地铁运营、烟草、化工等一些作业技术较密集、作业安全风险突出的行业企业，如国家电网有限公司，自2019年开始输变电工程施工作业层班组标准化建设，所属企业在组织设置上，不断完善"公司统一领导、工会牵头协调、部门分工负责、基层具体实施、班组全员参与、党政工团齐抓共管"的班组建设机制，标准化班组建设成果突出。

当前，我国施工企业作业层主要的用工形式，可以概括为以下几种类型：与单个人签订劳动合同，适用于特殊紧缺工种或公务用车司机、厨师等辅助生产人员。包清工模式，企业负责材料采购，劳务队按照"包工不包料"，采用与班组签订平方米包干、实物量清单单价和日工资工时承包协议等方式，进行劳务工作承包；扩大劳务分包模式，主要特征是包工包料，类似工程主体分包，普遍采用包人工和辅助材料。上述两种模式，都存在"包工头"管班组的问题，是施工企业劳务和作业层管理问题频出、管理水平低下的根源。直管劳务模式，又称自带劳务施工，比较典型的代表是铁路行业倡导的"架子队"，对于技术性很强或安全责任重大工序，由总包企业架子队队长、技术负责人、技术员、安全员、质检员、材料员、试验员、领工员及工班长等组成管理架子，自有职工和劳务工穿插编组一起作业，或管理多个专业劳务班组施工等。班组处于施工总承包项目组织产品实现过程的最末端，班组运转的条件是各种资源，包括资金、技术、设备、工作流程和方法等。这意味着项目管理，要把为班组创造良好的作业条件，作为主要的目的之一。成本、效率和质量，是考量班组建设和管理工作的三大重要因素，项目管理需要对班组绩效建立评价和激励机制。在全面信息化、数字化条件下，按照"数出一源"的原则，不但是班组长要参与施工过程信息的采集、录入；而且，作业工人在实名制考勤、现场管理内部沟通方面，也将承担一定的参与责任，建筑业班组建设将成为建设工程企业信息化、数字化转型的重要环节。要求建设工程企业立足新时代产业工人队伍建设，将班组建设与企业发展战略、数字化转型战略相统一，完善以班组长为核心的作业层生产指挥、组织协调、岗位协作等职能，理顺运行机制，整合、优化班组各项资源，提升班组执行力、规范化作业能力和水平，为项目目标实现"强基固本"，为企业信息化、数字化转型提供末端支撑，杜绝"人为加工数据"的弊端。

有理由相信，今后随着建筑市场产业工人队伍的培育和发展，专业承包资质和专业作业资质队伍的不断发展壮大，建设工程企业以班组建设为核心的作业层管理不断规范和强化，加上全面信息化、数字化加持，必将促进我国建设工程企业逐步迈入高质量发展新阶段。

第二节　项目劳务及作业层管理流程和要求

一、项目劳务及作业层管理流程（图8-1）

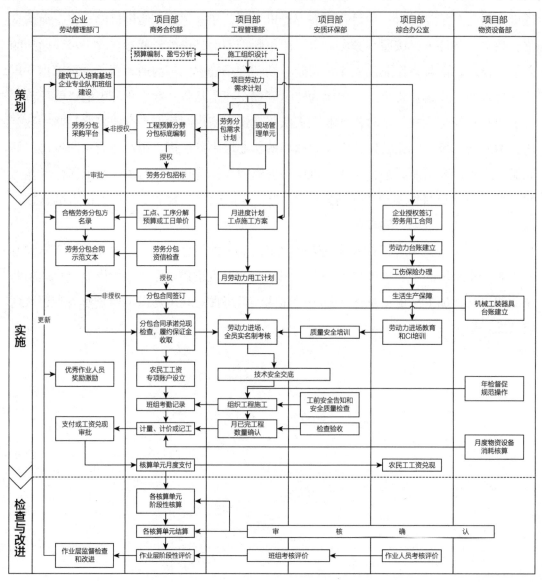

图8-1　项目劳务及作业层管理流程

二、项目劳务及作业层管理过程要求（表8-1）

项目劳务及作业层管理过程要求　　　　　　　　表8-1

阶段	过程	管理要求	记录
策划	1	1）建筑企业应按照国家产业工人队伍建设政策导向，建立企业建筑工人培育基地，强化企业自有专业作业队伍和标准化班组建设，以提升项目劳动力供给保障能力，逐步消灭"包工头"层级，提高企业作业层管理精细化水平，为全面信息化、数字化转型提供支撑。 2）企业应建立劳务分包采购平台进行劳务分包招标采购。 3）建立项目作业队或班组管理制度、完善绩效导向评价标准	1）劳务分包合同示范文本； 2）专业分包合同示范文本； 3）劳动合同示范文本； 4）分包招标投标采购记录； 5）合格劳务分包方名录； 6）内部作业队或班组施工协议示范文本
策划	2	1）项目工程部根据施工组织设计编制劳动力需求计划，按照项目产品分解结构，策划分包和现场管理单元划分，作为队伍部署的依据； 2）项目商务合约部据此进行工程量清单预算分劈，编制分包招标投标标的价或内部队伍承包控制价，并上报企业劳务采购平台主管单位	1）劳动力需求计划； 2）劳务分包需求计划； 3）现场管理单元划分表； 4）分劈工程量清单预算； 5）项目部劳务分包采购记录
实施	3	1）企业和项目部分别在授权范围内确定劳务分包单位，经企业审批后，签订劳务分包合同或内部施工队、作业班组承包经济责任书或合同； 2）项目部在企业授权下签订劳务用工合同	1）签订的劳务分包合同； 2）签订的劳务用工合同； 3）签订的内部管理单元经济责任书或合同
实施	4	1）工程部根据施工组织设计编制工程月进度计划和施工方案，并据其编制"月劳动力用工计划"。 2）商务部应建立工点、工序分解预算或工日单价，作为班组月度绩效评价基准	1）月度进度计划（细化到工序）； 2）月劳动力用工计划（如果有）； 3）工序分解预算或工日单价
实施	5	1）工程部根据月劳动力用工计划组织作业层人员全员实名制考勤进场。 2）各相关部门组织对作业层人员进行项目规章制度和技术安质环保进场培训，并建立劳动力台账，办理工伤保险，完善生产生活条件。 3）设备物资部对特种设备进行进场控制，对其他机械、工装、工器具、周转材料建立动态分布台账。 4）商务合约部对分包方合同承诺兑现情况进行检查，建立农民工工资专项账户，依据分包合同、现场管理承包协议，按照"三流合一"原则建立现场作业层核算单元商务、财务核算台账	1）现场劳动力动态台账； 2）工伤保险记录； 3）进场教育和培训相关记录； 4）机械设备、工装、工器具、周转材料分布动态台账； 5）特种作业人员持证资格记录； 6）核算单元商务、财务核算台账； 7）分包合同承诺兑现检查及整改记录，履约保证金记录（如果有）； 8）农民工工资专项账户及资金记录
实施	6	1）项目部相关部门根据施工方案和进度计划安排，组织对作业层的技术交底工作。 2）分包单位或"架子队"技术负责人就工程作业工序和工艺，向领工员、班组长进行书面技术、安全交底。 3）领工员、班组长按规定对作业人员进行班前交底、危害告知，落实班组实名制考勤，进行班后检查和工序交接	1）各级交底书和交底签收记录； 2）班前危害告知或培训记录； 3）班后检查或交接班记录； 4）班组全员实名制考勤记录

续表

阶段	过程	管理要求	记录
实施	7	1）班组作业应纳入规范的计划管理。项目部应建立班组派工单、或（和）建立系统的班组作业条件保障机制，使班组作业任务明确、各种保障条件持续受控。 2）应建立班组作业记录，包括天气和气温影响因素、日作业人员、机械台班、工器具、周转材料、场地情况、班次起始和结束时间、班组前序工序条件和交接班界面、日完成实物量、消耗的工程物资材料、工序过程影像、外部检查或整改要求、延窝工等问题信息。 3）班组应按照"三检制"纳入项目部工序验收和签证，项目安质部组织对施工过程进行监督检查，设备物资部门对特种设备、原材料、周转材料或工装的适用性状态进行检查	1）派工单记录或临时作业指令记录； 2）施工日志（含工序过程影像）； 3）"三检"记录； 4）日班组作业存在问题及其纠正和预防措施实施记录
	8	1）项目工程部组织对月度已完工程数量进行验收、核定，安质部对已完工程质量及其检验签证完备性进行核定，物资设备部对核算单元月度物资设备消耗进行核算。 2）项目合约商务部依据班组考勤对计日工、确认的已完工程量进行汇总计价或计工，作为月度商务、财务核算的依据，并形成核算单元月度支付记录。 3）办公室依据审批的分包或内部施工队月度核算支付额，核定作业层各核算单元月度工资支付记录，并保证农民工工资兑现支付到位	1）工程部、安质部月已完工程量（工作量）验收签认记录； 2）物设部月度消耗核算记录； 3）月度商务核算和支付额记录； 4）月度财务核算和支付记录； 5）作业人员工资支付台账； 6）农民工工资兑现支付情况记录
检查与改进	9	1）作业层绩效是项目管理绩效的主要反映指标，项目部应通过作业层各核算单元"三流合一"阶段性核算、结算，对作业层绩效进行评价，以发现项目管理过程存在的系统性问题，并制定和实施纠正和预防措施。 2）企业应建立对作业人员、班组、作业层检查、评价和激励约束机制，根据作业层履约绩效和监督检查情况，对优秀作业人员进行奖励激励，对作业层队伍中"合格劳务分包名录"进行更新，发现作业层管理改进的机会并实施改进，为项目持续提供作业层资源支撑保障	1）阶段性核算或结算绩效评价记录； 2）项目经济活动分析及改进记录； 3）更新的合格劳务分包名录； 4）优秀作业人员奖励激励记录； 5）企业对项目作业层监督检查和改进记录

注：项目劳务和作业层，分别通过劳务工劳动合同和劳务分包合同、内部建制队伍获取和管理。劳务分包应优先采用"架子队"模式形成项目作业层，以强化对班组的建设和管理。

第三节　项目劳务及作业层管理流程解析

施工企业总承包项目的劳务及作业层管理，大多都有比较成熟的招标投标采购、分包或内部承包合同、过程履约、计量支付、结算制度和标准。项目管理全面信息化条件下，关注的是在传统劳务和作业层管理过程中，进一步解析企业总部和项目部、项目部各职能部门之间，围绕作业层管理过程的流程网络化及接口，通过管理精细化、集成化水平的提升，利用全面信息化、数字化赋能，实现管理质的提升和创造管理增值。这一意图和理念，贯穿于后续相关的职能和要素管理流程的解析之中。

一、项目策划阶段的劳务及作业层管理

1. 项目劳动力需求计划管理

项目总体、阶段性的劳动力需求计划，必须以项目施工组织设计（或施工方案）编制为核心的项目策划为依据。根据建设工程项目产品的类别不同，人工费大约占工程成本的15%～22%之间，装饰装修工程项目中，人工费占比高达35%左右。使用劳务、包工头管理，仍是目前我国施工总承包企业，项目作业层组织的主要形式，构成施工企业项目人工成本的主要部分；而且项目作业层管理的水平，也对项目机械设备使用效率、工程物资材料消耗控制水平，产生直接影响。随着我国人口结构的变化，劳动力成本逐年增加，施工企业在项目策划中，以大力发展机械化、工业化、自动化生产，实现作业层劳动力替代，是未来建筑业发展的必然趋势。比如：近年来场内自行式电动斗车、小型土石方挖掘机、数控钢筋弯曲机的逐步使用，可以大幅降低劳动强度和现场人工需求。项目劳动力需求计划管理包括两个层面的含义：一是项目策划要从工程技术、施工机械设备和工器具选择上，实现劳动力替代，控制项目人工成本，提高作业层效率；二是劳动力需求计划的制定，以项目工程技术管理的产品实现策划为核心，通过施工组织设计《项目单位、分部、分项工程划分明细表》和《现场管理单元或分包单元的划分表》制定和实施，项目劳务用工和作业层管理，必须以服务和满足于项目产品实现策划需求，为出发点和立足点。在劳务和作业层管理中，影响项目履约绩效的因素很多，也很复杂，如：

（1）分包和现场管理单元划分不合理，或者对施工过程中潜在的不确定性影响因素认知预估不足，导致工序过程接口复杂、不同队伍之间责任不清或相互干扰制约，导致效率低下；

（2）分包单位选择偏离施工组织设计要求或履约不力，现场管理单元作业管理能力不足，导致项目工期关键路径失控，工点施工组织方案被迫调整，往往是导致项目履约失败的重要原因；

（3）作业队伍或工班作业条件管理水平低下，造成作业无法平稳持续，作业效率低、成本高，如：物资材料供应中断、开挖过程出现地下管线导致施工停顿、施工测量放样或工序验收签证不及时、工艺标准执行不到位而返工等；

（4）分包价格不合理，对分包过程签证采取拖延敷衍态度，导致作业层产生抵触情绪，甚至恶意索赔或讨薪等；

（5）现场文明施工水平低下，道路运输条件不好、水电供应不稳定、作业场地条件不好等导致班组停窝工或工效受影响等。

管理一词的定义：组织、指挥、协调、控制。"组织"处于管理活动的首位，上述问题都是管理的问题。作者在项目管理中主张，"项目部的工作，要以让分包单位能挣钱为出发点。"这意味着"向管理要效益"，就是对项目部各级管理人员职责履行、工作质量、管理精细化程度的底线、红线管理。在全面信息化、数字化管理条件下，作业层管理过程中的各种问题，将第一时间实现透明化，这些问题都会转化为对各级管理人员的任务和要求，进一步提升"向管理要效益"的内在机制和运行水平。

2. 工程量清单预算分劈和分包标底编制

施工企业习惯用"三次经营"形象说明施工总承包项目全生命周期的合同、成本和造价管理。2003年5月，时任中建五局局长鲁贵卿，正式提出了以接活、干活、算账收钱为重要内容的"三次经营"理念；以"三次经营"理念为指导，进行经营效益、管理效益、结算效益"三个效益"核算，建立营销经理责任制、项目经理责任制、项目结算收款责任制"三个责任制"管理体系。

"一次经营"是企业以"能干好、不亏损"为原则，为了获取工程项目合同所发生的一切经营行为。由此签订的合同条件和造价水平，决定了项目履约难易程度和绩效水平。按照《建设工程工程量清单计价规范》GB 50500—2013和《房屋建筑与装饰工程工程量计算规范》GB 50854—2013等9本工程量计算规范，施工企业在投标过程中，要根据建设单位招标工程量清单，复核图纸工程数量，按照自身施工组织设计和劳动定额生产率水平，编制投标报价。施工企业"一次经营"的风险与分包和作业层单位无关，这就决定了分包单位和作业层，也不应分享其中潜在的收益。比如施工图虚量、投标不平衡报价潜在收益，在分包和作业队伍预结算中应予控制和截留。

"二次经营"是施工企业履行项目合同过程中，通过"双优化"和管理降本增效，获取最好的管理效益。这个阶段的收益和风险，应与作业层队伍和分包单位合同，所承担的风险和责任相匹配。比如专业分包商，应与施工单位合理分担"征地拆迁、水文地质条件"等不确定性，带来的成本增加风险；而工序劳务分包价格，则应相应扣减施工单位大临设施、工点临时设施等的投入成本。工程由于建设单位原因或不可抗力带来的合同变更费用增加，施工单位则应规范分包变更索赔过程签证，对相关事项给予合理的补偿。

"三次经营"是在项目完工后，做好售后服务、竣工结算、审计和清欠工作，增强顾客黏性，获取最佳的结算效益和及时回收工程款。这个过程，施工企业应根据项目合同条件，在分包合同中合理分配，分包单位在质保金、缺陷责任期、工程尾工款结清时限等方面的责任。根据《保障农民工工资支付条例》，施工企业应以分包单位与"三次经营"彻底切割的原则，来确定分包合同条件和价格。

项目部按照施工组织设计"现场管理单元或分包单元的划分表",针对作业层每个核算单元,进行工程量清单预算的分劈。通过项目"创效点、亏损点、风险点"分析,合理确定项目劳务用工和劳务分包招标标底价格,及"三点"控制措施对分包合同、内部队伍承包协议条件的要求,并汇总形成项目劳务分包需求计划、现场管理单元划分。项目部在企业授权范围内,从企业实名制管理系统和分包资源库中,通过内部招标方式确定分包方。"架子队"管理团队的薪酬,应与其管理的所有班组综合绩效挂钩,突出绩效导向要求。

二、项目实施阶段的劳务及作业层管理

1. 根据月度施工计划安排完成相关合同签订

劳动力资源的投入和使用,是根据施工计划安排,适度提前,逐步组织进场和管理。施工企业应制定不同类型劳务分包、内部队伍承包模式下的合同示范文本,明确分包合同工程内容和责任范围、承包总价或单价、工程量计量规则、工程所需材料的供应方式,及分包自购材料名称、规格、数量,安全责任标准,双方责任义务及发生纠纷的解决方式,履约保证金和质量保证金收取与退还等。项目部签订合同过程中,对示范合同文本条款的修改,应形成书面的说明记录,并作为合同执行过程中重点监控事项。项目部必须坚持"先签合同,再进场施工"的原则。

劳务用工合同根据企业授权,由项目部办公室或其他授权部门负责,按照公司示范合同文本签订劳动用工合同,并纳入劳动力实名制管理台账。按照《保障农民工工资支付条例》,项目部应开设农民工工资专用账户,按照与建设单位的约定进行资金交存及支付。

2. 分包合同履约兑现检查和劳务工进场管理

根据项目部月度计划确定的劳务用工计划,组织劳务进场。为了杜绝分包挂靠、分包转包、分包重合同轻管理等现象,项目部各部门须根据部门职责,商务合约部牵头检查分包单位合同承诺兑现,主要对照营业执照、企业资质文件,核查分包单位现场管理人员资格证书及上岗证书,是否按照合同承诺进场履职,以及分包合同约定的履约保证金收缴;物资设备部对分包单位合同承诺机械设备及操作人员进行核查,并建立机械设备及人员动态管理台账;安全质量部门对分包单位劳务工三级教育情况、相关特殊工种持证上岗、工伤保险办理情况进行核查,并建立动态管理记录台账;项目部办公室对分包单位劳务工劳动合同签订、实名制管理、生产生活保障条件等情况,进行监督管理。项目部应确保按照行业或地方实名制管理要求,完善作业层全面实名制登记,并建立动态的用工管理台账后,方可安排劳动力进场施工。

3. 劳务用工和作业层现场管理

项目部应确保将各类作业层队伍、班组，纳入项目管理流程，执行项目相关管理标准和要求。工程技术部门，负责或监督检查相关施工测量、施工方案、技术交底、工序"三检"制度的落实，并完善相关记录；安全质量部门，负责或监督检查作业层，工前告知、过程安全质量检查、检验试验工作，以及监理验收签证工作执行情况；物资设备部门，保障和监督机械设备现场管理和维护保养到位，进场工装、周转材料、工器具认责和动态管控，工程物资材料供应、检验、使用消耗受控。项目部应确保在施工现场醒目位置设立维权信息告示牌，明示工点概况、作业单位、相关工程建设主管部门、劳资专员，当地最低工资标准、工资支付日期，相关工程建设主管部门和劳动保障检查投诉举报电话、劳动争议调解仲裁申请渠道、法律援助申请渠道、公共法律服务热线等信息。并采用适当的方式，如现场门禁、进出场签字登记、自动化联网考勤系统等，完善作业层劳动力全员实名制进场作业考勤制度，并建立考勤记录台账，作为代发农民工工资核查记录。有必要指出，近年来，施工企业项目对劳务企业依赖逐渐加大，测量放线、塔吊信号、资料报验等，甚至包括工期进度、劳动力调配都依赖劳务队伍实施。但是，无论分包合同对分包责任范围如何界定，都不应免除施工企业项目部对相关过程管理的最终责任，否则就形成了"以包代管"，既有可能弱化项目施工过程控制能力，导致项目"受制于分包"；又会造成项目管理和作业层管理之间"两张皮"，违背和偏离了项目标准化管理的基本理念和要求。铁路行业倡导"架子队"模式，就是针对这个层面问题，所提出的解决方案。必须依靠施工企业，系统、有效、精细化的合同管理机制来实现。

根据2020年7月住房和城乡建设部《工程造价改革工作方案》，我国建设工程领域，政府将取消最高投标限价按定额计价的规定，逐步停止发布预算定额，而是鼓励和引导企业制定代表自身劳动生产率和管理水平的"内部定额"，并指出未来利用大数据、人工智能等信息化技术，为概预算编制提供依据。我们围绕劳务和作业层管理，详细解析项目施工作业过程中，各种综合管理因素的流程、接口和记录要求，"流程"的一些具体环节，在职责分工、具体方法、记录实现方式和内容上，在不同的企业可能存在很大的差异。我们无意统一施工企业的"流程"的所有细节，但"流程"的设计和记录的规定，以贯彻相关法律法规和其他要求为底线，全面应用了"管理体系方法论"所强调的基本思维理念、方法，使施工企业能够以此为框架，在项目管理信息平台开发中，结合企业实际完善和构建劳务和作业层管理，跨部门、跨层级的信息化管理流程和记录，促进企业实现对相关活动综合信息的结构化、系统化收集和集成应用，有利于形成贴合现场实际、真正反映施工总承包项目管理末端作业活动实际状况的,"数出一源"大数据,进而通过大数据智能化应用,为企业内部定额的开发和积累提供条件。这一思路,将贯穿于后续相关的职能和要素流程的解析中,并以此为基础,提出具体的现场作业活动大数据形成技术路径和思路。

4. 作业层计量、核算和支付

作业层计量、核算和支付是PDCA闭环管理理念,在作业层管理中的具体表现。作业层计量和支付,与总承包项目月度计量支付周期保持同步,并须满足《保障农民工工资支付条例》的相关要求。有些企业在项目管理过程中,坚持"以收定支"原则,显然有可能背离政府关于农民工工资支付的要求,并给与劳务分包单位的纠纷留下隐患。

商务合约部门应根据月度施工计划,对现场作业层各核算单元,工点工序预算进行分解或明确工日单价,作为作业层月度绩效评价的基准;项目部工程技术部门,按照工序设计图纸复核数量,限额控制各现场核算单元,实际完成工程数量的核定,包括现场签认事项;设备物资部门按照计量口径现场形象进度,核定各核算单元"甲供"物资、机械台班、水电等消耗;安全质量部门,核查工序质量验收签证完成情况,及可能存在的不合格、返工返修、安全质量奖罚金额等;办公室收集作业层各核算单元,员工工资发放表,对照"劳动力动态台账"、月度"实名制考勤记录"进行审核,并监督和检查农民工工资支付到位;商务合约部门汇总已完工程数量,进行月度计量核算,控制各核算单元月度支付额,并建立相关记录台账。项目部应完善现场作业层各核算单元,月度计价支付和工资发放流程、相关岗位职责和标准,严格履行项目部管理层和决策层、企业层面,对相关环节的内部审核、审批流程。财务部门,应核减作业层各核算单元,已预支预借、代缴及预留资金后,向作业层各核算单元,进行月度计量价款或作业人员工资的支付。项目管理全面信息化条件下,使这种流程的精细化、零距离、及时性和便利性成为可能。目前,有的企业项目成本管理信息系统,已经实现了月度计量审批流程与银行支付强制性链接,以此倒逼项目成本管理制度、流程和标准的落实。需要强调的是,上述关于项目农民工工资支付,这种跨部门的流程安排,是防范农民工工资纠纷的必要措施。作者最近两年,在SPV公司协助地方政府处理农民工讨薪事件。项目所属的一家施工单位,将约2000万元的工程分包给一家劳务公司,其对分包单位的招标投标、合同、结算支付流程比较规范,但工程竣工一年后,该劳务公司因经营不善被兼并重组,其在竣工项目所带的近20多个劳务工班或个人,到政府部门上访讨薪,总金额约800万元。施工单位拿出了对分包单位的结算支付记录,但没有在施工过程中,对该分包实施全员考勤,也没有监督分包单位对所属承包班组和劳务的工资支付,导致建设单位强行从项目尾款中兑现讨薪款项,而施工单位已支付给分包单位的资金，不一定能确保全额追索。

必须指出，上述项目劳务和作业层管理流程的安排，隐含着项目流程化、集成化管理，贯彻法律法规和其他要求、控制常见的项目风险、适应全面信息化数字化转型的必然性要求。比如工程混凝土灌注桩的施工，预算定额针对成孔设备、地层类型、水文地质条件、合理的桩头预留尺寸等，在分项工程工程量清单组价时，对桩身混凝土损耗进行了合理界定和考虑。而实际施工过程中，由于成孔过程泥浆相对密度、护筒标高控制失当，有可能造成塌孔或缩颈，包括桩身混凝土浇筑桩头预留长度偏离技术标准要求等，都是造成灌注桩混凝土超用、破桩头工费增加的因素。这些问题，都会在组成竣工文件的工程技术部门负责的施工日志、"钻孔桩成孔记录""混凝土灌注记录"，还有物资部门负责的"灌注桩混凝土材料需求数量控制表"，安全质量部门负责的现场"三检"记录等环节，都应该被揭示和记录下来。上述对作业层月度计量和支付审核审批流程，把"混凝土超用控制"所有的相关环节信息跨部门连锁进来，既能够硬化现场工序管理责任和标准，又可以有效堵塞项目部由此造成的不合理成本流失。项目管理信息化打破部门、层级之间信息壁垒，通过钻孔灌注桩施工过程信息的集成，使这样的精细化管理变得简单、可行，是一个信息化赋能传统产业，优化和提升作业管理水平的生动场景。

三、项目检查和改进阶段的劳务及作业层管理

1. 作业层绩效评价和分析

月度计量、核算和支付过程，可以获得一定的作业层绩效状况信息。但是，由于施工总承包项目影响现场作业的因素非常复杂，加之原材料进场检验（如水泥的检验报告周期要至少28天）、供应商货款发票开具和款项支付、变更设计或临时指令性作业数量或价格审批流程在时间上的滞后性、大型钢结构构件加工安装完成量计量计价受工序验收签证界面的限制等，会造成项目工程部门、商务合约部门（含财务）、设备物资部、办公室、安质部围绕一个特定的现场作业层核算单元，月度形象进度、计量计价核算信息，在时效性维度上的不一致。如一个地铁车站顶板钢筋加工绑扎可能上千吨、大型钢箱梁的加工可能几千吨，其工序作业周期有可能超过一个月，或其实际作业时间周期跨月度施工。这种情况下，作业层在物资部门已经发生了钢筋、钢材原材料的领用手续，财务部门已经支付了供应商原材料货款、并向作业层预支了一定数量的作业费用，形成了其在月度的摊销成本；但工程部门、安质部门按照工序验收标准，作业层在月度计量计价周期内，已经完成的相关工序半成品、构件无法确认为月度已完工程数量，如果采用"例外放行"或"预计价"方式，一旦后续作业出现安

全质量或劳务队伍纠纷问题，就会形成"超付"后果。这就使月度的计量、核算，所反映出的作业层绩效信息，存在一定程度的不完整或错位，其所能提供的现场管理决策信息受到一定的限制。需要项目部还要采取季度、半年、年度、开累等多个时间维度的阶段性核算和结算环节，应用"挣值管理"原理，对作业层各核算单元进行绩效评价。评价时间跨度的加大，可以大幅度减少工序实际成本发生量和计量口径时序错位量之间的差额所占的比重，并更合理地摊销临时设施工程费用、确定设计变更或临时指令性作业本价，获得更全面、准确的绩效评价信息，以发现现场作业层管理中，可能存在的系统性问题，实施纠正和改进措施。

2. 施工企业应该建立项目劳务和作业层定期监督检查和考核评价机制

从劳务工、作业班组、分包单位或内部专业队伍，合同信用、履约能力、实际履约绩效、农民工工资兑现合规性等方面，进行检查和评价。对优秀农民工开展奖励激励、对分包单位进行定期评价，并将结果纳入企业实名制管理系统或分包资源库，作为强化过程激励约束，培育和发展企业建筑工人培育基地，强化内部专业队伍和班组建设的重要手段。

上述项目劳务及作业层管理流程，在传统项目管理方式下，由于项目跨部门的过程相关"记录"，在内容、格式、粒度等方面标准化水平的限制，以及不同层级之间、部门之间、岗位之间，管理精细化水平、岗位执行力、内部日常沟通和信息交流共享条件等因素的限制，其可实施性存在很大问题和限制。"流程"提供了一种连接项目各部门的逻辑"算法"，依此推进的项目管理全面信息化，可以为项目不同层级、部门、岗位之间的信息交流和共享，提供平台和通道。对于管理体系成熟度较低的企业，这种基于跨部门、跨层级的流程，所建立的全面信息化项目管理系统平台，可以实现项目级的不同部门之间的信息共享和交流，使"挣值管理"在项目月度施工计划管理、计量计价、阶段性结算和核算环节得以实施。随着管理体系成熟度的不断提升，管理流程和活动的精细化，"记录"的标准化、颗粒度水平的提升，部门级的相关"信息"，会被逐步地拆解分配到作业层岗位，使"信息"在粒度上实现数字化，在对管理对象的描述上落实到"工作包词典"，真正实现"数出一源"。项目管理"信息"的粒度，是项目部层级、项目部门层级、还是作业班组层级以至岗位层级，既代表了企业项目管理的流程化、集成化水平，反映了管理体系的成熟度；又决定了企业的项目管理系统是"信息化"还是"数字化"。显而易见，数字化能从更小的粒度，收集、利用项目信息，使管理活动获得更全面、更深入的洞察分析能力。这就是本书论述的"开发需求流程"，所谓的"在框架上一步到位，在具体实施上具有充分的包容性、适应性和可成长性"的具体含义。

第九章 项目施工机械设备管理

区别于组成工程实体或功能特性的机械设备，本章是施工总承包项目施工过程中，所用到的施工机械和设备。包括施工企业自有及其项目管辖权限范围内，分包单位或其他第三方所有的，用于项目的施工机械和设备，无论其是在场内还是场外。

第一节 项目施工机械设备管理的地位和作用

建设工程项目根据工程类别差异，机械费占工程造价的比例约为3%～12%。随着建筑业技术装备水平的不断提升，机械费占比逐步提高。施工机械的选型配套、使用、维护和管理，对项目的劳动生产率、施工安全、工程质量和成本都有重要影响。

大型特种施工机械设备，是体现施工总承包企业技术装备水平的重要内容。一般常规的施工机械设备，如常规地基加固施工设备，土石方开挖、运输、填筑设备，垂直运输普通塔式、门式、轮胎起重机、施工升降机，现场临时用钢筋、混凝土加工机具设备等，市场保有量相对充足，大多数地区租赁市场发展比较充分。而地铁工程盾构机，高速铁路桥梁制、提、运、架设备和轨道施工设备，高铁站房、机场航站楼等建筑大型钢结构制造、加工、安装设备等，深水基础、跨山谷河流桥梁、长大隧道掘进和支护等施工机械设备，对项目的工期、成本有重大影响，甚至决定了项目的成败。是工程项目在策划阶段，必须认真解决的重大问题。

《特种设备安全监察条例》和《建设工程安全生产管理条例》，对施工企业工程项目的安全防护用具、机械设备、施工机具及配件等提出明确要求。特别是对于没有国家或行业制造标准的各类起重机械"非标设备"，必须遵守《建筑机械使用安全技术规程》JGJ 33等标准的要求。上述相关的法规和标准，都要求施工企业能够识别，并通过项目施工机械设备管理流程、标准、记录的建立，予以贯彻和实施。

我国在市场经济转型过程中，由于工程施工资源组织方式的市场化，施工机械设备所有权和使用权的多元化，催生了设备租赁市场，项目机械设备成本控制主要靠分包合同经济责任约束，导致企业设备管理队伍专业力量薄弱，项目机械设备管理粗放，对机械设备重使用轻维护，对设备成本重结算、轻过程控制，并导致设备使用安全方面的漏洞。随着新时代建设工程技术装备水平的快速提升，工程项目除了保证施工机械设备的选型配套，适应工程特点和满足工期进度、质量要求，确保施工安全管理外，还要加强日常的使用管理和维护，控制设备闲置，提高设备的维护水平和使用运行效率，有效控制项目机械费用成本。

第二节　项目施工机械设备管理流程和要求

一、项目施工机械设备管理流程（图9-1）

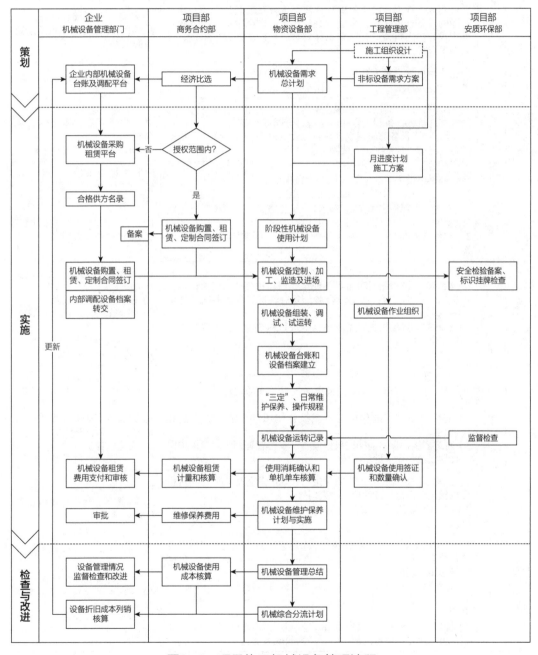

图9-1　项目施工机械设备管理流程

二、项目施工机械设备管理过程要求（表9-1）

项目施工机械设备管理过程要求　　　　　　　　　表9-1

阶段	过程	管理要求	记录
策划	1	企业机械设备调配平台应建立机械设备动态台账，控制设备闲置，提高机械设备利用率	1）机械设备动态台账； 2）机械设备档案
策划	2	项目商务合约部在施工组织设计或施工方案编制过程中，针对不同的设备选型配套方案进行经济比选，物资设备部根据施工组织设计制定机械设备需求总计划和机械设备购置、租赁、定制加工方案，报企业审核批准	1）机械设备需求总计划； 2）机械设备购置、租赁、定制加工方案
实施	3	企业项目机械设备采购租赁平台应建立合格机械设备供应商名录	机械设备合格供方名录
实施	4	1）企业和项目部参照"机械设备合格供方名录"分别在各自权限内签订机械设备相关合同。企业对合同进行备案。 2）项目物资设备部应建立现场机械设备动态台账，强化对机械设备进出场、日常维护、使用管理	1）机械设备购置、租赁、定制合同示范文本及签订的合同； 2）机械设备合同履约台账
实施	5	对定制机械设备，物设部对其进行监造和验收	定制机械设备设计、型式试验、监造、验收记录
实施	6	1）设备物资部根据施工组织设计或施工方案，按照项目月进度计划，拟定阶段性机械设备使用计划。 2）设备物资部应按照特种设备管理要求，办理安装、拆除等备案手续	1）阶段性机械设备使用计划； 2）特种设备备案记录
实施	7	1）物资设备部根据月机械设备使用计划和相关合同组织机械设备进场，建立机械设备动态台账，并对其进行检验备案、挂牌标识。 2）安质部对进场机械设备安全情况进行检查验收，必要时报监理单位审核签认	1）设备进场检验记录及设备档案； 2）设备调试运转记录； 3）进场设备安全检查验收记录； 4）现场机械设备动态台账及其操作人员资格记录
实施	8	1）设备管理部门按照"三定"要求，组织机械设备的日常维护和管理，建立和落实机械设备操作规程，现场设备操作人员应纳入项目实名制考勤。 2）安质部在施工过程中对机械设备使用安全情况进行监督检查。 3）对进入维护保养周期的机械设备，设备管理部门制定维护保养计划，经企业审批后实施	1）设备运转记录； 2）设备维护保养计划和记录； 3）设备履历表； 4）设备备案表和定期安全检查记录（特种设备）； 5）安全监督检查记录； 6）设备操作人员考勤记录
实施	9	1）工程部对机械设备使用数量进行确认，商务部根据合同对租赁机械设备进行计量计价，必要时经企业审核后进行支付。 2）项目部拟定购置、定制非标机械设备处置方案，提交企业审批后执行	1）租赁机械设备支付记录； 2）购置、定制非标机械设备处置记录
检查与改进	10	1）工程竣工后，项目部根据企业固定资产相关规定对机械设备进行核算，设备折旧成本列销应经过企业总部审核，并对机械设备使用管理情况进行总结。 2）企业对项目机械设备使用综合情况进行监督检查。 3）企业根据机械设备使用情况更新"机械设备合格供方名录"。 4）停用的机械设备，物资设备部应制定并实施机械设备分流计划，报企业总部进行内部机械设备回收或调配	1）项目机械设备分流计划； 2）机械设备核算记录； 3）机械设备管理总结； 4）总部对项目机械设备管理过程监督检查记录； 5）更新后的"机械设备合格供方名录"

注：企业应建立内部机械设备调配平台和机械设备采购平台。设备的大中修由企业层级负责，不纳入项目管理范畴。

第三节　项目施工机械设备管理流程解析

项目管理全面信息化条件下，施工机械设备管理流程和记录的设计，应能通过工程项目全生命周期施工机械设备采购、租赁、使用实际状况的记录，形成机械设备管理大数据，为企业机械设备定额的开发提供条件。

一、项目策划阶段的施工机械设备管理

1. 大型施工机械设备选型和配套

工程项目大型机械设备的选型是项目招标投标阶段，建设单位作为招标投标评标重要关注事项，一般由企业总部在项目策划阶段进行论证和确定。并根据项目策划，安排大型设备的购置、租赁或内部调配计划。按照住房和城乡建设部、财政部《关于印发〈建筑安装工程费用项目组成〉的通知》（建标〔2013〕44号）和《建设工程工程量清单计价规范》GB 50500—2013，大型机械设备在投标报价中，应单独考虑进出场及安拆费用报价。

2. 机械设备需求计划

一般施工机械设备是在项目进场后，依据"双优化"经济比选编制、审批形成的项目实施性施工组织设计，确定项目实施阶段的设备需求总计划和阶段性进场使用计划。项目部商务合约部门要根据市场调查情况，经过经济技术比选，向总部提出设备采购、租赁、定制方面的意见建议，以控制相关机械设备获取、运输、使用总成本。

设备需求计划管理的重要性在于：一是全面执行施工组织设计或方案策划，超前计划，保证符合要求的施工机械设备及时到位；二是杜绝分包单位实际进场设备，不按照投标承诺兑现，以次充好，影响预期工效的实现。

二、项目实施阶段的施工机械设备管理

1. 设备的采购、租赁、调配和进场

有的施工企业自有设备比较多，企业总部设置专门的设备管理职能部门，建立内部设备管理台账和设备动态调配管理平台，统一负责工程项目设备的调配、采购、租赁、加工等。这类企业一般都会建立设备招标采购平台，制定设备采购、租赁合同示范文本，形成设备采购、租赁合格供方名录，并对项目部设备使用全过程进行监督管理和自有设备资产管理。项目部根据企业授权，按照施工计划总体安排，配合总部设备管理部门，有计划地组织机械设备采购、租赁、定制及合同签订。

项目部应保证施工机械设备（包括租赁和分包单位机械设备），按照计划安排进

场。在这个过程中，项目部设备管理部要配合定制设备的加工监造，内部设备调配的协调押运，设备进场的验收，特别是分包单位施工机械设备合同承诺兑现情况的检查验收。由于机械设备的特殊性，设备的进场验收对设备的可用性起重要保证作用，施工企业应完善进场验收内容和要求，建立设备进场验收记录。作者曾在某高铁项目施工现场发现，施工单位委托分包单位定制加工的现浇悬灌梁挂篮体系，因监造和进场验收流程不完善，导致设备现场安装过程中，才发现加工尺寸和现浇梁设计尺寸不符，严重影响了后续关键路径工期。

还需强调的一点，是关于工程机械设备的保险问题。工程机械险保障的对象是工程机械和第三方受害者，有些施工总承包项目合同，要求施工单位购买工程机械险。作者在某地铁项目，曾经历某施工单位为了节省保险费用，心存侥幸没有购置工程机械险。盾构区间在施工过程中，因地方管线迁改单位在盾构始发井附近，进行1.0m雨水管线的迁改切割，适逢多年不遇的大雨排洪，导致区间掘进中的盾构机被排水系统雨水灌淹，造成盾构区间施工停顿半年，盾构机直接维修损失高达400余万元。

2. 设备安装、调试、试运转和检查备案

以高速铁路梁场施工机械设备为例，按照施工组织设计确定的梁场建设和认证方案，其中的混凝土拌合、起重、预应力张拉等设备，要根据台座、模板等工艺装备的进展进行安装、调试。起重门吊等特种设备的安装，必须有专门的安装方案、并由专业技术人员现场监督，安装完成后要进行专业的检验检测，并向特种设备管理部门进行报备；拌合站地磅等计量设备，要完成标定、校准等，作为梁场认证的前提条件。

3. 机械设备台账和档案的建立

项目部设备管理部门要根据设备管理要求，建立设备台套台账，完善每台套设备的安全技术档案和设备资产管理档案。作为日常设备管理、外部检查认证的基础。设备管理部门应完善设备现场标识，项目安全管理部门应进行日常的监督检查。

4. 机械设备"三定"、日常维护保养和操作规程

每台套设备"定机、定员、定岗"，是落实设备日常保养维护职责，执行设备操作规程的前提。特别是特种设备操作人员，如垂直运输机械、起重信号工等，必须按照国家有关规定，经过专门的安全作业培训，并取得特种设备操作资格证书后，方可上岗作业。项目现场施工过程管理人员，在组织设备作业中，严禁违规指挥，并在施工日志中记录施工机械使用情况；项目安全管理部门应进行日常安全监督检查，确保设备和人员平稳受控，并识别相关紧急情况，制定和实施应急预案。如2020年，深圳市地铁20号线"9·12"龙门吊倾覆，造成3人死亡，5人受伤，是由于突发强对流天气引发的自然灾害所导致。

设备操作人员应纳入项目实名制考勤，设备管理部门通过"设备操作人员考勤记录"，可以检查和复核工程部门提供的月度机械设备使用数量。

5. 机械设备运转记录

项目部应完善每台套设备日运转记录，以强化设备运行操作管理，控制燃油和其他辅助品消耗，并作为单机单车核算的重要依据。

作者在海南东线高速公路沥青路面施工中，租赁的路面摊铺机因出租方承诺的设备维护人员不到位，导致设备故障频出，严重影响了正常的施工组织。项目部依据设备运作记录，及时向出租方发起反索赔，取得了预期的管理约束效果。

6. 机械设备维修保养计划与实施

为了提高设备完好率及运行效率，延长机械设备使用寿命，需要对机械设备进行定期、定项维修和保养。包括由操作人员负责的，在开机前、使用中和停机后，设备润滑系统、冷却系统、操作、转向、行走部位等，日常性例行保养；设备说明书规定的，定期保养；设备的定期大、中、小修。企业自有设备的维修保养应该制定计划，经商务部门审核后进行。作者第一次做项目经理，公司从其他项目调配的一台装载机，预作为路面水稳层施工的主要设备。但该设备跨海运输、夜间经高速公路押行至工地后，没几天就出现严重故障，厂家维修由于进口配件迟迟不能到位，导致该装载机不能使用被闲置，项目被迫从市场临时高价租赁设备。

7. 机械设备计量和核算

租赁或零星使用设备，应由现场管理人员进行使用数量签认。其他设备应按照月度计量支付周期，统计设备使用数量、台班量和合同单价，进行设备使用成本核算，以现场管理单元或分包单元为单位，核算设备使用成本，发现设备使用、维护过程中存在的问题，采取措施提高设备利用率和效率。必要时，应进行单机单车核算，以加强对设备操作人员工作质量的评价、监督和改进。

三、项目检查与改进阶段的施工机械设备管理

1. 设备分流和成本列销

现场完工后，应及时安排机械设备分流离场，减少设备闲置。企业自有设备，应合理划分对项目部的设备折旧成本列销。

20世纪90年代，作者在广东清连一级公路项目曾经历过，项目部由于缺乏专业的管理，唯一一台日本小松挖掘机长时间停放在工地附近道路而被盗，给企业造成巨额经济损失，相关责任人也被严肃处理。

2. 设备管理总结

项目部应对机械设备使用情况进行全面总结。包括大型设备选型配套及使用情况，对照工序、分项、分部、单位工程数量，统计对应的设备使用类型、台套、有效工作时间、消耗等，商务管理部门对设备使用成本进行核算和评价分析，提出改进的建议。

第十章　项目物资和周转材料管理

项目物资和周转材料，包括施工总承包项目组成工程实体的原材料、半成品、构配件、设备和其他物资；施工过程生产、生活使用和消耗的周转材料、辅助材料和物资（水、电、燃料和爆炸物品等），以及各种未纳入固定资产管理的工器具、材料等低值易耗品。

第一节　项目物资和周转材料管理的地位和作用

根据建设工程项目工程类别的差异，工程材料费占工程总成本的50%~70%。有的工程甚至更高。比如高速铁路铺轨工程，直接材料费约占工程总成本的81%。建设工程项目造价中，材料费是指施工过程中，耗用的构成工程实体的原材料、辅助材料、构配件、零件和半成品的用量，以及周转材料的摊销量及其预算价格等计算的费用。施工企业习惯于将工程材料（包括水、电）的采购、运输、储存、加工、检验检测、使用、余料回收等，统称为项目物资和周转材料管理。构成实体工程的设备（包括甲供设备），其采购、运输、进场验收和现场存放，一般也纳入施工企业项目物资管理。项目现场个人职业健康安全涉及的安全防护、劳动保护用品，一般也纳入物资管理范畴，以确保其采购质量，控制其消耗成本。

工程材料质量对交付工程的质量，起决定性影响。组成工程实体的原材料、半成品、构配件、零件进场前的检查、检验和试验，既是建筑业相关法规和标准的强制性要求，也是确保材料质量的基本质量保证措施。如《建设工程质量管理条例》规定：总承包单位应当对其承包的建设工程或者采购的设备的质量负责；施工单位必须按照工程设计要求、施工技术标准和合同约定，对建筑材料、建筑构配件、设备和商品混凝土进行检验，检验应当有书面记录和专人签字；未经检验或者检验不合格的，不得使用。混凝土作为最普遍的工程材料，项目应加强对自拌混凝土的管理，参照《预拌混凝土绿色生产及管理技术规程》JGJ/T 328—2014等标准，强化原材料、生产设备设施、生产过程的管理，提高绿色生产水平，保证混凝土质量。

周转材料，是指企业多次使用，逐渐转移其价值但仍保持原有形态而不确认为固定资产的材料。在工程建设过程中，有助于工程实体的形成但不构成实体的物资。其特点是产品数量多、总价值大，包含包装物和其他低值易耗品。如项目使用的模板、脚手架和其他周转材料等，一般采用一次转销、五五摊销或分次摊销进入工程成本。

铁路行业施工企业将隧道衬砌台车、悬灌梁挂篮、桥梁桥墩大型钢模板等也一并纳入周转材料管理，采用"财务回收"，即将项目部新购置周转材料的净值回收进入统一调配管理台账。周转材料的购置和使用要遵守国家明令淘汰报废目录要求，如2021年住房和城乡建设部依据《建设工程安全生产管理条例》，印发《房屋建筑和市政基础设施工程危及生产安全施工工艺、设备和材料淘汰目录（第一批）》，要求限期执行《目录》所列限制类、禁止类施工工艺、设备和材料。另外，大型台车、挂篮、钢模板等，加工、制造，须进行结构设计和受力检算，并按照相关规范要求，在使用前进行安装、调试、验收、预压等。曾经有一个时期，工程项目频繁发生桥梁墩台等竖高型大体量混凝土灌注，整体钢模板爆裂事件。根源就在于大型钢模板体系设计检算，对混凝土厂拌、罐车运输、混凝土泵车输送等工艺装备的变化，带来的整体钢模板受力因素考虑不充分。项目应按照《租赁模板脚手架维修保养技术规范》GB 50829—2013等规范要求，加强周转材料的维护保养，保证使用安全和质量，提高周转使用次数和利用率。

工程爆破作业的火工品作为一种特殊的物资，其采购、运输、储存、使用、消耗、回收，须满足《民用爆炸物品安全管理条例》相关要求，确保爆破作业人员、安全管理人员、仓库管理人员、爆炸物品押运员等，进行专业技术培训，并考核合格持证上岗。完善火工品的领取、发放、余料清退回库记录，确保账物相符。类似特殊工种作业的人员，应制定和执行专门的操作规程，并满足特种工持证上岗要求。对施工机械燃料和易燃易爆物资材料，应满足消防、环保条件要求，并建立详细的收发记录。

施工现场供用电设施，其设计、施工、运行、维护及拆除，应满足《建设工程施工现场供用电安全规范》GB 50194—2014的相关规定，物资设备部门应保证按照批准的"供用电方案"，采购变配电、防雷接地、线路、插头插座、闸箱、照明、漏电保护等用电设备和器材，符合相关国家和行业标准的要求。施工用水源水质应进行检测，符合《混凝土用水标准》JGJ 63—2006等标准的要求。施工用水、用电应按照现场核算单元，有完善的计量安排，规范使用，控制浪费。

组成工程实体的设备，特别是甲供设备，项目部应按照合同要求，明确设备进场检查验收职责和记录，对出现的不合格、运输损毁等问题，应及时通知甲方处置，并负责甲供设备的现场储存、防护直至其安装就位并交付。

总之，工程项目物资和周转材料的管理，首要的任务是及时地提供合格的材料，核心是强化物资消耗成本管控，并确保相关的安全、环保因素持续的受控。

第二节 项目物资和周转材料管理流程和要求

一、项目物资和周转材料管理流程（图10-1）

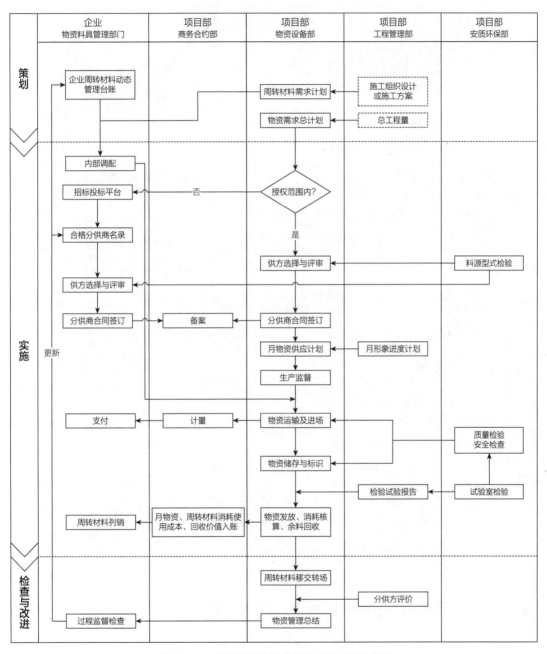

图10-1 项目物资和周转材料管理流程

二、项目物资和周转材料管理过程要求（表10-1）

项目物资和周转材料管理过程要求　　　　　表10-1

阶段	过程	管理要求	记录
策划	1	1）企业应建立内部周转材料动态管理台账，对自有或长期租赁周转材料进行动态管理，并建立内部周转材料日历表，对每个项目使用周转材料情况进行动态汇总。 2）项目部根据"施工组织设计"编制"周转材料需求计划"，确定所需周转材料的种类、数量和时间，提交企业作为内部调拨或采购租赁依据	1）企业周转材料台账； 2）企业周转材料日历表； 3）周转材料需求计划； 4）物资（含设备）需求总计划
策划	2	项目工程部和物资设备部分别根据施工图设计文件总工程量编制"物资需求总计划"，对所需采购物资的种类、数量和时间进行策划，经比对校核后物资部门确定需求总计划，据此进行限额控制	
实施	3	1）企业对项目进行周转材料的内部调配策划。 2）企业招标投标平台建立合格分供方名录，在接到项目物资、周转材料需求计划后根据授权情况在企业或项目部进行分供方选择、评审，通过招标投标活动最终确定各分供方并签订采购、租赁合同，所有采购、租赁合同应在商务合约部备案，以资月度计量计价核算和支付。 3）地材料源选择应按要求在型式检验合格后确定	1）周转材料调配记录； 2）供方选择与评审记录； 3）招标投标文件； 4）合格分供方名录； 5）分供合同示范文本； 6）物资分供合同台账； 7）地材料源型式检验记录； 8）集中采购情况记录
实施	4	1）项目部根据工程月形象进度计划分解制定项目月物资（周转材料）使用计划，对必要的物资材料生产过程进行监督。 2）项目部安排物资及周转材料的运输及进场，安质部应对相关过程进行安全质量监督检查，进场物资应经商务合约部门审核后方可进入分供方支付流程。 3）物资设备部负责物资及周转材料到场后的验收、检验、存储、标识和发放，物资发放前应经过试验室检测合格。安质部对项目物资管理情况进行检查。 4）物资设备部进行每个现场核算单元已发放物资月度消耗核算（包括余料回收），核算经工程部审核确认后进入商务合约部月度计量支付流程	1）月物资（周转材料）供应计划； 2）生产监督记录； 3）物资材料进场检验记录； 4）物资材料收发台账； 5）周转材料使用日历表； 6）分供方支付相关记录； 7）物资材料储存安全环保情况检查记录； 8）经工程部审核的月度核算单元物资材料消耗核算记录； 9）商务合约部门月度计量支付记录
检查与改进	5	1）物设设备部门应按照企业制度安排进行分供方评价，必要时报企业调整合格供方名录。 2）已闲置周转材料应及时报企业总部移交转场或办理财务回收。 3）物资设备部门应按照适当管理账户进行物资核算和分析评价，并编制项目物资、周转材料管理总结	1）分供方评级记录； 2）周转材料移交转场或财务回收记录； 3）管理账户物资核算和分析评价记录； 4）项目物资和周转材料管理总结

注：企业应常设招标投标平台和物资及周转材料调配平台，提高集中采购比重。

第三节　项目物资和周转材料管理流程解析

施工企业总部，是工程项目履约和资源保障的责任主体。工程项目部按照企业物资和周转材料管理要求，做好项目物资和周转材料的计划、采购、运输、储存、检验试验、消耗控制、消耗核算及余料回收工作，保证及时地提供合格的物资和周转材料，控制成本。项目物资和周转材料管理是项目成本控制"跑、冒、滴、漏"问题的集中多发领域，需要在管理流程的构建上，灵活运用"基于PDCA的过程思维"和"可证实和循证决策思维"，通过跨部门、跨层级的相互制约、复核机制，不断提高精细化管理水平。

一、项目策划阶段的物资和周转材料管理

项目策划阶段的物资管理，主要是物资和周转材料需求计划的制定。施工企业在招标投标阶段的项目策划，对项目重要的、特殊的、现场组织难度比较大的物资和周转材料，其保障、供应、管理措施，是项目部实施现场管理的框架和基础。项目施工组织设计工期计划，是项目物资和周转材料需求计划编制、执行、调整的依据。需求计划的制定过程包括以下阶段和工作。

（1）项目物资部门应全面熟悉设计图纸和相关技术规范、验收标准，关于物资和周转材料的要求，特别是"项目检验试验项目和频次"中，关于物资和周转材料进场检验试验的内容和要求。独立依据施工图设计文件进行物资需求总量的统计。类似混凝土现场拌合所需的水泥、砂石、水、外加剂等原材料需求，还需与工程技术部门、商务合约部门统计核对的工程数量工作结合，进行物资需求计划编制，形成项目物资需求总计划，作为物资管理工作策划的依据。项目部应对构成工程实体的工程设备（包括甲供设备）进行识别，并建立详细的设备清单纳入物资计划管理。

需求计划的制定，主要目的是超前计划，保障供应；厘清基准，限额控制。由于建设工程项目的流动性、一次性、露天野外特性，特别是在基础设施类工程项目，现场施工作业活动受各种内外部不确定性因素影响，作业活动波动性比较大，工程物资以零库存为目标的限额控制很难实现。加之工程物资储存条件的限制，物资质量、安全、成本的控制，还要通过现场运输、储存、收发、工厂化集中加工和使用，月度盘点和核算等综合手段，强化全过程精细化管理措施。比如近十多年来，混凝土集中拌合站的广泛普及，替代零散工点使用的滚筒式搅拌机，大幅提高了建设工程混凝土制拌效率和质量，降低了原材料过程损毁率，从本质上改变了混凝土拌制成本水平，提高了施工环保水平。

（2）按照项目部现场调查方案，认真完成物资和周转材料相关的现场调查。特别是混凝土拌合生产或砌体工程，所需的砂、石料场、工程水源，须进行型式检验，确认开采场原材料质量、产能、运输道路、运距是否满足要求，有没有相关的安全、环保风险；当地火工品、电力管理政策和相关要求等。项目部应根据工程特点和现场场地条件，在大型临时工程、工点生产生活设施规划设计中，综合考虑现场物资、周转

材料，储存、堆放场地和设施。物资和周转材料以零库存为原则，并充分考虑季节、气候、物资供应淡旺季波动情况，合理确定存储、堆放场地和设施的规模。对于存在危险因素的火工品、燃料库、有防潮防晒要求的物资，其储存设施应严格按照相关技术标准和安全技术规范要求设计和规划，并纳入项目大型临时工程和平面布置，统筹安排。型式检验是依据产品标准如《预防混凝土碱骨料反应技术规范》GB/T 50733—2011，对产品各项指标进行的全面检验。

（3）按照批准的施工组织设计和施工方案，制定周转材料需求计划。特别要了解和熟悉挂篮、台车、大型整体钢模板等，加工周期长、进场组装验收有特殊要求的周转材料需求。合理确定其内部调配、租赁、定制加工或加工改造的时间计划安排。周转材料需求计划应报企业总部，以优先内部调配为原则。项目部应根据工期计划，制定工程设备（含甲供设备）需求计划，并报告建设单位，以保障供应。

施工企业应建立物资和周转材料采购平台，采购、租赁合同示范文本，物资和周转材料采购、租赁合格供应商名录，完善周转材料动态调配管理机制和管理台账，建立项目部物资和周转材料的后台保障支撑系统。本章"流程"的安排，关注点在于物资和周转材料，围绕项目工期计划，建立跨部门、跨层级的流程化闭环管理机制。其中的每个过程的具体做法和标准，不同的施工企业在管理上"各有各的招"。比如有的施工企业建立"项目资源超市"，通过集中采购和调配，为分布全国各地的项目提供支撑和保障。

二、项目实施阶段的物资和周转材料管理

1. 物资采购和周转材料内部调配

根据项目部物资需求总计划和周转材料需求计划，项目部在授权范围内，配合企业总部进行物资招标采购和周转材料内部调配、租赁。近年来，建筑市场和国内大型企业信息化采购平台建设和应用比较广泛和成熟，不再赘述。

工程设备，特别是甲供设备，应按照项目部物资需求计划进行采购和进场。项目部应规范设备运输、进场检查验收、设备存放保护。对于开箱检查验收发现的型号、规格、产品质量等问题，应及时向建设单位报告和处置。

2. 合同管理

物资和周转材料合同，分采购供应合同、租赁合同、定制加工合同等。施工企业应根据《民法典》和物资、周转材料相关技术标准、供应商总体情况，制定各类合同示范文本，针对本企业项目管理过程中，相关薄弱环节和常见问题，完善相关合同条款约定，以预防和控制相关风险。比如物资交付地点的约定，涉及物资运输过程的防

护责任归属；挂篮、台车等的加工制造合同，应规定进场组装、调试环节的技术服务和保障措施等。

项目部在授权范围内，配合企业总部完善合同签订和执行工作。合同签订由物资部门负责，签订后的合同应提交项目商务合约部门备案，作为合同结算支付的依据。

3. 物资供应计划管理

物资供应计划，应依据项目月度施工计划分解制定。物资供应计划应按照工点物资需求计划进行限额控制，并随工进行月度物资供应消耗核算，控制和防范物资超计划发放和超限额使用消耗现象。目前，一些施工企业项目部的物资计划编制，主要通过收集作业层各核算单元上报的月度需求计划汇总而成，而忽视了对照物资需求总计划的限额复核控制环节。这就有可能形成"敞口供应"，造成常见的作业层分包单位私自变卖、向其他工地转移项目物资等现象。

项目部应确保各类物资、工程设备、周转材料，按照施工计划要求，及时进场。为了保证物资进场质量和供应保障及时性，消除由于物资供应产生的现场施工停窝工现象，项目部物资设备部门，应对物资生产、加工过程进行必要的监督管理。比如建筑装饰瓷砖材料，驻场监督有利于控制其尺寸、色差，提高材料进场检验一次合格率和成品率；对于商品混凝土，组织对生产厂商原材料管理、拌合过程施工配料管理的延伸检查和督促，就能从源头保障混凝土供应的平稳性和质量稳定性。

4. 物资和周转材料运输及进场

物资和周转材料运输和进场，主要是加强对物资和周转材料运输过程产品防护的管理，确保进场过程受控。一方面，在施工组织上应提倡物资集中存放和加工，比如钢材、脚手架、大型钢模板、组合模板等，有利于物资的进场检验、维护、保养或储存管理。另一方面，要避免物资在运输过程中人为的损害和干扰，比如防水材料包装破损、油脂等流程性材料雨水浸入、混凝土罐车运输过程中人为随意加水等。物资进场应坚持"先检验、后收料"的原则，比如钢材的检验，一般应在现场卸车前完成，以避免不合格品进入现场后处置工作量的增加，以及可能对施工过程造成的干扰。

项目物资部门应该按照物资种类、型号、规格进行进场检查、验收，核查物资数量、产品质量说明书、外观质量。对于有试验检验要求的原材料，物资部门应熟悉各类原材料进场检验项目和频次要求，按照批次书面通知试验室取样检验，并归档试验室提供的检验报告，作为相应原材料的质量保证资料，随原材料发放路径传递到现场作业层、工序质量检查验收环节。原材料检查、验收过程中，应对应收料单台账建立相应的检查记录，并通过相关记录做唯一性编号，确保原材料实现可追溯性。对于水泥、商品混凝土、沥青等检验试验时间比较长的原材料，物资部门应在检验结果报告出具后,开具发料单。如果确因现场施工急需,则应由授权的质量或施工负责人批准后"例外放行",并在试验结果出具后完善和归档相关记录。发料单应作为月度物资核算和支付的依据,进入商务、财务业务流转。

5. 物资储存与标识

不同来源和权属的物资和周转材料,应安排集中使用,避免混用。周转材料管理应通过日历台账,全过程进行动态管理和标识。周转材料的存储应有适当的防护、保养措施,比如组合模板、大型钢模板,应有防雨、防锈措施。组成工程实体的原材料,现场存放应按照产品说明书要求的条件和方式进行,并采取适当的方式,在醒目位置对原材料型号、规格、检验试验状态进行标识,以防现场误用或混用。"火工品"现场存储场库条件,应满足当地公安部门要求,并严格"火工品"收发料日记录,台账完备,全程确保账物一致。

项目物资部门应按照上述要求,切实履行原材料在发放前的质量、安全管理职责。并对发料单开具以后物资的现场储存、使用管理情况进行监督检查。

6. 物资消耗核算与余料回收

按照项目计量支付周期,物资部门应该盘点物资消耗情况,和周转材料使用摊销,并对照工程月度形象进度,和现场物资库存,对计量周期物资消耗量及周转材料摊销量进行确认,必要时经工程部门复核确认,作为项目商务合约部门月度对作业层各核算单元计量支付、成本核算的依据之一。对于可能存在的工程原材料不正常结余或超用,物资部门要调查原因,形成书面记录。必要时,提出和实施整改措施。

项目物资部门应制定和执行完善的余料回收制度,明确包装材料、余料、边角废料残值回收责任,建立回收记录台账,回收残值应纳入项目成本核算。对于有环境危害的包装材料或废料,现场应分类集中存放和处理,必要时应在采购合同中,明确厂家或供应商回收责任,以尽可能控制由此对环境的不良影响。

现场厂拌混凝土砂、石等离散性原材料的消耗,是项目成本管理的重点领域。作者在对施工企业项目管理体系审核中,曾遇到一个高铁项目混凝土超用量达20万m^3。后来刻意在另一个施工单位开工不久的高铁项目,对厂拌混凝土生产原材料消耗情况,进行了系统核查,发现巨量的砂石料超用现象。现场核查情况如下:

(1)在项目工程部门按照项目开累形象进度统计指标,获得施工图设计文件应完成的混凝土实体工程量;

(2)在项目物资部门查看向各工点的混凝土供应消耗台账汇总统计数量,以及核查当期已向混凝土拌合站供应的砂石料总量;

(3)在混凝土拌合站试验室,核查混凝土设计配合比和施工配料单,并据此粗算已出厂供应的混凝土量应消耗的砂石料数量，并现场查看了砂石料仓的库存数量；

（4）在项目商务合约部门核查同期对混凝土拌合站及其砂石料供应商的结算支付情况。

作者就对上述四个部门，关于混凝土完成量和同口径砂石原材料实际消耗量情况，与项目经理进行了沟通。物资部门混凝土消耗核算量，比工程部门提供给商务合约部的混凝土计量计价工程量所含的混凝土数量，高出约5%。项目经理解释的原因，可能是运输浇筑过程损失或用于现场场地硬化消耗，导致超用；物资部门提交财务已支付的实际砂石料消耗数量，减去现场料仓库存数量的余额，比当期物资部门混凝土供应消耗核算量应消耗的砂石原材料数量，超出了约20%，这一结论可以通过相关部门过程记录得到相互验证。也就是说，该项目自开累以来，混凝土拌合站砂石料实际消耗量，已经超过实际所供应混凝土应消耗砂石料数量的20%，项目经理没能提供合理的解释。

上述案例中，多消耗的20%砂石料不可能凭空消失，我们无意于其中可能的贪腐或合规问题；而是单纯从项目物资管理流程及其过程"文件化信息"的角度，呈现和思考运用"管理体系方法论"进行项目跨部门、跨层级流程的构建，如何深化和推进项目物资管理精细化的问题。传统项目管理中，上述现象由于"部门墙""信息篱"制约，几乎很难在过程中被揭示，只能在长期累积反映到项目亏损指标上，才能被项目决策层关注和反思，且不一定能准确找到亏损问题的症结。项目管理全面数字化条件下，类似现象完全可以通过跨部门、跨层级的"限额控制"和月度"核算复核"管理流程，便捷地实现堵塞漏洞、防微杜渐的功能。

三、项目检查和改进阶段的物资和周转材料管理

1. 周转材料移交或财务回收

根据工程进展，完成使用的周转材料，项目物资部门应及时组织整理清点，按照公司调拨、采购或租赁合同，及时办理移交退场关账。

2. 分供方评价

物资部门应该定期及在分供合同履行完成后，组织对分供方进行评价，包括分供方信用、履约能力和水平、质量保证能力、服务品质，纳入企业合格分供商名录管理。

3. 工点和项目物资管理总结

物资部门应及时进行完工工点或项目物资管理总结，重点核查工点或项目物资消耗节超情况，总结物资节超原因，必要时提出改进措施建议。

第十一章 项目安全生产和职业健康管理

安全生产和职业健康风险,是项目风险管理的重要内容之一。目前,建筑央企头部企业在项目日常管理,及项目相关信息化系统建立和运行过程中,不能将项目安全生产和职业健康管理体系,与企业和项目综合管理体系实现系统的整合,反映出企业在基础管理流程化、集成化方面,所面临的任务和挑战。

第一节 项目安全生产和职业健康管理的地位和要求

海因里希事故致因理论,把事故发生的直接原因归纳为人的不安全行为(占88%)和物的不安全状态(占10%),并提出事故因果连锁论。博德和亚当斯的事故因果连锁理论,基于对现场失误背后原因进行深入的研究,形成了管理失误论。现代安全生产和职业健康管理,针对事故系统中人、机、环境、管理四要素,采用系统论、信息论、反馈论和现代管理理论,构建以危险源辨识、风险评价和控制策划为核心的,围绕人、物、能量和信息等要素构成的安全系统,形成职业健康安全管理体系理论。

我国1998年施行的《建筑法》,把建筑安全生产单独列为一章,安全生产被纳入法制化管理。进入新世纪,《安全生产法》《建设工程安全生产管理条例》《安全生产许可证条例》相继颁布,我国与世界工业化国家几乎同步研究与推行了职业健康安全管理体系。2021年9月1日新《安全生产法》正式施行,"新法"围绕"从源头上防范化解重大安全风险",着力从生产经营单位主要负责人、"全员"市场准入、安全生产责任否决制度,安全风险分级管控和隐患排查治理及内部沟通机制,企业违法行为、人员失信行为信息通报、联合惩戒、公益诉讼制度,加强对从业人员的心理疏导、精神慰藉等方面,增加强化企业岗位安全责任、防范从业人员行为异常导致事故发生的相关措施和安排。在法律层面,把安全生产和职业健康管理,与国际(ISO)职业健康安全管理体系标准,从概念和术语上实现了对接。我国安全生产管理从国家战略、安全文化上,有了新发展、新提升、进入了新境界。在安全生产和职业健康国家治理上,越来越与ISO 45001职业健康安全管理体系标准接轨。在"从源头上防范化解重大安全风险"举措上,具有鲜明中国特色的体制、机制、管理、技术创新和发展。越来越体现出以人民为中心的治国理念,和"以人为本"的安全文化导向。新《安全生产法》以及后续相关配套法规、标准的完善,将为全社会生产经营单位进一步规范和强化安全生产和职业健康管理，开辟我国安全生产和职业健康管理新局面，发挥积极的引领促进作用。

建设工程施工领域属于事故高发、频发的高危行业，施工总承包项目管理处于安全生产和职业健康风险防范的核心焦点地位。从20世纪90年代开始，西方发达国家建设工程项目业主在招标投标中，逐步把承包商良好的安全施工记录作为取得投标资格的必备条件之一。美国建筑市场法律规定，建设工程项目参与各方必须投保强制险，而且将承包商缴纳安全保费额度与其安全施工的业绩和信誉挂钩。《建设工程安全生产管理条例》第二十六条规定了"达到一定规模的危险性较大的分部分项工程"管理要求，住房和城乡建设部《危险性较大的分部分项工程安全管理规定》，进一步细化了危大工程管理措施和流程；《建筑与市政施工现场安全卫生与职业健康通用规范》GB 55034—2022，是施工现场安全、环境、卫生与职业健康管理必须执行的基本要求，包含确保满足施工生产、安全防护、消防、卫生防疫、环境保护、防范自然灾害和规范化管理等要求的措施。正确理解和把握安全生产和职业健康管理的地位和要求，有利于施工总承包项目管理贯彻新《安全生产法》，提升和改进项目安全生产管理，从源头上防范化解重大安全生产和职业健康风险。

（1）由于建设工程项目产品的一次性、独特性、远程分散性，项目管理团队的临时性、一次性，建设工程企业和项目的安全生产和职业健康管理，离不开安全文化的引领和凝聚。依靠浓厚的安全文化氛围，才是改变决策者和操作者的思维方式和工作态度、搞好安全生产和职业健康管理、为生产经营保驾护航的最重要举措。

"安全文化"概念产生于20世纪80年代的美国，是企业文化的重要组成部分。核安全文化是安全文化的起源，切尔诺贝利核电站泄漏事故后，国际原子能机构（IAEA）的国际核安全咨询组（INSAG），在1986年提出安全文化的概念。安全文化就是安全理念、安全意识以及在其指导下的各项行为的总称，主要包括安全观念、行为安全、系统安全、工艺安全等。20世纪90年代，安全文化在我国蓬勃兴起，1995年劳动部就将安全文化建设纳入政府相关文件。2006年5月11日，国家安全生产监督管理总局"关于印发《"十一五"安全文化建设纲要》的通知"（安监总政法〔2006〕88号），把安全文化建设作为提升企业安全管理水平、实现企业本质安全的重要途径，是一项惠及职工生命与健康安全的工程。建筑业把加强文明工地建设作为安全文化建设的重要载体，"安全生产月""安全生产万里行"等是安全理念宣传教育的制度性活动安排，企业建立完善安全生产和职业健康管理制度，是培育和践行安全文化的有效途径，项目作业层班组建设是安全文化建设的着力点和落脚点。

（2）建设工程企业的安全生产和职业健康风险，主要集中在其项目实施阶段。海恩法则和墨菲定律揭示，祸患起于毫末、积于忽微。施工总承包项目中，安全生产和职业健康危险源及其风险，是永远存在的客观现实。人的不安全行为、物的不安全状态、管理漏洞，是造成危险源失控、导致事故的原因。比如矿山法隧道施工，在隧道断面开挖后，急剧变化的地层应力所积聚的能量，就是一种危险源。喷锚支护不及时或初期支护薄弱，就有可能造成洞身应力集中部位岩体崩塌，形成典型的危险源失控现象。建设工程项目施工过程中，可能导致三人以上的重大安全生产事故，比如大型支架垮台、隧道塌陷、深基坑失稳、大型结构件吊装坠落等，都被《建设工程安全生产管理条例》列为达到一定规模的危险性较大的分部分项工程，要求"施工单位编制专项施工方案，并附具安全验算结果，经施工单位技术负责人、总监理工程师签字后实施，由专职安全生产管理人员进行现场监督。"另一方面，如国务院"4·28"胶济铁路特大交通安全事故中，事故调查组认为，这起事故充分暴露了一些铁路运营企业安全生产认识不到位、领导不到位、责任不到位、隐患排查治理不到位和监督管理不到位的严重问题；反映了基层安全意识薄弱，现场管理存在严重漏洞。现场施工单位安全意识和管理漏洞，建设单位责任缺失和管理不到位，使涉及铁路运行线施工安全危害控制的，多个环节、多个层级、多个方面"安全防火墙功能"的系统性缺失，导致事故苗头从微末叠加累积，酿成重大安全生产事故。

预防和控制上述案例所揭示的事故，要求施工总承包项目管理的相关各方，必须按照《安全生产法》要求建立和落实全过程、全员的安全生产责任制，制定覆盖项目全过程、全要素、全时态、全状态的风险辨识评价流程和方法，并针对各类风险，提前策划，落实人员、技术、物资等管控措施，对重大风险按照管理责任和资源组织能力，分级进行预防性管控，将风险消除在隐患形成之前。通过隐患排查对风险及其管控的漏洞和薄弱环节定期复查、沟通和整治，并针对发现的管理流程和方法上存在的问题，改进提升企业安全生产管理能力和水平，不断提升企业和项目从源头上防范重大安全风险的能力。《职业健康安全管理体系 要求及使用指南》GB/T 45001—2020，对管理体系的定义：组织用于建立方针和目标以及实现这些目标的过程的一组相互关联或相互作用的要素；方针是由组织的最高管理者正式表述的组织意图和方向；目标是要实现的结果。每一个建设工程企业或其施工总承包项目部，都客观存在一个综合管理体系，职业健康安全管理体系是综合管理体系的有机组成部分。项目部的管理体系，是企业管理体系的效能体现前端和责任执行力末端。在我国，由于政府管理职能和法律法规约束对象的行业划分特点，建设工程企业的职业健康安全分为安全生产和职业健康管理，有利于对相关法律法规和其他要求的识别和贯彻，有利于企业和项目就具体的管理内容与政府监管部门进行分工对接，明确内部专业化分工和工作接口处理。但其管理体系在基本管理理念、管理方法论和流程上，具有高度的一致性和相互关联性，都适合采用《职业健康安全管理体系 要求及使用指南》GB/T 45001—2020的要求，通过践行"管理体系方法论"，实现系统预防性管理，提升本质安全生产和职业健康管理水平。

（3）施工总承包项目部因项目产品实现目的设立，到产品交付结算终结撤销。项目部的核心目的是产品实现，对项目全过程人、基、料、法、环、信、财等各种要素的控制，首先来源于产品实现的需求。而项目产品实现过程中的资源、过程和活动，不可避免地存在各种安全生产和职业健康风险，它们与产品实现过程密切相关。施工总承包项目中，真正导致发生重大安全生产事故的根源，往往都在于工程认知不足或系统性管理失序的累积。

危险源辨识和风险评价技术中，风险是危险源的危害程度和发生的可能性两个维度叠加的结果。特大暴雨、强台风危害大，但其发生的频率往往是五十年、百年一遇，这种极端外部条件因为发生频率低，才导致人们的判断容易出现失误。上述案例给我们的启示是，安全生产是一个相对的概念，没有绝对安全或者为安全而安全，安全风险是完全可以被消除或控制规避的。施工总承包项目安全生产和职业健康风险，是产品实现过程中绕不开的一个制约因素。安全生产和职业健康目标，是项目众多目标中的一个，项目实施过程是要在客观制约条件下，寻求多个目标合理均衡，以追求项目综合收益最大化为原则。我们无意于削弱或淡化安全生产和职业健康管理的重要性，施工企业职业健康安全管理的底线是满足法律法规、合同的要求，追求综合收益目标的最大化。片面地追求安全目标绩效，就会导致项目绩效总体失衡，甚至导致项目管理的"内卷化"倾向，从而使项目偏离企业生产经营发展战略要求。

（4）我国建设工程法规和标准体系中，建设工程项目绝大多数的危险源及其风险控制措施，都已被建筑业相关法律法规、技术标准和规范识别并规定。项目基础管理全面执行和贯彻这些要求，就能保证项目的本质安全水平处于一个相对可控状态。随着建设工程技术、工艺和装备水平的不断进步，建设工程项目危险源辨识和风险评价及其控制策划，将不断面临新的问题、新的挑战，都需要依靠行业基础理论和工程技术研发创新予以应对。本着"项目的安全是干出来的"理念，我们采用"管理体系方法论"，围绕"标准化项目管理体系流程"，考虑我国建筑央企头部企业现状，建立施工总承包项目安全生产和职业健康管理流程及其要求，全面贯彻相关法律法规和其他要求，满足项目全生命周期其他相关方的要求。如《建设工程监理规范》GB/T 50319—2013规定，项目监理机构应审查施工单位现场安全生产规章制度的建立和实施情况，并应审查施工单位生产许可证及施工单位项目经理、专职安全生产管理人员和特种作业人员的资格,同时应核查施工机械和设施的安全许可验收手续。使施工总承包项目安全生产和职业健康安全管理,与项目的其他方面管理实现全面融合,促进实现"从源头上防范化解重大安全风险"的目标。

施工总承包项目安全生产和职业健康管理,所有的活动和绩效都是过程性的,与项目合同最终交付成果没有直接关系。但安全生产和职业健康管理所发生的时间、资源投入成本,却对项目工期、成本存在实质性影响。对项目安全生产和职业健康管理过程的系统规定和解析,建立职业健康和安全管理活动相关"文件化信息",是客观、准确、综合评价,项目管理目标绩效"算量"的有机组成部分,也是发现和改进项目管理机会的重要来源。项目管理跨部门、跨流程的全面信息化,使安全生产和职业健康管理活动信息的收集、传递、集成、应用,可以更精细、更高效地进行。

第二节　项目安全生产和职业健康管理流程和要求

一、项目安全生产和职业健康管理流程（图11-1）

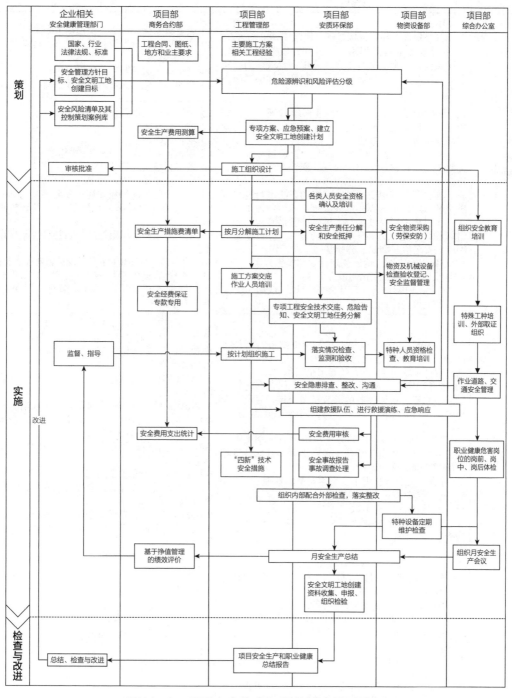

图11-1　项目安全生产和职业健康管理流程

二、项目安全生产和职业健康管理过程要求（表11-1）

项目安全生产和职业健康管理过程要求　　　　表11-1

阶段	过程	管理要求	记录
	1	1）国家、行业、地方法律法规、标准、合同要求、现场调查报告、项目目标是项目风险识别的输入。 2）企业应建立风险识别、评价和控制策划流程，并落实责任。企业应对重大风险进行分级控制，完善项目安全生产和职业健康管理制度、标准及应急预案	1）企业级安全风险清单及控制策划案例； 2）企业项目安全生产和职业健康管理制度、标准及应急预案； 3）当地相关法规及其他要求清单； 4）企业"三类"人员培训管理情况
策划	2	1）企业应明确安全生产和职业健康管理方针，完善项目全员安全生产责任要求，安全生产责任制落实情况应纳入日常考核。 2）项目部基于企业对项目的安全管理目标、安全文明工地创建目标要求，根据国家地方法律法规、行业标准、合同文件、主要施工方案、相关工程经验、项目职业健康安全制度规定的方法进行危险源辨识和风险评价分级，危险源辨识和风险评价分级在施工过程中需持续进行。风险控制措施包括施工组织设计、施工方案（含专项方案）、应急准备与响应、安全生产和职业健康基础管理工作。 3）制定安全文明工地的创建计划和实施方案。 4）根据项目风险控制措施或方案测算安全生产费用。 5）将上述内容纳入"施工组织设计"或施工方案中，并上报企业进行审核批准	1）项目安全生产责任制及其考核记录； 2）项目危险源清单； 3）项目风险评价表； 4）项目重大风险清单及其控制策划； 5）项目紧急情况清单； 6）上述清单动态更新情况； 7）安全文明工地创建计划和方案； 8）施工组织设计满足风险控制策划要求的情况； 9）施工方案满足风险控制策划要求情况及其审批记录； 10）项目应急预案满足紧急情况清单要求情况； 11）安全基础管理措施的适应性（人员准入、培训、持证、责任制、演练、监督检查、专项费用）
实施	3	1）工程部以"施工组织设计"为依据进行月施工计划分解，对工点通过技术交底、培训、现场旁站，保证《施组》、方案的要求全面落实。 2）设备物资部门根据月计划做好劳保、安防物资采购，物资、机械设备的验收备案、维护管理，及相关人员持证上岗。商务合约部门确保安全经费的专款专用。 3）安质部根据施工计划要求组织项目安全教育培训，并根据需求组织特殊工种培训和外部取证及相应的职业健康维护工作。 4）综合办负责行政用车及交通安全的管理。 5）安质部围绕重大风险控制对相关过程和活动进行监督检查，并提出改进要求。按照风险分级管理，企业应基于企业级风险控制对项目进行监督检查	1）工程部基于《施组》和方案实施的交底、培训、旁站、日志、班前危害告知记录（其中包括由于安全生产或职业健康问题导致的时间成本要素）； 2）安质部基于《施组》和方案实施的检查验收记录； 3）物资采购、储存符合风险控制要求情况； 4）设备进场、安全调试、安全标志、安检备案满足风险控制要求情况； 5）综合办在行政用车及交通安全方面风险控制管理情况； 6）安全生产费专款专用情况； 7）各类人员培训和持证上岗要求满足风险控制要求情况； 8）安质部定期及专项安全检查及整改记录； 9）企业基于企业级风险对项目安全监督检查记录； 10）有职业危害特种作业人员健康检查记录
	4	1）项目部应对"四新"技术进行安全风险识别评价、应对措施制定和落实。 2）项目部应按照企业制度规定，结合项目实际组织安全隐患排查，加强内部沟通，及时采取措施消除隐患，并在必要时采取预防措施防止类似问题再发生。 3）项目部应组织专（兼）职安全事故救援队伍，并进行救援演练。 4）安质部协助项目决策层进行安全事故调查处理工作，进行事故报告，并配合外部检查，落实整改	1）"四新"技术安全措施； 2）安全隐患排查、沟通和整治记录； 3）救援队伍、设备、设施相关记录； 4）应急演练记录； 5）事故处理报告及整改情况记录

续表

阶段	过程	管理要求	记录
实施	5	1）安质部负责试验室、监测设备设施的安全操作监督和定期维护。物资设备部负责特种设备定期维护和检查。 2）综合办负责组织月安全生产会议，进行月安全生产总结，工程部将其作为下个月施工计划改进的依据之一。商务合约部在月度计量核算中按照挣值管理对项目绩效（含安全和健康要素）进行评价。 3）安质部负责安全文明工地创建资料收集、申报、组织检验	1）试验室、监测安全相关记录； 2）特种设备定期维护和检查记录； 3）月安全生产会议记录； 4）项目综合绩效评价记录； 5）安全文明工地申报相关记录
检查与改进	6	1）项目部在外部、内部检查发现问题应采取措施予以改进。 2）工程竣工后，安质部进行项目安全生产和职业健康总结，纳入项目总结并上报企业，必要时企业根据多项目报告对相关基础管理规定进行改进	1）项目部的安全生产和职业健康改进记录； 2）项目安全生产和职业健康管理总结报告

第三节　项目安全生产和职业健康管理流程解析

安全生产和职业健康管理贯穿于项目生命周期的全过程，是项目产品实现过程所有活动的有机组成部分和要求特性之一，涉及对项目"全员""全过程"的要求，它不应成为一项偏离项目产品实现核心流程的孤立性工作。

一、项目策划阶段的安全生产和职业健康管理

项目管理是建设工程企业管理的核心和有机组成部分，项目安全生产和职业健康管理体系，以企业和项目综合管理体系为基础和支撑。企业建立相关的法律法规和其他要求识别、更新动态管理台账，坚持安全第一、预防为主、综合治理的方针，并通过内部管理制度、技术标准、管理标准的修订，持续保持对外部要求的符合性，并采取措施保证内部管理制度和标准的贯彻执行，满足项目管理合规性要求。

施工总承包项目涉及的危险源的辨识，是可以穷尽的。企业总部应在多项目管理中，按照企业经营范围涉及的建筑业细分行业、项目工程类别、项目所在地区外部环境、项目施工季节和气候特点等，建立本企业不同类别项目的危险源清单和风险评价、分级方法，建立重大风险清单及其控制策划案例库，通过知识管理，提供项目部作为项目策划的依据。

企业安全生产和职业健康目标，是项目部安全生产和职业健康目标制定的红线和底线。项目安全生产和职业健康目标指标应严于企业的目标。

1. 项目招标投标阶段

企业在施工总承包项目投标文件中，对于项目潜在的重大安全生产和职业健康风险的识别和控制策划，是建设单位评标中关注的重点事项。投标阶段的策划成果，在项目中标后，总部向项目部进行合同交底，包括企业在文明工地创建方面的要求，给项目部进一步的现场详细实施策划提供可依据的框架。

2. 项目危险源辨识和风险评价

项目部依据合同评审、图纸审核、地方和业主管理要求，施工现场调查报告，企业安全生产和职业健康目标等，进行项目危险源辨识和风险评价。

施工总承包项目的危险源辨识和风险评价，主要体现为工程技术和安全生产基础管理工作，辨识评价的水平取决于项目经理、总工程师、各职能部门和现场管理人员的工程认知水平、专业技术能力和相关的工程经验。由于工程项目受施工环境条件、地理、气候、水文地质等外部条件的影响，危险源辨识和风险评价工作，伴随项目以施工组织设计和施工方案编制为主要形式的，项目策划、动态优化工作的全过程。在范围上，不但应包括所有的主体工程施工；而且，还应对征拆迁改、施工对周边居民或建筑物、外部第三方检查检测、建设单位直接委托但在同一场地内交叉施工等涉及的，与项目施工相关的所有场所、环境、材料、设备、设施、方法、管理活动中，涉及的危险因素的辨识和风险评价。项目涉及的"四新"技术，施工难度大、技术复杂的工程，其危险源辨识和风险评价，往往需要外部专家支持。《风险管理 风险评估技术》GB/T 27921—2023的学习和应用，有利于提高企业和项目风险评估技术能力。

项目部应该建立和完善，以工点、工序为单元的危险源辨识和风险评价的相关记录，包括项目危险源清单、项目风险评价表、项目重大风险清单、项目紧急情况清单及其动态更新情况记录。

必须指出，我国建筑业安全生产和职业健康管理水平提升的契机，就在于危险源辨识和风险评价工作的精细化、标准化。一方面，危险源的辨识和评价过程，是一个学习、培训、交底、提高工程认知的过程。安全生产事故发生以后，事故原因的分析，无外乎各级、各环节责任是否被落实、标准是否被执行、各级的监督检查是否到位。深究这些事故原因背后深层次的根源，往往是涉及事故发生逻辑链条的相关岗位和人员，在项目策划阶段没有被系统地组织参与到，与其后续管理职责范围相关的，危险源辨识和风险评价及其控制策划过程之中。ISO职业健康安全管理体系标准，特别强调对危险源辨识评价和控制策划及其执行过程进行沟通的要求，这种管理方法论的着眼点，在于相关人员能够通过参与其中，在碰撞中形成共同的理解和目标共识。仅由部分"高人"代劳的危险源辨识和风险评价及其控制策划措施，不一定能够成为或者"被视为"合理或适当的。这就会造成风险识别了、分级了、有控制措施了、交底了,但那些"执行的人",或者"书中得来终觉浅",或者是被隔空喊话、隔靴搔痒,相关的安全生产和职业健康管理要求,对于他们没有达到"内化于心",当然就不可能"外化于行"!更勿论"知行合一";同时,项目风险控制策划方案的执行力度,还要受相关岗位个人责任心、流程责任链接口、个体精神心理因素的影响。施工企业必须结合工程项目管理规律,把"执行的人"组织起来、参与进来作为基本原则,具体地设计和细化危险源辨识和风险评价及其控制策划工作的流程和标准,并通过相关记录的设计,能够确保实现相关岗位履行工作职责、控制其工作质量。真正体现"从源头消除重大安全生产隐患"所要求的,落实源头的"主体"责任,提升源头的安全生产和职业健康认知水平,强化源头的安全生产责任意识。另一方面,危险源是否导致风险或者风险如何分级,与危险源的控制条件有关。比如同一危险性较大的分部分项工程,内部建制的施工作业队伍和劳务分包作业队伍,在人的不安全行为、物的不安全状态、管理漏洞等本质安全水平上,有可能存在一定的差距,这就有可能需要项目部对分包单位的管理,采取不同于内部建制队伍的措施。再比如现浇梁和预制运架梁,其危险源和风险控制措施,对人员、设备、场地、管理会提出不同的要求。危险源是否导致风险及风险的危害程度,取决于风险发生的概率、与风险相关人员的岗位适应性、风险相关的控制措施及其落实的程度等密切相关。

新《安全生产法》新增安全风险分级管控和安全隐患排查治理机制,实际是对应于策划阶段的危险源辨识和风险评价及其控制策划,加设了一道复核机制和"防火墙",可以有效发现和规避源头存在的工作遗漏、误判或疏忽。排查出的隐患整治,往往意味着对原有策划安排的调整和投入的变化,从预防性管理的角度可以起到防范重大安全生产隐患的作用。建设工程企业从制度层面,实现危险源辨识和风险评价及其控制策划的流程化、标准化,是提高项目管理本质安全水平的治本之策。这些要求应该通过项目部各层级和岗位,安全生产职责的规定和执行予以明确的规定。后续章节,我们结合项目管理全面信息化要求,还要在其他相关流程中作进一步深入的解析。

3. 风险控制策划

工序、分项工程风险的控制因素,有人员、物资、设备、工艺方法、临时设施等。结合建设工程特点,工程项目安全生产和职业健康,按照风险规避、风险承担和风险降低或分担等途径应对。比如通过设计变更或优化,实现风险降级或规避;对于必须承担的风险,则涉及工期安排、工艺流程选择,财务资金、设备、队伍组织、物流、施工季节等的选择,以及管理控制手段等多方面的综合措施。我国建筑业各细分行业,相关的工程技术规范、施工组织设计编制规范,提供行业一般性经验的总结成果。《建筑施工安全技术统一规范》GB 50870—2013,对消除和控制建筑施工过程中已知或潜在危害因素及其危害的工艺和方法,制定了统一的基本原则、程序和内容,用于规范建筑施工安全技术方案、措施的制定以及实施管理,包括安全技术规划、分析、控制、监测与预警、应急救援及其他安全技术等。《项目风险管理 应用指南》GB/T 20032—2005、《风险管理 指南》GB/T 24353—2022等标准的应用和贯彻,有利于提高企业和项目风险控制策划的管理水平和管理绩效。

建设工程企业应建立重大风险控制策划案例库,或者建立内部专家团队,为工程项目风险控制策划提供知识、经验和智力支持。施工总承包项目安全生产和职业健康风险控制策划的措施,一般都落实到对人员或队伍、施工设备设施、施工环境条件、工序工艺选择、管理方法和准则等方面。项目应建立分级的重大风险控制策划清单、紧急情况应急预案策划清单,作为项目管理要求和准则、施工组织设计或施工方案、作业指导书、操作规程、技术交底书、应急响应预案等中,相关内容编制的依据。这些内容,都是建筑业工程项目风险控制策划成果的具体体现。

在管理体系成熟度水平较低的企业,风险控制策划成果,往往与项目产品实现过程策划成果,在形式和内容上存在"两张皮"现象,这是导致项目管理过程协同不足、精细化水平低的原因。所以,"流程"强调了施工组织设计在项目策划阶段的核心纽带地位和作用。

4. 风险控制策划成果的评审

危险源辨识和风险评价及其控制策划工作机制、流程和记录,在施工总承包项目建立了一种安全生产和职业健康管理事项的优先级,并起到事先梳理或告知、警示作用。项目安全生产和职业健康重大风险控制措施,是项目产品实现过程策划需要考虑的因素之一。工程项目产品实现策划,要综合考虑工期、质量、安全、环境、成本、创新、绿色施工等,一系列相关目标的综合要求。

施工组织设计或施工方案编制过程中,往往要伴随着商务合约部门进行成本测算和经济技术比较,在反复权衡各种目标综合平衡中,确定项目综合收益最大化的安排。特别是对安全生产费用的测算评估,是保证和控制安全生产专项费用的重要手段。

企业应建立施工组织设计、施工方案评审、审批的记录,应建立应急响应预案、作业指导书、操作规程、技术交底书等的评审、复核、审批的记录,以确保风险控制策划被采用或落实,并为后续可能的事故分析、责任追溯提供证据。这些环节的相关职责分解和落实,是安全生产责任制管理的重要组成部分和具体体现。

实践中，一些建设工程企业建立年度、季度重难点项目台账，把重难点项目的履约过程，纳入企业重点关注的优先级事项。是重大安全风险分级管控的一种常见、有效的方式。企业参照本书提供的解决方案，有利于完善重难点工程项目履约过程管理的制度、流程和标准，落实风险分级管理的责任和要求，并建立和形成相关记录。

二、项目实施阶段的安全生产和职业健康管理

1. 各类人员安全资格确认及培训

项目管理人员岗位能力的适应性，是保证项目一切工作质量的前提。我们把建筑业各细分行业相关法规、标准的执行，作为安全管理基础工作，其核心在于各类人员安全生产方面的培训，达到了岗位职责要求的应知应会水平，并按照相关要求考核合格，取得持证上岗资格。这包括关键岗位人员的安全生产培训考核资格证，专业技术人员的学历、专业技术职称，特种作业人员培训考核上岗证，一般作业人员的入场三级教育等。具体见项目人力资源管理流程和要求。

2. 工点（含临时工程）施工准备期间的安全生产和职业健康管理

项目安全生产和职业健康管理以项目部开始进场为始端。比如青藏铁路建设施工，高寒缺氧、大风、强紫外线、一日有四季的高原恶劣自然条件，使施工单位从第一个人、第一天进场开始，就面临巨大的职业健康安全挑战。

项目日常施工过程是围绕月度施工计划向工作计划的分解展开。施工企业应建立项目部施工计划向工作计划分解的工作流程、规则和具体记录方式。根据作者项目管理实践，每个月应由项目部各职能部门、项目部现场管理单元负责人，根据项目工期计划安排，分解制定本部门工作计划，经项目分管领导审核，项目经理审批后执行。这项工作在形式上貌似简单，但其实对项目管理流程化、标准化水平提出非常高的要求。首先要实现项目部机构设置、人员配置的标准化。如果项目部机构设置、部门职责定位不清晰，或者认识不统一，所谓的工作计划分解就无从说起，这是确保安全生产责任制建立和完善的基础。项目部一般应形成具体岗位书面的职责分工，职责上墙，是一种有效的职责沟通形式。其次要有现成的标准化、精细化管理流程和准则。如果企业没有建立适应于多项目、同质化的标准化管理流程和准则，或者管理流程的精细化程度不够，项目各部门之间的工作细粒度和接口不清晰，工作计划的分解就会流于概念和口号，实现不了目标管理功能。再次是相关岗位人员工作能力要匹配。上述三个环节，缺少一个，都很难实现施工计划向工作计划分解这一项目目标管理机制的要求，会使本书前面关于项目流程化、集成化、数字化，所阐述的一系列理念、流程和方法无以为继。这就要求项目经理和项目管理团队，在项目开始的一定时期之

内，和项目部职能管理层一起，结合项目管理实际工作，进行不断地沟通和磨合，就项目管理职责分工、工作流程和方法、管理标准和准则，最终达成一致理解，并使缺乏管理经验的管理人员岗位能力与岗位要求相匹配，这其实就是管理"裁剪"的实质内涵。

我们看到，有的企业在施工总承包项目的策划阶段，采用有形的方式，将企业对项目部的管理目标，向职能部门进行目标分解，并签订目标考核奖罚激励约束责任状。这样的安排，从形式上看很符合目标管理的要求，但其实与项目部职能管理的定位和性质存在偏离。有可能造成项目部的实施过程组织工作，形成"职能部门分工负责出主意、抬轿子，项目经理作决策、把方向"的"由下而上"工作组织思路；不符合"项目经理牵头顶层设计，采用目标管理'纲举目张'""由上而下"的目标管理模式要求。具体到项目安全生产和职业健康管理，这个阶段的工作包括以下几个方面：

（1）安全生产责任制和安全抵押。新《安全生产法》强调"管行业必须管安全、管业务必须管安全、管生产经营必须管安全"，强调了建立、健全"全员"安全生产责任制。《施工企业安全生产管理规范》GB 50656—2011，对施工总承包项目部部门一级的安全生产和职业健康责任，进行了较为详细的划分。由于安全生产和职业健康管理的特殊性，在具体项目管理实践中，建筑业各细分行业政府主管部门、各相关企业，围绕安全生产责任制，建立和实施项目安全生产领导小组、安全生产会议制度、安全生产责任状、各级领导带班检查、安全生产全员抵押、作业工人"安全之星"奖评等，不一而足。说到底，上述举措都是围绕安全生产责任制落实和职工安全意识的强化为目的，其具体的实施或多或少都取得了一定的效果和成绩。但施工总承包项目安全生产和职业健康管理职责，最终还是取决于项目产品实现过程中，与安全生产和职业健康相关的管理事项、存在的风险，是否被有效地识别、责任被清晰地分解、标准被全面地落实。也就是说，最终要体现到加快推进项目管理的流程化、精细化水平的提升。其衡量的唯一标准是"要能在出事的时候，循着管理的责任链条，将问题的根源追溯到具体的岗位或人"。否则都会事倍功半，甚至流于形式。

"项目安全生产和职业健康管理流程"所规定的项目管理标准化、精细化，在传统管理中由于项目管理过程沟通方式和效率的限制，其具体的实施和落实存在一定的瓶颈。建设工程企业只有在基础管理标准化上，基于项目产品分解结构和其他各类分解结构的叠加和整合的管理流程，分解和构建项目管理过程责任矩阵。由此开发和运行全面信息化项目管理平台，使管理人员对项目管理信息化平台形成工作路径依赖，才能在实现项目管理信息的下达、采集、集成、分析和应用的同时，从根本上带来项目管理流程精细化水平质的提升。对安全生产责任制的全面细化，并通过跨部门流程中，相关"文件化信息"形成过程的共享传递、复核、审核、审批要求，形成相互之间的沟通和对"责任制"的倒逼落实机制。这远比"安全抵押金"制度更直接、更有效。

（2）物资和设备相关的安全生产和职业健康管理。物资和设备管理部门在项目策划阶段，应参与辨识和评价本部门职责范围相关危险源及其风险，按照相关法规和标准要求，做好相关的安全生产和职业健康基础管理工作，履行职业健康安全管理职责。项目安全质量管理部门要对物资设备安全生产和职业健康管理情况进行监督检查，检查的事项、内容、问题和改进要求应形成记录。

（3）工程管理部门负责制定相关的工点（含临时建筑、临时用电）施工方案，完善和执行安全技术措施。特别是汛期安全，危险性较大的专项安全技术方案的编制、检算、专家评审和审批。工程技术交底应包括相关的安全技术措施要求，并形成记录。

（4）商务合约部门在工点预算分劈编制中，对安全生产措施费进行分配，作为过程成本控制评价的依据。2022年11月21日，财政部、应急管理部关于印发《企业安全生产费用提取和使用管理办法》的通知（财资〔2022〕136号），"建设工程施工企业编制投标报价应当包含并单列企业安全生产费用，竞标时不得删减"，进一步提高了安全生产费用的提取比例和支付标准。

（5）安全质量管理部门应协助项目决策层，组织"安全生产月"活动，并督促落实"三级教育"，落实工点专职安全管理人员配备和岗位说明书，完善现场和作业层安全告知，制定完善安全文明工地创建方案和现场消防、现场安全标识标牌。对工地开工前或台风、雨雪等异常天气情况下，安全生产条件进行检查验收，并形成记录。完善项目紧急情况应急预案，必要时组织演练和方案的修订完善工作。

（6）项目办公室协助安全教育培训和会议的组织，负责行政车辆交通安全、项目食堂，以及特殊工种要求的职业健康体检活动。

项目部应加强对上述工作的组织和协调，确保相关安全生产和职业健康管理要求，在外部相关方、各部门、各层级之间的交流、协商和沟通，确保上述职业健康安全管理工作在工点开工报告审批前完成。

3. 施工过程的安全生产和职业健康管理

安全生产和职业健康是"干"出来的不是管出来的，关键在于自律。施工过程以工点工序工艺标准管控为核心，项目部各部门、各层级分工对人、材、机、施工场地条件等，相关的安全生产和职业健康因素进行管理。

项目部安全质量监督管理部门的地位，类似于监理和施工企业项目部的关系。施工过程中，主要按照相关行业或企业安全生产和职业健康检查要求，对相关的安全生产和职业健康管理状况、行为进行检查和验收。日常的管理检查验收，应按照建筑业细分行业工程特点，编制检查表，明确检查的事项、检查方式、记录的要求，以及发现问题的纠正或预防整改安排。对于有监测要求的工序，安全监督管理部门应随时掌握监测分析成果，对监测预警第一时间进行报告，必要时做出应急响应。

4. 安全隐患排查整治

企业应建立安全隐患排查治理工作制度和流程，按照风险分级管控分工，落实安全隐患排查治理责任。项目部安全隐患排查，应由项目经理组织，安全隐患排查应以工点为单元，涵盖人、基、料、法、环、信、财等各种要素和流程。立足危险源辨识和风险评价及其风险控制策划流程，及其策划成果整体的执行状况进行系统检查和评价，并对发现的问题采取改进措施。

5. 紧急情况应急准备和响应

项目部应按照识别的紧急情况清单，完善应急准备措施。应急准备的目的是"怎么样能不出事"，应急响应是针对"出了事怎么办"。

项目部应急准备和响应，应该按照风险分级，对外部、内部应急响应责任，响应工作流程以及报告、沟通的内容、方式、责任人进行安排，确保紧急情况发生时，能响应及时，控制事态，减少损失。项目部必要时应建立专业的应急救援队伍，完善应急预案、应急演练、应急设备设施相关的记录。

6. 安全事故报告和调查处理

企业应按照《生产安全事故报告和调查处理条例》，完善本单位安全生产和职业健康事故报告、现场应急处理、事故调查和处理工作制度与流程。杜绝事故不报、瞒报、谎报、迟报，落实"四不放过"的调查处理要求。

7. 组织内部、配合外部检查，落实整改

新《安全生产法》新增强化和落实政府监管责任。在我国建筑业，政府、行业和上级领导带班检查，是项目部强化安全生产意识，提高安全生产管理能力和水平的契机。

项目部应该按照上述思路，完善日常管理记录，提高项目部安全生产和职业健康管理状况总结汇报的系统性和针对性。必须指出的是，一些建设工程企业日常的安全生产和职业健康基础管理不扎实，往往要专门停工整顿迎接外部检查。政府监督管理部门和企业总部对项目"四不两直"的检查方式，有利于督促、引导项目改进日常的基础管理。还有的企业，安全生产管理体系流程化、精细化水平不足，各级管理人员对体系运行规律、安全生产和职业健康检查内在要求认识不足，采取对照检查表格，"造"管理记录台账的方式迎检。比如，撇开项目部已经上墙的职责分工、企业成熟的岗位说明书体系,单独编制一套项目各岗位和部门的安全生产职责,作为落实安全生产责任制的证据。或者认为安全生产迎检,主要是安全监督管理部门的事。反映出我国建筑业工程项目安全生产和职业健康管理,在流程化、精细化方面所面临的挑战,同时也有巨大的改进提升空间。

8. 月度安全生产和职业健康管理评价总结

按照施工总承包项目安全生产和职业健康管理绩效的形成规律,项目安全生产总结应该与月度施工调度、月度计划协调会议结合进行,必要时召开安全生产专题会议。"安全"或"不安全",是施工总承包项目全生命周期、某一时点活动的一种结果,或者管理活动绩效所达成的一种状态。安全生产和职业健康不是施工总承包项目所追求的目的,而是一种保障措施,服务于项目合同的履约和价值交付。项目部应建立会议记录,详细记录相关安全生产和职业健康方面的内容。作为评价项目经理履行安全生产和职业健康管理职责的证据之一。

"标准化项目管理体系流程"把月度计量核算和支付,作为项目过程绩效评价的重要形式和环节。建设工程企业应该持续推进项目管理的流程化和精细化,使项目安全生产和职业健康管理对工期、成本的影响信息,能够纳入项目以挣值管理为基础的绩效评价之中。我国建设工程企业当前的施工总承包项目管理,安全生产和职业健康管理过程,对工期的影响因素、对成本的影响因素,没有被纳入对管理责任制绩效的评价范畴,比如安全生产事故导致的停工、业主或监理现场发现危害因素的责令停工造成的工期、成本费用损失等,都不能通过过程记录,及时、准确地提供可追溯的原因分析证据,也不能有效的开展基于挣值管理的绩效评价,把安全生产停工的工期、成本损失指标,准确地给予呈现。反映全行业项目管理流程化、精细化水平,还存在很大的改进空间。

9. 安全文明工地创建

我国很多地方建设行政主管部门,把安全文明工地创建活动,作为安全生产标准化管理的重要载体,并纳入工程创优评审条件。项目部应该按照当地政府主管部门的标准,积极开展安全文明标准工地创建活动,提高现场文明施工管理水平,促进安全生产和职业健康管理。

三、项目检查和改进阶段的安全生产和职业健康管理

施工总承包项目安全生产和职业健康管理总结,是项目总结的重要组成部分。特别是项目特有的危险源及其重大风险的控制策划和实施控制成果,是总结项目经验、企业知识积累、发现管理改进机会的重要渠道和方式。

第十二章　项目工程质量及试验检测管理

《项目管理 术语》GB/T 23691—2009，项目质量管理，项目管理的一部分，致力于确保项目满足所承诺要求。通常由质量规划、质量保证、质量控制、质量改进等部分构成。不同于建筑行业、建设工程企业的质量管理。项目工程质量及试验检测管理，是"大质量"管理范畴内，按照《建设工程质量管理条例》要求，围绕项目产品质量形成过程中，"按图施工、按规范操作、按验标检验"相关的，其工序工艺、原材料、半成品、成品等，质量保证、质量控制以及交付过程等，涉及的对象和活动的管理。

第一节　项目工程质量及试验检测管理的地位和作用

ISO 9000质量管理体系系列标准，是从战略高度提高企业整体绩效，为推动实现可持续发展奠定良好基础的"大质量"管理方法论。建设工程企业质量管理水平和能力，以我国质量强国发展战略、质量文化、建筑业总体质量发展水平为基础。项目质量管理是建设工程企业质量管理体系的重要组成部分，施工总承包项目工程质量及试验检测管理的地位和作用，需要从国家、建筑企业、建设工程项目质量管理的发展历程及其要求上思考和把握。

一、质量强国战略是兴国之道强国之策

建设工程质量既是建筑行业管理变革、科技创新、资源配置、劳动者素质等因素的集成，又是法治环境、文化教育、诚信建设等方面的综合反映。近些年来，我国围绕建筑业相关产业环境、科技、金融、财税、人才培养等，配套政策法规体系不断完善，建设工程项目实施组织方式持续变革，工程设计、工程材料、施工工艺和装备、计量检测标准体系不断完善并与国际接轨。建筑业市场以"质量管理体系"认证和实验室认可为抓手，建设工程企业市场责任主体地位不断完善和巩固。我国建筑产业整体素质和企业质量管理水平有较大提高，一批国家重大工程质量达到国际先进水平，"中国建造"品牌效应逐步显现。

当前，我国是世界上每年新建建筑量最大的国家，建筑业仍然大而不强，改革仍需深入推进。2020年住房和城乡建设部等9部门联合印发《关于加快新型建筑工业化发展的若干意见》，国家发展改革委、科技部、工业和信息化部等13部门联合印发

《关于推动智能建造与建筑工业化协同发展的指导意见》，从"中国建造"生产模式变革、建设工程项目组织管理模式创新、"工业化和信息化融合"等方面，推进城乡建设领域绿色发展、低碳循环发展，推动建筑工业化、数字化、智能化升级，促进建筑业提质增效。2023年2月，中共中央、国务院印发《质量强国建设纲要》，紧紧围绕提高建设工程质量品质，提出构建现代工程建设质量管理体系和先进质量文化，严格执行工程质量终身责任书面承诺制、永久性标牌制、质量信息档案等制度，强化质量责任追溯追究；推进工程质量管理标准化，实施工程施工岗位责任制；将企业工程质量情况纳入招标投标评审等一系列制度性强化措施，以实现工程建设全过程低碳环保、节能减排为目标，进一步强化"中国建造"品牌建设，提升工程质量和品牌综合实力，打造中国建造升级版。

国家质量强国战略，将引领建设工程质量管理提升到一个全新的水平和阶段，给建设工程企业及其施工总承包项目工程质量和试验检测管理，创造良好的市场环境，也提出了新的、更高要求。

二、企业质量管理体系是项目质量管理的基础和后盾

建设工程企业在贯彻ISO 9000质量管理体系系列标准要求，构建和完善企业质量管理体系基础上，《质量管理 项目质量管理指南》GB/T 19016—2021/ISO 10006：2017，对照《项目管理指南》GB/T 37507—2019所阐述的项目管理过程，对项目与质量相关的管理过程和工程质量管理，提供原则和实践方面的应用性指南。住房和城乡建设部结合建设工程企业实际，发布《工程建设施工企业质量管理规范》GB/T 50430—2017，以强化质量管理体系系列标准，在从事工程承包活动企业中贯彻实施。上述标准都遵循相同的质量管理原则、相同的标准高阶结构，从不同角度和侧面，为建设工程企业及其项目质量管理体系的建立、运行和改进提供要求或指南。企业的质量管理体系以质量文化和战略为引领，比如海尔集团在20世纪80年代，在一台价格相当于工人两年工资情况下，对于76台出现质量缺陷的冰箱，张瑞敏亲自公开"砸冰箱"，树立"有缺陷的产品就是废品"质量观念，打造智能制造，造就了今天世界家电行业的超级品牌。中国建筑总公司近20年来，坚持"中国建筑，服务跨越五洲；过程精品，质量重于泰山。"的质量方针，树立了享誉世界的公司品牌形象。

建设工程企业质量管理体系是其项目质量管理的基础和后盾。建设工程项目质量管理的责任主体是建设单位，项目规划和设计质量、项目施工质量、产品形成和交付质量都是影响建设工程项目质量的重要阶段。《建设工程质量管理条例》规定了建设、设计、施工、监理、试验检测、政府监管等各相关方，项目质量管理责任和接口

关系，是项目参与各相关方企业质量管理体系在工程施工总承包阶段，相互协同和配合作用的政策法规依据。

施工总承包企业，是建设工程项目施工阶段质量管理的责任主体。施工总承包企业的质量管理体系涵盖项目招标投标、合同、施工图设计文件和标准、人材机资源要素、质量目标和过程管理、项目交付和交付后的责任履行等环节，对内形成包括工程质量和试验检测管理的施工总承包项目全生命周期管理过程，及其控制准则的持续改进机制；对外建立对项目各相关方，在策划、实施、监视、交付等阶段，沟通、交流、报告机制，以满足各方在施工总承包阶段的协同管理要求。

施工总承包项目部的现场管理，依据企业搭建的现场管理机构和制度平台，围绕项目合同确定的管理范围，以"项目工程质量和试验检测管理流程"为基础，针对项目不同的产品特性，在企业授权范围内，负责完善项目工程质量管理责任制、健全质量策划、实施质量控制、落实质量保证措施，确保项目质量管理过程持续受控，实现项目质量目标。

三、项目工程质量水平是企业质量管理效能的集中体现

第五章解析的"标准化项目管理体系流程"，是施工总承包项目部以企业综合管理体系为后盾，施工总承包项目"大质量"管理的项目管理体系流程，包括了项目工作过程质量和工程质量管理两个方面。工程质量管理从质量控制和质量保证两个维度建立管理过程，试验检测是工程质量控制和质量保证的重要手段和环节。建筑业各细分行业不同的工程类别，工程质量管理标准、原材料试验检测标准、工序过程检查标准和方法、工序验收标准和成果，都要按照合同规定的国家、行业或地方标准要求执行。施工总承包项目工程质量和试验检测管理具有以下几个特点和要求：

1. 工程质量是"干"出来的，也是检查验收出来的

自1996以来，国务院已实施完成的"两个质量纲要"涉及30多个政府部门，它们对建设工程质量的振兴和发展目标，都以工程项目一次验收合格率、优良率的提升和建设工程质量投诉下降率作为阶段性发展目标的控制性指标。我们可以简单地把施工总承包项目的管理过程视为"干"，把与产品有关的过程要求视为检查和验收。"干"是质量控制，检查和验收是质量保证，都离不开试验检测工具和手段。实际的项目质量管理中，这两个过程其实是相互交织，紧密联系，互相影响，难以严格区分。

"项目工程质量及试验检测管理流程"是在"标准化项目管理体系流程"的基础上，对施工总承包项目全生命周期"干"的过程中，与工程质量控制和工程质量保证相关的环节，进一步细化构建而成的。《建设工程质量管理条例》《建设工程安全生产

管理条例》和《建设工程强制性标准条文》或新型建设工程标准体系中的全文强制性规范，如《建筑与市政工程施工质量控制通用规范》GB 55032—2022，前者是建设法规，后者是技术法规，其中与工程质量和试验检测相关的要求，是"项目工程质量及试验检测管理流程"必须贯彻和执行的最基本要求。

我国建筑业各细分行业工程质量和试验检测管理，都要遵循"原材料进场检验、工序过程检查、工序验收"这一核心要求。工程质量管理依据建设法规要求进行质量控制和质量保证的策划、实施、检查和改进过程，其中检查验收环节依据技术法规对不同的工程产品特性所规定的要求，对质量特性的试验检测是检查验收最主要的工具和手段。工程试验检测必须由专业的、获得市场准入资格的机构负责实施。2023年3月1日起施行的《建设工程质量检测管理办法》（住房和城乡建设部令第57号），对建设工程涉及结构安全、主要使用功能的检测项目，进入施工现场的建筑材料、建筑构配件、设备，以及工程实体质量等进行的检测，从优化建设工程质量检测范围，强化检测主体资质动态管理，规范建设工程质量检测活动，完善建设工程质量检测责任体系，提高数字化应用水平，加强政府监督管理，加大违法违规行为处罚力度等多个方面，提出进一步强化建设工程质量检测管理，保障建设工程质量的措施。并规定"非建设单位委托的检测机构出具的检测报告，不得作为工程质量验收资料。"

2. 规范试验检测管理，是工程质量管理的核心抓手

本书中篇论述的建设工程企业"标准化项目管理体系流程"是通用的，适用对不同类别、多项目，进行流程化、标准化的端到端全过程管理。具体建设工程项目"与产品有关的过程"取决于项目的工程特性。工程质量管理要识别项目工程质量管理的重点事项，特别是其中的特殊过程和关键过程，确保在"干"的管理过程中，对工程技术、设备、人员、物资、文件化信息进行重点策划和控制；同时，伴随"干"的过程，要对与项目产品有关的过程实施全程的检查、试验检测和验收，及时发现"干"的过程存在的行为偏差及其可能导致的产品符合性问题，确保过程和产品一次验收合格。促进项目管理体系"以工作质量，保证产品质量"。项目工程质量管理就是要从过程控制和检查验收的角度，对工程原材料、半成品、构配件，产品工序工艺技术特性的符合性，工程实体质量的符合性进行控制和检查确认，而试验检测是不可或缺的主要手段。我们要求项目策划阶段，建立项目"单位、分部、分项工程划分清单""检验试验项目和频次清单"，就是实现对相关过程的策划和控制。

根据《计量法》《标准化法》《产品质量法》《认证认可条例》，国家对质量检测机构（实验室）进行强制性核准制度和自愿申请的能力认可活动。所有向社会出具公证性检测报告的质量检测机构必须获得"计量认证"资质，按照认定的检测能力范围

从业，在其产品检验报告上使用计量认证标志（CMA）。通过实验室国家认可的检测技术机构，证明其符合国际上通行的校准和/或检测实验室能力的能用要求。国家市场监督管理总局《检验检测机构资质认定管理办法》，将计量认证和审查认可按照《实验室资质认定评审准则》合并进行。建设工程企业项目现场的试验检测，无论是委托社会第三方检测机构，还是自建工地实（试）验室，都必须获得CMA资质，有的建设单位还要求同时具备实验室认可证书。

由于建设工程产品的独特性、工程物资设备的多样性、产品技术创新迭代频繁，决定了工程质量检查和试验检测方法、工具、技术的复杂性、多样性。比如混凝土结构工程，其工程质量检查和试验检测，有《混凝土结构工程施工质量验收规范》GB 50204—2015，《铁路混凝土工程施工质量验收标准》TB 10424—2018等标准。

施工总承包项目质量管理，要依据工程项目各细分行业工程质量验收或评定标准，以及工程施工图设计文件规定，对工程质量检查验收体系和内容进行系统的策划和控制。施工总承包项目自建或外委的实验室，须在CMA资质认定范围内，按照国家、行业试验检测规程提供试验检测服务，并对试验检测成果本身的质量负责。

3. 工程质量检查验收和试验检测成果，是建设工程产品质量的重要组成部分

1998年前后，我国出现一些豆腐渣工程，引起国家领导人的重视。围绕建立工程质量终身责任制，提供建设工程评估、验收、改造、维护、借鉴等作用，我国通过相关制度和标准的建立，开始规范和完善建设工程档案的建立和管理。建设工程项目档案，既是竣工验收的重要内容，也是项目实体工程竣工验收、后期运营的重要依据。国家档案局《建设项目档案管理规范》DA/T 28—2018，为了保证档案完整齐全、准确真实、系统有机联系，规定将建设工程档案纳入合同管理，依法开展；纳入工程进度管理，及时形成收集；纳入工程技术管理，有效保证文件内在质量和准确性；纳入合同结算，档案不合格，财务不决算。使建设工程档案的收集工作遵循自然形成规律，与项目建设过程环环相扣，段段相连，步步延伸，逐渐形成。《建设工程文件归档整理规范》GB/T 50328—2014，进一步从国家标准层面，规范工程档案的归档内容和要求。

建设工程项目过程的"文件化信息"，是项目全生命周期活动信息的储存方式。其既包括项目策划、实施、检查和改进过程，用于传达管理意图和相关要求的方案、文件、技术资料、函件等；也包括项目实施过程中，形成的各种文字、图表、影像、检测验收、证明等证据。"文件化信息"包括文件和记录的设计，是建设工程企业项目管理体系构建和运行的重要内容。科学的项目管理体系，应该确保"文件化信息"的下达和上传的全面性、完整性、真实性、及时性，使传递通道接口顺畅、信息归档

储存有序、共享应用便捷。"文件化信息"在内容上，不但应满足企业、项目部日常管理的决策、指挥、协调、控制、改进需求；而且应能够覆盖建设工程档案形成和移交的全部要求。项目工程质量管理过程，是工程项目档案形成量最大的，主要管理过程领域。

项目管理全面信息化条件下，项目管理信息平台为项目实施过程"文件化信息"的形成、采集、传递、共享、集成分析提供了便捷的工具平台。2000年开始，我国工程项目内业资料管理软件在市场出现，2003年中国建筑工业出版社出版了内业资料表格统一范本，随后全国各省建设厅、建设工程质量监督站又陆续出版了工程项目内业资料表格统一标准，俗称《××省建筑工程资料管理规程》。市场上当前的内业资料软件，主要围绕竣工档案的形成要求，已经能够实现工程概况一次填写、检验批、隐蔽工程、施工记录关联建立，检验批智能填写、原始记录智能填写、报验单的验收部位和相应工序内容从检验批自动填写；分项分部自动汇总，混凝土强度、垂直度、安全检查评分表、沉降观测表自动计算等。还有的地方推出全方位资料管理软件，根据工序，集成所有各类别内业资料等。这些内业资料软件在信息化方面的实践，不但能大幅度地减少现场管理人员的工作量和工作强度，而且也提升了竣工文件形成和移交质量。项目管理全面信息化情况下，关于"文件化信息"的形成和管理信息化，还有两个层面的问题需要认真研究和解决：

一是建设工程质量验收标准，在检验批、分项、分部、单位工程划分的，组织形式、审批流程、验收主体、采用的具体表格形式和表格的填写方法上，建筑业各细分行业或地方不统一。现行的内业资料管理软件，由于没有全国层面统一内业资料的标准化作为基础，要按照各地、各专业单独开发和应用，软件采用的表格类型往往有千万张量级。一个建筑企业的项目会遍布全国，往往涉及多个细分行业。理论上讲，竣工文件涵盖的内业资料，具备所有细分行业进行统一标准化的条件。需要呼唤国家层面，跨建设工程所有细分领域的部门协调机制，为建设工程项目内业资料的信息化提供跨细分行业统一的标准化条件。

二是竣工文件组成的与项目产品有关的"文件化信息"，作为建设工程项目管理过程和与产品有关过程的价值交付成果，与建设工程企业项目过程形成的其他的信息，是分析、评价项目管理过程和与项目产品有关过程，具有巨大潜在利用价值的数据资源。建设工程企业项目管理各种"文件化信息"设计的细粒度、语法、语义等格式标准，关系到项目过程形成的"文件化信息"，对项目管理过程进行信息反馈、记录、共享、利用的价值。这是项目管理标准化，在面向全面信息化要求中，需要重点关注和解决的核心问题之一。

第二节 项目工程质量及试验检测管理流程和要求

一、项目工程质量及试验检测管理流程（图12-1）

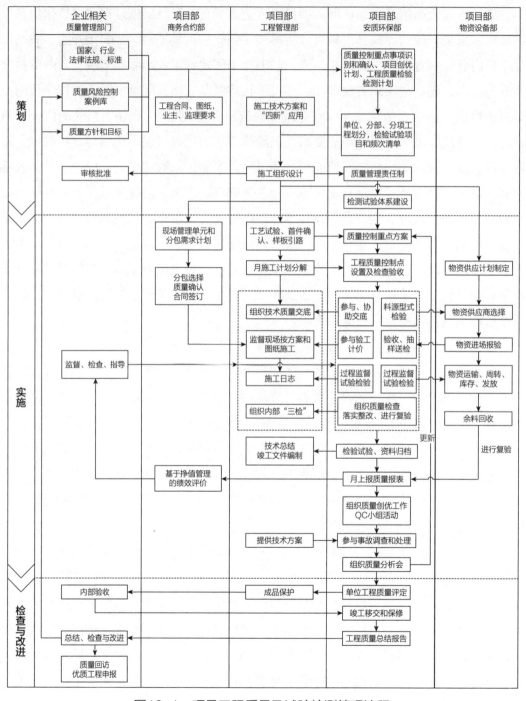

图12-1 项目工程质量及试验检测管理流程

二、项目工程质量及试验检测管理过程要求（表12-1）

项目工程质量及试验检测管理要求　　　　　　　　　　　表12-1

阶段	过程	管理要求	记录
	1	1）企业应依据质量管理相关的国家、行业法律、法规、标准，完善企业项目质量管理制度。 2）建立企业级项目工程质量风险清单及其控制方案案例库	1）企业级质量风险清单及其控制方案案例（与项目有关的）； 2）企业项目工程质量管理制度、标准； 3）项目相关工程质量要求清单； 4）专职质量管理人员、实验检测人员培训和持证上岗记录
策划	2	1）企业应明确质量管理方针和项目工程质量目标，包括工程创优目标要求。 2）项目部基于项目工程质量目标、创优目标要求，根据国家、地方法律法规、行业标准、合同文件、主要施工方案、相关工程经验、企业工程质量管理制度的规定进行工程质量管理重点事项的识别，特别是关键过程和特殊过程，制定相应的控制措施纳入施工组织设计、施工方案（含专项方案）或工程质量基础管理工作要求。 3）项目部制定QC活动或工程创优计划和实施方案。 4）项目安质部协助进行单位、分部、分项工程划分，识别和建立工程质量检验试验项目和频次清单，并经监理和业主认可后，纳入施工组织设计编制，并上报企业进行审核批准。 5）项目部应明确各部门和层级工程质量管理责任，完善工程质量管理责任制。 6）项目部应建立工程试验检测体系（含外委试验检测），必要时通过外部检查验收	1）项目质量方针和工程质量目标； 2）项目关键过程、特殊过程识别清单及其控制方案； 3）项目QC活动或创优计划和实施方案； 4）批准的单位、分部、分项工程划分表； 5）工程质量检验试验项目及频次清单； 6）工程质量责任制建立落实情况； 7）实验室验收及外部确认记录； 8）外委试验控制记录（含合同、供方资格）
实施	3	1）商务合约部依据施工组织设计确定的现场管理单元和（或）分包需求计划，在与作业层相关协议中落实其工程质量责任条款要求。 2）工程部组织工艺试验和首件确认，组织现场工序样板引路，在施工方案中完善质量控制措施。 3）安质部依据质量控制方案对工程质量控制点及其实施过程进行检查验收，必要时通过监理、业主检查签认	1）现场管理单元或分包方质量责任条款及其落实情况； 2）工艺试验方案及报告； 3）首件确认和样板引路记录； 4）开工报告关于质量管理情况检查验收记录
	4	1）项目日常工程质量管理落实到具体的工点实施过程。 2）工程部负责围绕施工组织设计和施工方案的实施，通过技术交底、工序旁站指导，确保按图施工、按规范操作。 3）安质部按照月施工计划要求，对工点施工质量进行检查、监测和验收，包括审核技术交底中对工程质量控制措施的落实程度，原材料料源型式检验，原材料进厂检验和复验，物资和工序质量检查与验收签证，已完工程质量确认，定期组织工程质量检查评价和改进。 4）物设部保证物资及时供应，确保进场原材料质量合格受控，并接受安质部的检查验收	1）技术交底中工程质量控制要求； 2）作业指导书编制、批准及其执行情况； 3）工点开工条件验收涵盖工程质量管控要求情况； 4）工程日志相关质量管理记录； 5）原材料料源型式检验报告、原材料检验批或分项工程检验项目、频次完整度、外部随工签认记录； 6）工序质量检验批或分项工程检验项目、频次完整度及外部随工签认记录； 7）已完工程质量验收签证记录； 8）日常工程质量检查记录； 9）物资质量保证情况

续表

阶段	过程	管理要求	记录
实施	5	1）安质部完善月度质量报表，将相关信息纳入项目基于挣值管理的绩效评价。 2）安质部组织工程创优（鼓励项目通过QC小组活动推进全面质量管理），参与质量事故调查处理，并组织质量分析会，推进质量改进	1）项目创优进展记录、月质量报表； 2）工程试验监测资料与工程质量验收资料的相互印证关系及其归档情况； 3）不合格品、质量整改及其处理情况； 4）监理、业主相关投诉和评价； 5）质量分析会记录
检查与改进	6	1）在工程竣工验收前，企业相关部门组织进行工程内部竣工验收，确认合格后方可申请工程竣工验收。 2）项目竣工后，安质部进行工程质量控制总结，并上报企业。 3）企业应建立质量回访制度，确保缺陷责任期保修责任的落实，并组织优质工程申报	1）内部验收记录； 2）单位工程质量评定和外部质量评价记录； 3）工程创优申报记录； 4）工程质量管理总结报告； 5）质量回访记录； 6）保修责任履行记录

第三节 项目工程质量及试验检测管理流程解析

一、项目策划阶段的工程质量及试验检测管理

1. 项目质量控制重点事项识别、项目创优计划、工程质量检验检测计划

每个建设工程企业根据企业发展战略都应有明确的质量方针和质量目标。质量方针是企业核心价值观和质量文化的具体体现，是强化员工质量意识，推动相关岗位质量管理责任落实的重要手段。质量方针也是企业制定质量目标的指导框架，是建设工程企业项目工程质量管理的"软实力"。建设工程企业应该在工程招标投标阶段，完成相关的项目质量管理策划。

（1）项目质量控制重点事项的识别。质量控制重点事项，是加强质量风险评价分析，及早制定对策和措施，并重视工程质量事故的防范和处理，避免可能发生的质量问题和质量事故进一步恶化和扩大。建设工程企业应当依据质量目标、既有项目的经验，建立本企业的"质量风险清单"。施工总承包项目在招标投标阶段，对工程质量控制重点事项的识别，取决于企业对工程的认知水平，和是否能够中标的重要内容。比如，京沪高铁南京大胜关长江大桥工程，主桥1.615km，采用六跨连续钢桁梁拱桥结构。超长钻孔桩、大体积承台、大直径墩身、大跨度钢桁拱安装及合龙、结构复杂的钢梁杆件制造、薄壁空心墙身等，施工难度大、工艺技术复杂、对人员设备材料质量要求高。这些结构部位及其工序，大多属于关键过程、特殊过程，任何一个工序质量缺陷，都可能导致工程项目履约失败，都是项目质量的重要控制点。再比如地铁地下车站在结构底部设置抗拔桩，作为抗浮设计措施用来抵消地下水上浮荷载的作用，抗拔桩施工完成后，需要采用单桩竖向抗拔静载法，检测其竖向抗拔承载力是否满足

设计要求。抗拔桩的检测，需要在车站深基坑内实施，存在一定的作业风险；检测过程需要一定的时间，对车站主体工程底板施工组织形成一定的影响；抗拔桩检测一旦不合格，将对整个车站主体工程的施工计划，造成很大的冲击和影响，上述种种都属于工程质量管理中存在的相关风险。建设工程企业通过类似工程的经验或者知识积累，建立"质量风险清单"，有利于施工总承包项目获取相关工程的经验，为项目的策划提供知识或智力支持。

项目质量控制重点事项的识别，应作为工程项目策划风险识别的重要内容，贯穿于项目产品实现的全过程，并且与项目资源约束条件、可选的工程技术、原材料的质量及获取难易程度、项目主要管理人员具备的工程经验、作业组织方式、技术装备水平、检测试验装备和能力、工程所在地施工环境条件等因素综合考虑。

建设工程企业应该制定相关的工作流程和标准，明确项目质量控制重点事项识别、评审、确认的分工、工作程序。使项目能建立以工点为单位的"质量控制重点事项清单"，作为项目施工组织设计或施工方案策划的依据，和项目通过管理"裁剪"，确定过程管理标准的依据。

（2）项目创优计划。质量目标，是项目部在工程质量方面，为满足要求的承诺或追求的目的，是目标管理方法论在工程质量管理方面的具体应用。质量目标的建立，为全体员工提供了其在质量方面关注的焦点，也有利于项目有目的地、合理地分配和利用资源，以达到策划的预期结果。

我国从20世纪80年代，开展国家优质工程评选奖励，为增强工程建设行业质量意识，促进质量管理水平提升，倡导安全、绿色低碳、创新质量管理理念，发挥了典型示范带动作用。工程项目创优计划，有利于促进项目完善质量管理体系，强化各级落实质量管理责任，严格工序工艺技术标准，控制质量通病，保证施工安全，提高文明施工和工程质量一次验收达标水平。

项目创优涉及资源配置和过程管理要求，项目创优计划由项目部结合实际提出，经企业批准后实施，或者直接由企业总部在项目目标责任书中确定。创优计划应作为项目策划的输入之一。创优计划的实施，在外部沟通中一般采用创优规划方案。实际的创优规划应贯彻到项目施工组织设计或施工方案的制定、评审、执行控制中，是一种避免"两张皮"现象、更有效的实施途径。

（3）工程质量检验检测计划。根据项目合同文件、施工图设计文件、相关技术标准，建设工程企业应该识别工程所需质量检验检测要求，制定工程质量检验检测计划，作为工程项目质量管理体系机构设置、人员配备、实验室能力建设的依据。比如：《铁路工程施工质量验收标准》以及《江苏省城市轨道交通工程质量验收统一标准》，其"施工现场质量管理检查记录表"规定监理单位在单位工程开工前，对施工单位的现场质量管理情况进行检查，是保证顺利施工和工程质量管理的一项前置性基础管控工作。内容包括：开工报告审批情况、现场质量管理制度建立和实施情况、质量责任制、工程质量检验制度、施工技术标准的识别和执行、施工图现场核对情况、地质勘察资料、交接桩和施工控制复测资料、施工组织设计或施工方案审批情况、分包方资质及分包单位管理制度、主要专业工种持证上岗、施工检测设备及计量器具配备、材料设备管理制度等。体现出项目质量控制和质量保证，贯穿于以工点为单位的施工准备、工序工艺操作、工序质量检测和验收的全要素、全过程。

工程质量检验检测，包括原材料和工程设备进场复检、工序及工序交接的检查验收，分项、分部、单位工程施工质量的验收。比如，《高填方地基技术规范》GB 51254—2017，为了保证高速铁路的平顺度、耐久性和运行的舒适性，新建高铁线路在铺轨前，对路基、桥梁、隧道等下部基础设施，完工后的沉降监测和评估均提出明确要求。再比如在工程竣工验收前，政府质量监督管理部门要委托有资质的计量检测单位，对工程实体质量进行相关的抽样试验检测。建设工程企业识别相关工程质量检验检测要求，并纳入计划管理，对于完善项目策划，健全工程质量检验检测体系，落实工程质量检验检测资源和责任，强化项目工程质量控制和质量保证本质水平，非常重要。

2. 关于工程检验试验项目和频次

作为工程质量检验检测的最基础核心工作，项目部应建立"工程检验试验项目和频次清单"。工程质量试验检测包括：工程原材料、构配件、设备的检测，施工过程的检测，完工后工程实体内在质量和外观质量的抽查检验检测。

工程质量是"干"出来的，工程质量的检验和试验检测，是监视"干"的过程和产品质量，不可或缺的重要手段。建筑业各细分行业、全国各地区，都有相应的工程质量验收标准，如《公路工程质量检验评定标准 第一册 土建工程》JTG F80/1—2017等。工程检验试验项目和频次的识别，其实质的内涵不仅在于形式，更重要的是项目质量管理线条人员，对本岗位工程质量检查、验收、检测职责的应知应会，即以控制相关人员的岗位能力适应性为目标。这要求施工总承包项目部，不但要形成工程检验试验项目和频次清单，更重要的是通过"全员参与"式的识别过程，或者有效的培训过程，确保相关要求被识别、理解和具备执行能力。这方面的要求，不单是专职质量管理人员，也包括项目工程技术、物资设备、现场管理等"干"的人员。比如：某高铁项目刚性群桩加固软弱地基路堤，设计文件规定在桩体完整性检测的基础上，进行复合地基荷载试验。但施工单位只识别了"验标"要求的桩体质量检测，而遗漏了复合地基荷载试验项目,给工程最终交验造成非常大的影响。

3. 质量管理责任制

质量管理责任,涵盖项目管理过程和与项目产品有关过程的所有人员。所谓的质量管理责任,强调的是项目各相关岗位人员,自身工作对工程质量相关性及其潜在关联影响的认识程度。或者是所有人员在从事本职工作中,要从保证工程质量的角度,理解相关工作流程和标准的要求。比如工程技术人员,充分理解设计意图,严格执行技术标准,保证技术交底工作质量,主动按相关规范要求控制工序工艺过程,满足质量检查验收标准;物资设备人员,在物资设备进场查验中,不但要核查数量,还应承担外观质量、相关质量证明文件、原材料抽样送检等责任;专职质量检查人员,不能单纯地卡控,而是要从加强工序作业人员、设备、操作规范性角度进行检查,通过过程的监督和促改,从提升工程质量形成过程能力的角度开展工作。

工程项目应形成书面或上墙的岗位职责,或者岗位说明书,以在项目团队内部、外部,强化对相关管理职责的沟通。只有工程质量管理过程和与产品有关过程质量责任,被全部分配到具体的岗位,相关岗位和人员充分理解并能将相关质量管理要求落实到履职过程,才能说质量责任制得以建立。具体的项目管理实践中,这其实是一项需要项目管理团队,通过持续培训、沟通、协调的过程。

质量管理责任制建立和落实的状况,可以通过现场工序工艺试验检测一次合格率,质量验收一次成活率,以及监理单位、建设单位的反馈信息,得到评价和验证。

4. 工程试验检测体系建设

工程质量检查验收、试验检测,贯穿于产品实现的管理过程和与项目产品有关过程,由于工程特性的技术复杂性,建设工程企业要根据项目"工程检验试验项目和频次清单",从检测计量设备器具、符合要求的人员、试验检测设施(如标养室)上,保证满足各类试验检测要求。比如:2018年国家铁路局发布的"铁路工程施工质量系列验收标准",全部作为强制性要求。其中,钻孔灌注桩采用声波透射法检测或瞬态激振法检测,声波透射法检测要求的预埋声波管,其采购、加工、预埋的控制,是项目试验检测体系应该覆盖的事项和管控范围。

我国计量认定和认可制度,为工程项目试验检测的实施提供了良好的基础管理技术保障。施工总承包项目自建的现场实验室,应具备CMA资质及CNAS证书,明确试验检测成果签字确认人员的内部授权;相关的测量仪器设备及其软件、器具应完成鉴定、校准或确认,并有鉴定或校准标识;标养室温度、湿度控制功能完善,并通过确认;现场混凝土试模、坍落度桶、泥浆比重计、测温计(仪)等,应由专人负责管理或维护,避免误用、意外调整,影响试验检测成果。对于外委的试验检测项目,应对受委托机构的资质、人员、设备等进行核查确认，在委托合同中明确现场抽样取样、试验检测成果报送等要求。

试验检测体系的建立和运行，应由项目部技术负责人牵头，质量负责人具体负责管理。试验检测应按照国家、行业相关技术规程实施，并进行数据分析、成果报告。报告应有试验检测单位CMA标识及授权人员签字。

试验检测成果，作为检验批、分项、分部、单位工程，质量检查、验收的依据。建设工程企业应建立试验检测成果，与现场工序、现场工序与质量检查验收资料之间的唯一性标识，以确保相关信息的可追溯性。

二、项目实施阶段的工程质量及试验检测管理

项目实施阶段质量管理，是按照月度施工计划控制下的项目各职能部门、现场各管理单元管理工作计划，通过对现场以工点为单元的，工序施工过程人、基、料、法、环、信、财等要素和职能的系统管控，确保项目管理过程和与项目产品有关过程，符合相关的管理流程标准和相关技术标准。并按规定的程序和标准，落实工程质量检查、试验检测、验收、签证等要求。相关的管理过程和与项目产品有关过程包括：

1. 工艺试验或首件确认

对于一些关键过程、特殊过程，或工艺参数缺乏既有经验的工序，依据现有工程技术规范规定，或项目部为避免"四新"应用中，工序质量不合格而导致的返工、返修，是在工序正式开始前，第一或前几个工序循环中，所进行的实验性作业活动。目的是验证工艺操作和控制相关的人、机、料、法、环、测等影响因素，在正常、异常条件下，工艺质量控制和质量保证的可行性、可靠性。比如公路、铁路路基，在大面积填筑前，不同填料应在工程现场选取有代表性的地段作为试验段，进行摊铺压实工艺试验，确定填料含水量或土石比例、填筑最大粒径、最大压实厚度、最小压实遍数等施工工艺参数，报监理确认后，方可进行施工。再比如，铁路、地铁、水工盾构隧道施工，在盾构机正式始发前，所做的条件检查和验收活动。

工艺试验和首件确认成果，应该纳入施工方案的要求，并根据工程质量特性，完善质量控制重点方案。比如，有资料显示，铁路施工过程由于设备管理不当造成的设备问题，所引发的质量事故，占到了铁路施工事故的1/4，要求在特定工序中，制定针对相关设备管理的质量保证措施。

工序工艺标准化管理，是消除质量通病，确保相关技术标准落实的有效手段。作者在国内两条完整地铁线路工程施工总承包管理中，为了强化现场作业层管理人员培训，提高工序质量控制水平。组织对现场所有工序，开展样板引路活动。由总包项目

部技术负责人组织,每道新开工的工序,由现场工点通过一定数量的工序循环,总结制定书面的工序样板标准,包括现场准备和平面布置、人材机配置标准、工效指标、施工工艺和控制要点、工序检验试验项目和频次、现场文明施工、质量通病及预防措施,特别是工序验收、条件验收、首件验收等内容、标准和要求。随后,总包部召开全线有相关工序的主要作业人员、现场管理团队、总包部、监理单位等参加的现场样板观摩会。就工序组织和工艺控制标准进行培训、沟通、交流和推广,取得了良好的效果。

项目部应建立和保留工艺试验总结、首件确认、工序标准化相关记录,作为项目管理过程检查评价和工序质量检查验收的依据。

2. 分包工程质量管理

无论采取何种分包管理模式,建设工程企业都应确保分包工程处于自身质量管理体系控制之下,并对最终工程质量承担合同履约责任。在项目组织管理结构上,项目扁平化程度越高,越有利对项目全过程施行同质化、标准化管理,避免由于管理层级之间效能的逐级衰减,导致工程质量控制和保证能力的弱化。项目管理全面信息化,能够加大管理跨度、提高信息沟通交流效率、推行项目过程管理标准化,促进扁平化管理的实现。

目前国内大型建筑企业集团,比较常见的施工总承包项目组织管理方式,是在工程中标后,由集团内所属各工程局分段、分项负责施工。现场实际标段或工区的项目部,由工程局再下一级或下两级的实体公司承担施工主体责任。近年来,国内头部几家大型建筑企业集团,集团公司、工程局、工程公司,在长期大型工程项目管理实践中,内部各层级之间围绕大型项目管理的集约化、标准化、精细化管理水平,得到了长足的发展。在这种管理组织模式下,集团公司现场施工总承包管理部,一是应当尊重所属单位现场项目部,在分包单位选择、分包合同、分包价格上,决策的自主权和隐私权,经济盈亏责任的独立性,有利于维护其工程履约的责任主体地位;二是要进一步强化内部市场化合同约束功能,充分发挥总包部在工期、安全、质量上的统筹管理协调职能,以内部经济责任合同为纽带,充分利用经济杠杆和行政协调手段,以项目相关风险分级管控为抓手,合理确定总包部在项目策划、重难点工程过程管控、安全质量末端责任落实方面,集约化管理的程度,确保项目管理过程和与项目产品有关过程持续受控。

对于外部分包方,施工总承包项目应该严格遵守违法分包、转包的法律禁令。通过市场化招标采购,根据分包工程复杂程度、技术难度,选择外部分包方。在分包合同中,明确分包方质量责任和义务,细化项目部关于分包工程质量检查、试验检测、验收流程分解和责任要求。专业分包模式下,应使分包方各相关岗位,纳入总包部各职能管理监控范围。总之,分包管理作为现场以工点为单元的作业层管理的重要组成部分,须确保管理过程受控,工程质量检查验收末端责任清晰、标准严格、记录形成和归档及时。

3. 工程质量控制点设置及检查验收

质量控制点,是指现场质量管理活动过程中,需要进行重点管控的对象、活动或实体,它们因内外部施工环境条件的影响,而具有动态特性或波动性。具体地讲,是施工生产现场在一定的期间内、一定的条件下,对需要重点控制的质量特性、关键部位、薄弱环节,以及其中的主导因素等,所采取的特殊管理措施和方法。通过对人员、设备、环境、检验检测等的强化管理,使工序处于良好控制状态,保证达到预期的质量要求。《工程建设施工企业质量管理规范》GB/T 50430—2017,要求设置质量控制点的事项包括:对施工质量有重要影响的关键质量特性、关键部位或重要影响因素;工艺上有严格要求,对下道工序的活动有重要影响的关键质量特性、部位;可能严重影响工程质量的材料的质量和性能;影响下道工序质量的技术间歇时间;与施工质量密切相关的技术参数;容易出现质量通病的部位;紧缺工程材料、构配件和工程设备,或可能对生产安排有严重影响的关键项目;隐蔽工程等。根据近年来,建设工程领域工程质量事故调查原因分析,导致工程质量事故的常见因素有:设计缺陷、进度不合理、材料不合格、设备质量不合格、工艺错误、施工组织不力、偷工减料等。工程质量控制点设置,是要建立各级工程质量相关人员,与工程质量形成过程的无缝衔接和融合。使质量控制和工程质量检查、试验检测和验收活动,成为伴随产品实现过程所有活动的特性之一。比如:某城市完整地铁线路施工总承包项目,地下车站、矿山法隧道主体结构,均采用复合一级防水设计。设计施工图,对临时支护渗漏规定了控制标准,主体结构与临时支护之间满铺卷材防水层。该线路部分车站和区间矿山法隧道,因施工过程中未严格按照总包部工序质量控制要求,对临时支护铺防水卷材基面平整度、预埋外露钢筋头切除清理、防水卷材搭接与保护、防水混凝土配合比及浇筑过程等质量控制点,进行系统严格的工序质量管控,导致车站和区间主体工程施工缝、裂缝、冷缝,出现大量的渗漏现象。不得不在轨行区移交界面验收前,组织大量的人力、物力日夜赶工,采用环氧注浆料进行堵漏处理,造成了巨大的工期和成本损失。

(1)施工总承包项目管理过程质量控制点

①项目经理应对工点"施工现场质量管理检查记录表"规定的事项负责。通过组织项目各相关层次、岗位的工作,确保施工现场质量管理情况各项指标满足检查要

求,并通过监理单位审核签认。在没有外部要求的建筑业细分行业,建设工程企业也应建立相关流程和记录,以强化项目经理质量职责的履行。

②项目技术负责人应对工程设计和变更、工程技术标准的识别和执行负责。对施工组织设计和施工方案的制定和执行负技术责任。应该通过项目工程技术管理工作的组织、协调、监督、评价,确保项目各层级、各相关岗位工作,执行和落实施工图设计文件和技术标准要求。

③项目生产负责人(含项目前期工程协调)应该对现场资源组织和施工过程协调调度管理负责。围绕施工组织设计和施工方案执行,通过对项目各职能管理部门、各层级,现场管理团队的组织、协调、监督、评价,确保按月度施工计划组织现场均衡施工,完善工点施工日志,避免因资源保障和协调、工序转换组织、现场文明施工不力等导致的工程质量问题。

④项目商务合约负责人应对分包队伍资源、财务资源、合同管理负责,避免因分包结算、支付,导致的队伍不稳定,采购控制薄弱,导致的物资、设备不合格、不及时,影响工程质量。

建设工程企业应建立工程项目流程化、标准化的过程管理制度、规则、标准和记录,对上述相关岗位履行工程质量管理职责,进行规范和形成过程记录,作为控制、监督、评价相关质量管理过程工作的依据。在项目管理实践中,上述要求,一是要体现在项目管理"裁剪"形成的管理制度和流程上;二是项目基于制度、职责,日常管理协调、沟通的团队执行力建设绩效上。

(2)与项目产品有关过程的质量控制点

根据建设工程领域各细分行业工程技术规范和施工质量验收标准,工程质量管理,依据单位、分部、分项、检验批的划分,对照验收标准进行全过程的质量控制。所谓"工程质量控制点设置",就是要结合每个工点,每一个单位、分部、分项工程及其检验批,对照"工程检验试验项目及频次清单",把"验标"要求的工程质量检查、试验检测、验收责任,分解落实到项目部各层级,相关的、具体的岗位和人员。这包括:

①原材料、半成品、构配件、工程设备的进场检查检测。物资设备采购、运输、储存管理过程,是其质量保证的前端。工程物资设备在进入工序之前,物资部门的质量控制点是物资设备,按照"验标"规定的数量、批次、规格、型号,进行检查、抽样送样检测,并将产品质量证明文件、检测报告,随物向工序控制环节流转。工程物资、设备的唯一性标识,是物资部门保证质量可追溯性的责任。比如:混凝土拌合和运输,首先粗细骨料、水泥、水、外加剂进行料源型式检验,由实验室进行理论配合

比设计；拌合站建设的人员、拌合设备、试验检测设备要符合要求，按规定对拌合设备的计量装置进行标定，严控粗、细骨料料仓之间意外混合；要通过粗、细骨料含水率测试，控制施工配合比符合设计配合比；原材料更换后，须进行配合比调整；混凝土搅拌过程，须控制原材料计量偏差和拌合时间等。

②工序过程（检验批）质量检测和验收。工程技术人员，要按照工程技术标准（包括验收标准）要求，通过技术交底、工序旁站、"三检制度"等方式，确保工序工艺标准的执行。其岗位质量控制点，是对隐蔽工程质量的自检。比如：钢筋间距均匀性、下料长度、箍筋弯钩角度、搭接绑扎质量、焊接接头质量，当钢筋数量在构件（梁柱节点）统一截面上密度较大时的排布，混凝土保护层厚度控制、混凝土浇筑振捣质量（密实度）、设备安装调试及管线耐久性工艺措施落实等。并按照"验标"要求，书面向监理提出检验批或分项工程质量验收申请。工序相关的工程物资、设备检查检测记录的核查和传递，是检验批或分项工程质量可追溯性的基本要求。特殊的，比如国家铁路局"铁路工程施工质量系列验收标准"，还规定了隐蔽工程和重要工序影像资料留存要求。影像资料，应配合使用语音或标识牌进行记录，内容包括隐蔽工程实体、检验人员影像和验收结论。标识牌内容，应包括检验参与单位名称、单位工程、分部工程、验收部位、工点里程位置、检验人员姓名、检验日期等信息。

③分项、分部、单位工程质量验收。按照"验标"规定，一般由专职质量管理人员和工点技术负责人、项目负责人分工组织，其质量控制点是：要根据"验标"，主动监视分项、分部、单位工程，是否按照要求及时报验；有没有上道工序未检验，即进入下道工序的现象；在专职质检员的质量验收中，核查工序相关原始记录是否齐全、内容是否真实，设计单位地质确认、监理单位见证取样或平行检测是否得到有效配合；核查的工序质量有没有不合格，是否应采取返工、返修或加固措施；通过返工、返修或加固的工序，是否符合"验标"要求；对于下道工序需要的例外放行，是否通过项目授权人员的审批；设计变更或材料替代，是否得到批准等。工序现场质量验收和监理签认，以及相关的内业资料归档，是竣工文件随工形成的基本要求。

4. 月度已完工程的质量检查和验收

按照施工计划向工作计划分解的目标管理机制，建设工程企业应该建立项目现场管理流程和标准，完善现场过程记录，使现场施工过程按照相关技术标准和验收标准要求，持续受控。

按照月度施工计划要求，项目部应根据现场施工条件，通过工作任务单、派工单等制度，组织各现场管理单元团队，合理确定各工点、各工序，周或旬、月度形象进度指标要求，并强化日常施工组织协调，保障工点工序按照施工方案策划，平稳有序施工。项目部应组织工点开展施工形象进度旬或周总结评价机制，针对测量放样、技术交底和培训、物资供应和质量、施工设备管理、劳力配置、作业层施工作业标准执行情况、质量检查和整改、工序一次检验成活率等环节，分析影响现场作业效率的因素，及时采取措施保证施工进展按计划推进。并保证相关质量控制点，按照施工质量验收标准，随工完成现场检验试验检测和资料归档。对于已完工点，应及时进行质量控制和质量保证资料的归档，进行工点技术总结和竣工文件的编制。

按照《工程建设施工企业质量管理规范》GB/T 50430—2017，施工日志的内容应包括气象情况、施工内容、施工部位、使用材料、施工班组、取样及检验和试验、质量验收、质量问题及处理等情况。建设工程企业应按照第四章第二节施工总承包"标准化项目管理体系流程"，构建流程化、精细化的工程项目全过程管理体系，建立以工点工序每日形象进度为纽带的，现场管理活动相关记录之间相互关联、相互印证、系统集成的管理机制。实现每日现场工序各种活动信息的系统收集、传递、集成分析、应用，项目管理全面信息化使这种要求成为可能，必将带来建筑业施工总承包项目管理模式和流程质的变化和提升。

项目部应组织日常的质量检查，对现场施工过程各质量控制点管控情况进行检查。从作业人员培训和持证上岗、工序作业质量、相关岗位工程质量职责履行情况、监理或建设单位投诉抱怨、返工返修现象、实体工程质量水平、内业资料形成和归档等方面，对项目工程质量和试验检测工作体系运行情况进行评价，及时发现存在的问题，采取措施予以纠正或改进。

5. 月度质量报表

传统的项目管理，质量报表内容包括：原材料、工程设备、工序检验验收合格率、工程质量事故发生率、返工返修率、突出质量问题发生率、创优目标实现率等指标，作为项目工程质量管理绩效的评价依据。这些指标都属于"与产品有关过程"的特性指标。

由于工程质量形成过程，受项目全要素、全过程的相关因素控制水平的传导性、关联性影响。上述工程质量统计指标，不能全面、系统反映工程质量影响因素和工程质量管理改进需求。还应该延伸到项目"管理过程"相关指标的统计分析上。项目管理全面信息化条件下，使质量管理方面这样的系统性统计和分析信息，可以纳入和支撑基于挣值管理的项目绩效评价之中，从而形成对"干"的质量控制过程，和检查检测的质量保证过程绩效，进行评价和改进的机制。

6. 组织质量创优工作和QC小组活动

按照我国建筑业工程质量创优评选标准，质量创优活动是建设工程质量品质提升的重要载体，有利于促进施工总承包项目质量好、工期短、消耗低、经济效益高、安全文明施工水平高。施工过程是控制质量的主要阶段，全优工程的具体检查评定标准一般包括六个方面：①达到国家颁发的施工验收规范的规定和质量检验评定标准的质量优良标准。②以合同规定的单位工程竣工日期为准，必须按期或提前竣工，交工符合国家规定。③工效必须达到全国统一劳动定额，材料和能源要有节约，降低成本要实现计划规定的指标。④严格执行安全操作规程，使工程建设全过程都处于受控制状态。参加施工人员均不应发生重大伤亡事故。⑤坚持文明施工，组织施工要制定科学的施工组织设计，施工现场应达到场容管理规定要求。保持现场整洁，做到工完场清。⑥各项经济技术资料齐全，手续完整。项目部应在策划阶段，按照创优计划、对照创优评选标准完善创优方案，组织质量创优工作，满足相关创优标准要求，实现对项目工程质量"以创促管"。

QC小组活动，提倡和坚持"小、实、活、新"的发展方向，其活动成果评选，往往被作为质量创优评选的条件之一。作为群众性质量管理活动的一种有效组织形式，工程项目应积极鼓励和组织QC小组活动，有利于提高职工参与质量管理的积极性和主动性。

7. 不合格品处置、质量事故调查和处理

《建设工程质量管理条例》规定，建设工程发生质量事故，必须按照事故等级，向当地建设行政主管部门或其他有关部门报告，特别重大质量事故的调查按照国务院有关规定办理。

重大工程质量事故的发生，往往有其从建设工程项目全生命周期，管理层面的系统性、复杂原因。施工总承包项目，处于监理单位、建设单位、政府建设主管部门的监督之下，建设工程企业质量管理体系，是预防重大工程质量事故的屏障。企业应该加强项目质量事故案例教育，强化项目质量控制重点事项识别和管控，规范项目质量控制点的设置和过程控制，严格预防和杜绝等级质量事故的发生。等级质量事故的发生，意味着项目质量管理的失败，甚至企业的信誉受损。

工程项目要加强施工过程不合格品的管理。本着"百年大计、预防为主"的原则，首先，从项目管理过程和与项目产品有关过程，不合格行为、活动进行控制，从工作质量上防微杜渐。比如，整体桥梁墩台钢模板连接螺栓不上齐，混凝土浇筑参数不按计算书要求实施，往往会导致跑模，甚至爆模事故。其次，对于发现的不合格品，包括原材料、构配件、半成品，工序过程检查验收、试验检测发现的不合格检验批或分项工程，以及质量特性指标不满足要求的工程实体，坚持先检查、先发现、先处理，避免由监理单位、或建设单位发现并采取处置措施，杜绝由此导致的质量信誉损失，以及带来的后续监管升级。最后，对于已经形成的不合格品，要主动与设计、监理、建设单位协商，确定和实施纠正和预防措施，保证处置方案制定、评审和实施受控。

项目施工过程中的不合格、不合格品、质量事故，应如实形成记录，作为质量评价、质量改进和推进项目其他方面精细化管理必不可少的、重要的信息来源。

8. 组织质量分析会

项目部应定期，或者针对工程质量重点事项控制需求，召开质量分析会。质量分析会，是发现和评估项目工程质量管理状况，实施工程质量管理改进，完善项目质量控制方案的重要手段。

三、项目检查和改进阶段的工程质量及试验检测管理

（1）单位工程质量验收或评定。单位工程完工后，项目部应做好成品保护，组织工程实体质量、外观质量和工程质量保证资料核查，企业内部自检合格后，按规定程序组织单位工程质量验收和竣工移交。

（2）交付后活动。建设工程企业应按照项目合同，完善工程移交记录的签证，履行工程保修责任。

（3）工程质量管理总结。项目部应进行工程质量和试验检测管理总结，纳入项目总结，作为企业质量管理改进的依据之一。

必须指出，我国建筑工程领域施工总承包项目，除了涉及"四新"技术或特殊复杂的施工外部条件外，一般的工程工艺流程标准和质量验收检测方法，现行相关行业技术规范和验收标准，对工序过程质量控制和质量保证都提供了基于技术积累、经验总结的标准化、成熟标准和要求。也就是说，施工总承包项目工程质量管理过程，只要严格执行合同规定的施工图设计文件、技术规范、工程施工质量验收标准，就能够确保施工安全、工程质量、环境保护。但在实际的项目管理实践中，因为征地拆迁、水文地质等外部施工环境条件的不确定性，导致频繁的设计变更，增加了工程均衡施工组织难度，使项目面临工期风险压力；加之市场招标投标中，存在的不合理最低价定标策略，项目合同条件回避原材料、工程设备市场价格波动调差等因素影响，往往使施工总承包项目面临盈亏风险。这些因素，往往导致建设工程企业在工程技术标准执行上，处于两难的境地。当然，还有企业自身资源、管理水平的制约。上述问题，导致从事工程承包的企业圈内普遍存在一种倾向，认为完全按照标准、规范进行项目过程管理，既不现实，也不可行。这其实反映的是建设工程企业自身发展战略路径选择和企业核心价值观层面的问题。

近几年，埃隆·马斯克"超级隧道"消息，曾引起国内有人惊呼"中国建筑企业该如何生存？"这个噱头真假姑且不论。20世纪80年代，"鲁布革冲击"对我国建筑业近40年来的影响大多数人应该记忆犹新。改革开放四十年来，我国建筑业依托劳动密集型产业形态，借助人口红利、基础设施建设浪潮，结构逐步优化、市场化改革稳步推进、技术稳步提升，获得了巨大发展，取得巨大成就。2018年初，政府工作报告首次提出了高质量发展的新表述，高质量发展背景下的我国建设工程企业，粗放型生产、较低的劳动效率、较高的耗能、高污染等问题突出严峻。当前建筑业还面临人口红利的转变，出现招工困难、"用工荒"、复合型人才缺乏的困境。未来市场发展趋势上，建设工程企业经营范围全产业链、全球化、品牌化成为新趋势，生产方式工业化、经营理念趋向商品化，这都要求建设工程企业跳出规模速度型的粗放增长方式，向质量效益型的集约增长转变，实现质量效率双提升。我国建筑央企龙头企业，以施工总承包项目管理全面信息化为突破口，用信息化、数字化带动项目扁平化、精细化、标准化管理，进而构建建筑产业互联网平台，实现全产业链数字化转型，是化解行业发展"两难困境"的必由之路。

第十三章 项目环境保护管理

环境风险，是项目风险管理的重要内容之一。目前，建筑央企头部企业在项目日常管理，及项目相关信息化系统建立和运行过程中，不能将项目环境保护管理体系，与企业和项目综合管理体系实现系统的整合，反映出企业在基础管理流程化、集成化方面，所面临的任务和挑战。

第一节 项目环境保护管理要求和作用

党的十八大报告"五位一体"总体布局，将生态文明建设放在突出地位，提出要抓好优化国土空间开发、节约资源、保护自然生态系统和环境、建设生态文明制度四个方面的工作。习近平总书记提出："既要金山银山，也要绿水青山"，在特殊保护区域则是"宁要绿水青山，不要金山银山"，"保护生态环境就是保护生产力，改善生态环境就是发展生产力"等重要论述。2015年全国人民代表大会修订《环境保护法》，新增"保护环境是国家的基本国策"，明确"环境保护坚持保护优先、预防为主、综合治理、公众参与、污染者担责的原则。"规定每年6月5日为我国环境日。增加"未依法进行环境影响评价的建设项目，不得开工建设"规定，强调国家对严重污染环境的工艺、设备和产品实行淘汰制度。进一步加大了对环境违法企业、直接负责的主管人员和其他直接责任人的经济和刑事处罚力度，增加了企业违法信息定期向社会公布记入社会诚信档案，以及企业向公众公开污染排放信息要求。《环境保护法》作为国家环境基本法，是建筑行业必须遵循的国家基本环境制度和规则。我国建筑业其他的环境管理相关法规，还有《水污染防治法》《大气污染防治法》《固体废弃物污染防治法》《节约能源法》《噪声污染防治法》等专门法律，以及《建设项目环境保护管理条例》、《取水许可和水资源费征收管理条例》、《建筑施工场界环境噪声排放标准》GB 12523—2011、《建筑环境通用规范》GB 55016—2021等行政法规和技术法规。其中涉及建设工程项目的相关规定，特别是对施工企业的相关专门条款，都是建设工程企业环境管理应该识别和贯彻的国家强制性要求。

1989年我国颁布《环境保护法》，随着对环保问题的认识和法规不断完善，各级政府对建设工程项目的环境管理日趋严格。20世纪90年代，陕西省某在建项目施工企业，因将项目弃运土石方，倾倒入当地季节性河流河道的违规行为，被长年逐出当地建筑市场。2017年5月，北京市住房城乡建设委对施工现场存在扬尘治理不达标等违法违规行为的多家施工总承包企业处以"停止在北京建筑市场投标资格30天"的处罚。2018年7月，重庆市对建筑工地夜间噪声污染违法或扰民突出的10家项目业主和20家施工单位进行集中约谈、处罚和通报。2019年3月，某施工单位违法排放污水进入市政雨水管网中，污染五源河，被处罚10.64万元。作者在徐州地铁3号线建设施工中，该地铁线路在邻近国家环境监测网，空气质量自动监测站点附近的工点，因扬尘治理对大气污染控制带来的停窝工，累计停工达300余天，对整个项目施工组织造成非常大的影响和制约。建设工程企业强化环境保护理念，提升环境管理水平，既是国家强制性要求，也是企业可持续发展内在需求。

1972年6月5日联合国第一次环境大会通过了《人类环境宣言》和《人类环境行动计划》，成立了联合国环境规划署。环境管理体系来源于环境审计和全面质量管理这两个独立的管理手段，20世纪70年代欧美发达国家企业迫于遵守环境义务费用的不断升级，不得不研制了环境审计这一管理手段以发现其环境问题。其初期目标是保证公司遵守环境法规，其工作范围随后扩展到对容易出现环境问题的部位实行的最佳管理实践的监督，并在其中引入了全面质量管理的理念和方法。1991年ISO成立环境管理战略咨询组，建议制定环境管理标准，并于1996年9月发布《环境管理体系 规范及使用指南》ISO 14000。进入新世纪以来，随着环境保护理念的逐步深入和建筑市场招标投标要求，我国建设工程企业普遍贯彻《环境管理体系 要求及使用指南》GB/T 24001并取得第三方认证，构建以环境因素识别和风险评价及其控制策划为核心的环境管理体系，极大地促进了企业履行环境保护主体责任、提高合规水平、提升环境绩效、实现企业环境目标的能力。建设工程项目是建设工程企业环境管理的焦点和落脚点，建立和完善施工总承包项目环境管理体系，有利于建设工程企业实现环境效益和经济效益之间的平衡，提升和改善企业社会形象，增强企业市场竞争和可持续发展能力。

随着2004年联合国环境规划署提出环境、社会和治理（ESG）概念，为了实现把北京2008年奥运会办成"绿色奥运"的承诺，我国开启了绿色建筑和绿色施工研究，陆续颁布实施《绿色建筑评价标准》GB/T 50378、《建筑工程绿色施工评价标准》GB/T 50640、《建筑工程绿色施工规范》GB/T 50905，推广应用《建筑业十项新技术》，在全国范围内倡导绿色建筑和绿色施工的第三方评价。工业和民用建筑领域以"节材、节能、节地、节水和减少环境污染"为核心的，绿色施工科技示范工程创建和第三方评价活动，给整个建筑行业施工企业环境管理，起到了辐射和示范带动作用。2020年，习近平主席在第七十五届联合国大会作出"二氧化碳排放力争于2030年前达到峰值，努力争取2060年前实现碳中和"的庄严目标承诺。2021年3月，住房和城乡建设部颁布《绿色建造技术导则（试行）》，基于项目全生命周期的绿色化、工业化、信息化、集约化和产业化，把绿色发展理念融入工程建造的全要素、全过程，全面提升建筑业绿色低碳发展水平，推动建筑业全面落实国家碳达峰碳中和重大决策。

建筑业作为我国国民经济支柱行业，是能源消耗和排放大户。2022年我国单位GDP能耗是世界平均水平的1.4倍、发达国家的2.1倍，碳排放位居世界各国之首。建设工程企业以贯彻GB/T 24001环境管理体系标准为抓手，持续改进和完善环境管理体系，必须不断提升环境绩效水平，以适应我国"双碳"目标发展新形势，进一步提升施工总承包项目环境保护管理水平。《建筑工程绿色施工规范》GB/T 50905—2014将建筑业环境相关政策法规和技术法规，与施工总承包项目相关的内容汇总，进行了具体细化规定。有利于建设工程项目参与各方参照贯彻和执行，提高合规和绿色施工水平。"项目环境保护管理流程"以建设工程企业环境管理体系为基础和后盾，以确保施工总承包项目，贯彻国家、行业、项目合同环境保护管理要求，实现项目环境目标为目的。

第二节 项目环境保护管理流程和要求

一、项目环境保护管理流程（图13-1）

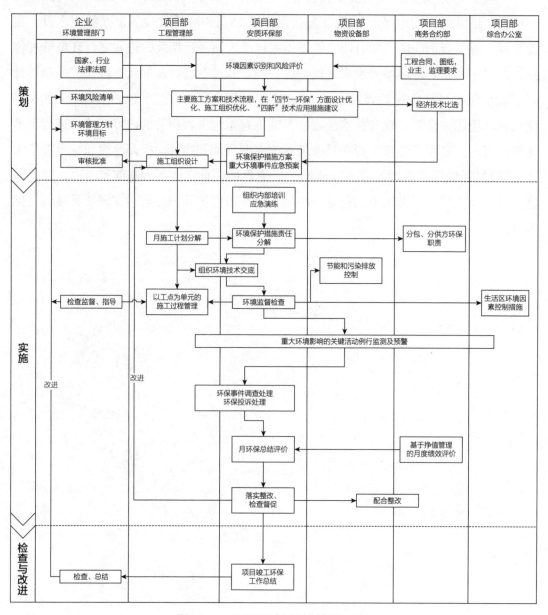

图13-1 项目环境保护管理流程

二、项目环境保护管理过程要求（表13-1）

项目环境保护管理过程要求　　　　　　　　表13-1

阶段	过程	管理要求	记录
策划	1	1）企业应识别环境管理相关的国家、行业法律、法规、标准，明确环境管理方针和目标，完善环境管理制度，并确保其持续满足合规性要求。 2）企业级环境因素清单及其控制方案案例库，作为项目环境因素识别、风险评价输入。 3）绿色施工和节能减排是项目环境保护管理的重要载体	1）企业环境管理制度、环境管理方针和目标； 2）企业级环境因素清单及其控制方案案例（与项目相关的）； 3）项目当地相关法规、标准和要求清单
策划	2	1）环境保护与项目成本密切相关，项目环境因素识别要考虑水、气、声、渣、动植物保护、能源资源消耗、土地占用、文物保护等方面，及其在项目全生命周期的影响。 2）项目经理负责，组织各部门基于合同、图纸、主要施工方案、工程技术流程和现场调查报告，进行环境因素识别和评价、确定重要环境因素及控制方案。 3）针对重要环境因素，从设计优化、施工组织方案优化、"四新"技术应用等方面，提出"四节一环保"方面的措施建议，经济技术比较，提出环境保护措施方案，纳入施工组织设计或施工方案中	1）环境因素识别、风险评价记录； 2）重要环境因素清单及控制方案（含"双优化"措施、"四新"技术应用措施建议及其比选）记录； 3）环境应急事件及其预案； 4）施工组织设计满足环境因素控制要求及其审批情况
实施	3	项目重要环境因素及其控制方案通过施工组织设计、施工方案、应急预案和环境基础管理工作实施控制，纳入月度施工计划管理，结合具体的施工及管理活动的组织落实	1）当地法规、标准培训记录； 2）环境技术交底情况； 3）工程日志相关环境管理记录； 4）设备物资管理相关重要环境因素及其控制策划落实情况； 5）分包分供合同关于供方环境责任及其落实情况； 6）生产生活区域环境管理及其绩效情况记录； 7）应急预案及其演练记录； 8）日常环境管理检查记录及不符合事件整改情况； 9）环境监测报告及预警（必要时）； 10）环境投诉及其处理回复情况； 11）监理、业主评价及定期检查评价改进情况
实施	4	1）工程部门围绕施工组织设计、施工方案的实施，通过技术交底和工序旁站指导落实相关的环境管理要求。 2）物资设备部门通过设备和物资管理落实对相关环境因素的控制策划要求。 3）商务合约部通过合同明确分包、分供方环境职责，工程部、物设部通过对分包方的管理，落实相应环境控制要求。 4）综合办对生产生活区域相关环境因素进行控制。 5）安质环保部门组织环境相关法规标准培训，组织制定应急预案及演练，现场工点开工条件审查，以检查相关环境控制措施落实情况，组织日常的监督检查，督促环境因素控制方案执行到位。 6）必要时，安质环保部门应组织对重大环境影响的关键活动进行监测，如污水、噪声、扬尘排放达标情况。 7）项目施工日志应记录环境管理活动和相关的环境投入、对施工的影响，组织环境事件调查处理，并作出适当的处理和回复。 8）安质环保部门应组织定期开展环境管理检查和评价，督促改进。 9）结合月度例会进行环境保护总结评价，将环境信息纳入基于挣值管理的月度绩效评价	
检查与改进	5	安质部在项目竣工后编写环境保护管理工作总结，纳入项目总结提交企业，企业根据总结进行知识积累和实施必要的改进	环境保护管理工作总结

第三节　项目环境保护管理流程解析

项目环境保护管理，区别于项目工作或施工作业环境条件的管理。项目工作或施工作业环境条件管理是作为工作或施工所需的条件之一，控制的是保证工作或施工作业质量和效率、人员健康安全相关的人或物所处的外部自然、物理、精神、心理条件。项目环境保护管理，控制的是项目相关过程、活动或产品和服务中，可能存在的对外部环境，包括空气、水、土地、自然资源、植物、动物、人的有害或有益的影响。ESG概念要求企业从环境保护、社会责任、公司治理战略层面，系统关注对自然资源、自然生态环境、生物多样性保护和可持续发展方面的要求。环境保护水平与社会经济发展水平密切相关，环境保护主要通过技术进步、管理创新，在提高环境绩效的同时，增强社会和企业可持续发展能力。我国建设工程企业环境保护管理目标，一般仍处于"不违法、控投诉"的底线、红线管理阶段，整体环境保护绩效水平，还需结合我国经济社会发展、技术进步水平逐步提升，这是建设工程项目环境保护管理必须面对的现实基础。

一、项目策划阶段的环境保护管理

项目策划阶段的环境保护管理，以施工总承包项目的环境因素识别、风险评价和风险控制策划为中心。具体的实施包括：

1. 国家、行业、地方和项目合同相关环境法律、法规、标准的识别和控制

施工企业应该建立相关法律、法规和标准识别机制，建立和持续更新企业"环境有效法律、法规和标准目录清单"，通过组织培训、作为环境因素识别的输入依据之一，将相关要求纳入企业环境管理文件要求之中，确保相关要求得到贯彻和执行，保持企业环境管理合规性。

环境因素识别是确定环境保护管理事项的过程，环境因素是否被纳入管理，与企业的环境管理方针、管理目标密切相关。GB/T 24001环境管理体系标准在建设工程企业的贯彻和实施，是按照"管理体系方法论"，提供了建设工程企业贯彻相关法律法规、结合企业生产经营内外部环境条件、充分把握环境保护方面的风险和机遇，获取或参与建设工程项目机会，以及识别和控制项目存在的环境风险，实现项目目标的方法论。但该标准并没有规定具体的环境绩效要求。也就是说，建设工程企业即使全面贯彻了GB/T 24001环境管理体系标准并通过了第三方认证，也不见得环境绩效就理所当然获得了提升。其环境绩效水平，取决于企业环境管理方针、环境目标所决定的，对项目环境因素识别、风险评价所依据的衡量基准，设定水平的高低。"基准"越高

越严，应纳入企业管理的环境因素就越多，反之亦然。

2. 企业"环境风险清单"

企业应该建立工程项目环境因素识别、风险评价和风险控制策划工作流程和标准，指导和控制围绕项目的环境因素识别、风险评价和控制策划工作。环境因素的识别和风险评价，需要依据企业项目管理方针和目标、相关法律法规和其他要求、项目合同文件、施工现场调查报告、项目可选的技术和施工组织方案等。企业经营范围相对稳定，其多项目所涉及的环境因素识别及其环境风险，有相对确定的范围和内容框架，项目环境因素识别是可以穷尽的。环境风险的控制策划，在不同建筑业细分行业、不同地区、不同气候和季节特点下，其控制方案框架具有规律性。企业对环境风险及其控制策划方案，建立基于知识管理和经验的数据库，有利于企业在项目招标投标和实施策划阶段，项目环境保护方案的制定，有利于提升项目部环境因素识别、风险评价和控制策划的效率和水平。环境风险清单，应包括不良环境影响和环境保护良好实践，即用于改进或提升环境绩效两个方面。

3. 项目环境保护措施方案（含应急预案）

工程项目在招标投标阶段和项目实施策划阶段，按照项目"渐进明细"规律，均需要进行环境因素识别、风险评价和风险控制策划。项目环境保护方案，应确定项目环境目标，并明确规定要做什么、需要什么资源、由谁负责、何时完成、如何评价结果，包括用于监视实现其可度量的环境目标的进程所需的参数。环境目标作为项目目标之一，需要与项目其他方面的目标综合进行优先级权衡。项目环境保护方案应作为施工组织设计或施工方案编制的输入之一。重大环境风险控制，有必要时，应编制专项环境管理控制方案。

建设工程企业停止项目活动，也就不会再产生对环境影响的因素，环境因素与企业的项目管理过程活动相随相伴，环境保护是施工总承包项目全生命周期活动的制约因素之一。要控制项目管理活动过程中的环境因素，环境保护离不开成本投入，一味地增加投入追求环境目标绩效，不符合企业项目管理的战略初衷。实现项目成本投入与产出效益的综合均衡，决定了环境保护必须通过施工图设计优化、施工组织方案优化、"四新"技术的创新应用等方面的可选方案，经过经济技术比较，确定可行的措施方案，来达成实现环境目标的同时，确保项目成本目标的控制。

4. 项目施工组织设计或施工方案

项目施工组织设计或施工方案应经过评审和批准，以确保相关的环境风险及其控制措施，得到系统的考虑和执行安排。

项目环境保护管理，作为施工总承包项目产品实现过程中，管理过程和与项目产品有关过程的要求特性之一，应贯彻和体现到相关的项目管理及施工生产活动要求之中。如青藏铁路施工中，高原高寒草甸生态脆弱，植被破坏难以恢复，施工中要采取草皮移植或回植措施。项目施工组织设计或施工方案，关于环境保护的重点环节一般包括：施工组织设计或施工方案，在施工现场用地平面设计、场地布置和临时设施方面的标准；施工设备和周转材料（包括水、电消耗）选型配套，施工时机（如汛期）的安排；施工工艺方法，基于节能、节水、节材、节地、节人工、垃圾减量和利用的选择，作业活动排放控制标准和措施（如泥浆排放）；以及工程物资采购、运输、储存、使用、余料回收，工程交付以及交付后临时用地恢复、临时设施的拆除等方面，考虑相关的环境因素负面影响控制，以及可能采取的提高环境绩效的机会和措施，如取土场兼造养鱼池、弃土造地、隧道矿渣开发利用等。

5. 项目环境管理职责的分解

要基于环境保护措施方案的实施，覆盖项目部所有相关管理过程和与项目产品有关过程的相关岗位和人员。作为其履行本岗位职责的要求特性之一，确保相关的环境管理要求得到落实。

二、项目实施阶段的环境保护管理

1. 项目环境保护应急预案

环境方面的紧急事件，是项目应急预案需应对的紧急事件类别之一，项目部应针对环境风险控制要求，制定完善项目应急预案。环境应急预案，应考虑怎样做不出事，和出了事怎么办两个方面的安排。环境保护应急预案，依据环境紧急情况控制特点，可以和项目总体应急预案，或安全生产应急预案合并考虑。环境应急预案应通过评审和批准，对内部相关人员进行交底和培训。应完善应急物资和设施准备，必要时组织应急演练，验证和完善应急预案的可实施性和有效性。如徐州地铁3号线雨水箱涵迁改建施工中，发现汉代古墓，应急预案须安排停止施工、现场保护、上报业主和当地文物部门等措施。

2. 月施工计划的制定和分解

项目环境保护管理，是通过项目月度施工计划向工作计划的分解来实施的。具体包括：

（1）分包、分供方环境管理。项目部按照总部授权，在分包、分供合同中，明确分包、分供方环境管理责任和要求，将其纳入项目部环境管理流程和标准要求之中。企业应制定分包、分供合同示范文本，以确保相关要求的落地。

（2）环境保护措施的分解和落实。项目环境风险的控制，贯穿于项目管理过程和与项目产品有关过程之中。项目部应围绕过程管理组织、协调、控制，施工组织设计或施工方案逐级交底，必要时开展相关培训，并严格控制相关岗位人员持证上岗资格，确保项目各层级、各作业活动人员环境保护管理应知应会水平，符合项目管理和作业活动的要求。

项目部应建立和保持相关的培训记录、持证上岗记录、交底记录。

（3）项目实施过程管理。按照项目月度施工形象进度安排，项目部商务合约部门应确保分包、分供合同的签订，分包、分供方进场控制符合现场施工组织要求；物资设备部门应确保相关的物资、设备的进场、储存、使用管理过程，满足施工进度计划要求，其中相关的环境风险控制标准，符合策划的安排；项目工程部门，确保按照施工组织设计或方案要求，落实现场管理、工序工艺相关的环境保护措施；项目安全质量环境监督管理部门，应对环境管理要求的落实情况和实际状况进行检查监督，及时发现和纠正可能存在的不符合现象。项目部应在施工日志中，建立环境保护管理相关活动的过程记录，以提供活动过程控制和完成的证据，作为后续分析、评价、改进的依据。

3. 重大环境风险关键活动的例行监测

按照施工组织设计或施工方案安排，项目部应完善相关的环境监测设备、设施、人员配备，建立监测记录，及时发现监测指标预警信息，并做出响应。比如：城市区域施工场地空气质量监测、噪声监测、污水排放指标监测等。

4. 环境事件调查处理和环保投诉处理

项目部应完善环境管理内外部沟通机制，包括：沟通什么、什么时机沟通、与谁沟通、用什么方式沟通。特别针对项目实施过程中，可能出现的环境不符合事件或外部投诉，应用适当的方式提供公开的沟通方式或联系渠道，及时发现和接收不符合事件或外部投诉，并采取措施，消除产生不良环境影响的问题和因素。比如：城市环境下，关于扬尘污染、渣土运输遗撒，大型设备运转导致的振动、噪声污染，焊接光污染等，包括由项目部控制的分包单位造成的，对周边居民可能造成的影响，应由工点负责人及时发现和处理。

项目部应建立包括：主动沟通或被动发现的环境不符合事件，受到的外部投诉等的相关记录，以及外部相关的投诉处理记录。

5. 月度环境保护管理总结评价

环境保护管理作为项目过程管理的特性之一，应纳入项目部每月计量结算和考核流程。传统管理模式下，环境保护管理发生的工期、费用成本，一般通过人、材、机费用笼统纳入项目月度计量结算。环境保护对工期、成本费用的影响因素，大多没有单独作为项目绩效评价指标。随着环境保护对项目停工、窝工影响的日益突出，项目环境保护措施费用、对工期的影响因素，应作为单独的指标因子，纳入项目基于挣值管理的月度或阶段性绩效评价之中，以强化对环境保护管理绩效及其对项目管理绩效的影响，是项目管理全面信息化条件下，基础管理流程化、集成化未来的趋势和必然要求。

项目环境管理月度总结评价，有利于发现环境管理过程中存在的问题，并制定和实施改进或预防措施。

三、项目检查与改进阶段的环境保护管理

企业应对施工总承包项目，实施过程环境管理情况进行检查和监督。项目完工后，项目部应进行环境保护管理总结，作为项目总结的组成部分，纳入企业环境管理知识积累，作为企业环境管理改进的输入。

第十四章 项目成本管理

《项目管理 术语》GB/T 23691—2009项目成本管理：项目管理的一部分，致力于确保项目在核准预算内完成，通常由资源规划、成本估算、成本预算、成本控制等部分构成。

第一节 项目成本管理的地位和作用

项目是建设工程企业收入来源，项目成本管理是影响项目盈亏的重要手段。项目成本管理包括开源和节流两个方面，项目成本控制水平和盈利能力，是企业核心竞争力的重要体现，决定了建设工程企业生产经营发展可持续性。

工程项目从市场营销阶段，项目信息收集和跟踪开始，成本就开始发生了。项目完工、交付结算，以及保修期责任终止、项目责任目标考核兑现完成，项目成本才能终止关账。项目管理"以成本管理为核心"，并非指成本管理处于项目所有目标最优先地位。一方面，施工总承包项目的获取和履约，是在工期、安全、质量、环境、成本、创新创优、党建和人才培养等诸多目标，综合均衡、系统管控下，追求社会效益、经济效益、环境效益、发展效益最大化的结果；建设工程企业应该坚持"干"得出（工期履约）、"干"得好（保证质量）、能盈利（成本受控）的项目管理原则。另一方面，体现了成本管理，是施工总承包项目所有目标中，覆盖项目全生命周期所有阶段和过程的特性。

项目"开源"宏观上的含义，一是企业发挥传统业务市场优势，通过市场营销追求量的增长，既有"广种薄收"巩固市场占有率；又有拓展上下游产业链，提升集约化、精细化管理，赢得市场竞争优势和品牌效应，从而提升项目议价能力和获利水平。二是在战略性发展方向，通过进入市场新领域，优化拓展业务结构，提升未来市场发展潜在能力和盈利水平。微观上"开源"的含义，主要是基于对项目工程技术特性把握、合同条件辨析、成本预测分析，以技术创新和管理创新为抓手，通过项目设计优化和项目实施组织方案优化，达到充分利用现有资源、提升施工组织便利性或效率、规避各类风险、减少低效投入等，达到提高项目盈利水平的目的。项目"节流"主要是指围绕项目生命周期全过程，充分动员和发挥项目实施过程参与者全员的责任心和主观能动性，挖掘和释放现有资源潜力，不断提升项目过程管控流程化、集成化、精细化水平，严格控制"跑、冒、滴、漏、耗"，以提高全员劳动生产率水平为抓手，增强企业低成本竞争能力。推进施工总承包项目全面信息化、数字化、智能化管理，是建设工程企业实现项目"开源"和"节流"目标的重要工具和有力武器。围绕面向全面信息化的施工总承包项目管理要求，从事工程承包企业的项目成本管理，应关注以下方面的要求。

一、从战略高度树立项目成本管理理念和意识

施工总承包项目成本管理工作，纵向贯穿项目招标投标、施工、竣工结算的全过程，横向涉及企业市场经营、劳动力资源组织、工程技术、物资机械设备、安全质量环保、财务等，企业职能管理部门和项目经理部等现场管理部门，体现了企业施工总承包项目管理的综合水平和核心竞争力。建设工程企业应从战略高度强化项目成本管理，从全局视角梳理、认识和实施成本管理工作。树立系统化成本管理理念，和"以人为本、人人参与"的全员、全过程成本管理意识。重视事前、事中预防性成本管理和事后绩效评价，将项目成本管理重心由内部转向内外兼顾，由侧重生存管理转向偏重经营决策管理。树立创新驱动的成本管理思想，将成本管理与市场经营、施工生产、工艺技术、资源组织利用、企业信誉等交融在一起，形成"开源"和"节流"并重，提高企业价值创造能力和盈利水平。

美国会计学教授库珀与斯拉莫特言："战略成本管理，是企业运用一系列成本管理方法，来同时达到降低成本和加强战略位置的目的。"比如：有的企业以项目责任目标制定为抓手，通过严格的绩效考核和奖惩措施，把杜绝非战略性项目的亏损现象，作为企业项目管理的底线红线，从企业价值观层面，强化全员成本管理的理念和意识。再比如，国内某建筑央企龙头企业认为，负债经营是市场经济条件下，企业一种天然存在状态，财务杠杆效应决定了企业负债经营的冲动，企业的资本结构也决定负债经营成为常态。该企业立足战略高度，实施OPM战略，建立全面的、全方位的、全过程的、精确细致的项目成本管理体系。充分利用现代信息技术，以企业项目成本管理信息系统，固化项目岗位职责，杜绝过程违规行为，发挥系统自动控制功能，使每一笔付款都是一次经济活动分析过程。通过固化项目债务形成过程和债务筹划，将自发性负债作为企业的长期资本来源之一，基于业主合同支付比例，设计债务支付比例、时间、方式，将应收账款和已完未结算转嫁、分摊到分包单位。在确保项目完成上缴目标、零融资、现金流正向流动基础上，把提高项目负债能力，作为一种创新的项目盈利模式，实现用他人的钱做自己的事业。同时，项目后台各级企业总部，以资金集中管控为抓手，通过债务分型，建立风险评估模式，基于债务总额、账龄、支付比例，设置预警指标，由企业决策层决策调控，充分有效利用债务资金、控制债务规

模、防范债务风险。使企业层面保持充裕的活动资金存量，实现"零融资"或逐步减少融资规模，大幅度降低了企业和项目融资成本。

二、构建完善"大商务"管理体制机制

鲁贵卿在任中建五局局长期间，提出"工程项目成本管理方圆图"理论模型，明确提出"商务成本""过程成本"和"大商务管理（商务成本+财务成本）"等经营管理的基本概念和理念。中国建筑、中国中铁、中国交建2022年开始，都在推行大商务管理体系建设。曾有国内著名工程局的总经济师呼吁，项目成本管理不是商务合约部门一家的事。"大商务"是立足项目全生命周期综合效益最大化，充分考虑项目的工程特点，把工程技术管理作为项目生产管理的核心流程，构建起项目前期、设计及优化、项目实施策划、项目过程控制、变更签证等过程，与商务管理体系的项目责任目标管理、项目成本预测、商务策划、成本控制、过程确权和结算，以及责任目标考核兑现流程的系统联动机制；着力培养和构建，以懂技术、熟法规、善合同的造价人员为核心的商务管理队伍，充分发挥商务管理对项目全生命周期实施过程，项目造价经济风险预测、评价、预警作用，引导企业和项目部各层级人员，聚焦项目全生命周期价值流，着力寻求改进提升的机会和途径，实现以商务管理为抓手，提升企业项目全生命周期精细化管理、履约能力和综合盈利水平。本书中篇、下篇的所有模型，以建设工程企业项目集成交付（IPD）端到端流程为核心，以"三统一、三合一"为突破口，以企业职能和要素管理流程与核心业务流程的网络化集成为抓手，践行"大商务"管理理念，完善"大商务"管理体系。施工总承包项目大商务管理，应重点关注以下几方面的要求：

1. 加强施工总承包项目招标投标阶段的成本预测分析

施工总承包项目工程造价，由分部分项工程费、措施项目费、其他项目费、规费和税金五部分组成。工程成本是承包人为实施合同工程并达到质量标准，在确保安全的前提下，必须消耗或使用的人工、材料、工程设备、施工机械台班及其管理等方面发生的费用，以及按规定缴纳的规费和税金。项目招标投标阶段，要围绕招标投标文件和合同模式，加强对招标投标模式、计价方式和付款条件、合同条件潜在风险及优势、索赔条款、废标条款、投标答辩环节的充分分析，投标策划以能"干"出来为导向，以项目不亏损为底线，以项目能够中标为目标。在对招标文件实质性要求做出全面响应基础上，结合工程数量复核、地方政策法规、市场价格信息和拟定的施工组织方案编制项目预算，围绕项目成本盈利点、亏损点、风险点"三点"分析，进行项目成本预测，通过项目实施组织模式、重大方案选择、分包分供策划、现金流分析预

测、不平衡报价策略、外部关系对接协调、潜在的"双优化"机会分析等，对项目潜在的亏损风险、合同风险、法律风险、实施过程潜在风险进行预防性应对和安排，合理确定投标报价。

项目招标投标阶段，对各类风险的识别以及做出的预防性措施安排，决定了项目营销质量和可实施性水平，也是项目实施阶段必须遵循和延续的框架。其中，施工组织方案是影响项目建造成本的决定性因素。

2. 完善和发挥项目"铁三角"的项目实施策划和执行管控的核心作用

影响施工总承包项目建造成本的主要因素一般包括以下方面：劳务分包模式与分包价格、材料采购价格与现场消耗、机械设备租赁单价与消耗、施工技术方案与资源配置、工期与进度安排、质量标准与施工控制水平、施工安全和环保状况、大小临设置方案与标准、项目外部环境制约条件、项目资金支付情况、技术创新能力与应用、项目管理体制机制与管理水平等。商务合约管理是成本管理的重要手段，施工总承包项目工程策划是商务策划的前提，商务策划反过来对工程策划提出要求。施工总承包项目商务策划有关的内容包括：项目合同与成本风险识别、施工组织管理模式、施工组织方案选择、主要资源组织方式、计划成本测算及控制策略、资金情况分析及保障策略、税务筹划、过程签证和索赔、关系管理等。并按照"标价分离"原则，确定和形成包括责任成本的项目管理目标责任指标。无论是项目招标投标阶段还是项目实施阶段，都是通过工程和商务两个方面，对项目拟定的实施策划方案，进行履约可行性和经济可控性比较分析，形成综合收益最大化的执行策划成果。

项目部实施策划以企业项目规划方案和项目责任目标为导向，从项目工程策划、商务策划、管理"裁剪"三方面进行全面策划。项目实施阶段的商务策划，是通过对合同文件（包括施工图设计文件）的全面解读，充分识别其中潜在的亏损及其"开源""节流"的风险和机会，从深化设计、设计优化、施工组织方案优化、现场资源配置、主材采购管理、工程变更、认质认价、重新组价、工程计量支付、现金流分析、现场签证补差、总承包过程管理、税金和规费、相关方关系管理、工程结算等方面，以期通过以上环节有针对性的预防性管理措施，寻求项目收益最大化的机会和途径，指导项目有的放矢地开展相关工作。项目实施策划的主要成果是经过反复平衡后形成的施工组织设计、工程量清单预算、过程管理流程和准则。上述工作与成本管理密切相关，不是企业商务口能够独立完成的。必须依靠项目"铁三角"作用的充分发挥。项目实施策划的实施，要求企业、项目部对外与相关方就前期工程、设计优化、重大变更、资源保障和过程控制等进行有机联动；对内形成两级之间及各职能管理层面，职责明确、接口清晰、相互支撑、系统联动的管理机制。同样有赖于"铁三角"

协同，为项目系统化、精细化管理提供组织保障。

3. 强化项目成本核算和绩效评价，夯实施工总承包项目目标管理机制

项目实施阶段某一时点的核算、终止或竣工结算以及绩效评价，是分析项目成本管理绩效水平，不断改进强化项目成本控制的重要手段。企业必须建立全面预算管理体系，完善以企业战略目标为导向，通过对未来一定时期内的经营活动和相应的财务结果进行全面预测和筹划，科学、合理配置企业各项财务和非财务资源，并对执行过程进行监督和分析，对执行结果进行评价和反馈全过程的管理。企业全面预算管理，使项目从启动投标到实施等各阶段，以目标管理为导向，以成本管控为核心，紧扣技术引领、策划先行、问题导向、全过程持续受控的主题，严格考核激励约束，促进实现精细化管理。

具体到项目部建造成本控制层面，除了强化项目过程控制基础上，必须强化月度和阶段性的成本核算、结算，并按照工程、商务、财务"三统一、三合一"，进行基于挣值管理的项目工期、费用绩效评价。从系统管理的角度，发现过程管理可能存在的系统性问题，不断改进和提升项目成本控制管理水平和绩效，确保项目目标持续受控。财务核算是项目绩效评价的主要指标之一，每一个施工总承包项目都应建立财务独立核算账务，纳入企业财务核算和绩效评价，形成对项目履约目标实现情况的监控。

三、造价管理基础工作决定成本管理本质水平

我国建设工程造价管理制度在20世纪50年代形成雏形，80年代逐渐完善。20世纪80年代以来，我国工程造价管理体制改革，随着改革开放不断深化和社会主义市场经济体制建立过程，以与国际惯例逐步接轨为导向，向建筑业各细分行业不断趋同和规范的方向发展。工程造价管理体制改革的最终目标，是要在统一工程量计算规则和消耗定额的基础上，遵循商品经济价值规律，建立以市场形成价格为主的价格机制；建设工程企业依据政府和社会咨询机构提供的市场价格信息和造价指数，采用企业自己的定额进行自主报价，最终实现量、价分离的工程造价管理体制改革方向和目标。

《建设工程工程量清单计价规范》GB 50500—2003开始实施以及随后的修订完善，政府通过改进工程计量和计价规则、完善工程计价依据发布机制、加强工程造价数据积累、强化建设单位造价管控责任、严格施工合同履约管理等措施，推行清单计量、市场询价、自主报价、竞争定价的工程计价方式，不断完善工程造价市场形成机制。使建筑业工程造价管理迈入精细化管理，向集约型、科学化、全过程、重前期管理的方向转变。这就要求建筑业工程承包企业，一是要培养和造就一批掌握工程技

术、管理、法律、经济,特别是合同管理方面的综合知识的造价人员队伍;二是内部相关管理流程和制度,要从投标报价、合同价款审查、工程计量和价款支付、索赔和现场签证、竣工结算方面适应"规范"的造价管理理念和计价技术要求;三是加快企业定额制定,参照《建设工程人工材料设备机械数据标准》GB/T 50851—2013,利用全面信息化、数字化转型契机,强化企业人、材、机价格大数据库建设,完善和实施工程量清单工程造价管理信息系统建设,解决过程造价繁杂的运算问题,提高项目特征描述能力和依据特征描述正确报价的技巧;四是面对建筑业劳动力短缺,人工费和机械费不断提升,在我国进入新时代、提出新发展理念、构建新发展格局中,坚持项目机械化、工厂化、信息化、绿色低碳发展方向,全面提升企业技术装备水平、管理水平和全员劳动生产率,从项目成本管理本质水平上,获得未来发展竞争优势。企业定额的制定、执行和持续更新,在建设工程企业未来的项目招标投标、项目策划、成本控制、成本核算和项目结算中起着基础性支撑作用。

企业定额指建设工程企业根据自身的技术和管理水平,所确定的企业内部完成单位合格产品所必需的,人工、材料和施工机械台班的消耗量,以及其他生产经营要素消耗的数量标准。其是企业投标报价、成本预算控制、施工过程计划管理、绩效考核的基础与依据。无需讳言,当前受计划经济思维惯性影响,在企业定额没有被业主普遍认同,政府计价定额仍然占主导地位前提下,建筑业很多细分行业清单计价实质是定额计价的翻版,政府定价因素仍占主导地位。但是,无论是定额计价还是清单计价,定额始终是一切计价的基石,一切人、材、机费用,都是基于定额消耗量产生的。定额计价和工程量清单计价实质是一样的,人、材、机价格按市场价,而消耗定额均来自基础定额加损耗量。建设工程企业按照"成本最低、生产要素最优组合"的原理,开发制定内部先进、合理的物资消耗定额、劳动定额、设备租用定额和费用控制定额,是施工总承包项目造价管理基础工作,项目成本管控今后发展的必然要求。企业定额的开发涉及不同的部门、层级的人员,应用到多种管理、技术知识与经验,是一个复杂而庞大的系统工程。本书"下篇"解析的"施工总承包项目管理信息平台开发需求流程",将企业内部定额的开发,视为内在的一种要求和系统能力,信息化、数字化技术的全面应用,给数据浩繁的内部定额体系的开发和更新,提供了强大的推动力量。在项目管理全面信息化、数字化条件下,企业通过在建项目在正常施工条件下,基于"数出一源"大数据,把企业完成一定计量的某一施工过程或工序的平均劳动生产力水平,通过来自项目一线实际的大数据分析,所形成的人工、材料和机械台班的数量标准,企业定额可以为建设工程企业在项目招标投标报价、项目标准成本责任目标的制定提供基础。也可以使企业根据生产要素、市场价格、管理水平和施工技术，形成比较完善的内部施工定额体系；并且每年或半年，可根据市场情况和企业内部情况调整一次。作为所有在建项目编制施工组织设计和作业计划、编制施工预算、计算劳动报酬、强化物资管理（物资供应计划、定额领发料）等的依据，使企业对所有在建的施工总承包项目，根据调整后的施工定额及时调整施工预算成本；有利于使所有项目在成本管理上，处于相同的起跑线，并能够使企业对项目的评价基准适应外部市场波动。

"项目成本管理流程"是在项目中标后，项目部以企业项目实施规划方案为基础，以项目标准成本责任目标为导向，在项目实施策划的基础上，围绕项目计划成本的控制，把关注重点聚焦项目月度实际工程数量、人机生产效率、物资材料消耗限额控制、安全质量环保失控导致的额外工期和费用成本等过程控制上，并结合月度计量成本核算，进行实际成本与计划成本的比较分析，并支撑基于挣值管理的绩效评价，持续推进项目实施策划和过程管理的改进优化，确保项目计划成本目标的实现。

第二节 项目成本管理流程和要求

一、项目成本管理流程（图14-1）

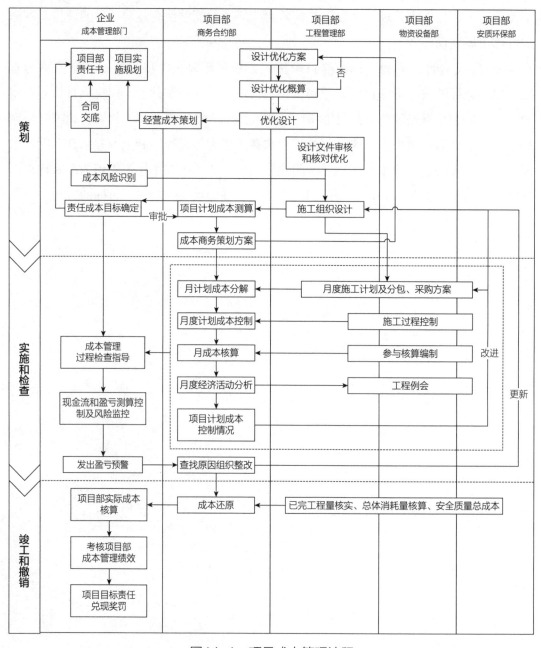

图14-1 项目成本管理流程

二、项目成本管理过程要求（表14-1）

项目成本管理过程要求　　　　　　　　表14-1

阶段	过程	管理要求	记录
成本商务策划	1	1）对于非施工图招标的项目，初步设计或施工图优化提供了项目"开源"的机会。 2）对设计的优化应作为项目从经营角度推进的重大成本管理事项，由企业通过项目实施规划方案予以策划和安排，落实必要的推进资源或关系管理措施。 3）通过对初步设计、施工图设计文件进行审核和现场核对，及时发现差错漏碰和设计不合理情况，提交设计单位并全部予以确认关闭	1）设计优化建议方案； 2）设计优化概（预）算比较记录； 3）设计文件审核和现场核对记录及其相关问题的设计回复记录； 4）获批的设计优化记录
成本商务策划	2	1）企业在项目策划阶段通过"三点分析"进行项目成本风险识别，综合分析并罗列重大成本风险，形成成本管理重点事项及其控制措施案例库，作为知识管理提供项目部。 2）项目部组织进行成本风险识别和评价，作为项目实施策划的输入之一。项目成本风险的控制往往需要从商务合约管理、工程施工组织、过程控制等多方面采取措施。 3）项目部依据批准的施工组织设计，采用内部定额进行工程量清单概（预）算编制，进行项目计划成本测算，确定项目计划成本目标。 4）企业在项目实施策划阶段根据项目计划成本测算结果或依据企业内部定额测算的项目标准成本，与项目部协商确定项目责任目标成本，并纳入项目部目标责任书。 5）成本商务策划方案：项目部依据合同风险、成本风险，从全员全过程的角度，结合工程特点，制定成本商务策划方案，其措施一般涉及：设计优化、施工组织设计优化、现场均衡生产、集中采购增效、过程控制减损、分包分供管理、税务筹划、工程保险、现场签证、索赔与反索赔、过程计量和支付、过程核算和绩效评价及其改进措施等	1）企业与项目相关的成本管理重点事项及其控制措施； 2）项目成本风险及其控制措施记录； 3）项目计划成本测算记录； 4）项目责任成本目标和项目计划成本目标； 5）批准的项目成本商务策划方案
实施和检查	3	1）项目部根据项目计划成本和月度施工计划及分包、采购方案，进行以工点或现场管理单元为单位的月度计划成本分解，通过"铁三角"组织的各部门、各层级协同进行施工过程控制，实现月度计划成本过程控制。 2）根据项目部月度过程记录，进行以工点或现场管理单元为单位的成本核算和成本分析，每月召开工程例会或专题会，进行月度经济活动分析，集中讨论月度经济活动的内容、进度、盈亏及经验总结。 3）根据月度计划成本和实际完成情况对比得出月度项目计划成本控制情况，并分析得出成本控制得当的经验和失控的原因，将其作为施工组织设计及下个月计划成本制定和改进的依据	1）单元月度计划成本； 2）成本控制相关记录； 3）单元成本核算记录； 4）月实际成本与计划成本比较记录； 5）工程例会或专题经济活动分析会记录； 6）月成本分析报告； 7）成本管理整改措施； 8）成本管理整改记录
实施和检查	4	1）企业在项目实施阶段对项目部成本管理过程进行检查和指导，综合预算成本、建造成本、财务成本情况对项目成本控制情况进行评价，必要时发出亏损预警。 2）项目部根据预警进行亏损原因分析，并通过施工组织设计调整或其他措施进行整改	1）项目现金流量表； 2）项目收入支出分析表； 3）亏损预警通知； 4）整改措施； 5）整改记录及其绩效
竣工和撤销	5	1）项目部应在后期终止结算、竣工结算、项目决算中及时进行项目成本还原，对照责任目标成本和项目成本结算结果对项目部成本管理情况进行评价。 2）企业应对项目成本管理绩效进行考核，依据项目责任成本目标实现情况，对项目主要管理人员进行目标责任考核兑现	1）单元成本结算记录； 2）单元成本还原记录； 3）项目成本还原记录； 4）项目成本决算记录； 5）责任成本目标考核兑现记录

注：项目成本管理主要聚焦项目实施阶段的开源与节流等环节，对项目最终成本收益有影响的因素控制。

第三节 项目成本管理流程解析

项目成本管理作为项目管理目标之一，是项目所有活动一个侧面的管理特性要求，服务和服从于项目管理过程及与项目产品有关的过程，也有其自身的系统性和相对独立性。关注于项目全生命周期各过程的管理成本绩效，发挥监控、评价、激励约束功能。

一、项目策划阶段的成本管理

1. 标价分离和责任目标成本

施工总承包项目在招标投标阶段，以合同预算成本为关注对象，其中存在项目一次经营潜在收益或战略性营销亏损。标价分离，是按照一定方法将中标价（合同价）与标准成本实现分离的过程。"标"指的是中标价（合同价），"价"指的是标准成本，"标价分离"实质就是企业对中标项目的成本测算。是将经营效益或风险与管理效益或风险的分开，是将市场风险和管理风险的分离，也是企业内部各个系统成本责任范围划分的一个必需环节。"标价分离"是动态的过程，由于报价人员的失误造成的少项、漏算等应按实调整，工程数量应按照实际发生的工程量增减，项目实施过程中政策性调整、签证（包括索赔）、施工方案优化或合同变更、劳务合同变更等，应进行相应调整，确定最终项目责任目标成本，作为考核项目成本的基准。

标价分离工作是一项系统工程。是企业总部和现场项目部，在施工总承包项目生命周期全过程，进行项目成本管理工作的纽带。项目中标后，企业相关业务部门，根据中标项目特点、企业的施工水平和生产要素实际情况，对中标项目的业务策划进行修改完善，为进行标价分离提供技术和相关数据参考。具体包括：投标负责人组织对项目进行投标、合同交底，工程技术部门负责对投标施工组织方案进行优化或项目业务策划，物资设备部门负责提供物资设备市场价格和确定材料节约率、损耗率以及废料回收指标，人力资源部制定不同类型项目管理人员和辅助人员配备标准及岗位绩效薪点总数测算，财务部门制定现场管理费费用标准及管理办法。商务合约部门在充分分析招标投标报价工作基础上，与各相关部门、项目部充分协商，结合优化后的施工组织设计或项目业务策划，依据企业内部定额或以往项目经验，对项目进行标准成本的测算。

企业以分析确定的项目标准成本，与项目经理部洽谈项目成本降低率，最终形成项目责任目标成本。项目责任目标成本费用，可以采用工程量清单子目名称进行分类，或者根据工程实际成本构成内容进行分类，也可以按照企业规定的成本构成进行分类。企业与项目部签订的责任成本目标责任书，可采用项目零利润的价格或成本收益率指标。项目部实际的成本执行结果，利润越多，说明项目管理越好；反之，说明项目管理就差。

很多企业对项目部实行合同履约风险抵押金或者项目风险金预留额度制度，作为经济激励约束手段，强化对项目实施过程成本管控。企业应该建立和保持标准成本测算及其过程调整相关记录，和项目责任成本目标责任书及其过程调整相关记录，作为项目成本管理考核评价的依据。

2. 双优化

泛指伴随项目全生命周期各阶段，对施工图设计文件和施工组织设计（或施工方案）的持续动态优化过程，是项目"开源"和"节流"的重要途径。根据建筑业各细分行业工程技术特性，越是外部干扰多、技术难度大、复杂程度高的工程，施工图设计优化和施工组织方案优化的机会越多、空间越大。"双优化"应该坚持经济技术理念，做到工程技术与经济的高度融合与互动，避免在项目优先级上的顾此失彼。依靠科技进步、推广"四新"、管理提升，提高项目价值创造经济效益水平。立足技术先进下的经济合理，在经济合理基础上的技术先进，把成本管理观念渗透到工程技术措施之中，实现技术牵头、设计入手、工程技术与设计的协调统一。加强对施工措施的研究，形成多方案可行性比对和造价经济对比分析，一方面有利于施工、降低施工风险；另一方面有利于节约成本、提高价值创造和创效水平。

一些建设工程企业，建立企业行业专家和内部专家库，针对大型、复杂项目，在招标投标阶段、项目实施策划阶段，发挥专家智力支持作用，以技术和管理创新为出发点，将多方案经济技术比较分析、挖掘项目潜在的"双优化"机会视为"二次经营"。企业总部和项目部协同，强化与建设单位、设计单位的沟通协调，发挥企业技术和管理创新内在动力，实现项目节约成本、增加盈利的目的。有的企业还建立了项目"双优化"效果评价和奖励制度，将其视为提升企业价值创造能力的重要途径。

企业应该建立项目"双优化"过程记录，包括专家信息库、"双优化"措施建议及其实施落实情况、"双优化"经济比选测算资料、"双优化"效益核算资料，以及典型案例或优秀成果总结，作为知识管理用于在建项目做好相关工作。

3. 成本风险识别、管理"裁剪"和施工组织设计

企业在施工总承包项目招标投标工作开始前，投标策划需要制定系统性的项目认知、项目风险识别、招标实质性要求响应措施。通过项目商务标、项目施工组织设计、项目成本"三点"分析和报价，最终实现项目中标目的。项目中标以后，企业总部在进一步细化项目管理过程策划和基于"双优化"的产品有关过程策划基础上，"标

价分离"确定项目标准成本或结合项目部实施策划形成的计划成本,确定并签订项目责任成本目标责任书。

我们倡导企业建立项目投标总结工作流程和标准,在项目中标后,进一步完善项目实施规划方案,作为项目部实施阶段策划及管理的框架和依据,包括确定的项目目标责任书,向项目部进行合同交底。项目部实施策划,以此作为基础进行进一步的细化。在成本管理方面,项目以施工组织设计编制为核心的工程策划,须以经济和效益为导向,以盈利为目标,主要包括:

(1)项目成本风险的识别。项目部在充分了解招标投标过程相关情况,成本"三点"分析和应对措施的基础上,对照项目责任成本要求,进一步地细化,作为项目管理过程和与项目产品有关过程策划的输入之一。

比如,有的企业建立商务管理策划,具体包括:设计管理优化、施工图设计优化、图纸会审、深化设计、设计变更、施工方案优化、认质认价、重新组价、工程计量确权、现金流、变更签证、现场资源配置、主材优化、采购管理、总承包管理、税费筹划、关系协调等方面的成本管理措施,形成项目成本风险及其控制措施记录,作为项目成本管理责任分解和实施控制的依据。必须指出,项目成本作为项目产品实现过程所有活动要求特性之一,应立足项目整体策划的系统性要求。避免将成本管理视为商务部门主管业务的倾向。

还有的企业,开展项目无效成本控制清单活动。结合本企业以往项目管理经验,分析无效成本内容及产生原因,主要包括项目前期、施工准备、目标管理、分包管理、物资设备管理、临时设施管理、工程技术管理、工期管理、安全质量管理、资金管理、组织管理等,动员企业总部和项目部全员,主动审视项目管理过程中可能存在的薄弱环节,建立项目无效成本控制清单和措施,作为改进和提升项目基础管理水平的载体和手段。

(2)项目与成本控制相关的与项目产品有关过程策划。主要包括"双优化"的潜在机会识别和策划,支持项目施工组织设计或施工方案的编制和审批,作为项目计划成本编制和控制的依据。

(3)项目成本管理过程策划。项目部在企业授权范围内,通过管理"裁剪",确定和建立项目成本管理相关过程的流程和标准。包括项目管理费用、项目分包分供策划、项目物资设备管理、项目成本管理职责及要求在全员、全过程的分解。

如中国中铁"工程项目成本管理信息系统V2.0",对项目施工图工程数量、劳务费用、材料费用、机械费用、现场经费等的控制,建立了限额控制、系统自动复核、审核审批管理流程职责分解,形成了跨部门、跨层级的工程项目成本管理信息系统。

4. 项目施工图工程量清单预算（计划成本）编制和分解

按照本书第四章第二节"施工总承包项目标准化管理体系流程"，项目部按照项目策划阶段流程要求，完成项目施工组织设计编制审批和管理"裁剪"，项目实施的总体框架和思路就基本确立了。我们对项目策划阶段施工组织设计编制的内容要求，主要的目的和思路之一，就是要给项目施工图工程量清单预算的编制和分解，完成所有可能的准备工作。这包括施工图工程数量的复核（有些企业习惯称之为项目"0号台账"）、基于工程单元划分的分包模块或现场管理单元（如拌合站、梁场、钢结构加工厂）、工程物资设备需求计划、劳动力需求计划、资金需求计划等。2018年中国交建《施工项目管理手册》建立"分包工序库"，是按照施工工序、结合工程量清单及定额制定的分包统一标准，载明工序编码、工序名称、施工内容、计价规则等内容的分包工序明细清单，为分包招标投标、分包合同签订、分包结算、成本归集管理等提供依据。

企业在项目招标投标阶段采用的市场价格、预算指标，以及项目部实施策划阶段，现场调查、项目分包分供招标采购等价格，项目重大方案选定和工点施工方案编制计划等，是项目部编制施工图工程量清单预算的依据。施工图工程量清单预算，作为项目计划成本，既有随着工程认知水平的不断深入，潜在"双优化"带来的成本创效机会，管理创新努力等，存在进一步优化的空间；又有，由于外部条件不确定性、市场价格波动带来的工程成本增加的风险。需要依据内外部变化，及时给予更新调整。

5. 项目成本控制措施的策划

项目部成本管理责任的分解和执行，应该遵循以下原则和要求：

（1）确保项目成本管理相关基础责任的落实，保证施工组织设计或施工方案的一次成活率。由于工程项目的独特性，成本管理只有一次机会，每个项目都是"私人定制"。这就要求项目管理要守住程式化、流程化、精细化的底线。通俗地讲，就是要把该做的事、能做的事，保证做好、做到位！杜绝因项目部决策层、职能部门或现场管理团队，因决策失误、违反企业管理制度、工作懈怠等，导致出现不该发生的问题或忽视已经存在的问题，而酿成工期偏离关键路径、安全质量失控、施工队伍不稳定等问题，迫使原有策划方案的非预期调整。施工组织设计或施工方案的非预期调整，往往意味着人、材、机投入的增加，项目成本管理的失控。

企业应建立完善的项目成本管理重点事项及其管控指标清单，包括施工图工程数量据实限量控制、分包分供价格控制、材料用量限额控制、现场经费预算控制、安全文明施工费用控制、关键路径工期控制、安全质量环保控制、收付款控制等工作指标，并形成日常的周、旬、月监测分析、评价、改进工作机制，以过程工作质量，保证项目管理绩效符合项目策划的预期安排。

企业应建立项目各类风险预警基准参数指标，对项目过程风险进行分级预警和管控。由于工程项目实施过程的独特性、一次性，导致与项目产品有关过程，相关的控制要点反馈指标异常波动的原因，非常复杂和个性化。项目有很多问题，产生的根源往往在企业总部，或者企业总部和项目部的工作接口上。这类问题，是项目部依靠自身努力无法克服的，需要企业层面采取措施。分级预警的作用，是要唤醒企业启动响应机制，督促或解决项目出现的问题或偏差。

（2）对项目部责任范围之外因素，导致的责任成本目标变化，应及时做出调整。企业应建立项目责任成本目标调整的原则和事项清单，并及时做出调整安排，使所有项目始终处于"相同的起跑线"，以充分调动项目各级积极性和主动性。

不同的建设工程企业，由于项目管理体系的成熟度不同，总部对项目部授权范围和程度存在很大差异，项目责任成本目标控制和考核的指标、范围，在每个不同的项目都存在差异。比如：有的企业项目管理比较粗放，项目绩效好坏，与项目经理个人的能力和品行直接相关，项目履约风险不确定性非常突出。有的企业对项目部实行劳务集中分派、物资设备集中采购、资金集中管理；有的企业对项目部实行"12大集中管控"，即物资集中采购配送、设备集中采购和租赁、劳务分包集中管理、资金集中管理、施工组织设计集中管理、限价集中管理、管理策划集中进行、责任成本集中管控、二次经营集中组织、合同集中管理、业务流程集中制定、督导检查集中进行等。

成本是工程项目管理绩效最敏感、最直接、最准确的反馈和评价指标。项目工期可以通过大幅度增加投入赶工消除滞后问题，安全质量可以通过加大投入改善和提升管控水平，只有成本是项目均衡施工组织水平和精细化管理能力的最直观反映指标。成本是一个相对的概念，施工总承包项目收益指标是8%还是3%，体现了企业的低成本竞争能力。但对于企业内部不同项目而言，基于相同规则和模板的项目标准成本，更多的是提供了不同项目管理绩效评价考核的"相同标杆"。所谓"事在人为"，基于相同标杆的成本考核评价机制，是调动和挖掘企业全员，项目管理积极性和责任心的重要手段，是现代目标管理理论在施工总承包项目管理实践中的基本体现。

（3）充分利用信息化手段，促进项目管理流程化、集成化、精细化水平提升。管理流程网络化集成前提下的标准化，是集约化、精细化管理的载体和体现。标准意味着企业就共同的、重复使用事项的规则达成了一致的理解和认同，标准"化"使标准在企业得到了广泛的实施和落实。标准是一种管理的标杆和追求达到的水准；标准"化"是一种能力。信息化以标准化为基础，信息化通过工作路径依赖的建立，能够促进标准"化"。任何水平的标准化都可以借用信息化工具，解放人的劳动，提升和延伸人的功效。而管理标准所隐含的流程化、集成化水平，决定了信息化的范围、粒度，以及IT信息系统能应用和发挥的程度。本书解析的项目管理"14个流程"，适用于所有管理水平和状况的施工总承包项目管理，开发和应用全面信息化管理系统，其在不同管理体系成熟度的企业，具体的应用呈现以下情况：

①粗放型项目管理情况下，项目管理信息系统能够发挥月度信息的采集和传递作用。月度以下的信息依靠人力来收集、归纳和录入系统。这种情况下，信息系统月度以下粒度信息的"集成"的功能需人工完成，项目管理各层次、各部门之间的信息壁垒仍客观存在，项目管理信息系统只能起到一定的信息传递和归纳分析功能。

②"三集中"管理情况下，分包管理、物资设备的资信管理、采购、合同、过程消耗和结算的部分功能，能够实现单点业务环节、部分业务之间段到段流程的跨部门信息化、在线化。由于"集成"功能应用上的缺失，项目管理信息平台的大多数工具性功能，都无法发挥和实现。具体到项目成本管理要求，就是成本数据的归集，只能按照月度人工归集、人工分析和评价。

③"12大集中管控"情况下，按照"方案决定成本"的原则，项目管理对系统的应用，能够覆盖从施工组织设计（施工方案）系统控制，施工过程月度层面人、材、机成本自动归集，及其与财务计量支付环节的线上化流程。使企业能够通过项目管理信息化，实现对项目月度成本的归集、评价、预警和考核。

④在基础管理标准化方面，实现了《企业标准体系表编制指南》GB/T 13017—2018"板块模式企业标准体系结构图"要求的企业，依据本书"施工总承包项目管理信息平台开发需求框架流程"，开发形成的项目管理信息系统，可以实现施工总承包项目管理全面的信息化、数字化。

在这样的信息系统支持下，施工总承包项目管理以施工组织设计（施工方案）为纽带，通过月度计划管理机制，对项目管理过程和与项目产品有关过程相关的全员、全要素，基于逻辑的全覆盖；可以实现对每日工点工序要素和活动的预管控，以及"工作包词典"粒度信息的采集、录入、传递、共享、相互印证和分析；并能够对项目过程信息，进行全面自动化集成应用，形成有价值的数据资产。比如在传统管理手段下，项目的安全、质量、环保管理过程中，项目工点工序安全生产管理、质量检验一次合格率水平、扬尘治理等环保管理，对现场的资源消耗、作业活动功效的影响、造成的额外工期或费用成本等，最终都笼统地，通过实际发生的人、材、机消耗量和作业时间的增加量，纳入月度核算和绩效评价，无法具体地揭示其中蕴含的具体分项影响因素和责任。

项目管理全面信息化系统，能够充分利用计算机网络系统"时钟"标尺，将所有工点工序每日人材机消耗数量、工序作业消耗的时间,与安全、质量、环保影响因素信息关联起来。不但能够客观、准确地记录现场实际作业活动功效水平,还能够准确、实时揭示安全质量环保对工序过程功效的具体影响因素(如停窝工、不合格品处置)。使项目部实时、准确地掌握项目管理过程和与项目产品有关过程,具体职能管理活动之间,相互关联的互动影响问题;使项目部能够准确发现,影响管理绩效的具体原因及其责任归属;精准地采取管理改进的措施,消除管理薄弱环节或短板。同时,这种工序过程大数据的积累,也为企业内部定额的开发创造了条件。使项目部、项目后台各级企业总部,对项目管理能够实现"数据一源、直达一线、穿透洞察",在任何一个时间节点,都能实现对项目成本的归集、核算和考核评价功能。

显而易见,建立基于施工总承包项目全生命周期客观规律性的项目管理信息系统,在具体项目通过系统初始条件设置,能够适用于所有企业施工总承包项目的管理;只是其对系统功能的应用范围和程度,取决于企业的基础管理体系流程化集成的成熟度水平。这种从底层构架上,解决施工总承包项目管理全面信息化的信息系统开发需求框架,为解决当前建设工程企业信息化实践中,普遍存在的"部门墙""数据篱",通过缝缝补补寻求实现系统"集成"功能的梦魇,提供了可参照的方案。像我国工业互联网一样,有行业龙头企业引领力,真正开启项目管理信息化行稳致远,并以施工总承包项目管理信息平台为始端和孵化器,开启建筑产业互联网构建"新长征"的步伐。

在这样的项目管理信息化格局下,建设工程企业将面临,各业务系统从基础管理标准化方面,配套推进信息化、数字化的巨大挑战。具体到项目成本管理,作为项目管理信息系统相对独立的功能支持模块,主要是工程算量和工程造价软件,及其相配套的企业内部定额数据库的开发。目前,工程造价软件在全国的应用已经比较广泛,主要完成自动套价和工料分析。建设工程企业应结合企业实际,开发具有自身特点的软件系统和建立基础数据库,使项目招标投标、项目实施过程成本管理涉及的,工程量计算复核、概预算编制、概预算审核、施工过程中的预算、节点工程量统计核算等功能,通过信息化、数字化水平的不断提升,逐步向智能化赋能转变。比如:国内某建筑央企龙头企业,项目成本管理信息系统已经实现全国31个省(市、自治区),对应于各细分行业和专业工程的,股份公司、工程局、工程公司劳务分包指导价、物资设备采购价格数据库的建立和共享。

二、项目实施阶段的成本管理

项目实施阶段的成本管理,是围绕施工计划向成本管理相关工作计划的分解,以项目计划成本分解和项目实际成本核算及其对比分析、改进为核心展开的。

1. 项目月度计划成本分解

工程量清单计价规范中，工程造价由分部分项工程、措施项目费、其他项目费、规费和税金五部分组成。工点工序计划成本预算的编制，要结合项目施工组织设计（施工方案）中，临时工程设置方案、周转材料配置方案、机械设备配置方案、土石方调配方案、劳务分包管理模式、混凝土理论配合比等，其工序工艺自身价值的本质特征的描述，套用内、外部定额；参照企业劳务分包指导价、材料价格库、机械价格库、周转材料价格库等，通过招标投标竞价、议标谈判等方式确定工序工艺综合单价。以合同为管理纽带，以项目工程数量管理的"0号"台账为基准，对项目执行过程中各管理账户计划成本进行预算、控制、核算、分析、考核，实现合同收入、目标成本、计划成本与实际成本的对比及量价分析，实现对项目成本的全程计划、管控、监督、评价和改进。

实际的项目实施过程中，施工总承包项目根据工程组成内容和规模的不同，项目中的单项工程、单位工程、分部分项工程（或检验批），按照施工组织设计统筹安排，其现场施工准备、工序开始时间、具体进展速度、完工时间相互独立，分别处于各自不同的施工阶段。项目月度施工计划，涵盖了施工组织设计关键路径工期要求下，所有工点工序形象进度安排。项目部要根据"成本商务策划方案"，所确定的成本管理重点事项及其控制措施，通过月度施工形象进度计划，向项目各岗位、各部门、现场管理团队进行工作计划的分解，使所有与成本管理相关的事项能够落实到具体的岗位和人员。这种计划分解过程，既与管理"裁剪"所确定的项目管理过程，在不同企业、不同项目的实际责任分工体系高度关联；又取决于当月施工计划涵盖的与项目产品有关过程，以及后续工程从管理逻辑上，要求当月启动的相关准备工作内容。不单是成本管理，其他所有项目管理活动，如工程技术、安全质量环保、现场作业管理等，都服从相同的管理逻辑和要求。为了保证该环节工作的标准化和可实施性，本书表4-2"项目管理过程职责分配示意"，对照"施工总承包项目标准化管理体系流程"中的过程"实体"，示例呈现了项目全生命周期内，各岗位、各部门、现场管理团队，在项目过程部门"实体"粒度层面，相对应的关联岗位职责分配关系，为具体项目月度工作计划的分解制定提供模板；以确保项目管理过程分解结构，与管理职能分解结构、产品分解结构、物资设备分解结构等，各类分解结构之间整合的逻辑关系。为实现项目活动自上而下系统管控，自下而上"文件化信息"系统集成提供参照和基础。

需要指出的是，受限于我国建设工程企业和项目管理体系成熟度水平，当前能真正实现这种计划分解，并系统地确保各类分解结构整合后逻辑关系的企业或项目，几乎绝无仅有。在作者过去十余年的项目管理实践中，由于企业基础管理水平和项目部人员岗位能力的限制，尽其所能也只能达到上述要求的六七成左右的水平；即使如此，也能获得比较好的项目管理绩效。只有在项目管理全面信息化条件下，企业和项目管理体系成熟度达到一定水准，各层级管理人员岗位能力，能够适应"14个流程"所彰显的跨部门流程集成化管理理念和思维方法，企业标准体系文件相对完善的情况下，才能全面实现这种计划管理逻辑及其标准要求。这也是目前，ERP（企业资源计划）等市场套装软件，在国内建筑业企业落地，并产生实际增值效果，最大的挑战之一。

项目成本管控重点事项列举说明如下：

（1）施工图工程数量复核和设计变更。项目部工程技术部门和商务合约管理部门，采取背靠背方式，对施工图工程数量进行复核。在剔除负量差、增加投标漏项数量（正量差）的基础上，核对形成工点工序工程数量0号台账。工程数量0号台账，是工序过程限额收方、物资限额控制、机械成本总量控制和摊销的依据。

项目实施过程中，导致合同工程量或工作量变更的类型，有业主发起的施工图设计文件变更、项目部合理化建议形成的变更、设计单位由于地质勘察原因导致的变更、项目内部作业层原因导致的变更、合同新增工程、其他变更等。属于项目合同层面的变更，往往涉及施工图设计文件的更改，要求调整0号台账。属于内部管理过程的变更，如作业层现场签认、由于项目管理组织原因导致工程量或作业量的增加（如返工返修），则需要修订分包合同，纳入成本过程管控。

（2）安全质量环保管控成本。不同于安全生产专项费用及施工过程中，为了保证施工安全、工程质量和环境保护，所采取的经济、技术、工程、组织等措施的投入。这里所说的安全质量环保管控成本，是指施工总承包项目安全质量环保过程保证能力不足，导致的工期延误、人材机成本增加。比如：安全隐患整治导致的时间或资源重复性投入，安全质量环保事故应急投入和对施工正常组织秩序造成的冲击，工序质量检验一次合格率水平低下导致的工序返修返工形成的损失。

我们一直强调，工程项目安全质量环保是"干"出来的。工程项目安全质量环境保证水平，是企业平均劳动生产率的重要影响因素。国务院《质量振兴纲要（1996年—2010年）》，对当时工程质量状况的评价是：一些原材料产品质量不高，生产过程中不良品损失严重；一些工程质量达不到国家标准或规范要求。规定到2010年，竣工工程质量全部达到国家标准或规范要求，大中型工程建设项目以外的其他工程一次验收合格率达到96%，其中优良率达到40%以上。《质量发展纲要（2011—2020年）》规定,到2020年工程质量整体水平保持稳中有升,建筑、交通运输、水利电力等重大建设工程的耐久性、安全性普遍增强,工程质量通病治理取得显著成效,大中型工程项目一次验收合格率达到100%,其他工程一次验收合格率达到98%以上。从这两个阶段,国务院对工程质量发展标准的变化,能够明显看出,工程质量对我国建筑行业劳动生产率发展水平的影响。

对于施工总承包项目而言,工序工程安全生产保证水平、工序质量一次检验合格率、环保绩效,取决于工序工艺方案制定水平、作业人员素质、现场组织指挥协调能力、物资保障及时性和质量、机械设备选型与操作规范性、作业环境条件符合性等诸多因素。施工现场"三检"制度,是对工序安全保证水平和工序质量,进行检查、复核、管控的基本制度。一次检验合格率,是指施工过程中,按正常操作要求,未经处理、修理、返工,即能一次检查合格的总数占检查总数的比率。"三检"制度,能够发现工序作业过程存在的问题,督促改进和强化对作业过程的预控制,对保证施工过程安全、质量、环保,加快施工进度,有着重要的意义。现行《建筑工程施工质量验收统一标准》GB 50300中,一般项目判定"合格"的标准,是一般项目的质量,经抽样检验有80%以上检测点合格。可见在建设工程领域,工序质量要全部达到技术规范和标准要求,面临巨大的挑战,而要保证所有工序一次检验合格,更是难上加难。

安全、质量、环保管控成本,最终都体现为工期、人材机投入成本。个人认为安全质量环保管控成本,对工程项目成本波动的影响,占到所有影响因素60%的权重。也就是说,建设工程企业强化项目基础管理,提高施工现场安全生产、工程质量、环境保护的保证能力,确保施工过程安全质量环保平稳受控,就能解决项目成本管控60%的问题。成本管理,是施工总承包项目管理过程绩效监测和评价的主要手段。目前,国内建设工程企业的项目管理信息系统,均没有将安全、质量、环保控制成本,按照分类分项分析方式,纳入项目成本管控绩效评价;或者说,没有把安全质量环保管控信息,与工序层面其他信息实现系统的集成,而是笼统地纳入人、材、机成本归集。这就造成项目经济活动分析中,对安全质量环保管控成本的影响,只能流于事后的定性分析,而不能达到定量揭示,进而实现精准聚焦改进的程度。这也是本书试图重点揭示和解决的问题之一。

(3)现场经费控制。根据《建筑安装工程费用项目组成》(建设部、财政部、建标〔2003〕206号文),现场经费包括临时设施费和现场管理费,是指为施工准备、组织施工生产和管理所需费用。现场管理费,包括:现场管理人员薪酬福利、办公费、差旅费,现场管理及试验部门的固定资产使用费、工具用具使用费、保险费、工程保修费、工程排污费及其他费用。现场管理费在项目合同中，一般以直接费按照一定费率提取。

施工总承包项目现场管理费用，是影响工程项目成本的重要组成部分。管理费用中，开支大的主要是办公费、工资及社保、差旅费和业务招待费，这4项开支占管理费用开支总额的80%以上。企业应该完善项目预算管理制度，按照年度进行预算费用总额控制开支计划；根据项目施工强度，有计划地控制项目管理人员数量，严格出差审批手续；规范招待费事前报告和事后审批制度；对于特殊性开支和较大数额开支，应经会议研究及单位主管领导审批决定等措施，控制现场费用。并将其纳入项目阶段性成本核算分析。

2. 围绕月度工期计划的成本控制

在上述项目月度计划成本管理要求和事项分解中，我们采用列举说明的方式，基于以下前提和认识：

（1）成本控制是全员、全过程的要求。本书在各职能和要素流程中，已经充分考虑和贯彻了成本控制的相关要求。成本管理流程，是建立和完善以工点工序为着眼点的成本预算和分劈、成本核算、经济活动分析，使施工总承包项目能通过对某一时点的成本管理绩效进行核算、评估和分析，从成本控制角度，揭示项目管理过程中存在的薄弱环节和偏差，及时采取措施予以纠正和改进。

（2）成本目标，作为项目众多目标之一，项目管理始终是基于施工组织设计（施工方案）的策划，寻求多目标综合、系统平衡下的均衡施工组织原则。这种均衡组织要求，通过月度施工计划向工作计划的分解得以贯彻和实施。

（3）项目管理包括管理过程和与项目产品有关过程。企业按照本书职能和要素管理流程要求，建立多项目、同质化的管理流程和标准。项目部在策划阶段，通过管理"裁剪"确定本项目管理过程流程和准则，实现对项目施工过程各要素和职能之间相互关联、相互制约关系的系统管控。施工过程是在项目各级按计划，进行日常的组织、指挥、协调、控制下，实现包括成本在内的多目标均衡推进。成本控制要求的项目职能和要素之间的相互关联、相互制约关系包括但不限于：

①基于各要素和职能管理流程的，项目工序管理、工点管理、项目部职能管理、项目部决策管理等，各层级纵向的分级授权、逐级汇总、分级审核审批；横向的各专业岗位、各职能部门之间的互相制约、相互印证关系。

②以工点施工图梳理的工程数量0号台账，作为项目劳动力、物资、机械设备消耗总额控制的基准依据和源头。

③现场作业层人员岗位能力适用性，通过安全、质量、环保相关的操作规程培

训、持证上岗检查予以确认和保证。

④工程物资设备进场发料手续办理，以进场质量检验试验结果为前提。

⑤大型工装、机械设备使用前和使用过程安全确认、特种作业人员持证上岗资格检查，是工序放行的前提。

⑥现场收方，以基于"三检"的工程质量验收合格，和相关内业资料完整性作为确认的依据。

⑦财务支付，以基于合同的过程综合项核算及其审核、审批链条完整性为前提等。

显而易见，项目过程成本控制，是以企业各项项目要素和职能管理过程的相互关联、相互制约、相互支撑、相互验证、分级管控来实现的。施工总承包项目管理信息系统平台，不但能使这种管理跨部门、跨层级的流程系统集成功能更易于实现；而且，能大幅度地解放人的劳动强度，更有利于发挥管理人员的创造性。

个人感觉全面信息化管理平台下的项目管理，一方面可以把"人"从重复性劳动强度中解放出来，为提升项目管理的流程化、集成化、精细化水平，提高项目盈利能力提供工具，创造条件；另一方面，无论采用任何管理工具，"事"最终还是由人在做。信息化管理平台的应用，将对"人"的日常工作质量和"智力"挖掘应用达到一个更高、更强的要求。从这个角度讲，项目管理人员的薪酬和待遇水平，应该得到成倍地提高！

围绕月度计划的成本控制记录，体现为项目全部管理过程和与项目产品有关过程的记录。重要的是，这些记录要将成本管理，作为其特性要求之一纳入内容和格式的设计之中。

（4）分包管理。项目分包合同中，包含了分包单位合理盈利下的"分包差价"。无论企业对项目流程化、精细化管理水平高低，项目是否存在一定比例的"分包差价总额"，项目部都要确保各种风险受控，以实现项目各项责任目标。如果分包单位施工过程，在工期、安全、质量、环保方面严重偏离分包合同要求；则有可能造成合同纠纷、队伍不稳定、民工工资拖欠等问题，所谓"成也分包、败也分包"。我们强调项目过程控制，首要目标是保证施工组织设计（施工方案）一次成活率，其中最大的风险就在分包管理。确保分包单位，按照分包合同平稳受控，需要采取系统的管控措施：

①分包模式、分包工程范围和内容，以及对分包单位的管理深度，一定要与分包单位选择、录用标准，协调统一。实践证明，一些企业"把不易控制成本的工程分包出去""最低价分包"，往往给项目履约埋下先天隐患，最终得不偿失。

②必须严格对分包队伍的资格进行审查，包括其现场管理人员、机具设备、管理

体系运行水平、信用等。并以此制定相应的管理措施，包括合同的签订、预付款和工程款的支付、保函及质保金的扣留等。必要时，补充分包合同条款，成立专门的现场管理团队，强化对分包工程的过程管控。必须杜绝分包工程，由于分包单位管理能力、资源配置能力不足，导致过程失控，问题积重难返，危及项目整体履约。

③严格把控项目为分包队伍提供物资材料、出租机械设备、水电、大临设施摊销等事项的领用、记录、过程管理及结算扣款等手续，防止分包队伍的材料超用、工程款超付和安全、质量、环保违规等问题发生。

④将分包队伍现场管理，全部纳入项目管理体系。项目管理全面信息化条件下，无论工点工序采取什么作业层组织管理模式，其过程控制流程、准则和记录，必须按照项目部统一的标准执行。严禁出现"分包合同围墙"形成的"管理特区或自治区"。这意味着，分包工程分包单位现场管理团队的人员和工作，也要纳入并满足项目部过程管理体系和流程要求。就像深圳市"来了就是深圳人"，全面信息化条件下的要求，进入项目施工"就是项目人"，就要按项目部管理规则履行职责、执行标准。

3. 月度成本核算

项目应组织在形象进度、实际产值、实际成本"三同步"条件下，汇总成本基础数据，进行成本核算。项目管理信息化条件下，现场工点工序、项目部、项目后台各级企业总部以及各层级职能部门、各不同流程岗位之间，信息壁垒被完全打通的情况下，使项目成本核算时机选择、核算基础数据收集、经济活动分析，会产生质的变化和提升：

（1）按日、按工点工序实时统计，核算劳动力成本。利用施工日志、按照"工作包词典"标准，建立施工现场格式化数据库，对工点工序劳动力实际人数，分工种进行记录。农民工实名制管理、门禁系统、考勤制度、智能安全帽、智能移动终端等制度和设施的综合利用，会使这项工作变得越来越智能和精确。也可以采用工点现场负责人、作业班组负责人背靠背记录，系统自动复核确认方式。

当前，农民工实名制信息化管理已经比较成熟和普及。作者最近两年，在某PPP项目SPV公司，就项目建设期施工总承包项目结算和项目运营期管理中，从建设单位角度处理了某参建的施工企业项目部，由于在施工过程中没有严格进行作业层实名制考勤，而导致的40余个作业班组，近1000万元农民工工资的争议和拖欠问题。

（2）建立工序日形象进度统计。与作业任务单、作业班前安全教育交底及签认，安全隐患整治记录、"三检"的整改、返工、返修记录、分项工程（检验批）签认等资料，在工序层面连锁。一方面，计算机系统"时钟"功能，能够使有效作业时间、因安全质量环保管控延误的时间、质量检查验收时间被精确记录；另一方面，相应的作业工种和人数、完成作业量能够被精确统计。这些结构化数据，不但形成现场作业组织情况、作业效率、作业安全和质量日常监控评价信息；而且，也能为企业内部劳动定额开发，提供现实可靠的大数据资源。

作者在徐州地铁3号线施工总承包管理中，使用手机微信，建立了现场工点形象进度日统计报告制度，以强化对现场工期关键路径工点作业状况的管控。该项工作牵扯到大量的管理人员时间和精力；但其信息的利用价值非常单一和有限，安全质量环保管控，对现场工期、成本费用的影响因素，只能通过人工定性地进行记录和汇总。

（3）建立工序日物资（周转材料、原材料、构配件和半成品）消耗统计。项目物资部门，工点工序发料单、周转材料调拨单，是物资部门工作流程记录；工点工序作业任务单或派工单、施工日志、工序质量检查验收签认记录、工序安全检查验收记录等，能够形成相互复核、相互验证、相互制约的关联关系，使工序日物资消耗得到精确确认。这些结构化数据，与工序日形象进度关联对比，可以为企业内部物资消耗定额开发，提供可靠的信息资源，是在传统管理手段下，根本无法实现的工作。

（4）建立工序日机械设备（工器具）消耗统计。施工日志的机械使用记录、设备管理部门设备运转记录、日形象进度的设备作业完成工程量或工作量记录等，能够形成相互复核、相互验证、相互制约的关联关系，使工序日设备台班消耗得到精确确认。使设备维护、使用效率，得到及时的监测和评价。这些结构化数据，可以为企业内部设备台班定额开发，提供可靠的信息资源。

显而易见，在项目管理全面信息化条件下，这样工序粒度的项目过程信息的采集、共享和使用，会使项目成本核算、成本分析，在时间维度、影响要素维度上，产生质的根本性变化。企业、项目部职能和要素管理的"千条线"，天然地在工点工序"一根针"上得到"集成"。这种集成，不是人为的主观意志规定；而是建设工程项目，落实到现场最末端的客观现实规律。施工总承包项目，从企业各级总部，到具体每个项目的现场管理机构，各种职能和要素管理有其内在规律和流程；但所有这些管理活动实际状况、绩效水平，以及他们之间的相互接口关系、相互协同运转水平，都最终体现到项目工点工序层面的作业层组织管理水平、作业效率、作业成本、作业质量、作业安全上。

当建设工程项目采用WBS技术，将管理账户细化分解到"工作包"层面时；其行业特性、工程类别带来的差异，会越来越不明显，越来越不构成影响企业项目管理的主要因素。建筑业各细分行业工程技术标准不同，建设项目管理体制机制、管理习惯有差异；但是，对于施工总承包项目而言，都可以归结为"人、基、料、法、环、信、财"等要素和职能的管理。建设工程企业管理水平的差异，取决于项目管理"标准",对工程项目上述客观规律认识和揭示的程度与水平,也在于将标准"化"为企业项目管理能力、效能的程度和水平。"规律就在那里",将这种规律通过项目管理标准化予以揭示,并利用现代信息技术赋能传统建筑业,使施工总承包项目管理水平得到提升,是本书追求的目的和宗旨。

  4. 月度经济活动分析和项目过程成本监控、预警及其改进

  项目成本是"干"出来的。项目部进行月度计划成本分解、实际成本的核算,并在必要时进行经济活动分析,查找分析其存在差异的原因。企业总部对项目部成本管理、责任成本目标执行情况,进行日常的检查监督,一般检查内容包括:项目部管理费用开支情况、材料消耗控制情况、分包工程成本控制情况、各种往来款项和现金管理、银行存款情况、项目成本和预提待摊费用情况等;并在此基础上对在建项目现金流和盈亏进行分析预测,必要时发出亏损预警等方式,达到督催项目聚焦问题、改进管控、预防风险的目的。项目管理全面信息化条件下,项目工点工序日活动信息依托项目管理信息平台,实时采集、系统自动集成、结构化利用,项目后台各管理阶层,可以实现实时的分析预警。项目部各职能部门,每个时段都能对业务线末端绩效进行评估;项目决策层会第一时间,发现项目管理过程中"拖后腿"的短板和薄弱环节;各级总部可以直达一线,实时获取项目管理状况绩效信息。

  写到这里,不由得又想起彼得·德鲁克:企业的资源包括很多,但真正的资源只有一项,就是人力资源。项目管理标准"化"的对象是"人",项目管理信息"化"来源于流程及其集成的标准化。施工总承包项目管理信息平台,对项目经济活动状况实时、透明化地呈现,目的还是激发各级管理人员聚焦问题,实施改进。

  必须指出,当前一些一线项目管理人员,以"家丑不外扬"为由,认为项目出现的一些质量问题、安全问题、环保问题,如果按照项目管理信息系统实时填报要求,一是怕上级领导看到会着急;二是怕会造成问题原因分析、问题责任划分,以及在问题整改解决上,带来内部冲突,或项目管理工作的难度或不确定性。还有的以建设单位、监理单位等外部人员,在检查签认环节工作时间存在不可控性、随意性;认为要实现项目过程记录,随工序进行集成,根本不可行。事实上,ISO 9000系列标准在管理方法论上,提出的"例外放行",可以完全化解类似的担忧。管理过程信息的公开、透明、真实,是管理决策准确、快捷的基本保证。《建设工程质量管理条例》和《建设工程合同示范文本》都强调,"外部的签认或确认,并不能免除施工单位的责任"。企业制定项目"例外放行"的分级审批授权体系,根据特殊情况下工序检验或影响工程正常进行的问题大小,使"例外放行"处于项目持续管控责任范围内,可以在控制相关风险的同时,保证施工秩序和节奏,完全按照企业内部的规定执行。至于

为逃避内部工作责任,刻意隐瞒或扭曲信息,那就属于企业价值观和项目管理文化问题了,需要企业从战略高度来看待推进标准化、信息化的管理要求。

项目经济活动分析、预警和整改事项,有时候要从项目策划的调整和优化采取措施。项目部应该建立和保持项目成本核算过程中,月度计划成本、项目实际成本、项目现金流、项目经济活动分析及其整改措施记录。

三、项目竣工和撤销阶段的成本管理

(1)伴随项目后期分项合同的终止结算,项目部应及时进行项目成本还原,内容主要包括:整体成本核定、分包结算汇总核定、项目预算收入核定、项目部管理费用核定、项目部材料消耗控制核定、项目部改进成本控制措施核定及指标分析表。成本还原应经企业总部审核。

(2)项目成本管理总结。项目对商务策划、成本数据、管理得失和经验教训,进行总结提炼,成本管理总结应纳入项目总结。

(3)项目目标考核兑现。项目部编制项目管理人员考核兑现分配表,企业对项目成本管理情况进行评价,实施绩效进行检查,根据设定的项目成本目标实现情况,对项目管理人员进行责任目标考核兑现。

第十五章 项目合同管理

《项目管理 术语》GB/T 23691—2009，合同管理是确保供方绩效满足合同要求的活动。项目合同管理，包括与项目业主签订的合同，和企业内部围绕项目所涉及的各层级、各类合同等，其谈判、签署、执行、评价、结算、争议解决等全周期事项的管理。

第一节 项目合同管理的地位和作用

《项目管理 术语》GB/T 23691—2009关于项目范围的有关定义，范围规划，是项目范围管理的一部分，致力于对项目工作逐步细化的阐述。范围核实，是对项目范围的证实认可。范围定义，是为更好地进行控制，把主要可交付成果分解为较小的便于管理的组成部分。施工总承包项目，通过项目合同文件及其变更控制，以及WBS技术的应用，实现范围规划；项目合同协议书的签订，完成了项目范围的核实。合同管理是项目传统管理手段下，项目范围管理的主要形式和内容。项目开工前，建设、监理、施工单位，关于单位、分部、分项工程划分的沟通，是从工程技术和质量管理维度进行范围定义。内部合同，对项目合同工程概预算的分解，是从经济管理维度，进行范围的定义。WBS技术使施工总承包项目合同所定义的项目范围，实现从可交付成果分解的最底层，及其相关信息进行定义并管理。项目合同管理，不但是项目范围管理的主要手段和工具；也是市场经济条件下，项目绝大多数经济活动的载体和纽带。

建设工程企业合同管理相关法律法规，包括《合同法》和《劳动合同法》。2021年1月1日起，《民法典》正式实施，原《合同法》同时废止，代之以《民法典》的合同篇。《民法典》对于建设工程的发包、承包、分包合同，以及"情势变更"对建设工程合同效力的认定和价款纠纷的解决作了详细规定。《民法典》的实施，标志着我国民事权利保护进入全新的"法典化时代"，必将促进我国建筑市场的健康发展，为建设工程项目的合同管理提供坚实的法律和制度保障。《民法典》合同篇第四百七十条，当事人可以参照各类合同的示范文本订立合同。国务院各部委、各级地方政府部门，均已出台了很多示范合同文本，国家市场监管总局官网还建立了"合同示范文本库"，可以便捷地获取各类合同示范文本。比如：2017年住房和城乡建设部、工商总局《建设工程施工合同示范文本》（GF-2017-0201）、铁道部《铁路建设工程施工合同》（1998）、交通运输部《公路工程施工合同范本》（交公路发

〔2009〕221号）、江苏省《公路工程施工分包合同格式文本》（2015）等。合同示范文本一般包括协议书、通用条款、专用条款。合同协议书规定组成合同的各项文件应互相解释，互为说明，除了专用合同条款另有约定外，解释合同文件的优先顺序如下：（1）合同协议书；（2）中标通知书（如果有）；（3）投标函及其附录（如果有）；（4）专用合同条款及其附件；（5）通用合同条款；（6）技术标准和要求；（7）图纸；（8）已标价工程量清单或预算书；（9）其他合同文件，合同履行中发包人承包人有关工程的洽商、变更等书面协议或文件，视为合同的组成部分。《劳动合同法》有关要求，见第七章"项目人力资源管理"和第八章"项目劳务及作业层管理"相关内容。本章所述的合同管理，主要是施工总承包项目与《民法典》合同篇规定相关类型的合同管理。施工总承包项目全生命周期合同管理，需要关注的重点环节包括：

一、与建设单位合同相关风险的识别和控制

建设工程企业业务范围，大多涉及多个建筑业各细分领域；在项目地域分布上，覆盖全国各地甚至海外市场。施工总承包项目合同一旦签订，就意味着相关履约责任和风险，这包括：

1. 行业风险

《招标投标法实施条例》规定，工程建设项目由国务院工业和信息化、住房城乡建设、交通运输、铁道、水利、商务等部门，按照规定的职责分工，对有关招标投标活动实施监督。建筑业各细分行业，建设工程项目的投资主体、建设管理责任主体、合同模式、计量支付方式、合同工期要求、工程质量标准、项目交付及交付后保修责任等，都有具体的特点。比如，大型基础设施项目，建设资金来源多为政府主导的多元化投资，一般以投资概算作为费用控制的主要依据，项目由行业主管部门和地方政府共同监管，上游链条较为复杂等。交通运输部为铁路、公路、民用航空工程的行业主管部门，与住房和城乡建设部为行业主管部门的房建、市政工程，在项目前期工程、项目计价、质量等行业标准和管理风格上，都有明显的行业特点或管理习惯差异。特别是招标文件中，所含的施工合同条款，是否给予投标人协商谈判条款内容的合理机会，对工程承包企业识别和控制合同风险有重要的影响。

这要求从事工程承包的企业，要根据自身业务范围，强化对项目所属细分行业和项目建设单位的市场调研。有的企业将其形象比喻为：业主画像、产品画像、项目环境画像。业主画像，包括投资来源导致的项目资金保障能力或压力，行业或具体建设单位项目管控体系和运行特点，项目投资控制对承包企业成本收益诉求的敏感性，项目合同条款及其常见的合同变更原因等方面；产品画像，包括工程特性带来的工程质

量品质定位水平，工程功能需求对产品质量的管控特点，建设单位对合同工期的敏感性要求等；项目环境画像，包括征地拆迁责任和难易程度及其对工期进度的影响，项目施工过程所处环境导致的外部制约因素和对施工组织的干扰程度，工程所处地理位置带来的临时工程规模和管理标准等。

2. 设计风险

《建设工程勘察设计管理条例》规定，建设工程应当坚持先勘察、后设计、再施工的原则，并规定了建设单位、设计单位、监理单位、施工单位，关于工程勘察和设计的责任及相互接口关系。建筑业不同细分行业、不同省市，勘察和设计单位内部工作流程、勘察设计文件结构形式和内容、勘察和设计单位配合施工等方面，都存在一定的差异。如大型基础设施工程建设中，大多数项目采用初步设计或扩大初步设计图招标、概算总额控制；施工单位中标后，才开始进行施工图设计，而施工图设计对项目成本影响尤为关键。工程勘察详细程度、设计质量、设计变更难易程度，对施工总承包项目造价和盈亏存在重大的影响。

这要求工程承包企业，对自身业务范围涉及的细分行业，勘察、设计单位，要有一定的熟悉和了解。内部要有一定的设计资源和变更设计能力，以识别和应对由于地质原因导致的变更设计频发问题，并能够通过设计优化，提高项目价值创造能力。

3. 概预算价格和结算风险

不同的施工总承包合同模式，对承包单位项目合同造价风险不同。一般而言，采用初步设计图招标的总价合同，由承包人承担大部分风险，只有在设计变更或符合合同规定的调价条件下，才调整价格。采用初步设计图招标的单价合同，合同风险分担较为均衡，发包人承担工程量偏差风险，承包人承担价的风险，工程量清单数量与施工阶段数量偏离较大，合同价格易受不平衡报价影响，可能因清单项目特征描述问题造成争议，单价波动超过约定条件时才依据合同进行调整。成本加酬金合同，采用定额方式计价，业主价格波动、通胀、政策调整风险大，发包人承担大部分风险。在大型工程施工总承包项目中，有时上述三种计价方式并存。合同价格和结算风险，与项目技术要求和建造标准、计价模式和结算模式、工料机调差方式三要素之间有较强的关联性。一般而言，从项目合同层面，标准越清晰，计价模式和结算风险越趋向可控。

施工总承包项目合同的上述特点，要求承包企业在项目招标投标阶段，一是要加强对招标文件及合同条款的分析，对招标文件的各项内容，包括招标要点、投标模式、付款条件、风险、索赔等商务条款，特别是废标条款重点进行解读，切实掌握合同潜在风险进行规避，对潜在优势进行分析，在投标中做出相应的把握安排；二是要加强成本测算，包括工程量计算，询价，测算直接费、现场管理费、措施费定额水平，充分预测潜在风险，纳入进行"三点"分析，确保投标报价兼顾标底和项目成本风险控制要求；三是利用好现场踏勘和投标答疑环节，尽可能收集项目相关信息，权衡利弊关系，确保投标项目经营质量，并兼顾项目二次经营潜在的机会；四是严格合同相关法律风险审查与防范。

在合同签订后的项目实施阶段，根据不同的细分行业、不同的工程类别，因项目施工外部环境特点、工程技术特性、合同条件以及业主管理理念和方式的差异，从企业项目管理模式和作业层组织方式上、商务管理流程和内部审批时效上，要考虑充分对接建设单位相关要求的安排。针对由于政府或建设单位原因导致的工期压缩、变更调差等，依据合同完善过程原始记录和变更申请流程记录，强化与建设单位、咨询单位、审计部门等多方沟通，有效控制合同结算风险。

二、内部合同风险的识别和控制

建设工程企业工程项目合同，涉及的建设工程合同类别有，承揽合同，买卖合同，供用电、水、气、热合同，借款合同，租赁合同，保险合同，运输合同，技术合同，保管合同，仓储合同，委托合同等。施工总承包项目内部合同管理应该关注的重点事项有：

1. 项目合同的解读和执行

施工总承包项目合同，是项目实施过程中，承包单位项目部对外与建设单位、设计单位、监理单位及项目其他相关方，围绕项目全生命周期各项活动，工作接口、流程和标准的基本遵循。对内是厘清各专业工程之间，工程界面、施工范围及其管理界面责权利的基本依据，是内部相关合同架构设计和管理的重要依据。

2. 项目内部合同管理

采用招标投标方式选择外部合作方，是控制和预防合同风险的重要途径。项目承包企业内部合同管理，包括合作方资信调查、招标投标、合同拟定、谈判、签订、执行、变更、结算和终止全过程。不同类型的合同，应明确合同管理各环节执行、审核、审批的责任和标准，确保合同形式规范、内容完整、有效控制合同纠纷风险。比如有的建设工程企业坚持"法人管理原则"，合同的签署权全部集中在法人单位层面，分公司、项目部等非法人单位，非经授权不得对外签订合同。再比如，建立各类内部合同示范文本，已经成为大多数企业合同管理的惯例。大多数建设工程企业，都越来越重视内外部合同涉及的财务与法律风险控制，建立了合同签署前财务部门、法律事务部门等相关部门进行会商的流程和要求。

3. 建立和完善合同管理"文件化信息"

合同的经济属性，决定了合同管理过程中，所有条款的执行或变更，都与最终的结算密切相关。建立和完善合同管理过程记录，是确保合同有效性、改进合同管理、控制合同结算风险的重要手段和基本要求。

三、坚持合同优先原则

合同作为经济活动契约手段，合同管理是建设工程企业项目管理活动的重要工具和经济活动纽带。围绕施工总承包项目管理过程和与项目产品有关过程的管理，必须坚持先签合同、后干活，相关支出必须以合同为依据的基本原则，合同履行应该有明确的关闭和终止标准。

本章所述项目合同管理，从项目中标、项目合同签订为始端，至项目合同终止。

第二节 项目合同管理流程和要求

一、项目合同管理流程(图15-1)

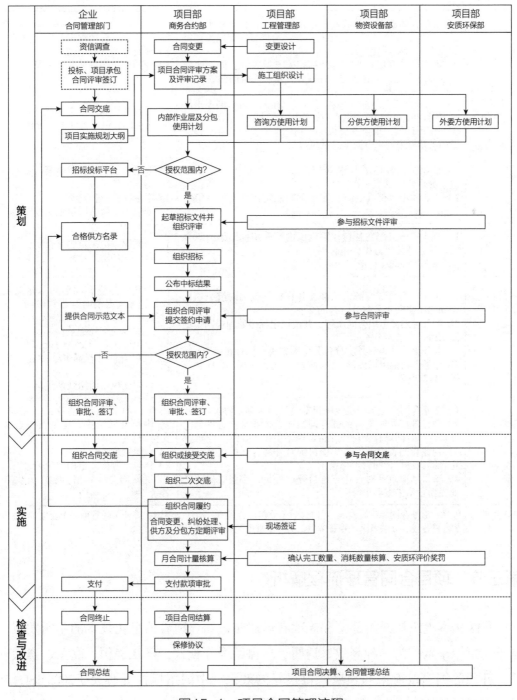

图15-1 项目合同管理流程

二、项目合同管理过程要求（表15-1）

项目合同管理过程要求　　　　　　　　　表15-1

阶段	过程	管理要求	记录
策划	1	1）企业合同管理部门负责投标及项目承包合同评审、签订，并组织向项目部进行合同交底，为项目部实施策划提供经济指标和各项参数。 2）由于设计变更、业主等外部相关方导致的合同对实质性条款的变更，企业应进行评审并完善补充合同的签订	1）工程承包合同评审及签订记录； 2）项目合同交底记录； 3）合同变更评审及补签记录
策划	2	1）项目部开工前组织合同履约评审，充分理解合同要求。 2）项目部各职能部门根据"施工组织设计"制定相关外部供方使用计划，报企业层级组织招标采购，并负责授权范围内的招标采购、合同签订及执行	1）项目部合同评审交底记录； 2）项目部分包、咨询方、分供方、外委方使用计划
策划	3	1）企业招标投标平台建立合格分包、分供方名录和分包、分供合同示范文本。 2）企业和项目部在各自权限范围内制定招标文件并组织招标	1）合格分供、分包方名录； 2）招标文件示范文本； 3）招标投标过程记录； 4）分包、分供合同示范文本
策划	4	1）企业和项目部在各自权限范围内按照招标结果组织合同评审，并签订分供分包合同。 2）签订的合同文件应在企业进行备案	1）合同评审记录及签署合同； 2）合同管理动态台账
实施	5	1）企业和项目部商务合约部在各自权限范围内组织项目合同二次交底和分包分供合同交底。 2）商务合约部组织合同履行，并按规定程序处理合同变更及纠纷。 3）商务合约部组织月度分包分供等各类合同计量核算。 4）商务合约部组织分包分供合同付款审批手续，并向企业提出付款申请	1）分包、分供合同履约承诺兑现检查记录（必要时含履约保函、支付保函、合同规定的保险等）； 2）二次合同交底记录； 3）分包分供合同交底记录； 4）月度合同计量核算、审批、支付记录； 5）合同变更、纠纷处理记录
检查与改进	6	1）企业合同管理部门授权项目部签订项目保修协议。 2）项目部应及时进行内部合同结算，企业合同管理部门办理内部合同尾款支付及保留金返还手续，并终止合同。 3）企业合同管理部门组织项目部对外部合同的决算并终止合同，进行合同管理总结。 4）项目部应定期对合作方进行评审评价，必要时提请企业更新合格供方名录	1）签订的项目保修协议； 2）内部合同结算、尾款及保留金支付记录； 3）合同管理总结； 4）分包、分供定期评价记录； 5）更新的企业合格分包、分供方名录

注：合同管理包括：对外合同（建设方）、对内合同（分包、分供方、协作、咨询、委托）的管理。企业应常设招标投标平台，建立合格分包、分供名录，并在多项目实施过程中随时对其进行更新。

第三节　项目合同管理流程解析

我国从本世纪初开始健全和规范有形建筑市场。随着信息化技术的不断发展，电子化招标采购作为一种高效、透明、环保的操作模式，已在美国、欧盟、澳大利亚、韩国等国家政府采购领域取得很好的效果。中国招标投标协会于2009年4月28日，主办"中国招标采购电子化发展论坛"，并于2020年12月24日，发布"互联网+"

招标采购全流程，电子化交易实践创新成果入围名单。作为唯一一个入围的建设工程企业，中国电力建设股份有限公司的"中国电建设备物资集中采购平台全流程无纸化线上交易"榜上有名。建筑市场招标投标不断规范和高效发展，给建设工程企业强化合同管理，提高合同管理水平，创造了良好市场生态条件。

一、项目策划阶段的合同管理

1. 合同评审和交底

合同交底，是项目部提高工程认知、进行项目实施策划的重要途径，也是关于合同"文件化信息"交流与沟通的主要形式和内容。合同交底采用会议或书面形式两级交底。分以下层次和内容：

（1）总部就项目的交底。总部在项目招标投标阶段的项目策划、投标报价、合同签订谈判情况，合同管理部门在项目合同签订后，应该组织对总部相关部门进行交底，分解合同执行过程风险及管控责任，实行目标管理；并协助企业决策层，完成项目实施阶段的项目规划大纲编制、评审和下达。

总部向项目部的交底，主要是对项目招标投标阶段项目策划、投标报价、合同的主要内容，以及总部项目规划大纲等，做出系统的解释和说明。使项目部熟悉合同中，相关的主要内容、各种风险应对的措施及要求、关于项目实施管理方面的安排，以及相关管理程序、流程和准则，了解作为施工总承包商的合同责任、工程范围以及法律责任，总部管理要求、总部与项目部工作界面划分和工作接口等。包括招标投标过程中，涉及的工程重点、难点、风险点及其应对措施，项目成本管理不平衡报价，二次经营相关的考虑，项目潜在的变更索赔机会等，使项目部从施工一开始，就能有针对性地研究合同条款、施工图设计文件，结合现场条件，找准未来各种风险及其应对措施，把各类风险管理贯穿于施工的全过程。

总部向项目部的合同交底，在20世纪90年代后期开始，被各建设工程企业所关注和重视。主要是为了应对和解决，招标投标阶段、项目实施阶段，"两个层级"各自为政、相互割裂所造成的问题。比如作者1998年在神延铁路建设施工中，发现设计文件提供的片石料源，因质量不达标，造成实际使用的片石运距比原设计概算增加了近100公里；因缺乏项目投标阶段报价相关信息，影响了该项变更补差工作的有效开展。再比如，某城市公路快速化改造PPP项目，特许运营协议每年的运营费为10万元；而SPV公司在进入运营期，通过市场招标投标委托的运营维护合同费近200万元。由于项目在PPP合同和特许运营协议签署阶段，以及后续建设阶段，都没有有效地关注和规避该项风险，而导致项目运营期运维费用的亏损。

（2）项目部合同评审和交底。一是提高对合同要求的全面理解和把握；二是在项目部各层级、各部门之间，强化对合同文件相关信息的交流和沟通。项目部在内部合同交底前，应争取建设单位、设计单位对项目部的交底，听取业主角度关于项目合同风险点和控制措施意见。项目经理应组织项目决策层、管理层对合同文件（特别是施工图设计文件）的学习和评审，建立项目管理团队对合同要求的理解和共识，并形成和保持合同评审记录，作为项目部实施策划的输入之一。

项目部内部交底对象，包括项目部决策层、项目部各部门、项目现场管理团队（包括项目分部或工区），内容包括：合同主要内容摘要，歧义条款的澄清，合同风险分析和对策研究，与企业总部、建设单位、监理单位、设计单位工作界面划分和工作接口，项目部与项目分部或工区工作界面划分，合同罚则分类汇总，关于时间节点控制条款（如出现变更时报告的时效性时间节点）汇总，外部相关方和总部对项目部的管理要求等。指导相关人员全面把握合同条款要求，提高控制合同风险的意识和能力。

（3）实施过程中，关于合同变更所需的交底。合同变更事项，往往涉及项目部各层级、各部门之间的配合和协同，必要时须按照合同交底流程进行交底，并建立和保持相关的合同交底记录。

2. 依据施工组织策划，确定项目内部合同类别及其管理职责分工

建设工程企业应该建立招标采购平台，建立外部分包、分供方名录和相应的合同示范文本，为项目外部协作方的组织管理提供保障。根据企业项目集约化、精细化管理水平，项目部按照企业授权，根据施工组织设计安排，及时组织相关分包、分供方的选择和合同签订工作。

（1）企业应完善合同签订管理流程，以规范项目的合同签订工作，有效防范合同风险。一般包括：

①分包、分供方资信调查和能力评估。各类合同资信调查和能力评估内容不同，项目合同主责部门应组织按照规定的模板进行资信调查，并形成资信调查记录。必要时，项目法律事务岗位应参与资信调查和能力评估。

②合同主责部门负责编制招标文件，并经过合同管理部门、财务部门、法务部门会商，并经过决策层审核、审批后，组织招标、评标、定标。定标结果经审批后，发出中标通知书。

③依据企业合同示范文本或经评审审批的合同文本，合同条款应对潜在的风险具有预见性，且要对合同进行细致分析，避免所拟定的条款出现歧义。尤其是双方责任、义务及违约责任的划分和处理方法，招标投标的实质性条款内容、纠纷的处理、索赔的计算原则等，在合同中要予以明确。必要时，应策划合同谈判内容、明确谈判

底线、要实现的预期合同签订目标，并按谈判方案锁定成果、化解风险。

④合同签订前，应与财务、法务等相关部门进行合同会商，并对会商部门提出的意见进行回复关闭。

⑤完善合同审核、审批、签署和用印流程及记录。

⑥合同归档和备案。合同管理部门应对所有签订合同"文件化信息"系统归档，建立每份合同的招标投标、合同协议书、合同变更、过程计量核算、结算等记录，作为外部分包、分供方评审、成本还原、项目结算、合同管理总结的依据。

目前，在施工总承包项目内部合同管理中常见的问题，如合同签订主体不合规，存在违法分包或转包问题；对分包方、分供方，质量、安全生产、环境保护责任规定不清晰，影响到对项目作业层过程管理的规范性和执行力；对项目外部因素导致的分包方停窝工风险，预判不充分，导致内部签证和结算过程的纠纷；对外部检测试验委托方，检测试验成果提供时效性、标准规定不明确，影响现场工序验收签证等，其根源都在于合同签订管理流程上存在薄弱环节或漏洞。

（2）施工总承包项目常见的合同类别包括：

①工程保险合同。如建筑工程一切险或安装工程一切险、施工设备财产险。保险合同由于保险理赔标的多样性、出险形式的复杂性、理赔流程和举证的专业性，往往需要专业的保险代理机构，提供专业的保险合同咨询服务，以保证项目保费投入能获得预期的保险收益。

②工程分包合同。如专业分包、劳务分包合同。其中常见的是通过合同承诺兑现的检查和控制，有效防范转包或层层分包带来的风险，以及对分包方质量、安全、环保责任的约定与有效控制。

③物资设备采购或租赁合同。工程物资设备采购，施工周转材料、设备的采购或租赁合同，主要涉及物资设备接收地点、运输安全环保责任、现场维护、不合格品处置、支付条件等环节的规定，以确保有关的安全、质量、环保、成本风险的受控。

④工程试验、检测、专业评估、监测委托合同。为保证试验检测成果的有效性、可靠性，需要关注对其设备、人员以及计量认证资格等的追溯性检查和监督。

⑤工程技术咨询、研发协作合同和其他合同等。如一般由项目办公室负责的项目CI制作和维护合同，项目智慧工地系统软件的开发和运行服务合同等，都要依据合同标的、以往的合同管理经验，完善合同条款，控制合同风险。

按照专业化管理原则，上述合同一般分别由项目部商务合约部、物资设备部、试验室和业务对应的职能部门分工负责。各类合同主责部门，均应按照合同签订流程，建立合同管理记录，确保相关"文件化信息"在项目全生命周期内，跨部门、跨层级地共享和交流，以利于充分识别合同相关风险，确保合同执行、核算、结算过程的风险预防和控制，使合同管理符合和服务于项目管理方针和目标的要求。

二、项目实施阶段的合同管理

1. 内部合同交底

无论是企业总部签订的合同，还是由现场项目部签订的合同，都应该进行合同交底。使合同执行过程的相关部门、岗位清楚合同条款规定。合同变更后，应采取适当的方式再次交底。

项目部应建立和保持合同交底的记录。

2. 组织合同履行

施工总承包项目应确保内外部合同承诺的兑现，并配合建设单位、监理单位或其他相关方，完善合同承诺兑现记录。对于分包、分供方，要在进场前，对其合同承诺兑现情况进场检查，特别是其主要负责人、主要设备承诺兑现存在偏离时，须依据合同条款或采取必要的措施予以解决，确保合同承诺的兑现落实。

项目发生保险合同规定的险情时，应按照合同约定，及时报险，并主动完善相关记录，发起保险理赔。必要时，可以委托保险经纪人，提供现场踏勘、保险评估等理赔服务，提高理赔补偿水平。

对于作业层分包单位出现的合同外的成本增加，现场工程技术人员或其他被授权人员应及时给予现场签证确认，作为合同变更和核算的依据。

项目部应建立和保持内外部合同承诺兑现检查评价记录。

3. 合同变更或纠纷处理

无论是内部合同还是外部合同，关于合同工期、价格、质量等涉及合同结算额变化的因素，都构成合同的实质性变更。对于有政府背景、长期合作的大业主，合同变更或合同纠纷，以维持好双方关系为重点，尽可能通过协商沟通达成一致，解决问题，避免上升到法律诉讼或仲裁环节，以利用于市场关系维护。

内部合同，应本着合作共赢的原则，加强合同执行过程的协调控制，及时消除合同执行中潜在的问题。对于协作方提出的合理变更诉求，应及时予以签认或签订补充条款，按照合同约定及时完成结算支付，严格控制己方原因导致的合同纠纷。对于对方责任，或者恶意违约、恶意讨薪等，按照合同规定，利用法律手段维护企业利益。

合同的变更，应根据变更事项的影响程度，必要时按照合同签订程序，完善会商、审核、审批流程。项目部应建立和完善合同变更相关记录，作为合同结算、对协作方评审的依据。

4. 合同计量核算与结算

无论内部合同还是外部合同，各类合同主责部门，应按照相关业务流程，完善合同执行过程记录。比如：项目部工程技术部门现场施工过程记录、过程签认、变更设计记录、收方记录，物资设备部门对相关物资设备进场检查检验、收发料、余料回收的记录，安全质量部门对原材料、半成品检验、工序验收、安全质量检查验收、奖罚等的记录。

按照合同规定的计量核算时间节点，各类合同主责部门，依照规定的模板，提供合同计量数据和相关安全质量证明文件，由商务合约部门汇总，形成合同计量计价表。扣除项目部已提供的相应的资金、材料、水电等费用后，确定合同计量结算指标。

合同完成后，应及时办理结算。按照企业规定模板，建立和完善计量结算会商、审核、审批流程和记录。合同结算应坚持"过程结算原则"，《建设工程施工合同示范文本》GF—2017—0201通用条款"10．变更"，规定了明确的变更和承包人合理化建议涉及的合同价格和工期影响，审核、审批的原则和时限要求；早在《建设工程工程量清单计价规范》GB 50500—2013中，就提出了"不完全竣工结算"的结算理念；2020年7月24日住房和城乡建设部发布的《工程造价改革工作方案》中，明确提出全面推行施工过程价款结算和支付。作为从源头防止拖欠民营企业、中小企业账款，以及农民工被欠薪问题，进一步优化建筑市场环境的重要举措。

坚持过程结算，不但是优化建筑市场环境的要求；更是建设工程企业内部合同风险防范，推进项目管理流程化、集成化、精细化发展的内在必然需求和趋势。实践证明，过程结算，完全可以通过强化和规范企业合同管理、细化项目过程变更签证"文件化信息"、加强项目跨层级跨部门的协同管理，通过提高精细化管理水平得到实现和推广。本章"项目合同管理流程"致力于这一要求的实现，更是立足项目管理全面信息化条件下，满足挣值管理的本质内在要求。

5. 合同支付

合同款项支付，应按照财务资金管理流程执行。支付应执行合同限额控制，没有合同、合同变更记录不完整、超过合同限额等，均应拒绝支付。

三、项目检查和改进阶段的合同管理

1. 项目完工结算（或竣工结算）

无论内部合同还是外部合同，各类合同主责部门，应按照相关业务流程，随工完善合同执行过程记录。在确认合同所有内容全部完成后，按照完工一项清算一项的原

则，及时进行合同结算。项目部应按照合同规定的提出工期和费用索赔的时限，在施工过程中完善相关索赔资料，及其申报、审核、审批记录，并及时纳入项目过程核算和完工结算。

合同完工结算涉及项目多个部门和环节，施工过程现场签认、工程变更、设计变更、已完未完工程数量、工作量确认、合同奖罚、调差、索赔文件及相关的往来函件、会议纪要、施工物资设备消耗、尾库存、余料回收、合同总价、已付款、欠付款清理，各类保函、保证金清理等，都是影响完工结算的因素。由于建设工程的地域分散性，项目不同工点、不同专业工程施工，先后逻辑造成的时空交错性，项目管理人员内部异地调配使用的频繁性等，实际工作中，施工总承包项目在完工结算完成前，很难保持项目部相关人员的完整性和稳定性。导致项目完工结算，往往成为施工承包企业需要重点解决和防范的风险之一。项目管理全面信息化条件下，一是能通过项目管理信息系统，发挥对项目管理过程流程之间相互制约、相互验证的时效性功能，倒逼项目管理过程记录的随工完成率，确保过程记录的系统性、完整性和可追溯性；同时，也有利于抹平人员时空流动造成的沟通天堑，在调岗人员不实施岗位工作移交前提下，保持部分工作特定条件下线上远程办理的连续性。

项目完工结算资料提交后，对内合同应该关闭，结算支付完成后，合同应该自动终止。

2. 合同保修条款的执行和合同总结

项目部应按照约定，完善保修期责任落实记录，履行项目保修期责任。并进行合同管理总结，纳入项目总结报告，作为知识积累和管理改进依据。

3. 项目合同决算

《行政事业性国有资产管理条例》（国务院令第738号），自2021年4月1日起施行。建设项目竣工验收合格后，应及时办理资产交付手续，并在规定期限内办理竣工财务决算，期限最长不得超过1年。

建设工程企业应在施工总承包项目保修期终止证书颁发后，及时提交合同决算申请书和证明材料，完成项目决算，终止项目合同。

第十六章 项目财务资金管理

"财务"是建设工程企业的一种生产要素。财务管理以资金为对象，通过资金在企业的运动，体现着企业与各方面的经济关系。项目管理费用预算、财务成本控制，是企业全面预算管理的重要组成部分，是控制施工总承包项目全生命周期现场费用的重要手段，是项目财务资金管理的重要内容。会计核算和财务报告，是建设工程企业绩效评价和改进，采用的主要手段和方式。

第一节 项目财务资金管理的地位和作用

我国建筑业头部企业生产经营活动，随着企业业务范围在产业链两端的不断延伸，逐步从项目施工总承包，向项目融投资、规划设计和项目运营拓展。在内部机构设置上，很多企业都成立，金融部或专业的金融公司、投资部、财务资金部、运营管理部等。依据《公司法》《会计法》《企业财务会计报告条例》《现金管理暂行条例》《企业内部控制基础规范》《企业内部控制配套指引》等法规标准，以全面风险管理为出发点，强化企业内部控制体系建设，完善全面预算管理、资金管理、融投资管理、催收清欠管理、资产管理、税务管理、费用管理、会计核算、财务报告等基础管理制度，为企业生产经营提供财务资源保障。其中，都离不开对项目财务资金的管理。

建设工程企业，建立覆盖施工总承包项目的内部风险控制和财务管理体系，按照国家统一的会计法规和准则，及时、准确、完整地记录、核算所有的经济事项，全面反映企业财务情况、经营业绩和现金流情况，有效防范各类财务风险，履行法定的财务会计信息披露，为施工总承包项目全生命周期的活动，提供后台财务体系、资源和制度保障。企业的资金运动，无论是融资、投资、资产管理、税务管理，还是现金管理；都是为了防范资金、债务、税收、投资、合规风险，控制资金成本，提高企业经营经济效益。施工总承包项目财务资金管理，涵盖项目全生命周期收入和支出的预算、控制、核算、结算的确认、分析评价和报告相关的过程及要素。"项目财务资金管理流程"聚焦项目现场管理费用的控制和现金流保障，需要清晰界定的关系和内容包括：财务预算、现场管理费用核算、应付账款、应收账款、筹资业务、日常资金和税务管理及其会计基础信息、会计核算等。

一、项目财务资金管理基础工作

财务工作从复式记账法开始,有着天然的规则性、严谨性,非常强调标准和规则,又是天然的数据工作。《企业会计制度》《企业会计准则》《会计基础工作规范》《施工企业会计核算办法》等,详细规范了各类企业会计科目、凭证、记账、账簿等基础工作和会计核算、财务会计报告等的规则和标准。传统财务管理以来单加工的"核算型"为主,主要围绕企业的收入、费用、成本,按照一定的会计周期进行会计工作的汇总核算;财务报表主要以财物的收发、增减和使用,债权和债务发生的结转,会计核算的计算和处理等,定期反映企业的财务状况。财务工作基于规范和标准的数据工作特性,使其在计算机信息技术的应用上具有先天优势。早在1982年,我国就公开出版了第一本相关的高等财经院校试用教材《电子计算机在会计中的应用》,"会计电算化"这个标准简称就此诞生,到目前各类财务软件的使用,几乎已成为所有社会经济体的基本配置。网上报账在线智能填单、报销审批、薪酬发放、常规的核算系统(财务软件)、税务管理系统(进项管理、销项管理等)、资金管理系统(司库系统)、预算系统、合并报表系统、电子会计档案系统、银企直联等的信息化成熟应用,给广大企业带来了明显的价值。财务信息化也形成制度流程建设的倒逼机制,催生了财务人员必须要融入企业的发展中去,从传统的会计、记账、编表,向参与企业战略管理的战略型会计转变。国内一些头部企业财务管理,从战略规划、业务模式、组织与治理、流程架构、技术与数据、人员与文化等等方面,开始探索全面的数字化转型。业务流程、财务会计流程、管理流程系统融合的业财一体化ERP系统,在企业的转型战略方兴未艾。本书提出的施工总承包项目管理全面信息化、数字化解决方案,和关于建筑产业互联网构建的思考和展望,逢迎需求,适逢其时。

建设工程企业财务模块的信息化,是项目财务资金管理的后台基础。企业的全面预算管理、生产经营成本目标管理、项目成本管理、以财务核算为中心的考核激励约束机制不断完善。建筑央企龙头企业,大多数都推行了全口径、日平均的资金集中管理,有的企业还建立了具有内部银行性质的资金中心或财务公司;为了确保财务信息的客观性、准确性、及时性,按照国家内部控制及合规管理要求,大多数企业都建立了会计委派制、回避制度、不相容岗位分离制度。业务财务一体化信息系统的应用实践,一是有利于应对施工总承包项目、内部各核算单元责任主体之间,远程分散、业务单件性带来的财务信息传递的时空问题;二是有利于企业"根据国家统一会计制度的要求",在"不影响会计核算要求、会计报表指标汇总和对外统一会计报表"情况下,充分考虑不同独立核算主体之间,在经营管理风格和要求上的差异,统一全企业会计科目以及明细科目的设置，科目名称、主要核算内容和基本业务的核算方法。并允许各单位在一定的条件下，可以自行设置和使用会计科目，填制和审核凭证、登记账簿和编制会计报表。三是有利于保证会计确认、计量和报告的及时性，使有关部门能够迅速发现经营管理中的问题，及时采取改进经营管理的措施。

二、会计核算和项目成本核算的关系

施工总承包项目财务资金管理，是企业财务管理体系的延伸和重要组成部分。企业90%的财务人员，都在从事工程项目会计核算工作；解决了项目的会计核算问题，也就解决了企业会计核算主要问题。项目成本是企业成本的主要组成部分，项目的成本预测、成本决策、成本控制、成本核算，是企业会计核算的主要内容。全面理解和把握会计核算与项目成本核算的关系，是确定项目财务资金管理地位和作用的重要内容。

1. 项目成本预测、成本控制及成本核算

项目成本预测和成本核算，是目标管理机制在项目成本管理方面的具体应用和体现。

（1）项目成本预测。施工总承包项目招标投标阶段，根据合同模式和项目招标文件解读分析、项目现场调查、以往类似项目的经验，全面评估项目潜在的风险，依据自身工程技术能力和经验、现有工程技术装备资源、施工资源组织能力，通过确定项目组织管理模式、重大工程施工方案、大型临时设施方案、工程物资设备配置方案、劳动力组织方案等，全面预测项目工程概预算水平、项目风险控制能力、现金流和资金保障能力。在确保风险可控、项目能够实现盈利或企业战略意图的情况下，做出项目投标决策。

项目中标后，企业和现场项目部要在招标投标和合同文件的基础上，进一步熟悉施工图设计文件、现场外部施工条件和资源状况，细化施工组织方案和项目过程管理流程，完善项目招标投标阶段未能或可能存在的偏差和不足。通过"盈利点、亏损点、风险点"分析、税务筹划、现金流预测，确定项目各项管理措施和成本控制重点事项，编制项目责任目标成本，作为项目部成本管理的目标和依据。

（2）项目成本控制。项目部本着"开源"和"节流"并重的原则，结合项目投标方案和投标报价分析，从设计优化和施工组织方案优化、过程签证索赔上，探索可能的降低成本、提高收益的途径和措施。并以此为前提，编制项目概预算，并向项目现场分包或管理单元进行概预算分解，作为项目计划成本。并围绕征地拆迁等前期工程推进、项目分包合同管理和过程控制、物资设备采购和现场管理、安全质量和现场文明施工管控、现场经费控制，确保工程按照工期计划顺利推进。

（3）项目成本核算。按照合同计量支付周期，项目部月度或季度，按照形象进度、实际产值、实际成本"三同步"，统计成本基础数据，进行人、材、机消耗成本，分包结算成本、临时设施摊销成本、现场经费成本、当期财务费用等成本核算，并结合工期计划完成情况、安全质量和文明施工情况，通过经济活动分析，对比分析计划成本和实际成本，查找施工过程可能存在的问题，预警、拟定纠偏改进措施。

2. 全面预算管理、会计核算和会计报告

为适应经济责任制的要求，按照责权利统一原则，在企业内部建立若干层次的责任中心，并对相应的经济活动进行规划、核算、控制、评价的管理控制系统，是目标管理在施工企业，成本管理方面的具体体现和应用。

（1）全面预算管理。利用财务会计信息和其他信息，企业对未来一定期间的生产经营活动进行科学预测，一般包括营业额（如合同承揽额、工程施工产值）预测、成本预测、利润预测和资金需求量预测等，为投资决策和经营决策提供依据。在预测基础上，通过预测分析和决策分析，编制全面预算，包括业务预算、专项（含项目）预算、财务预算等，企业基本上可以把未来经济活动各方面的主要经营目标，实现目标的基本途径和行动方案确定下来，作为各成本责任主体（包括项目），决定是否采取某项行动，进行成本控制的依据。比如，建设工程企业常见的专项预算有：资金预算，以现金流预算为基础，包括中长期现金流计划、年度现金流预算、季度现金流量预测、月度现金流量预测和每周现金流量预测等；人力资源成本预算，包括人工费用预算和工资总额预算；管理费用预算，一般以日历年为周期，以工作目标管理为基础，以经济效益为中心，进行编制、分解、调整。

（2）财务会计基础工作。为了全面统筹和规范国民经济核算，财政部对我国各类经济核算主体财务会计基础信息收集和管理，规定了统一的要求。财政部针对施工企业的特点，结合施工企业的实际情况，于2003年9月25日颁布了《施工企业会计核算办法》，在财务会计科目设置上，进一步细化适应施工企业项目成本信息收集和管理，增设了"周转材料""临时设施""临时设施摊销""临时设施清理""工程结算""工程施工"和"机械作业"科目。财政部《关于修订印发〈企业会计准则第14号——收入〉的通知》（财会〔2017〕22号）进一步完善财务会计基础工作准则。

按照国家统一的会计准则和行业、企业会计制度，以货币为计量单位，会计记账凭证为依据，按照购入时的价格，对各项资金去向进行综合系统完整地记录、计算、整理汇总，保证相关会计信息的规范性、真实性、及时性，是财务会计管理日常的基础工作。

（3）会计核算和会计报告。国家统一的行业或企业会计制度，都对会计科目以及明细科目的设置、科目名称、主要核算内容和基本业务的核算方法、会计报告内容和格式等作出了规定。在算账基础上，将特定会计主体的财务状况、经营成果和现金流情况，以会计报表（俗称的财务"三张表"和相关资料）的形式向各相关方报告。财务核算和财务报告提供决策所需的会计信息，为财务会计报告使用者改善经营管理、做出理性投资决策提供信息依据。

3. 准确理解和把握成本核算和会计核算的关系

对于施工总承包项目而言，无论是会计核算还是项目成本核算，都与项目收入和支出两者密切相关。目的都是围绕管理评价和改进，算管结合，算为管用，两者之间有区别又有联系。

（1）项目会计核算和成本核算，现状是各自分离、各为所用。笔者作为工程技术专业背景的工程人，1997年开始从事项目经理岗位工作，出于对项目财务工作在收入和支出"记账"方面朴素的认知，作者从项目伊始，就反复与财务负责人沟通，期望财务部门能"把项目每月的收入和成本数据及比较结果提供出来（即成本分析），以便判断项目管理情况，把握项目管控重点方向"。意外的是，作者的这种要求给项目财务负责人造成巨大的困惑，是不是对财务负责人有什么成见？项目这种在财务核算和成本核算方面的关系状况，至今在我国建筑业施工总承包项目也没有得到根本的扭转。

具体而言，目前我国建筑业施工承包领域，会计核算单元的主体，仍然主要是各级独立核算的企业，而非项目部。项目部财务管理工作，无论其信息化发展水平如何，企业在财务科目设置、收入确认、成本费用摊销规则上，主要考虑的是企业会计核算工作要求。相应的，对项目的成本核算大多都是基于"零利润"责任目标成本的控制，进行商务领域计划成本和实际成本的核算比较、分析、预警和改进。相应的，在企业职能划分上，项目成本管理和考核评价牵头部门，往往是项目履约管理部、商务管理部或者称为工程经济管理部门。有个别企业，把项目成本核算归口企业财务管理部门；但是，项目成本管理仍处于粗放型阶段。比如：施工总承包项目招标投标，一般的中标概率在35%左右。投标费用如标书制作费、差旅费、咨询费、办公费、招待费等，企业的市场营销和投标费用总的花销，有时甚至占到企业年度施工产值的0.5%～1%。在企业核算中没有具体的规定，一般都被分摊到项目成本的核算范围。

当前，随着PPP、工程总承包模式的普遍推广，建设工程企业开始对此类项目独立建账和核算，但是其从财务流程和规则上，仍然定位于法人企业为单元的模式。

（2）会计核算和项目成本核算的执行主体及范围不同。一般而言，施工总承包项目的成本核算，由商务合约部门牵头，聚焦对下合同为主要对象的"建造成本"；而财务部门牵头的项目会计核算，是在"建造成本"基础上，进一步涵盖项目部现场管理费、固定资产折旧摊销、施工机械设备大修费摊销、财务成本等，更为全面。

会计核算，既是国民经济统计核算对企业的基本要求，也是企业围绕全面预算管理，控制、评价生产经营成本的重要手段。从这个角度讲，企业的全面预算要涵盖项目成本预测和责任目标成本管理；具体工程项目，在作为独立会计核算单元情况下，从总体收入和支出口径，会计核算全面覆盖项目成本核算。从理论上讲，企业在国家统一的会计科目设置和核算、报告规定基础上，通过进一步细化项目会计核算单元、会计科目设置和核算方法，利用财务信息化起步早、普及广、应用基础好的优势，可以实现会计核算全面覆盖和替代项目成本核算的作用。比如：施工总承包项目把单位工程或分包、分供合同作为会计内部核算单元，在科目设置上，进一步细化大型临时设施成本分摊，物资设备、水电消耗成本按具体工点工序分摊，有利于实现在工点工序层面，成本、安全、质量、劳动力数量、工期形象进度指标等的系统关联和集成分析功能。这一方面，会导致企业财务管理信息化模块，在核算单元划分、会计科目设置、会计核算规则上，内容浩繁、规则复杂、业务流程标准化、集成化要求极高；另一方面，由于我国建筑市场及相关项目参与主体，在招标投标、合同管理、工程分包、项目采购等方面，缺乏统一的基础标准，或因市场行为不规范导致项目管理面临很多不确定性因素的影响，成为制约施工总承包项目管理精细化、标准化的客观因素，也是造成目前商务合约"建造成本"核算和财务会计核算，相互分离、各为所用的根源。

（3）随着建设工程企业信息化、数字化转型的持续推进，按照本书提出的流程化集成管理理念和方法，打通企业核心业务（即项目）流程、财务会计流程、其他管理流程之间的壁垒，实现企业核心业务及其管理中，需求流、信息流、资金流"三流合一"的全面信息化，是未来基于企业基础管理流程集成化的数字化转型的必然趋势。这种情况下，工程形象进度统计核算、建造成本核算、财务会计核算，将基于相同的流程框架、相同的基础数据标准、相同的数据来源，项目成本核算和会计核算的界限将被完全消除。不同的管理职能部门、不同的层级，将基于"数出一源"，在全面信息化、数字化平台，实现不同领域、不同维度、不同层次核算的意图和目的，也会使各类核算的规范性、准确性和及时性得到根本提升。

三、项目财务资金管理确保资金流的保障和控制

适应于上述项目财务与成本管理现状，考虑到目前建筑央企头部企业，已经运行业财一体化系统"一个平台统筹全集团财务管理"的客观条件，本章项目财务资金管理流程，除按照企业税务、资产管理相关要求，完成相关的基础会计信息和报表外，

定位于项目资金和现场管理经费的管理。

资金是施工总承包项目顺利实施和运作的血液,是项目进行生产、经营等一系列经济活动中最基本的要素,资金管理贯穿于项目生产经营的整个过程,直接影响到项目的经营质量和经济效益。项目财务资金的管理以资金管理为中心,坚持企业对资金的集中管理,强化资金计划和费用预算管理,加强项目现场管理费成本控制,充分发挥财务职能在项目管理中的资金保障和成本管控作用。

第二节 项目财务资金管理流程和要求

一、项目财务资金管理流程(图16-1)

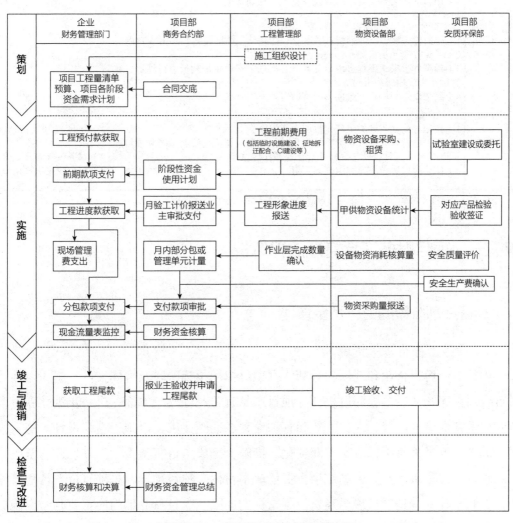

图16-1 项目财务资金管理流程

二、项目财务资金管理过程要求（表16-1）

项目财务资金管理过程要求　　　　　　　　　　　表16-1

阶段	过程	工作内容	记录
策划	1	1）根据"施工组织设计"中工程进度计划制定资金收支计划。 2）根据合同交底明确预付款、进度款付款比例、各类保函、保修款扣留比例等相关条款。 3）项目策划形成的工程量清单预算是财务资金管理及核算、分析、评价的依据。	1）各阶段资金需求使用计划； 2）项目工程量清单预算及其调整记录
实施	2	在工程实施过程中项目收入款项，包括： 1）开工后获取工程预付款。 2）根据工程形象进度验工计价，报送业主审批支付工程进度款，业主保留的各类尾款及保修款。 3）根据工程竣工情况报业主验收获取工程尾款。 4）项目资金实行"收支两条线"集中、计划管理。	相关会计信息记录
实施	3	在工程实施过程中项目支出款项，包括： 1）临时设施建设、征地拆迁或配合、CI建设、前期设备物资采购费用。 2）支付管理人员工资、办公等现场管理费用。 3）根据分包报送工程进度验工计价，根据物资设备采购量进行计量，在款项审批之后进行支付。 4）其他以外部协作方合同为纽带的对外支出款项	相关会计信息记录
检查与改进	4	1）按照合同回收各类工程尾款所占用资金。 2）定期进行财务资金核算，竣工后进行财务决算，与资金策划和项目预算进行比较，对项目进行财务资金管理评价总结。 3）配合建设单位决算和组成固定资产	1）年度预算执行情况考核； 2）财务核算结算记录； 3）配合业主决算记录

注：银行账户、财务专用章、税务、保险等按照企业相关制度及合同约定执行。

第三节　项目财务资金管理流程解析

一、项目策划阶段的财务资金管理

1. 项目工程量清单预算

项目中标后，企业和现场项目部依据项目招标投标阶段及合同文件，组织对项目进行合同交底，从项目管理过程和与项目产品有关过程两个方面，进一步细化项目职能和要素管理机构设置、人员配置和管理流程、准则要求，以施工组织设计（施工方案）编制和审批为抓手，落实"双优化"措施，完成项目实施策划。并以此为基础，编制项目工程量清单预算，确定项目责任成本目标。项目预算，是项目资金计划管理的依据和基础，也是项目现场经费控制指标的上限。项目财务部门应了解临时设施、施工组织部署、资源配置、税金和规费、各类保证金、业主工程款支付等相关要求，全面熟悉项目工程量清单预算，作为财务资金管理工作的依据。

建筑业各细分行业，由于工程特性和合同条件影响，项目临时设施对项目成本的影响程度差异很大。一般而言，房建工程项目临时设施规模、标准，包括CI制作成本易于实现标准化管理；而基础设施项目，特别是地铁、铁路、公路等行业，临时设施的规划建设受征地拆迁、管线迁改、交通疏解、工程水文地质等不确定性影响，其建设维护成本波动较大，需要企业按照现场实际情况，及时调整项目预算，以保证项目责任目标成本控制，适应现场实际情况。

现场管理费用是影响项目成本的重要因素，特别是在合同工期调整，或由于涉及变更、征地拆迁受阻导致的工程停窝工情况下，会导致现场管理费增加。需要企业一方面根据项目实际情况，在必要时及时调整项目管理人员配置，控制项目管理费用开支；同时，应加强合同工期、费用索赔管理，控制现场管理费造成的潜在亏损风险。

项目部应编制项目现场管理费用专项预算，明确项目管理费用总额控制指标，并按照年度对项目现场管理费用实施预算管理，并季度、半年对项目管理费用预算执行情况进行分析、预警。

2．资金策划

保证和实现项目正现金流，不但对项目正常生产经营过程和项目"维稳"有重要影响，而且也是企业生产经营资金风险防控的重点。

（1）项目策划阶段，企业要根据每个施工总承包项目，合同预付款、过程付款条件和比例，履约保证金、质量保证金、农民工工资保证金等要求，税务种类和纳税方式，工程结算条件和潜在风险，工程保险条款等。依据施工组织设计关键路径工期计划和人、材、机配置方案，从收入和支出两个方面，对项目施工准备、项目实施、项目竣工结算各阶段，进行项目现金流分析预测，制定项目全生命周期"现金流量分析表"。并结合项目税务筹划、付款形式，优化项目债务管理措施，以保证企业上缴、控制资金成本、保证项目顺利履约为原则，制定资金风险管控措施。

（2）企业应加强项目资金集中管理，提高企业内部对项目资金调配保障能力。项目上场初期，在合同没有预付款或预付款支付比较滞后情况下，项目部临时生产生活设施、大型临时设施、日常管理费用开支等，需要企业按照资金使用计划给予支持和保障。比如：有的企业为了保证项目现金流要求，控制项目资金成本，在项目现金流总预算中，建立项目现金流控制节点制度。即按照进度计划，将现金流量表的支付节点和计划成本中对应的成本进行贴合，规定项目形成正向现金流的时间节点，并将项目现金流总预算执行情况，纳入项目责任目标考核。同时，有计划地保证项目前期资金需求，并在企业内部银行通过存、贷款利息"级差"杠杆，引导项目部强化对现金流的管控。

（3）规范和强化项目资金计划管理。企业应完善资金专项预算管理。按照项目全生命周期现金流总预算、项目年度资金预算，项目季度、月度现金流量预测，规范项目现金流量计划管理。按照收支两条线，强化项目资金使用计划的制定、执行和月度评价，并将项目资金预算执行情况，与项目阶段性考核挂钩。

项目日常的资金管理，必须严禁"小金库"及资金账外循环，规范收入、支出涉及的现金，银行往来凭证等的审批和相关财务手续。

二、项目实施阶段的财务资金管理

1. 项目预付款获取

根据合同规定，项目部应及时申请预付款，争取用非现金形式办理相关担保手续。预付款资金，应执行企业资金集中管理要求。

2. 项目阶段性资金使用计划

项目资金使用计划，是企业现金流管理的主要内容，也是项目资金成本预控的重要手段。项目部应按照施工组织计划安排，在项目年度预算基础上，进行年度项目现金流分析，并以此为基础编制月度、季度资金使用计划。企业应按照收支两条线，控制、监督、评价项目资金使用计划的执行情况。

3. 前期工程款项支付

对于前期工程投入比较大的项目，比如高速铁路预制梁场、大型临时道路桥梁、临时电力线路建设。项目部应以施工方案制定和实施为抓手，编制前期工程预算，主要包括：大型临时设施、生产（含实验室）生活设施、征拆迁改配合、CI建设，相关施工设备、物资（周转材料、工装）采购、租赁等专项预算。并加强各相关业务月度统计核算工作，配合和支持项目财务部门制定专项资金使用计划，保证前期工程款的使用、支付和核算。

4. 工程进度款的获取

按照合同和建设单位管理制度，项目部要强化对计量、支付工作的组织。在工程形象进度确认方面，要及时完成合同外变更手续，尽可能控制已完未计工程量；对于"甲供"物资设备，必须以物资设备完成相关工序验收，纳入本期计量范围，作为甲方扣款的前提条件；质量部门应强化施工过程管控，完善已完工程量质量保证资料，杜绝因质量问题导致的已完工程计量问题。

项目部商务、财务部门，应按照施工组织计划，进行年度、月收付款预测，制定项目年度、月度"收付款计划表",并加强现场库存物资盘点,对月度计量和工程款支付情况进行对比分析。发现影响项目工程款回收、库存物资占用资金问题,提交项目经济活动分析会,制定相关改进措施,提高项目确权和工程款回收水平。

5. 现场管理费用支出

知识经济时代,"人"是最重要的生产要素。职工待遇和福利水平是企业项目管理文化的重要组成部分。企业职工薪酬和福利,基于个人职业发展的教育、培训、专业交流机会,是人力资源管理重要的激励手段。项目现场管理经费支出的控制,要以抓大放小、提高职工获得感、控制浪费、减少无效成本为原则。

企业应在项目现场管理费预算基础上,严格日常的现场经费管理。将各项管理费用支出,与项目部部门、岗位日常的工作绩效挂钩,按照分级均衡授权,先审批后执行的原则,强化对备用金的管理,尽可能采用银行转账或线上支付方式,在满足正常的管理费用开支的同时,控制浪费和无效成本支出。

项目财务部门,应进行月度或季度现场管理费用支出统计、分析、公示,提高管理费用开支透明度,达到激励先进,约束浪费的效果。

6. 内部对分包或现场管理单元的计量

分包是大多数企业项目作业层劳动力资源的主要组织方式。在有"内部队伍"施工情况下,无论是内部专业化施工队,还是"架子队",目前都是基于计件或计工管理,其计量和成本归集范围和内容,与分包类似。分包计量对项目成本管理、债务管理、资金成本等起到主要影响作用。目前,我国大多数国有建筑施工企业,都建立了财务一体化信息管理系统,但在财务业务一体化集成深度上差别很大,具体到项目成本核算组织方式上,存在很大的差异:

(1) 有的企业,项目月度计量,由工程技术部门负责分包已完工程数量(含变更设计)核定,安全质量部门负责工程质量确认和质量保证资料的归集。项目成本管理部门(商务合约部门)复核工程技术部门已完工程数量后,进行分包合同当月产值计算、物资设备采购和分包消耗量(含水电费用)统计、人工费归集、业主和项目部奖罚金额归集,最后形成分包合同月度计量支付单。项目财务部门按照项目成本管理部门提供的计量支付单,负责分包月度计量的确认及支付流程。这种情况下,相关成本主要通过"人工"归集核算,财务一体化信息系统更多地仅是一种信息远程传递、线上归集工具。

这种分包计量流程高度集中到项目成本管理部门,不利于企业内部控制"不同部门和岗位相互制约、相互验证"的要求;而且,项目劳务、物资、设备采购和合同执行权限高度集中,容易产生暗箱操作、滋生腐败。需要企业总部对相关环节实施高度集中管理，形成企业总部对项目部全过程严格的监督管控。这种情况下，如果项目分包合同由于内外部原因，出现变更或调整要求时，其审批权限全部在企业；会导致项目对现场变化响应流程长、决策慢，有可能导致项目管理延误，甚至失序。

（2）有的企业，财务一体化信息系统（或称为项目成本管理信息系统），按照工程数量管理、分包成本管理、物资成本管理、周转材料成本管理、施工运输设备成本管理、辅助生产（安全生产费、财务费用和税金、现场经费）成本管理等进行分工，各个成本管理模块形成有机的数据链条，实现了企业和项目部两级组织架构管理模式下，成本横向分析、成本纵向监控的管理机制。

这种信息化系统平台下，分包计量最大的变化，就是将物资、设备采购合同管理，以及分包消耗核算中，当月分包合同消耗费用扣除由物资设备部门负责；分包计量支付额最终归集，仍然是成本管理部门；而财务部门除了当月安全质量奖罚款项兑现外，仍限于安全生产费、财务费用和税金、现场管理费及分包计量与支付。这种流程化的提升，在于工程技术管理流程、物资设备部门流程、商务合约管理流程、财务管理流程等，在一定程度上的集成。以此为基础的财务一体化平台跨部门信息交流机制，实现了按照项目月度形象进度计划所分解形成的基准，进行分包管理的工程数量、物资需求和消耗数量、机械台班消耗数量的限额控制。把项目月度分包成本控制从月末计量核算，延伸到从月初开始物资设备计划限额管理的过程控制。一定程度上实现了财务一体化信息系统，对项目过程信息的"集成"功能。这种系统与前一种系统的差异，其实与企业总部在物资设备管理上，对项目部的集中管控深度，或者说对项目的"授权"程度紧密相关。

上述两种信息系统，共同的特征是，均将项目财务部门定位于资金成本管理和现场管理费用管理。这也是本章，确定项目财务资金管理流程框架的依据和来源。

（3）施工总承包项目管理全面信息化，呼唤财务业务管理流程的进一步深度融合。本书第五章解析的施工总承包项目，"标准化项目管理体系流程"基于对项目全生命周期管理，项目核心流程基本规律的认识，提出从工点工序生产经营活动信息层面，解析项目信息的采集、传递、集成、分析利用的框架流程。这种在特定标准化流程控制下，对工程项目最末端活动信息产生过程的设计和控制，意味着能够满足项目作业现场以上，所有层级管理主体对项目过程信息的需求。

项目财务资金管理，以会计凭证和记账为基础工作。项目所有活动的开支都来源于财务，项目所有收入都会归集到财务会计基础信息中。这就意味着，项目财务是项目成本开支的源头，也是项目已经发生实际成本的唯一归属。从理论上，项目会计核算是项目成本最全面、最精细、最及时、最客观的手段和平台。

"施工总承包项目管理信息化平台开发需求流程"的信息化，只有打通所有业务与财务流程集成的过程网络，实现财务对其他所有流程以资金为纽带的核算分析、预警功能，才能构建一张完整的项目管理过程网络，实现项目内部、项目与企业、企业内部各层级之间信息的流通和共享。才能给项目管理全面信息化系统的开发，提供完整的标准化流程框架。

我们讲施工总承包项目管理，"上面千条线、底下一根针"。建设工程企业总部职能、要素管理，无论有多少个业务线条，最后都应被"与项目产品有关过程"这一根针穿到一起。这种"穿"对业务线的集成，既是所有线条拧成了一根绳；同时，每条线也可以以模块化方式，保持其自身流程的完整性和规律性。这意味着项目管理全面信息化，要依靠企业层面的职能部门，相互之间实现跨部门的流程化配合，从企业职能业务流程及其相互关联关系的顶层设计上，寻求项目围绕产品实现流程"一张网"的构建途径和方法。

本书的内容，就是对"一张网"顶层设计的一种尝试，期望能以施工总承包项目为突破口，为我国建设工程企业项目管理全面信息化，提供有价值的参考思路和解决方案。

7. 分包款的审批和支付

无论企业施工总承包项目成本管理处于什么水平，项目过程成本控制流程和方法如何分工，项目分包款的审批和支付，一定是基于分包合同下，当月完成工程量或工作量计价额，扣减施工过程中，项目部提供分包单位已消耗的资金、物资（含水电）、设备等各种费用后，所形成的应支付款额。

8. 项目财务资金核算和现金流预算监控

按照月度内外部结算支付周期时间节点，项目财务部门应对照"项目收付款计划"，对项目工程款收取进行核算和对比分析。包括合同应收工程款时间和实际收款时间、月度应收款金额和实际收款金额、合同付款比例和本月收款比例、项目开累应收工程款和实际收款金额、开累收款比例与合同约定比例、开累收款对于开累完成产值比例、开累收款对于业主开累确认收入比例、开累收款对于原合同额比例、开累收款对于开累合同额比例等。不同维度的核算和对比分析，可以获得更准确、丰富的现状和未来预期的判断信息。对于合同额因变更设计、调差、索赔等调整，额度超过一定比例时，应对"项目收付款计划"进行相应调整。

项目资金对外支付的核算包括：劳务分包、专业分包、材料款、机械设备款、现场经费和其他款项，应对本月应付款金额、实际付款金额、付款比例、开累应付款额、开累实际付款额及其付款比例等进行核算和对比分析。

对照"项目现金流分析表",对当月现金流情况进行核算,包括实际现金流入、实际现金流出、实际资金余额与现金流估算进行分析对比。项目月度资金核算,应对照合同和资金流策划,对合同收付款、对内结算和支付、项目资金预算执行情况等,进行全面评价。并将相关结果提交项目经济活动分析会,与项目相关部门充分沟通,以改进资金管理,确保完成项目现金流预算控制目标。

全面信息化条件下,上述核算和监控、评价过程,会发生根本性的优化和提升。

三、项目竣工阶段的财务资金管理

(1)项目部在工程竣工移交后,按照合同约定,及时完成工程结算,财务部门应负责各类工程尾款的收取,解除资金占用。

(2)项目保修期满,财务部门应该完成保修抵押金收取,并对项目财务资金管理情况进行总结,提交企业进行项目会计核算。

(3)项目财务应配合业主进行项目财务决算,组成业主固定资产。

第十七章　项目计划统计和核算管理

建设工程企业计划统计和核算管理，是全面信息化、数字化过程中，企业管理IT技术赋能过程中，被直接颠覆和变革最直接的领域。以建筑央企头部企业为例，传统管理方式下，其计划统计和核算管理工作，主要是在企业决策层、管理层、执行层三个层次，以下列方式进行。在计划管理方式上，是集团企业战略目标确定的年度经营计划、集团所属经营单位年度经营计划和管理层KPI、项目责任目标；在统计管理方式上，是集团和所属各经营单位及其项目部"三个层次"，分别在其自身管理体系范畴的"三个层次"内，各自自下而上，对照计划目标指标、逐层对相关目标指标信息的统计、逐层汇总上报、分析的过程；核算管理方式上，传统管理中的核算概念，主要是指与企业活动中的经济成本、财务、资金流内容相关，成本核算、财务核算、会计核算等。计划统计和核算之间的关系，从上而下，是目标—指标—经营活动；从下而上，是统计分析—核算—目标评价。企业存在"信息孤岛"阶段的信息化，可以姑且称为传统信息化，只是对上述计划统计和核算管理过程，通过由线下转到线上，克服了远程分散、时空距离造成的障碍，提高了相关工作的效率。

企业全面信息化、数字化条件下，计划统计和核算管理，其管理对象的概念，从传统的文件、数据报表、统计指标、核算周期粒度；全部转换为描述企业活动流程中，最小粒度实体及其属性的"数据"。这些数据，将从管理事项计划目标实现的端到端流程，最末端、最底层、数据粒度最小的活动层面产生。所谓的端到端，对于企业而言，就是从顾客到顾客。比如施工总承包项目端到端的流程，就是从企业参与业主发起的项目招标投标决策开始，到竣工交付并完成与业主的决算全过程的流程。比如PPP+EPC+特许运营项目，就是从项目发起人起端的公私合营项目招标投标或谈判，到项目建成、运营、直到把项目移交给项目发起人或其指定代理人全过程的流程。就是本书第一章提到的集成产品交付IPD，第三章提到的建设工程企业的价值交付流程。按照本书上篇和中篇论述的数字化转型理念和思路，全面信息化、数字化条件下，建设工程企业及其内部任何层级的目标和指标，都通过相应的"端到端"流程支撑来完成。在"数出一源"条件下，数据在企业流程网络化集成的通道内，其流动、共享、应用，将产生化学反应效应，传统的计划统计和核算关系，将转变为：从上而下，是目标—端到端流程最末端活动的数据控制要求；从下而上，是最末端活动产生的数据—目标评价，所谓的统计概念，完全被IT系统自动化替代了。同时，全面数字化条件下，IT数字化平台还会带给企业在数字产业化条件下，在计划统计和核算管理方面带来新的、未知的变革惊喜。

目前，SAP、Oracle的ERP系统，仍然占据我国高端应用市场。这两家公司的ERP系统根植于制造业，其从MRP到目前集成ERP的发展历程，决定了其ERP系统产品，在底层架构、信息架构、数据模型、数据底座构成等方面，存在诸多发展过程区限的历史印记，与我国建筑业企业之间存在不适应的问题。其所谓的"物流、信息流、资金流三流合一"，与我国建筑央企头部企业目前"业财一体化"，本书前文所主张的"需求流、信息流、资金流三流合一"，项目"三统一、三合一"的核算思想，存在一定程度的结构性差异。话题进展到这里，从企业数字产业化所能带来的未来前景而言，就进入了无人区。就像华为Mate ERP的全栈自主替代，我国建筑业数字化转型，建筑央企头部企业完全可以利用后发优势，通过自主ERP系统的研发和应用，在数字化转型中实现对西方发达国家的换道超车。

本章在上述认识的基础上，考虑到我国建设工程企业的实际，仍将计划统计和核算管理工作的论述，与行业企业目前的实际状况相结合。

第一节　项目计划统计和核算管理工作地位和作用

策划是基于对外部环境的理解，按照一定的遵循，制定目标并规定必要的运行过程和相关资源，以实现目标的活动。计划与目标相伴而生，任何目标管理，都伴随着计划。计划是围绕目标对未来活动所做的事前预测、安排和应变处理。统计是对实现目标活动的有关数据进行搜集、整理、计算和分析等一系列活动。核算是对照目标计划进行审核计算，核算往往意味着评价和考核。

企业发展战略和年度预算，是企业对未来一定时期内的发展目标和路径策划的成果。项目策划成果文件，是施工总承包项目控制风险，实现目标措施策划的成果。策划确定的目标，要通过计划的分解来组织实施，而统计是对实施过程信息进行收集、分析、反馈和状况评价，促进管理主体对照目标纠正偏差、改进管理，以控制目标的实现。核算涉及责任主体业绩评价、考核和激励约束，构成"基于PDCA过程思维"管理方法论的完整循环。现代"管理体系方法论"充分融合系统论、信息论、控制论，并随着现代信息技术的爆炸性创新发展，给人类社会、企业、项目管理带来了深刻的影响。使"管理体系方法论"中，策划的系统性、目标计划控制手段、信息统计应用和反馈产生了质的蝉变和飞跃，促进管理效率和资源利用效率快速提升。施工总承包项目管理全面信息化，就是这种蝉变和飞跃在建设工程领域的具体应用和体现。

一、统计法治化是我国现代化发展的重要标志之一

1983年12月8日我国颁布《统计法》,是依法统计、依法治统的基本依据。2017年8月1日《统计法实施条例》,针对新情况、新问题充实完善有关规定,进一步从源头规范统计调查活动,夯实统计工作的法治基础,提高统计工作的科学性和规范性,进一步保障《统计法》得以顺利实施。

人们的日常生活和一切社会经济活动都离不开统计。统计在现代化国家管理、社会生活、企业管理中的地位越来越重要,反映了我国国家治理方式、企业管理方式,越来越现代化、规范化、科学化、精细化。统计对于国家,涉及国情、国民经济状况的了解,其相当一部分数据来源于企业;企业生产经营过程,要随时掌握自身发展状况,建设工程企业统计信息主要来源于建筑市场、建设工程项目;项目状况特定指标信息统计和核算分析,是项目管理参与群体的眼睛和耳朵,决定了项目管理的关注点和指挥方向。我国建筑业相关政府和上级统计机构的数据来源于建设工程企业,企业的数据来源于项目。数据质量是统计工作的生命线,统计资料的真实性、准确性、完整性和及时性,是项目管理的内在需求,是企业生产经营决策的依据,是政府和上级部门制定政策、管理国家和行业的信息来源。

把统计纳入法治化管理,规范市场主体设计科学的统计指标体系和调查方案,及时准确采集、处理、传递、储存和分析统计数据,整合、管理、开发统计数据资源。是市场主体和政府监督管理部门,以目标为导向,进行科学决策、规范管理、促进发展必不可少的重要手段。

二、统计数据的真实可靠来源于对数据产生过程有效的系统性控制

在信息化时代,信息可以划分为两大类。一类信息能够用数据或统一的结构加以表示,称为结构化数据,如数字、符号;而无法用数字或统一的结构表示,如文本、图像、声音、网页等,称为非结构化数据。结构化数据是先有结构、再有数据;非结构化数据是先有数据,再有结构;统计数据主要是结构化数据和半结构化数据。这意味着其数据的产生,是在有效、系统控制下形成的。

(1)我国建筑业相关法律法规和其他要求,是建筑业健康有序发展的根本保障,也构成了对建设工程项目全生命周期的系统性管理规则。改革开放以来,党中央一直高度重视依法治国。党的十八届三中全会,把国家治理体系和治理能力现代化,作为全面深化改革总目标的重要内容。建筑业作为国民经济支柱产业,在行业相关法律法规顶层设计和规范性要求下,建筑市场管理体制、机制不断完善和发展。建筑行业政

府监督、各市场主体行为、基本建设程序、建设项目投融资、项目规划设计、招标投标、项目建设、竣工验收交付、项目运营和后评估等，全部处于行业相关法律、法规、部门规章、规范性文件、国家和行业标准的规范和约束之下。这决定了整个行业发展和运行的基本规则、基本状况和基本特征。从事工程承包的企业，作为建筑市场参与主体之一，企业管理体系和运行机制全面符合法规要求，适应建筑市场外部环境变化，是企业生存发展的基本要求。

（2）党的领导、政府监管和市场化导向，是我国企业发展的根本动力。党的十八大以来，把毫不动摇巩固和发展公有制经济，毫不动摇鼓励、支持、引导非公有制经济发展，作为坚持和完善我国基本经济制度，坚持和完善中国特色社会主义制度、推进国家治理体系和治理能力现代化的重要抓手。2020年9月，中共中央办公厅印发了《关于加强新时代民营经济统战工作的意见》，进一步完善"两个毫不动摇"下，实现党对民营经济领导的途径和方式。2021年世界500强，我国建筑业国有和民营企业都能名列榜单，彰显了党的集中统一领导，对企业发展壮大的根本作用。

目标管理是现代管理的基本特征。政府的行业统计、国资委对国有企业的经营业绩考核、建设工程企业内部经营责任制、项目责任目标考核，相关计划统计指标体系自上而下，一脉相承。我国所有市场主体，按照财政部统一的会计制度和会计准则，进行会计核算；上市公司依照《公司法》《证券法》和中国证券监督管理委员会《上市公司信息披露管理办法》进行会计报告和信息披露。构成了我国国民经济领域，政府监管和市场导向格局下，基本的目标管理、计划、统计、核算、考核体制机制。是我国社会主义市场经济体制、企业治理结构和运行机制、施工总承包项目管理体系不断完善和发展的动力源泉和生动体现。

（3）施工总承包项目管理流程化、集成化、标准化、信息化，追求项目策划系统高效、目标管理全面覆盖、过程计划精细实用、统计核算精准及时、激励约束全面有效。统计数据的真实性、全面性、及时性要求，决定了统计工作具有内部法规性、规范性、层级授权性等特征。建设工程企业只有从企业顶层设计上，通过项目管理客观规律的揭示，全面解析项目管理流程化过程网络，围绕过程"文件化信息"，不断提升项目管理标准化、信息化、数字化水平，自上而下地建立围绕项目的结构化数据指标体系，并在项目实施过程中，尽可能地积累形成非结构化数据库。才能全面适应新时期项目管理发展形势，使计划统计和核算工作走上精细化、全面信息化、数字化、智能化发展阶段。

三、施工总承包项目计划统计和核算工作基本内容

按照建筑业相关法律法规和其他要求，与建设工程企业相关的系列"管理体系标准"所阐明的管理体系方法论，施工总承包项目管理计划统计和核算工作，是目标管理中"系统思维和基于PDCA的过程思维""可证实和循证决策思维"的具体应用方式之一。建设工程企业总部和项目部各层级、各部门，都有不同层次、不同需求、不同维度经营管理业务指标，计划统计和核算工作需求，项目是计划统计和核算数据的主要来源。施工总承包项目的系统性策划、实施、评价和改进，是建设工程企业和项目部，计划统计和核算工作的对象和出发点，也是落脚点之一。施工总承包项目的计划统计和核算工作，是以《施工组织设计》确定的关键路径工期计划，及其向项目各部门、各层级的工作计划分解管理机制为核心展开的：

1. 业务工作的计划统计和核算

项目部日常的施工组织管理工作和活动，是通过月度施工计划向工作计划的分解，实现对项目现场活动协调统一的组织、指挥、协调、控制。项目部按照周、旬、月，对现场施工形象进度、项目部各部门业务工作计划进展情况，进行统计。在此基础上，按照相应时间段的形象进度指标、产值额、各项业务管理工作指标绩效信息，分析影响项目各项目标指标实现程度的因素和原因，制定相应的改进措施。

影响施工总承包项目各项目标指标实现程度的因素很多，各项目标指标之间又存在一定的相互关联、相互作用的关系。这意味着，施工总承包项目全生命周期，所有要素、过程和活动内容，要全部合理分配到项目部各职能部门、各层级，并纳入项目决策层日常的管理协调范畴。项目所有活动过程的"文件化信息"的设计和形成，是项目计划统计和核算信息的来源，这正是本书各流程图要实现的核心目的和主要意图。施工总承包项目的各项计划统计指标，也由此得以设计、形成和应用。

不同的建设工程企业，企业发展战略、管理体系成熟度不同，决定了其生产经营过程关注点存在一定的差异。意味着其在本书第四章第二节所提出的"14个流程"，具体环节过程控制的精细化程度，"文件化信息"规定的粒度、维度会存在一定的差异，落实到业务统计指标上，就不可能完全相同。所以，本书在对所有流程图过程记录的规定上，重定性的框架组成，而没有追求每项具体"文件化信息"的格式、粒度和内容要求。

2. 围绕项目成本的计划统计和财务会计核算

项目所有的资源和活动，都要消耗成本；项目所有的成本，都会被纳入会计核算。工期计划管理，是项目所有管理活动系统组织、有序管控的纽带，保证了项目过

程信息的逻辑关联性和可用性。财务会计核算中的预算成本、建造成本、财务成本、管理费用成本、安全质量环保成本等，不同维度数据的统计、分析和核算，并对照工期关键路径、工程量清单预算确定的基准，从工期、费用这两个项目关键绩效维度，采用挣值管理方法进行的比较分析，能够揭示项目管理过程中，几乎所有过程的绩效信息。使由此建立的项目管理全面信息化系统，能通过工点工序层面信息收集形成的数据库，基于不同业务"概念模型"建立数据仓库，满足对项目不同业务领域、不同管理层级、不同关键绩效指标绩效的分析和评价。

财务会计核算，是按照财政部统一规则，以年度为周期，称为"会计年度"，还可以进一步分为季度、月度。我们在项目财务资金管理流程中，提出要探索未来项目成本核算与会计核算的全面合并。项目现行的成本核算都是以月度为周期，一是非信息化管理条件下，项目成本数据收集工作量大，数据的收集和分析都需要时间和精力；二是项目各部门之间存在信息壁垒，导致无法实现跨部门、跨层次的信息共享。项目管理全面信息化条件下，只要能保证项目工点工序层面数据的标准、数据粒度、流程的系统网络化算法，就应该能实现工期进度、项目成本任何时点的信息汇总和分析。这种"同步"要求，是受项目工期进度和成本之间的客观关系来决定的。这也是本书在描述各流程图过程"文件化信息"要求上，坚持实现的基本标准。

3. 企业层面的统计与核算

建设工程企业的统计和核算范围、绩效指标涵盖项目，还有项目之外的其他统计指标。项目部的各种资源（人力资源、劳务、物资、机械设备、资金）状况、过程管理绩效、风险控制状况、成本盈亏等，是企业生产经营决策的主要信息来源。企业除了财务会计核算信息向外披露外，还要按照国家、行业、上级主管部门统一要求，上报不同指标维度的统计报表（如ESG指标）。在此基础上，企业内部各层级、各部门，还须根据自身管理要求，设计相关的统计报表格式和内容，收集相关信息以资决策。项目管理全面信息化条件下，只要能够从项目末端活动记录的设计上，保证形成足够细粒度的结构化、半结构化数据体系，就能够实现项目部和各级企业总部统计报表的穿透性自动归集和报告。

香港城市大学管理科学系认为，统计是信息系统中不可或缺的一项功能，所有具有一定规模的企业，均视数据库为"金矿"，统计学便是开采这个"金矿"的最有效工具。统计作为一项严谨、科学的专门技术，建设工程企业在企业基础管理标准化工作中，积极采用和应用相关国家、行业标准，有利于提高统计工作的效率和质量，如《民用建筑碳排放数据统计与分析标准》T/CECS 1243—2023、《生产过程质量控制统计方法 控制图》GB/T 17989（5~9）—2022、《GB/T 19001—2000的统计技术指南》

GB/Z 19027—2005、《企业职工伤亡事故经济损失统计标准》GB/T 6721—1986等。

"项目计划统计和核算管理流程"是聚焦施工总承包项目全生命周期内,企业、项目、项目部各业务之间,围绕工期和费用两大维度,计划与统计工作的相互关系,整体运行逻辑及其过程"文件化信息"的管控。

第二节 项目计划统计和核算管理流程和要求

一、项目计划统计和核算管理流程(图17-1)

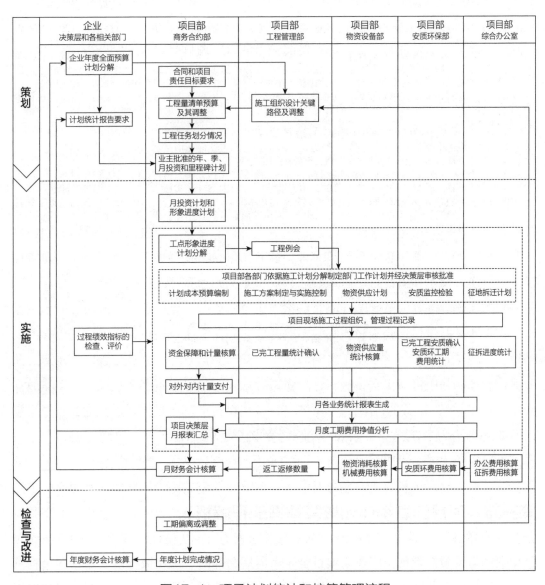

图17-1 项目计划统计和核算管理流程

二、项目计划统计和核算管理过程要求（表17-1）

项目计划统计和核算管理过程要求　　　　　　　　表17-1

阶段	过程	工作内容	记录
策划	1	1）项目计划与统计工作是围绕工期、费用两大维度，进行全过程绩效管理的主要手段，计划的制定应满足合同及企业层级生产经营计划的要求。 2）项目工期、费用基准来源于施工组织设计工期关键路径、工程量清单预算，基于挣值管理的过程绩效评价决定了项目各业务统计指标体系构成内容。 3）项目各业务指标统计和核算，要满足企业总部计划统计报告指标体系的各项要求	1）企业关于项目的计划统计指标要求（一般以表格形式提出）； 2）项目部各业务统计指标要求（一般以表格形式提出）； 3）项目过程"文件化信息"所规定的记录
策划	2	1）项目计划包含投资计划和形象进度计划，两个指标应相互协调，在项目全过程或某一评价时点保持各业务统计和核算口径与工期、费用基准的一致性。 2）项目月度施工计划和工程量清单预算应分解到工点工序各现场核算单元的形象进度和计划成本，并对应分解建立项目管理过程责任体系，明确项目各业务管理过程记录形成、审核责任和要求，以保证相关过程信息的真实性、准确性	1）批准的年、季、月投资计划和形象进度计划； 2）以工点工序现场核算单元为单位的月度形象进度和计划成本分解记录； 3）批准的项目管理过程责任体系及其岗位工作标准
实施	3	1）项目应建立工程例会制度，总结上一阶段工程计划完成情况，汇总分析影响计划实施的各种因素，制定相应的工期保证措施和保障方案，在必要时形成工期关键路径调整方案。 2）月度施工计划的实施是通过向项目各层级职能工作分解，通过职能工作计划的完成来保障的，项目职能管理层围绕计划实施，各负其责、各司其职，是计划得以落实的基本保证。 3）项目统计工作由各层级职能部门、岗位按照业务统计指标要求分工进行。 4）业务统计是项目对上、对下计量支付的基础，项目各部门统计数据应相互验证，在形象进度完成工程量统计的同时，满足同口径、同时点实际成本归集核算的要求。 5）项目月统计报表应以已完成对上、对下计量支付为基础形成，项目统计报表经项目决策层汇总审核作为当期成本核算的基础，并按照企业总部统计指标内容要求上报企业。 6）经项目决策层汇总审核的项目月度统计报表，是月度财务会计核算（含、或成本核算）的依据。企业应从基础管理标准化上，推进企业层级的业务统计核算、财务会计核算实现数出一源、同口径三流合一	1）月投资计划； 2）月工期进度计划； 3）分解得到的工点工序月形象进度计划和计划成本； 4）项目各部门、各层级岗位月工作计划； 5）项目各部门、各层级岗位管理过程记录； 6）月业务统计报表； 7）月项目统计报表； 8）月财务会计核算（含、或成本核算）记录
检查与改进	4	1）项目部月度统计和核算完成后，基于挣值分析工期进度和费用与计划发生偏离时，需通过下阶段计划或《施组》总计划调整予以改进，以保证项目目标的实现。 2）企业应通过对项目管理过程及其绩效指标的检查监督，和项目年度财务会计核算，对多项目合同履约及成本收益情况进行分析，并制定改进措施	1）项目月挣值分析及改进记录； 2）项目年度计划完成情况统计记录； 3）项目年度财务会计核算记录

第三节　项目计划统计和核算管理流程解析

围绕项目绩效管理，应建立项目全生命周期跨部门、跨层级，基于逻辑的过程管理"文件化信息"共享，支持基于挣值管理的绩效分析、评价和改进机制。我们以工程、商务、财务"三统一、三合一"统计核算要求为导向，进行论述。

一、项目策划阶段的计划统计和核算管理

项目策划无所谓对错，但项目策划水平，是决定项目目标和资源投入、实现路径的依据。

1. 企业年度生产任务计划分解

建设工程企业在年度会计核算，和其他相关统计报告基础上，进行企业生产经营情况分析和决策。通过全面预算管理，制定下一年度企业生产经营计划。企业年度生产经营计划，依据所属各经营责任单位、在建项目和其他相关情况制定，也是各经营责任单位、在建项目年度生产经营计划制定的依据。各在建项目根据企业年度生产任务计划指标，分解制定本项目年度投资和工期进度计划。

2. 项目合同及管理责任目标要求

合同工期，是项目必须确保的履约基本要求。无论是业主原因，还是承包单位自身原因，合同实质性条款的变更，必须按照约定完善合同变更评审审批流程。企业一般不会因自身原因，提出项目合同工期延期。企业年度生产经营计划要求项目工期提前、或延期的，必须经协商，并得到业主认可。比如：作者在深圳地铁9号线施工总承包管理中，主动提出提前两个月交付试运行，业主经过审慎的论证后，认为稳妥可行方给予认可和赞许。

企业年度生产经营计划要求，必须作为项目策划的输入，必要时须调整施工组织设计关键路径安排和工程量清单预算，并将相关要求落实到项目现场相关管理单元的实施组织要求上，以确保项目管理的系统性、协调有效性。

3. 工程任务划分情况

项目工程任务划分包括两个层面的含义：

一方面，是企业内部不同经营责任主体单位在同一项目的关系模式。国内大型建筑企业集团，工程中标后组织现场项目管理机构，通过内部经济承包（或管理）协议，将工程划分成若干标段或工区，交由下属单位具体承担施工任务。企业两级单位各自分别就总承包和标段（工区）设立银行账户，进行独立核算和报表。由集团企业总部进行核算并账和抵充两级报账重叠部分。确保企业任何项目都能实现"两个层级管理"，所有履约主体责任明确，考核线条清晰。

另一方面，是关于项目工作分解结构（WBS）。传统管理中，施工总承包项目开工前，要根据工程质量验收标准，就单位、分部、分项工程划分与建设单位、监理单位达成一致，以利于质量验收和计量支付。项目部根据企业项目实施规划确定的施工

队伍部署方案、工程特点等，进行现场管理单元或分包单元的划分，作为项目过程管理和内部核算的基本单元。项目管理全面信息化条件下，WBS技术的全面应用，使产品分解结构及其控制管理单元可以细化到"工作包"，对项目过程信息的管理落实到"工作包词典"粒度。

因此，工程任务划分是项目管理过程和与项目产品有关过程，基于WBS技术实现整合，面向现场管理，划分现场管理单元或分包单元管理账户，开展过程计划、统计和核算的基础，是项目在策划阶段必须确定的一项基础管理工作。

4. 施工组织设计关键路径及调整

项目批准的施工组织设计，并据其编制的工程量清单预算，是施工总承包项目策划的主要成果。一般而言，企业关于项目职能和要素管理的标准化流程和准则，通过管理"裁剪"在具体项目落地，不会产生实质的结构性变化；而施工组织设计和工程量清单预算，因为项目工程产品的技术特性、合同条件差异，是区分项目管理特性的主要标志。

施工组织设计是项目"作战方案"和实施"路线图"。企业年度生产计划任务提出的投资和形象进度要求，有的必须落实到项目施工组织设计关键路径工期和措施的调整上。项目部应建立和完善施工组织设计动态调整评审审批记录。对因外部原因引起的调整，应及时办理变更或索赔手续，并形成记录。

5. 业主批准的年、季、月投资和里程碑计划

施工总承包项目实施过程，离不开建设单位、设计单位、监理单位的协作和配合。施工组织设计关键路径工期和措施的调整，必须与各方协商，并经业主同意，方可作为项目下一步执行的依据。项目部应形成和下达经业主认可的"年度或季、月投资和里程碑计划"，作为项目实施目标计划管理的依据。

月度施工计划向部门工作计划的分解，具体见第五章标准化项目管理体系流程解析第二节"以工点为单元的施工过程管理"、第十四章项目成本管理第三节"项目月度计划成本分解"的相关论述，不再赘述。施工总承包项目全生命周期的活动，全部是在月度计划的分解和实施控制下，组织项目全员对项目管理过程和与项目产品有关的过程，按照策划进行控制，并形成相应的"文件化信息"要求，它构成了项目"数出一源"的数据库。

6. 建设工程企业的项目计划统计报告要求

施工总承包项目标准化管理体系流程，是在企业决策层组织下，通过总部职能部门分工协作开发和确立的。也由总部各职能部门负责日常的运行指导、监督和改进。企业决策层、职能管理层关于项目全生命周期的计划统计报告要求，是企业对项目管

理体系流程顶层设计的重要内容。施工总承包项目管理有其内在的客观规律性，这决定了其管理体系架构和流程，在我国建筑业龙头企业呈现出逐渐趋同的发展趋势。但是在对项目计划统计报告的要求上，不同的企业由于管理体系成熟度、一定时期内管理短板弱项不同，其对项目关注的重点和细粒度存在一定的差异。通过第一章第一节列举的我国五家建筑央企龙头企业现状分析，呈现出如下特点：

（1）相同或相似点。五大建筑央企龙头企业，都高度重视"以成本管理为核心"的项目策划。都基于"标价分离"进行项目责任目标成本测算，实施项目管理责任目标管理。都推行了集团级的资金集中管理，都应用物资设备电子商务采购平台，都对作业层劳务分包开展招标采购、合同示范文本、过程结算和支付的重点监控。

在对项目计划统计报告要求方面，全部对项目合同工期进度、产值、工程款收付情况进行月度监控；都提出和建立了月度项目计划成本和实际成本的结算分析对比要求，并通过统计报告进行监督或预警。都高度重视项目物资设备采购、消耗和劳务分包结算支付控制，并建立了总部不同层次和内容的报表要求。都建立了覆盖项目职能和要素过程管理的业务统计报告要求，是各级总部对项目部日常管理工作进行监督、评价和预警的重要方式。

（2）不同点和差异。"五大建筑央企"对项目计划统计报告要求的不同点，主要是企业文化、发展战略、项目管理短板弱项各异，造成企业各级总部对项目日常关注的侧重点不同。同时，由于企业在项目管理信息化实际应用水平上的差异，也造成企业在项目计划统计细粒度和管理维度上的差距。比如：有的建筑央企，集团层面项目管理信息平台市场采购资源和价格数据库已初步建立，项目管理信息平台已经具备对劳务、物资、设备消耗核算过程进行自动归集和管控功能，这就使企业可以运行自动报表分析模块，其计划统计报告信息细粒度，已经细化到分包人、材、机、其他费用月度消耗和核算层面，其统计报告的维度比较灵活，分析深度部分已细化到项目具体的管理活动层。而有的企业，项目管理还聚焦于基础管理标准化的推进和完善阶段，项目统计把职能和要素管理标准的执行作为关注重点之一。相关内容，从互联网公开共享的相关企业《项目管理手册》资料中，都可以便捷地了解和查询，不再赘述。

（3）项目管理全面信息化条件下的计划统计报告工作。第五章解析的"项目标准化管理体系流程"相当于施工总承包项目的业务架构，本书从第六章开始解析的"13个流程"相当于概念模型，由此构建的项目管理全面信息化平台，既能通过项目管理过程工作路径的依赖，确保施工总承包项目全生命周期活动"数出一源"的"文件化信息"数据库的形成；又能使企业各层级职能管理部门，依据各职能和要素流程，进行不同维度统计指标数据仓库的灵活确立和应用。随着企业基础管理信息化、数字化不断深入，项目管理细粒度逐步提高，施工总承包项目全生命周期结构化、非结构化数据库的建立和大数据形成，企业计划统计报告将具备数出一源、维度自由、时间随机、智能分析的特性，其对企业生产经营决策的支撑作用，将会产生质的飞跃和变化，并实现智能化。

二、项目实施阶段的计划统计和核算管理

1. 月投资计划和形象进度计划

基于项目批准的施工组织设计关键路径工期计划，月度施工计划向工作计划的分解工作流程，见第四章施工总承包项目标准化管理体系概述第三节中"集成的核心原理"。

"定计划的目的聚焦执行"，这决定了项目月度计划的制定，是一个智力创造过程、经验密集型过程、凝聚共识过程、沟通动员过程。项目管理信息化、数字化、智能化无论发展到何种程度，至少从目前的技术预期视野，还看不到在月度计划制定方面，能够替代"人"的作用的前景。

2. 工程例会

工程例会是传统项目管理组织、协调的基本方式和平台。其主要任务是基于对项目某一阶段相关情况的统计分析，总结前一阶段的项目进展情况，分析存在的问题和偏差，正式下达下一阶段的计划任务和实施措施要求。

工程例会说到底是一种沟通的平台和方式，其主要目的是就计划及其实施措施进行沟通并达成共识，相关记录的形成和保持，构成了月度过程管理和绩效评价的基准。

3. 现场施工过程组织管理

劳务是当前我国施工总承包项目，主要的现场作业层组织形式。随着企业集约化、精细化管理水平的提升，项目管理越来越聚焦到作业层效率的提升上。第八章项目劳务及作业层管理中，我们只强调了对作业层资源和作业条件的保障要求。项目管理全面信息化，围绕作业层作业计划和统计管理，给以提高现场作业效率为核心的作业层组织管理，提供了条件：

（1）施工总承包项目管理策划，如何"跨越分包合同的墙"，是当前作业层组织模式面临的焦点问题。这一方面取决于劳务分包管理组织模式，是否能有利于项目实现对劳务作业"一竿子插到底"的管控；另一方面，还在于作业管理流程的创新和优化。我国建筑业龙头企业，大多都建立了劳务管理信息系统，强化了对劳务准入资格、劳务分包招标投标、劳务分包合同、劳务实名制和农民工工资、劳务结算、劳务

分包单位评价的管理。在具体的现场作业层组织及其计划管理上，目前主要有以下几种方式：

①铁路行业《工序内部计件承包协议》《专业班组承包协议》和铁路既有线施工《日计划派工单》。针对单工序或多工序分包，签订各生产作业班组费用，仅包括人工费、零星材料费和小型机具使用费协议。强调工前技术交底制度，技术交底包括：工序概况、工序特点和结构尺寸，施工方法、工艺流程和工艺要求，质量技术标准、施工安全、环保、质量和进度控制要求，文明施工等。月度依据协议"工程量及费用清单"进行月度核算和考核，确定工人工资分配。

②电力行业《施工作业票》。根据电力行业特点，针对一个具体的施工作业项目或同一施工阶段几个连续作业的工序，主要从作业安全风险管控上，强调作业许可、作业技术交底、安全检查、作业人员实名制等方面，对作业过程建立系统的记录。

③房屋建筑行业《施工派工单》。类似于前面《工序内部计件承包协议》或《专业班组承包协议》。

④《现场零星工程、零星用工派工单》。工程项目较为普遍采用的方式，对于零星工程或用工明确内容、时间、安全质量要求、价格，完成后一事一验一结算。

上述方式一个共同的特性，是其中都有或多或少"包"的成分。也就是说，现场施工作业效率和质量，都有很大成分取决于作业班组或分包单位负责人。其关注焦点还是以合同为纽带，通过明确作业主体经济责任和过程管控要求，"活"还是交由作业班组。这种情况下，作业班组自身的管理素质、人员作业素质和能力，对作业效率仍然起到决定性作用。分包合同仍然像一堵"墙"，若隐若现地存在于项目管理与作业主体之间。

（2）当前建设工程企业项目作业组织现状和问题分析。20世纪90年代末，"项目法"施工催生项目管理"两层分离"，农村劳动力大规模进入建筑市场，"包工头"盛行的无序状态；2005年以原建设部《关于建立和完善劳务分包制度发展建筑劳务企业的意见》为标志，我国逐步形成施工总承包、专业分包、劳务分包的劳动力市场组织格局，有效打破了建设工程企业在计划经济条件下，成建制工程段、队作业层组织模式，提高了项目作业层组织活力和劳动用工灵活性，大幅度降低劳动用工成本。对于我国建筑业吸收农村剩余劳动力，充分利用人口红利实现建筑业快速健康发展，起到了历史性的作用。进入新世纪第二个十年以来，随着人口红利拐点到来，建筑业劳动力短缺问题快速显现，已经成为倒逼行业作业组织转型的客观现实问题。建筑业机械化、工厂化、装配式建筑和智能建造，受劳动力短缺和技术进步双向驱动，越来越成为行业共识和发展趋势。现代建筑业新型建造方式逐渐兴起，但传统分包管理模式仍然处于主导地位，其惯性影响普遍存在的主要表现有：

①"包"的概念，已经成为整个行业项目作业组织管理转型升级的观念瓶颈。一方面，我国建筑业龙头企业以分包合同为纽带的劳务模式全流程管理，随着信息化手段的助力，已经发展到了极致；另一方面，项目作业质量和效率"劳务决定论"，已经成为制约行业全员劳动生产率提升的"大尾巴"。

②分包合同甲乙方，对各自经济利益和诉求的博弈，成为施工总承包项目作业层管理各种问题频发的根源。低价中标、偷工减料、农民工工资拖欠、质量低劣、安全问题频发等，往往都与行业劳动用工模式紧密相关。

③建设工程企业项目"两层分离"格局，已经成为项目作业组织管理转型升级的体制障碍。不适应建筑业未来精细化、机械化、工厂化、信息化、智能建造发展趋势要求。泰勒《科学管理》提出的提高劳动生产率的标准化原理、工作定额原理、挑选头等工人原理，在"两层分离"下无法落地和应用；建设工程企业项目管理信息平台，是否应该让"包工头""民工"授予登录账号和权限，是企业面临的巨大观念障碍；建设工程企业专业人员、管理人员，在分包单位、作业班组管理能力和技能培训上，是否应为了干好活而对其倾其所有？企业各级人员都抱着责任、义务和利益的权衡，不利于现有管理和智力资源的充分释放和利用等，不一而足。

（3）以项目管理全面信息化为抓手，以落实作业层计划统计和核算考核机制为核心，构建以提升全员劳动生产率为目标的作业层组织管理体系。从目前劳务管理现实状况出发，通过项目管理信息平台的建设和运行，建立项目全员劳动生产率考核评价机制，促进项目作业组织管理转型升级。这是一项涉及行业发展的系统性课题，作者提出一些初步的设想，有赖于行业共同的探索和实践：

①培养壮大建设工程企业，项目作业层组织管理队伍阶层，完善和规范现场作业策划管理机制。当前，我国建筑央企龙头企业，项目职能和要素管理标准化已经初步确立；现场项目部以责任目标管理为导向，围绕项目策划、项目管理过程和与项目产品有关过程的集约化、精细化管理体系建设方兴未艾。最为薄弱的环节，是项目作业层组织管理，单纯依靠技术交底、过程旁站监督、安全质量检查整改等外部管控；没有立足调动作业层管理人员和作业人员主观能动性，充分发挥作业队伍和人员作业管理主体责任。

作者记得1990年参加工作时，对于现场一般的施工工序、工艺和操作标准，大学生都是跟着老职工、老师傅们学习。而现在的项目，好多是年轻大学生根据规范、验标和网络资料做方案，编制技术交底书，包括铁路行业实行的作业岗位"口袋书""操作胸卡"等，这样形成的作业策划方案，普遍可实施性差、落地难；作业层管理人员不深入到工序、工艺标准研究和管控，"包工头"过分关注自身经济利益，劳务工人对于技术交底似懂非懂、盲目操作等现象普遍存在。建立和落实现场作业策划管理机制，就是要项目现场管理团队、作业工班负责人、技术工人，在分级技术交底基础上，以职责范围内工程应知应会为出发点，主动地思考、掌握现场工点工序作业管理的流程、标准和方法，主动地为施工作业活动系统组织、规范推进、满足安全质量标准，想办法、拿方案、提建议、促改进。由被动填鸭式的"要我干"，转变到"我要干"。既能利用"两层分离"在劳动力资源组织上的灵活性、弹性优势；又能促进"两层"形成合力，提高作业组织效率和质量。

2017年《国务院办公厅关于促进建筑业持续健康发展的意见》，提出大力弘扬工匠精神，促进建筑业农民工向技术工人转型，培养高素质建筑工人，推动形成一批以作业为主的建筑业专业企业。我们欣喜地看到，国内某建筑企业集团，按照2014年住房和城乡建设部《关于进一步加强和完善建筑劳务管理工作的指导意见》《建设工程企业资质管理规定》、人力资源和社会保障部《劳务派遣暂行规定》等法规规章要求，近几年来，一直致力于创新施工项目生产组织管理模式。本着作业层队伍"以我为主、受我控制、为我所用"原则，建立作业层队伍以我为主的核心层，落实协作队伍党群工作协调员机制，坚持"五同"管理。提高劳务人员的职业道德、综合业务素质和施工作业能力，营造同心同向的发展合力。构建能够真正掌握作业现场和作业层管理的领导权、主导权、指挥权和控制权的劳务组织管理模式。有力地促进了现场作业层管理队伍的培育和发展，给建立和落实"作业策划管理机制"创造了条件。

②落实作业层计划管理责任，健全作业计划管理机制。工程项目一个工点，由若干个专业或劳务分包单位共同参与施工。项目部对于工点施工组织设计或施工方案，应该按照分级、分工原则，在项目部策划框架基础上，由工点"自己人"组成的核心层团队负责，分包单位相关人员参与，进行完善和细化。各工序分包单位应该承担工序工艺流程和标准的策划，作业班组应负责操作规程或作业标准的制定。推行这样的策划机制，在目前的现场实际工作中，受劳务人员素质的限制，是不是很难？正因为难，它才更重要、更有价值、更必须！否则，建设工程企业关于项目从上而下的策划，就无法落实到现场作业组织的末端。项目的策划，在现场管理各层级，都会流于一堆堆签字盖章的资料，华而不实，事倍功半。而充分调动项目部对作业层各级人员的组织、培训和帮扶，通过全面提升作业层人员的素质和能力，来落实作业策划管理机制，能够带来"事半功倍"的增值效果：

a. 促进项目现场管理团队、工序分包单位、作业班组之间的交流，提升作业层整体工程认知水平和作业协调能力；

b. 提高班组、工序分包单位物资和工器具、耗材需求计划的编制和消耗控制的主动性和能力；

c. 增强现场作业组织和工序接口协调能力；

d. 改善作业现场工序作业协调预控水平，提高作业班组劳动竞赛和争先创优积极性。

上述认识和思路，来源于最近几年，作者在施工一线对两个现场作业组织现象的观察和思考。第一个是某地铁与车站相连接的矿山法隧道区间出渣工序组织低效问题。按照现场工况，隧道渣土从掌子面运至洞口，转装到料斗，用车站主体施工使用的行走式门吊提升至地面，堆放在车站结构顶板部位等待外运。该工序涉及3个作业班组，隧道出渣工班负责运渣、洞口料斗装渣；车站门吊负责提升和料斗卸料；渣土外运工班负责地面渣土用挖掘机翻倒（扬尘治理原因渣土外运受阻）。因为该隧道属于全线"洞通"控制工点，而现场日报的出渣工效仅有计划的1/3左右。经现场调查，该工点出渣工效低下的原因，是地面料斗卸料未安排专门的卸料口开仓人员和三个班组之间的相互延误、推诿和指责。通过落实地面料斗开仓岗人员和三个班组作业协调责任人，问题立即得到解决。第二个是某地铁地下车站深基坑开挖施工，涉及3个班组，土方开挖外运班组、钢支撑架设班组和车站基坑变形监测班组，项目部在该车站安排了6人的现场管理团队。监测班组发出基坑变形预警，现场要求停止土方开挖作业，限期完成滞后的多道钢支撑架设。现场反映钢支撑架设班组作业效率低下，并引起3个作业班组之间的相互抱怨。调查发现，由于车站深基坑围护桩结构开挖后整体表面平整度较差，钢支撑支托挂设需要土方班组配合凿除修整围护桩表面的凸凹不平，每道钢支撑长度需要依据现场支托间距调整拼装长度。只要事先丈量每道钢支撑支托间距，提前在地面完成预定长度的钢支撑拼接，就能使钢支撑一次吊装成功。但现场因支托挂设缓慢和钢支撑因过长而要重新吊出地面加工调整，是导致工序缓慢的原因。经与该车站项目部现场管理团队相关人员沟通，他们大多都清楚影响钢支撑作业工效低下的原因，但认为"这些是包工队的事，我们没有义务代劳去做"！上述两个案例，既有作业班组操作规程和作业标准问题；又有不同班组接口协调缺位，班组之间相互掣肘的问题。也许这两个现象并不能代表施工总承包项目现场作业组织的普遍状况；但是"祸端起于毫末"，足以警示我们，从现场作业组织管理机制上，思考改进的方向和措施。

③建立和完善面向作业班组的派工单制度，提高现场作业活动组织信息细粒度和系统性。派工单（又称工票或传票、作业调度）是指生产管理人员向生产人员派发生产指令之单据。派工单是最基本的生产凭证之一，它除了有开始作业、发料、搬运、

检验等生产指令的作用外，还有为控制在制品数量、检查生产进度、核算生产成本做凭证等作用。

不同于前述我们列举的几个细分行业类似内部承包协议的派工单概念；而是要比照制造业工厂对工人生产任务分配并记录的方式，完善施工总承包项目班组作业活动要素配置、过程管控和活动信息的记录，构建作业班组作业计划和统计工作机制。这需要建设工程企业，从目前的分包和班组管理状况出发，逐步开发、细化和完善：

a. 以落实"现场作业策划管理"机制为前提，确保作业策划要求通过以派工单为形式的，计划管理方式在班组落地；

b. 明确班组作业人员数量、资格要求，作业工器具、耗材，作业起始时间、完成时间，作业质量和标准；

c. 由负责班组管理的责任人下达，使其将工作重点放在对班组保障、监督和不同班组接口协调上来；

d. 项目部或项目现场管理团队与分包单位以分包合同为纽带，分包单位与班组以计件承包和工人考勤为纽带，使派工单内容覆盖所有现场作业人员、辅助作业人员，设备、材料（含周转物资）、工器具、耗材，并不得有遗漏；

e. 派工单下达时间周期应与作业工序特性、施工环境条件、作业的连续性、工序转换特征相适应；但派工单的统计、验收必须以日为单位，验收内容和方式，尽可能与现有施工过程记录要求相结合，避免增加新的记录负担。派工单验收记录信息细粒度，应满足企业施工定额、预算定额开发大数据库建立的要求。

比如：钻孔灌注桩作业，其派工单应明确成孔设备型号参数、作业人员配置人数和资格要求，桩位测量放样、护筒标高、泥浆配制、泥浆循环设施和渣土处置、成孔过程溶洞孤石处理措施、钢筋笼和混凝土保障供应方式、成孔记录和混凝土灌注记录要求、桩头预留要求和混凝土强度、成桩质量试验检测要求等。派工单验收记录时间应保持连续，作业人员数量和资格通过日考勤确定，工序作业时间以派工单开始时间、钻孔记录、混凝土灌注记录确定；工序无效延迟时间通过成孔检测、钢筋笼检验批、混凝土强度试验报告、成桩无损检测报告等确认，或安全质量环保检查整改记录确认，以反映由于安全质量环保问题导致的额外工序时间增加；纳入竣工文件的施工日志内容，从派工单验收记录中提取等。

f. 利用项目管理信息化平台优势，建立项目管理全员劳动生产率统计核算和考核评价机制，促进以作业组织管理水平和效率提升的精细化管理。类似于灯塔工厂的MES系统，项目管理全面信息化条件下，不但能使派工单制度的建立和执行成为可能；而且，充分利用信息系统跨部门、跨层级、穿透式信息集成分析特性，实现能反映项目实际全员劳动生产率的"施工定额""预算定额"角度，对项目管理绩效进行评价的功能。有利于企业内部施工定额、预算定额的开发；有利于引导和督催项目深化经济活动分析向作业层组织管理效率覆盖；有利于调动项目管理人员充分发挥主观能动性，通过提升管理创造价值；也有利于企业项目组织管理模式、劳务使用和作业组织管理模式的创新和变革。如广州地铁基于BIM和WBS技术应用开发派工单管理系统，在地铁机电安装施工作业管理中，形成计划编制—派工单自动生成—施工—实际进度统计—调整计划的作业计划统计闭环管理，整合了对作业层人、机、料、法、环等关键因素的计划统计和核算管理。

4. 业务统计、月度计量和核算

在项目"两层分离"体制下，业务统计和核算主要集中在项目部层面。对项目中各项业务的各个程序环节，产生的各种凭证或者过程原始记录进行统计、汇总，并与工作计划、管理准则、计划控制指标进行比较，发现存在的问题，提出改进的措施。业务统计一般以项目各职能部门或岗位为单元按月进行。项目管理全面信息化条件下，应该能实现任何时点的项目业务统计和核算。

项目业务统计核算的内容、范围、具体方式和成果应用，由项目组织架构、部门职能定位、项目管理过程职能分解来具体确定。也受具体企业、项目"两个层级管理"授权范围和方式，项目管理精细化程度以及企业总部职能和要素管理流程、标准的影响。仅作列举性说明，在不同企业其具体内容还需要结合企业实际确定：

（1）工程技术部门。要统计的事项包括：部门负责的项目合同技术要求中的标准有无变更和更新情况的统计、施工图设计文件和其他技术资料收发台账统计、变更设计动态台账统计，合同工期进展情况、项目施工组织设计动态调整和审核批准情况、项目施工方案（含危大方案）编制计划执行情况、项目设计工程数量0号台账动态管理情况、重大设计变更对物资需求总量和技术装备或设备调整需求、工艺试验和四新技术应用情况、分级技术交底执行情况、科技创新立项和课题进展情况、技术咨询或其他相关合同及其执行情况等；

项目现场管理方面需统计的事项包括：现场劳动力、大型施工机械设备、主要工程物资实际用量与工程策划方案的对比分析，分现场管理单元和分包单位，日或周、月详细形象进度及开累进度统计和工程计量数量统计，高风险工点施工方案执行情况、晴雨表统计及特殊气候天气对现场施工影响情况、工程测量管控状况、现场工序旁站和工序过程控制状况、现场施工记录完成和归档情况、大型临时设施维护运转情况、关键路径工点进展和接口管理情况、工期滞后工点原因分析和潜在工期风险预警、绿色节能施工管理情况、与业主和设计有关事项对接沟通进展情况、项目派工单统计施工工效记录、其他影响现场施工的制约因素或问题等。

（2）物资设备部门。项目工程物资需求总量台账动态管理情况、项目物资设备采购租赁合同台账动态（含变更）管理情况、异常（未签合同先执行）物资设备采购供应和款项应急处理情况、本部门职责范围固定资产动态明细台账、自有设备（含驾驶操作人）档案管理（含特种设备报备）情况、项目设备和周转材料进出场（含调遣费用）动态统计台账、甲供物资设备计划执行情况、劳动保护用品采购和发放台账等。

项目现场管理：项目月度物资设备（含工程物资、周转材料、施工设备、低值易耗品、应急物资设备）采购计划制定和执行情况、分现场管理单元（含拌合站、梁场等）和分包单位工程物资（含低值易耗品）供应和库存盘点情况、分现场管理单元（含拌合站、梁场等）和分包单位工程物资（含低值易耗品）限额控制和节超情况及原因、自有设备工装和周转材料损耗和折旧摊销台账、自建试验室设备设施费用和折旧摊销台账、分现场管理单元（含拌合站、梁场等）和分包单位工程水电消耗和分摊台账、采购租赁分供商结算和支付情况、自有设备维护和运转情况、分现场管理单元（含拌合站、梁场等）和分包单位项目现场设备使用台班统计台账、项目大型施工机械设备单机单车核算情况、统计时点各现场管理单元和分包单位工程物资（含低值易耗品、成品混凝土和其他保供物资）消耗量核算数量、统计时点各现场管理单元和分包单位自有施工机械设备（含工装、周转材料）消耗台班或分摊核定数量、物资设备进场检查检验情况、物资设备相关特种作业岗位人员持证上岗情况、现场余料回收和回收价款记录台账、工程物资质量情况和对所有分供商评价意见等。

（3）安质环保部门。职责范围内项目重大风险识别和策划控制情况、项目危大方案制定评审情况、外部检查和领导现场带班执行情况、试验室运转和工程监测管控情况、专职安全质量人员持证上岗情况、现场各级管理人员安全质量培训和职责落实情况、现场文明施工方案及执行情况、安全文明标准化工地申报计划执行情况、应急响应预案（含应急设备物资管理）和应急演练情况、项目安全生产费用投入统计台账、隐患排查和定期检查计划及其执行情况。

项目现场管理：统计时点现场检验批、分项、分部、单位工程检查验收签证情况、工程质量检查验收一次检验合格率及其原因分析、危大工程（如大型支架）现场工序安全检查验收情况、因安全质量环保原因导致的隐蔽工程返工返修事项及其时间延误统计、隐患排查和定期检查发现问题及其整改关闭情况、原材料半成品进场检验试验出现的不合格项目和原因、监测预警事项和处置情况、事故统计和报告处理情况、相关方投诉和处理情况、外部检查和业主满意度调查结果、现场重大风险分级管控情况等。

（4）项目综合管理部门。项目管理人员动态名册及其岗位能力证明记录、项目管理人员考勤和业绩考评评价记录、职责范围项目固定资产（含食堂、行政用车）管理台账和运行成本或摊销记录、项目征地拆迁计划管理台账、上级和项目管理制度文件清单动态管理记录、项目培训及费用开支情况记录台账、项目收发文记录台账、项目CI制作合同台账、项目会务及相关决议执行情况记录台账、现场劳动力实名制动态管理台账等。

项目现场管理：项目管理和服务人员月度薪酬福利核定、项目月度食堂采购和其他开支记录台账、项目月度办公用品及水电等消耗台账、项目月度行政用车维护保养和油料消耗台账、项目月度行政办公和会务消耗台账、项目月度征地拆迁动态记录台账（含相关协议及费用支出）和存在问题、分现场管理单元和分包单位项目月度现场劳动力总工时统计台账、项目月度现场劳动力工资发放台账、现场月度生产生活设施维护或拆除及其费用分摊记录台账、项目慰问评奖激励支出事项和费用台账等。

（5）项目商务合约（含财务）管理部门。项目合同索赔补差和现场签证计划执行情况、项目合同"双优化"方案经济测算记录和立项审批记录、项目税务筹划执行情况、项目担保事项执行情况、项目财务和会计制度执行情况、项目合同开累确权和工程款回收情况、项目现金流和资金成本情况、项目合同（含各类合同）总台账及其变更记录、项目分包单位招标计划完成情况、项目分包单位进场履约检查和资质资料归档台账、项目分包索赔和现场签证记录台账、项目零星工程和零星用工审批记录台账、项目派工单统计施工定额记录等。

项目现场管理：项目月度索赔补差和签证完成情况、项目月度合同计量和收款情况、项目月度现金流分析表和（或）正现金流节点完成情况、项目月度差旅费统计、项目月度分包单位计量和支付情况、项目月度对分包单位评价情况等。

除上述具体业务统计外，部门均应对月度工作计划完成情况和需要协调解决的问题进行汇总。

5. 项目计划统计和核算

项目部业务部门的月度统计和核算，是在完成对业主的计量和工程款回收，完成对作业层的计量和支付基础上形成的。项目部月度汇总各业务部门统计核算指标，对项目月度目标完成情况相关的各项指标进行统计汇总：

（1）工期进度情况。

（2）成本（含现金流）情况。

（3）安全质量环保情况。

（4）其他目标完成情况。

进行基于挣值管理的月度项目管理绩效分析和总结评价，判断是否有违规或管理失当情况，按照企业总部报表要求，填报相关统计报表并上报。比如，中国建筑的项目报表及其内容包括：项目生产经理负责的"项目每日情况报告"，内容有晴雨表统计、主要作业面情况、主要作业人员情况、物资设备进场情况、主要施工设备情况、重要来访人员情况、主要进度完成情况、需要相关方解决的问题、本日重大事项情况、工作小结；项目商务经理负责的"项目商务月报"，内容有合同管理、工期管理、质量控制、索赔签证、履约与违规风险、产值、计量、工程款、资金支付、分包索赔和反索赔、需企业解决的问题、其他事项等；项目经理负责的"项目经理月报"，内容有项目运行总体情况综述、月度（组织管理、合同管理、资金管理、设计管理、技术管理、物资管理、分包设备、分包管理、工期管理、成本管理、质量管理、安全管理、环境管理、相关方管理、综合事务）等方面的管理结果，做法、亮点、问题及风险等级和措施，下月思路、需企业解决的问题等。中国中铁在成本管理方面，面向集团决策层的统计报告指标，包括所属企业盈利指标排名、各企业收入成本毛利对比、本企业各年度成本收入毛利对比、企业各业务板块收入成本毛利总计占比、企业各业务板块收入成本毛利及其变更查询、项目工程成本现场经费税金毛利率、项目责任成本预算执行情况预警和盈亏百分比、三级企业变更索赔查询、三级企业已完未验工金额查询等。中国交建项目生产月度报表，内容有进度管理，（方案、质量、安全、环保等）技术管理相关细化指标；项目经营月度报告，内容有产值、内部结算支付、变更索赔、主要物资量差分析、财务应收应付款分析、其他费用和利润情况等，相关细化指标；其"生产经营数据采集及决策分析系统"，规定了项目策划、项目进度、成本、计量结算等，一系列包含相关细化指标的计划统计表单要求。

6. 项目月度财务会计核算和项目改进

第十六章项目财务资金管理第一节中，"准确理解和把握成本核算和会计核算的关系"，我们提出在项目管理全面信息化条件下，"项目成本核算和会计核算的界限将被完全消除"的未来前景展望。目前，由项目商务合约部门主导的月度项目成本核算，是项目部在各业务部门统计和核算基础上，汇总分析项目当期实际成本，与项目计划成本进行比较，发现和提出项目过程管理存在的问题，以促项目改进；项目出现大的工期偏离或调整时，往往会导致施工组织方案的调整优化。挣值管理，是将项目进度和费用进行综合度量的绩效评价方法，挣值管理以计划成本分解和同口径实际成本核算为前提；而只有财务会计核算，才能全面准确反映项目实际成本。比如：对分包单位的临时设施摊销费用、施工机械大修摊销费用等，是商务部门成本核算无法准确、及时覆盖的费用。只有未来在项目管理全面信息化条件下，基于"数出一源""三流合一"的财务会计数据库，才能使成本核算、挣值分析、财务会计核算，围绕对项目月度绩效的评价，满足同口径、同时点、同基准的不同业务维度绩效评价的协同性。

三、项目检查和改进阶段的计划统计和核算管理

在项目实施过程中，企业总部各职能部门通过对项目过程的检查、考核，掌握项目过程管理各项相关指标的绩效情况；项目部在月度计划统计和核算的基础上，年末要汇总核算并报告年度计划完成情况；会计核算，是项目年度经济指标核算的主要途径和方式。

项目信息化管理条件下，上述计划统计和报告工作，会通过日常记录结构化数据设计，只要保证了现场工点工序层面，每日活动原始记录的真实性、及时性，信息管理平台会非常便捷地实现。我们认为，在企业项目管理信息细粒度足够的情况下，企业现行的业务核算、成本核算，完全可以与会计核算合并，使项目统计核算工作更便捷、准确和全面。

第十八章　项目综合事务管理

《项目管理 术语》GB/T 23691—2009，项目综合管理是项目管理的一部分，致力于协调项目所需各要素，确保项目目标的实现，通常由启动、项目计划制定、项目计划实施、综合变更控制和行政收尾等部分构成。项目沟通管理，项目管理的一部分，致力于确保项目信息及时并适当地生成、收集、分发、存储和最终处置，通常由沟通规划、信息分发和绩效报告等部分构成。本书"下篇"所解析的"14个"流程中，相关过程"文件化信息"，及其跨部门、跨层级、跨项目内外的共享交流，都是项目沟通的主要的内容和关注焦点，包括沟通什么、何时沟通、与谁沟通、如何沟通、谁来沟通等的安排。其中上述已解析流程未涉及的项目管理行政事项，以及处于各流程之上、各流程共性的沟通、交流内容及环节，纳入本章项目综合事务管理的范畴。

第一节　项目综合事务管理的地位和作用

施工总承包项目部作为一次性组织机构，其日常的综合事务管理对项目团队建设和项目履约过程，起到重要的组织保障作用。项目部作为企业临时性派出机构，对外在企业授权范围内，代表企业承担项目合同履约职责，是企业形象、企业文化展示和企业基础管理执行力的窗口，独特的项目文化和员工行为规范，是企业项目管理的重要内容。项目部一般远离企业总部、地域上高度分散，其日常的综合事务管理包括：团队建设涉及的相关措施、员工行为规范管理、项目内外部沟通管理、日常生产生活环境条件和秩序管理、项目相关文件和记录控制、企业CI和外部公共关系管理、相关方关系管理等诸多方面，需要从保证项目履约、确保项目管理过程和与项目产品有关过程持续受控要求的角度，予以规范和控制。其核心要义是沟通，目的是服务于项目团队建设和项目相关方关系管理。具体内容有文件和记录管理、信息交流与沟通管理、外部相关方对接和协调、生产生活条件保障、日常行政事务（含印鉴）管理等。

一、项目文件和记录的管理

1. 项目文件和记录的概念、内容和范围

"管理体系方法论"把文件和记录，作为管理体系建立和运行的重要媒介和控制的对象。"文件"是指信息及其承载媒体。文件包含记录表格或记录的要求，记录一旦按照文件要求形成并经审核或确认，即形成了以往工作"过程"实施情况的信息，起到证实、可供复查和作为评价依据的作用。施工总承包项目相关的文件和记录，包括以下内容及其使用范围：

（1）企业使命、愿景、价值观和员工职业道德、行为规范，企业方针、战略和目标以及企业CI标准等。项目作为建设工程企业对外窗口，通过企业形象视觉系统的策划和实施，对外要宣传和彰显企业文化，对内要使全体员工熟悉企业文化，内化于心、外化于行。

（2）企业与项目相关管理制度。按照《企业标准体系 要求》GB/T 15496—2017，管理制度属于企业管理标准。企业管理标准依据企业文化、战略方针、目标策划和制定，制度文化是企业文化的核心。管理制度是企业项目管理的行为规范和准则，决定了项目管理基本流程、方法和准则，企业项目管理制度的系统性、合规性、规范性和有效性，以及制度执行力，决定了施工总承包项目管理基本水平和能力。企业与项目相关的管理制度，在项目策划阶段，通过管理"裁剪"在项目落地。

企业与项目相关的管理制度，其内容一般包括：关于管理对象的组织结构、职责和权限，管理流程、过程准则、记录表格，以及过程检查评价方法、改进或更新等。

（3）企业与项目相关的技术标准、工作标准和企业知识管理。《质量管理 组织的质量 实现持续成功指南》GB/T 19004—2020强调，能胜任、积极参与、经授权和有激情的人员是组织的关键资源。企业工作标准一般以岗位说明书、操作规程等形式体现，对确保项目人员岗位能力适用性和人员能力评价激励起到重要作用。当今知识经济时代，企业通过知识管理，确定、积累、保护、共享项目过程管理和与项目产品有关过程的相关知识，并通过企业内部技术标准的制定和开发，提高项目各类技术事项标准化水平，为项目全生命周期提供技术和智力资源支撑，是企业核心竞争力的重要体现。

（4）具体项目的文件和记录。施工总承包项目，除了全面贯彻和执行企业的管理标准、技术标准、工作标准外，相关的文件和记录还有：项目合同规定的要求、业主的相关管理制度、施工图设计文件、工程技术标准和规范，以及项目部根据工程特点，在企业相关文件和记录要求的基础上，完成的特定的文件和记录要求等。比如：项目目标责任书、项目施工组织设计和施工方案，项目单位、分部、分项工程划分明细表或项目工作分解结构（WBS），项目计划成本预算清单、项目工期计划、项目部部门月度工作计划等。

（5）项目实施过程相关的内外部交流文件和记录。包括项目部内部、项目部与企业总部，项目部与建设单位、监理单位、设计单位和其他相关方等，关于项目全生命周期，进行沟通交流，相关的报告、通知、函件、纪要、签证、证明等。

（6）组成项目竣工文件内容的相关文件和记录。

2. 项目文件和记录的标准化、规范化是项目管理的基本要求

信息化以标准化为前提，标准化有其内在的基本要求和面向信息化的流程集成化底线要求。

（1）我国建筑业相关法律法规和其他要求，已经全面走向标准化、规范化。进入新时代，我国《立法法》《标准化法》《行政法规制定程序条例》《规章制定程序条例》已经全面修订，进一步规范和完善了相关法规、规章、规范性文件、标准，其立项、起草、审查、决定、公布、解释程序和要求，中国特色社会主义法律体系不断完善。适应国家治理体系和治理能力现代化要求，政府和行业对建筑市场监督管理规范性、标准化程度加快提升和发展。

中央办公厅、国务院办公厅联合下发《党政机关公文处理工作条例》，对公文种类、格式、行文规则、拟制，以及办理程序、公文管理等均作出明确规范。公文种类主要包括决议、决定、命令、公报、公告、通告、意见、通知、通报、报告、请示、批复、议案、函和纪要。条例规定了公文格式，确定了行文规则。明确部门内设机构，除办公厅（室）外，不得对外正式行文的工作原则。这些都构成建设工程企业必须执行，或与外部相关方交流、沟通，必不可少的重要参考依据。

（2）建设工程企业建立流程集成化的企业标准体系，是标准化、信息化、数字化管理未来趋势的基本要求。项目管理全面信息化，意味着企业项目管理标准和流程，将通过项目管理信息平台的构建，被固化到项目管理信息系统架构和流程中。事实上，很多企业由于缺乏系统、稳定的企业标准体系，导致企业在领导更替、不同时期、不同部门颁布的相关文件和记录，内容相互重叠，甚至相互冲突。长此以往，造成企业文件和记录体系庞杂，严重影响了企业管理制度的严肃性，冲击和弱化了企业制度执行力。

国内一些建筑央企龙头企业，十多年前就成立了企业标准化管理委员会，负责对全集团管理制度构架、具体文件类别组成、文件名称和定位、文件格式以及责任部门等，进行系统梳理、顶层设计、系统管控、定期评审更新。确保了文件和记录的系统性、规范性和内部法规严肃性，并通过内部审计和评价考核，培育发展出良好的企业制度文化，给企业标准化、信息化奠定了扎实基础。

3. 文件和记录的数字化，以及信息细粒化

建筑产业互联网，也呼唤行业未来信息化、数字化市场生态的培育和发展。

（1）施工总承包项目基础管理流程的标准化、集成化，是项目管理全面信息化行稳致远的前提，也是建筑行业信息化、数字化、智能化市场生态构建的起点。项目实

施阶段，也只有项目实施阶段，是建设工程项目从项目建议书、项目立项到项目建成运营及后评估，全生命周期所有市场参与主体交流互动的纽带。

当前，我国建筑业项目管理信息化推进和实践的主体，主要是以广联达等为代表的IT企业和建筑市场大型设计、施工企业。从国内目前各企业运行的项目管理信息系统现状看，全行业围绕施工总承包项目管理，从标准化层面，还没有形成一个统一的项目管理底层流程框架。这就使所有企业，在积极推进项目管理信息化的同时，可能会面临IT系统更新迭代，导致底层架构推倒重来的"达摩利斯之剑"窘境。我国建设工程项目管理，有没有一个基于客观规律的基础流程？施工总承包项目管理基础流程，客观上像汽车的底盘、轮船的龙骨，有其基本的架构特性；还是像变形金刚，本质上就没有稳固的底层架构，可以千变万化？作者通过30余年的理论和项目管理实践，从我国建筑业法规和"管理体系方法论"出发，提出基于价值交付系统和IPD理念的，建设工程企业"标准化项目管理体系流程"概念；"我国建筑业数字化转型全景图"，展望了以CIM为底座、以BIM技术为纽带、以建设工程项目全生命周期管理为对象，我国"建筑产业互联网平台"的概念、定位，以及行业数字化转型未来的景象。并基于建筑央企龙头企业，在行业数字化转型中的龙头标杆地位，提出并解析了建设工程企业通用的"业务架构""信息架构"和重要的"概念模型"。以期揭示行业信息化、数字化转型，面临的一系列、需要统一的标准化生态需求问题；为所有相关IT企业和致力于全面信息化、数字化转型的龙头企业，提供一个基于"统一语言"的数字化蓝图设计框架。并结合建筑市场各参与主体信息化现状，以施工总承包项目管理为对象，详细阐述了企业基础管理流程化"集成"的概念、现状，及其如何能支撑未来数字化转型的理论和方法论指导体系。为全行业建设工程项目政府监管、建设、设计、施工、监理或咨询、运营单位，以施工总承包项目为纽带和突破口，协同营造信息化、数字化转型市场生态，协同推进行业信息化、数字化转型，提出了转型战略和路径措施建议。

（2）以"底盘"框架为依托，企业职能和要素以"模块化"管理方式，推进文件和记录的标准化、细粒化；其背后是"流程"实体的拆解和精细化，是施工总承包项目管理流程集成化、全面信息化，进而走向数字化和智能化的必由之路。作者在本书解析的施工总承包"标准化项目管理体系流程"等"14个"流程，成型和开始应用于2012年前后。《质量管理 组织的质量 实现持续成功指南》GB/T 19004—2020指出：对于每一个过程，组织都应指定一个人或一个团队（通常称为"过程责任人"），按照规定的职责和权限，确定、保持、控制和改进过程以及与受其影响和对其有影响的其他过程的相互作用。本书描述的所有管理流程，都不是某一个层级、部门或岗位能独立完成的。所有的管理流程，都涉及其他层级、部门或岗位相关的"相互作用"。

施工总承包项目管理全面信息化，在建筑业目前仍处于起步发展阶段。只要施工总承包项目管理信息系统平台，开发依据的流程集成化、标准化框架"底盘"稳固；建筑央企头部企业，在其核心业务（项目）与职能和要素管理的流程网络化"集成"，在指导理论和方法论上不断深入理解和实践，建筑业凭借数字化转型时代契机，复制和超越汽车制造业由弱转强的发展路径，未来可期。

施工总承包项目管理信息化，与建设工程企业和项目管理体系，及其流程化集成、标准化成熟度密切相关。企业以基于集成的"标准化项目管理体系流程"，搭建起的项目全面信息化管理平台，提供像人体骨骼一样的系统主体架构，通过职能和要素为单元的"模块化"过程网络的持续优化和完善，标准化和信息化"两化"融合，以基础管理变革促进项目管理全面信息化的不断完善和发展。既要企业立足现状，对企业及其项目管理规律、体制、机制的探索和变革；又须尽早起步，以"两化"融合带来的"降本增效"，带动数字化转型进入发展的快车道。

（3）在标准化基础上，对文件和记录的数字化，是项目管理信息化、数字化、智能化未来的主要任务和挑战。ISO标准的定义，数据是关于客体的事实，信息是有意义的数据。就项目管理信息系统而言，一个文件、一张记录表格，都可以视为一个数据。这种情况下，信息系统的作用，只是对"信息"的远程传递、查阅和归档存储。如果把一张记录表格中，每个小格作为一个数据，这种细粒度下的信息，上线到管理流程网络的逻辑运算之中，信息系统就具备了自动逻辑运算和集成分析的"智能"。比如前面我们提到"钻孔灌注桩工序派工单"的验收，通过计算机网络系统，基于逻辑关联的跨部门、跨层级穿透式采集和集成数据的特性，就可以实现对单个钻孔桩工序，其人工天数从考勤系统的采集、成孔地质类型从钻孔记录的采集、混凝土灌注时间和数量从灌注记录的采集等，从而使项目管理信息系统，具备对该工序各种维度绩效指标数据的汇总分析，施工定额数据库的构建功能。再比如，一个项目的工程概况、环境气候特性、水文地质特点，及其常见的地基加固技术类别等，是相对确定的。建设工程企业将这些要素，采用结构化数据进行数字化，并通过多项目的实践，建立对应的要素结构化数据库，并对施工组织设计或施工方案的编制格式和流程进行标准化，就有可能实现施工组织设计或方案的计算机辅助编制功能，通过全面信息化、数字化，实现管理的智能化。

可见，项目管理信息化，一是取决于企业核心业务（项目）流程集成化框架的正确选择和定型；二是依靠职能和要素管理流程网格化集成的开发、优化和迭代发展；三是依赖项目管理相关文件和记录的细粒化、数字化。这构成了施工总承包项目管理标准化、信息化、数字化、智能化的基本逻辑图景。

本章关于文件和记录的控制，重点放在施工总承包项目相关的文件和记录（含外来文件），其形成、审核审批、共享、归档、查阅、有效性控制、储存保护过程及要求。

二、项目管理内外部沟通和交流过程的管理

按照德鲁克管理学理论，工程项目可以视为社会经济活动的一个器官，施工总承包项目全生命周期一样需要构建一套类似人体的信息感知和处理、反馈机制。它同样包括两个层面，一是对项目全生命周期需要感知的内外部信息的识别；二是对各类信息进行传递、处理和反馈，以确保项目"肌体"有效运转，防范风险，实现目标。

1. 项目管理内外部沟通和交流有其客观规律性和内在要求

（1）项目管理内外部沟通和交流的概念、内容和范围。按照ISO管理体系系列标准的定义，信息系统是组织内部使用的沟通渠道的网络。文件（含记录）是信息及其承载媒体。建设工程项目作为建筑市场运行的基本载体，其全生命周期内外部交流和沟通管理，从对与项目产品有关过程测量、试验检测、监测数据，到项目管理过程相关活动的信息，再到项目管理过程相关的文件和记录，以及作为沟通渠道的信息系统。其数据类型，信息内容和类别，文件和记录的格式，信息交流和传递的方式，以至于常规的术语、定义和用词习惯等等，既处于我国建筑业法律法规和其他要求的规范之下，使其共同使用、可以统一标准的部分占据主体份额；又在不同企业，根据企业管理水平、管理体系成熟度、企业历史沿革和文化差异、企业项目管理体制机制的不同，而具有鲜明的企业特点。我国建筑业各细分领域，由于工程技术特征、项目管理习惯带来的行业差异，是建筑业数字化转型中，需要统一标准、实现标准化的重要任务，以为建设工程项目全生命周期各参与主体，进行内外部沟通、交流，统一语言，消除人为障碍。

（2）项目管理内外部沟通和交流，其内容和方式需要企业进行识别和顶层设计。我国建筑业相关法律法规和其他要求，对项目内外部沟通和交流提出强制性要求。比如：2021年9月1日正式施行的新《安全生产法》规定，事故隐患排查治理情况应当如实记录，并通过职工代表大会或者职工大会、信息公示栏等方式向从业人员通报；《建设工程质量管理条例》规定，隐蔽工程在隐蔽前，施工单位应当通知建设单位和建设工程质量监督机构；《建设工程安全生产管理条例》规定，施工起重机械和整体提升脚手架、模板等自升式架设设施安装完毕后，安装单位应当自检，出具自检合格证明，并向施工单位进行安全使用说明，办理验收手续并签字等，是建设工程企业必

须识别和执行的内容和要求。

"管理体系方法论",对管理体系过程"文件化信息",提出了系统的满足"基于 PDCA 模式的过程思维""可证实和循证决策思维"的要求,深刻理解和熟练应用这些管理思维,有助于企业识别和确定,企业及项目管理体系沟通交流信息类别,并进行系统的策划控制。

文件和记录,是当前企业传统管理方式下,普遍采用的一种内外部沟通和交流的媒介。文件的制定,基于企业或项目部对管理客观规律和流程的认知;记录,服务并产生于文件所规范的管理流程活动过程。这决定了,一是文件和记录是一种形式,而非管理活动本身,它们的作用在于服务企业项目管理活动,其形式、格式和内容的统一,并非目的,但必须予以适当的控制和管理,以确保其作用的发挥;二是文件和记录与企业实际管理密切相关,文件和记录的多寡、规范性和有效性,是企业及其项目管理水平、执行力的重要反映。建设工程企业制定"多项目"管理,同质化、标准化的文件和记录,有利于项目管理标准化水平的提升,也是推进信息化、数字化的基本要求。

(3) 现代信息技术的快速发展和应用,深刻改变着项目内外部沟通和交流的内容和方式,是建设工程企业必须主动适应的未来趋势。建设工程企业的文件和记录,从红头文件到无纸化办公,从记录表格到结构化数据库,从统计报表到智慧工地可视化看板,项目过程记录从手抄手签到智能终端采集、信息系统流程自动复核验证。现代信息技术的应用,使项目内外部沟通和交流的内容、媒介和方式,面临革命性的变革和升级。这意味着:

①建设工程企业项目管理流程的网络集成化,必须适应项目管理全面信息化的要求;

②施工总承包项目管理数据和信息的顶层设计,必须适应信息化、数字化的要求;

③我国建筑业呼唤全行业项目,内外部沟通交流信息及其媒介的标准化,为行业全面信息化、数字化、智能化营造市场生态条件。比如:我国已成为盾构法隧道施工的建设大国,统一盾构施工信息采集标准,建立全国统一的盾构设备、掘进施工大数据库,建立大数据分析模型库,形成盾构"超级大脑",实现盾构掘进智慧化,是盾构施工的发展趋势。这就要求须制定,跨地铁、公路、铁路、市政、水利水电等细分行业,统一的盾构数据标准,建立我国建筑行业盾构管控中心平台,实现远程采集盾构施工数据,实时监控工程风险,并通过盾构姿态、沉降变形、施工参数分析预测,实现盾构机自动掘进,实现机器智能赋能盾构智能研发和施工。显然,比目前各个企

业、高校、盾构厂商，各自为战，各细分行业条块分割，对大数据资源的积累和利用效率要高。

2. 施工总承包项目内外部沟通和交流信息的识别和策划

本书所有的流程，把施工总承包项目相关的文件和记录，作为流程"文件化信息"解析的重点内容，结合流程及其接口关系，进行了列举式说明。

文件和记录的详略程度，与企业项目管理过程流程化、精细化水平密切相关，它本质上只是企业和项目管理过程、过程能力结果的体现。抛开企业项目管理流程化、集成化水平和能力，单纯地强调文件和记录要求，往往导致"两张皮"，只会增加基层执行过程的负担。我们重点限于"管理体系方法论"，所要求必须产生文件或记录的事项和名称的列举，而没有规定具体的文件或记录的形式，是为了给各种管理体系成熟度的企业，参考和应用"14个"流程，留出个性化的空间。

3. 逐步创新和提升项目内外部交流、沟通的实时性和效率

传统项目管理，文件和记录是主要的信息载体，和内外部沟通交流的媒介。在信息交流渠道上，除了目前已经比较成熟的企业OA系统外，最主要的方式是以会议形式进行的面对面交流和沟通。

可以预见，随着项目管理全面信息化的推进，信息系统在项目内部沟通和交流上，将越来越占据主要的份额和地位。随着项目管理信息系统中，基于网络化流程逻辑的信息细粒度水平的不断提升，项目内部交流中，对有形的纸质文件和记录的使用会越来越少，交流的实时性和效率会越来越高。而外部交流，取决于建筑业其他相关主体，其全面信息化、数字化行业市场生态形成，覆盖建设工程项目全生命周期的建筑产业互联网平台出现，才能用信息化、数字化系统，替代项目部与业主、设计、监理和其他相关方目前传统的沟通和交流方式。

本章对项目内外部交流和沟通管理流程的设计和解析，仍基于传统项目管理方式下，沟通交流的具体内容和方式的管理。

三、项目后勤管理

项目部一般远离企业总部，日常运行需要的行政办公、交通车辆、住宿、餐饮、对外交往、安保和消防、日常工作秩序建立和维护等，统一属于项目的后勤管理。后勤管理，要创造和谐、舒适、高效的工作和生活条件，维护正常的日常工作秩序，控制后勤管理费用开支，为项目履约提供生产生活条件保障。

第二节 项目综合事务管理流程和要求

一、项目综合事务管理流程（图18-1）

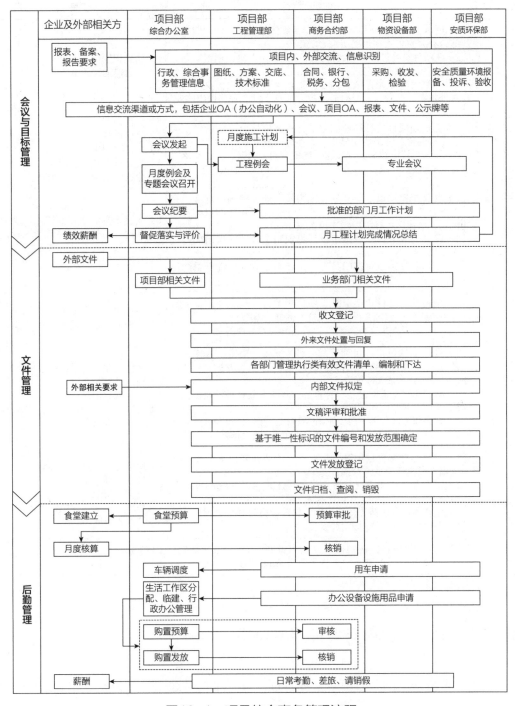

图18-1 项目综合事务管理流程

二、项目综合事务管理过程要求（表18-1）

项目综合事务管理过程要求　　　　　　表18-1

阶段	过程	管理要求	记录
会议与目标管理	1	1）项目各部门对项目实施过程中所需信息进行识别和归类，综合办公室负责项目层级综合类信息。 2）在项目实施过程中项目部对外部要求、评价，项目策划、组织实施及控制信息进行收集和汇总。 3）项目应建立完善信息沟通的适当渠道和方式，及时办理对外报备、验收，及时对外部投诉信息予以登记并做响应	1）信息识别结果记录； 2）信息沟通渠道和方式
会议与目标管理	2	1）会议是项目信息沟通的主要方式，项目会议包括但不限于工程例会、经济活动分析会和各部门业务专题会议。 2）所有会议应建立会议发起、准备资料、召开、纪要及落实情况的记录	1）会议台账； 2）会议通知； 3）会议签到表； 4）会议资料和会议记录； 5）会议纪要及其落实记录
会议与目标管理	3	1）项目应建立以工期计划管理为核心的工程例会制度，完善项目部部门、岗位以月度工作计划为主要形式的目标管理机制，形成工程计划控制支撑机制。 2）各部门应依据月度施工计划组织制定和批准当期部门工作计划。 3）项目办公室应对部门月度工作计划完成情况进行总结评价，必要时与管理人员薪酬进行挂钩	1）项目部批准的部门月工作计划； 2）部门月工作计划完成情况评价考核记录； 3）月度工程例会纪要
文件管理	4	1）项目外来文件包括上级、项目相关方、政府文件；项目业主、设计、监理文件；工程技术标准规范等。 2）项目所有外来文件都应得到适当的处置或回复	1）外来文件收文登记； 2）外来文件处置记录
文件管理	5	1）项目文件包括项目部管理文件（通知、决定、函件、传真）、合同文件、施工图设计文件、施工组织管理相关文件，其具体形式可依实际确定。 2）必须建立文件的制定、评审、发放、有效性控制制度。 3）文件应及时归档管理。 4）记录作为文件的一种，应分类建档、标识、保存。 5）应确保文件和记录获取、共享的便利性和可靠性	1）文件的制定、批准记录； 2）项目部有效文件清单； 3）文件发放记录； 4）文件归档情况； 5）记录管理情况
后勤管理	6	1）综合办提交食堂预算，由商务合约部办理预算审核审批流程，或执行定员定额预算标准。 2）综合办负责受理项目各部门的用车申请，并统一进行车辆分配。 3）综合办负责生活工作区分配及临建、行政办公管理。 4）综合办公室负责对外联络、接待	1）食堂卫生许可证、健康证； 2）食堂预算及审批记录； 3）车辆使用记录； 4）临建、生活工作区管理记录； 5）外部人员联络、接待记录
后勤管理	7	综合办负责项目部请销假、差旅审批和考勤统计、薪酬管理，项目商务合约部（财务岗）负责薪酬发放	1）考勤记录； 2）薪酬发放记录

注：印章管理按企业总部相关制度规定执行。

第三节　项目综合事务管理流程解析

传统管理方式下的项目综合事务管理，分三个相对独立的部分或单元，分别进行解析说明。

一、项目目标和会议管理

施工总承包项目部，包括项目决策层、项目职能部门、项目部派驻现场的管理团队，按照第四章第二节施工总承包"标准化项目管理体系流程""项目职能和要素管理流程"及其要求，履行项目现场管理职责，防范项目风险，确保项目履约。必须建立目标管理机制和日常运行管理制度，充分发挥项目管理"龙头"带动作用。

1. 项目信息识别

项目部作为项目现场决策和指挥中枢，履行项目全过程的策划、组织、指挥、协调、控制职能。施工总承包项目部人员，大多都是在项目进场后，由企业总部从各处抽调人员，临时组建的管理团队。团队的形成和运行，依靠团队内部各岗位和部门之间基于职责分工和权限，充分的沟通和交流。比较成熟的团队，还应该建立沟通交流效果评价机制，以确保沟通交流的及时性、有效性和高效率。以充分挖掘和释放团队每个人的潜力，形成团队最大合力。项目沟通和交流的信息包括：

（1）按照本书各流程图和过程管理要求，确保项目管理活动各类信息的形成，并保障其真实性、准确性、及时性。

（2）按照各流程图设定的不同层级、不同部门，以及项目部与企业总部、项目业主和其他相关方的工作接口关系，采用与内外部相关要求相适应的方式，确保相关单位、岗位及时地获取所需的信息。

必须指出，本书所有流程图规定的管理过程和要求，其实是一种"理想化"的安排。其在企业和项目的落地，需要跨越当前在企业文化、体制机制、"人"的认知、管理流程化变革等，一系列长期的、复杂的挑战。

2. 信息交流的渠道和方式

虽然信息化应用在我国建设工程企业部门级，已经取得较为丰富的实践应用成果，无须讳言，传统管理仍然是大多数建设工程企业项目整体管理的主要方式。项目部须在内外部沟通和交流信息充分识别基础上，建立和完善项目组织、指挥、协调、控制工作机制，创造各种有效的平台或渠道，加强对项目管理过程和与项目产品有关过程信息的传递、共享和交流，构建完善的信息收集、传递、反馈机制，采取有效措施跨越部门或岗位间信息壁垒，打破信息孤岛，才能确保项目管理职责的履行。传统管理方式下，项目内外部沟通交流的渠道和方式包括：

（1）企业OA系统、项目OA系统、项目授权成立的微信群或QQ群等个人社交信息渠道或平台；

（2）各类纸质或电子版文件，包括正式公文、函件、纪要记录、报表的拟定、审核、审批、签认、颁布等；

（3）各种上墙职责、图表、公示牌、CI形象展示、各种日报或周报月报、展板、宣传栏、内部报刊和公众号等；

（4）各种线上线下例会、专题会、研讨会、早晚班会、现场观摩会、评审会议等。

3. 项目会议的发起

沟通和交流在于交换信息，更在于统一认识，寻求共识，做出符合工作目标要求的工作决策。传统管理方式下，会议是项目一种主要的集体沟通交流渠道。

无论何种会议，确定会议主题、参会人员、会议议程、预期要达到的会议成果，是确保会议顺利召开和达到预期效果，不可或缺的准备工作。除了例会，所有会议都应该由发起人，就会议主题进行事先的小范围沟通和酝酿，围绕会议主题或意图，包括：传达上级精神、通报情况、教育培训、研讨学习、审核评议、发起头脑风暴寻求解决方案等。不同的主题和意图，会议的组织方式、议程、会议成果总结，都有不同的侧重点和组织技巧。进行会议准备工作的同时，应采用适当的方式，发起会议通知。

一般情况下，需要形成会议纪要或会签确认成果的会议，应当采取文件化的方式通知，内容包括时间、地点、主持人、参加人员、汇报内容要求、会议议程等，并建立相关议题的可追溯记录。

4. 会议的召开

正式会议召开，应该建立会议签到表，注明会议地点、名称或主题、时间、主持人等，所有参会人员都应签到。因故不能参会的人员，应向会议发起人或单位事先请假。会议应该按照事先预定的流程召开，必要时，主持人或参会人员也可以临时动议，经同意后增加相关议题。

会议应形成会议记录。

5. 会议纪要的跟踪落实

根据会议通知或会议类型，对于需要会后进行跟踪落实的议题，应由会议发起部门形成会议纪要，经会议主持人或授权人审核批准后发布。

会议纪要应明确发放范围。

6. 会议后续落实和评价

会议发起部门，应建立会议记录台账，将会议通知、会议记录、会议纪要进行汇总归档；应负责会议纪要事项的跟踪督促和落实，将落实情况向项目负责人报告，并建立和归档相关记录。

7. 项目部目标管理

项目部月度工作计划，作为项目部日常行政工作目标管理的重要形式，一般由项目部各部门（含现场管理团队）或岗位按照月度施工计划，事先进行拟定，项目分管领导审核。结合月度工程例会或专题会议进行汇报和审议，由项目经理审核批准后形成书面记录。

项目部部门（含现场管理团队）或岗位工作计划，是按照项目相关管理流程和职责分工，对项目施工计划向职能部门或岗位进行分解，包括工期关键路径预期的需要本月提前启动的后续准备工作事项的安排。

项目部应形成规范的会议或其他适当的流程，在项目每月施工计划总结、评价和下达的同时，总结、评价和下达项目部门（含现场管理团队）或岗位的工作计划，并形成书面总结评价和下达记录。

项目部月度计划完成情况总结评价记录，是部门或岗位月度考核的主要手段。鼓励施工总承包项目，参照本书表4-2"项目管理过程职责分配示意"，建立项目部部门或岗位月度工作计划分解和考核标准模板，以确保月度施工计划涉及的管理活动，全部被分配到项目部各相关部门或岗位。并采取统一的定性和定量相结合的方式，对月度工作计划完成情况进行总结评价。实际的操作中，这项工作的开展存在很大难度。主要是项目管理团队的临时性、项目管理岗位人员工作能力和经验的局限性，要求项目经理在"胸有成竹"的情况下，结合团队成员结构，按照充分挖掘个人潜能、追求团队效力最大化原则，进行长期、系统的沟通、交流、组织、协同和控制，方可落地。

8. 项目部门或岗位月度工作计划完成情况

必要时应当与当月绩效薪酬挂钩，以强化项目管理团队的激励约束。

必须指出，项目施工计划向工作计划的分解，是一项非常有挑战性的工作。其在项目顺利实施的条件包括：项目部各部门或岗位职责分配比较清晰、各职能和要素管理流程全部确立并相对稳定、各部门和岗位之间工作接口关系明确、项目部管理层和各部门或岗位对项目施工组织设计或重大施工方案达到了与岗位职责相适应的了解程度、项目部各部门和岗位就月度施工计划的制定保持了充分的沟通和协商等。同时，由于工程外部环境不确定性影响，项目部还会经常面临对施工组织策划，因内外部突发性影响造成的调整要求，还需要项目决策层通过部门工作的分解，予以专门的调度和安排。

事实上，只要日常项目相关过程活动信息采集、传递和共享比较充分，项目各部门和岗位的工作自然会处于项目过程需求的倒逼和监督之下。项目部建立和实施主动的工作计划管理，有利于提高团队成员就自身工作对项目履约相关性和影响的责任意识，引导各岗位人员聚焦与自身岗位职责相关的管理过程和与项目产品有关过程要求的提前洞察，全面提升团队能力和预防性风险管理意识。

二、项目文件（含记录）管理

传统项目管理方式下，文件和记录是项目部沟通交流的主要信息媒介和载体。项目文件（含外来文件）的控制，主要是确保项目各岗位在需要的时候，能够及时地获得相关文件的有效版本，防止失效文件误用。并通过适当的管理措施，使文件和记录在形成过程中，得到及时地归档和保存，以便于查阅、使用或确保移交。

（1）项目要及时地接收和处理企业总部、业主、监理、设计及其他相关方文件。项目外来文件，应分类管理。属于项目部层级的外来文件，一般由项目办公室接收；属于业务部门相关的文件，可以由对应的职能部门接收。

外来文件接收部门，应建立收文登记。

（2）外来文件的处置与回复。外来文件接收部门，应就文件的内容和要求，提出处置的意见或建议，必要时，经项目负责人审批后执行。并按照要求及时进行回复。

外来文件及其处置、回复记录，应按照收文登记一并归档，以备查询。

（3）项目或部门有效文件清单。对于项目或部门管理过程和与项目产品有关过程相关的，策划、管理、执行类文件（含记录要求），项目有关部门应该分类建立"有效文件清单"，并归档或标明文件获取途径。根据相关文件的变化，及时更新清单和归档文件现行版本。以便有需要的工作人员便捷地获取和查询。

（4）文件的拟定和记录的形成。项目相关部门或岗位，根据岗位工作职责和相关工作流程要求，负责相关文件的拟定或编制，或者按照记录要求，形成相关记录。

建设工程企业应该制定项目各类文件和记录，编制、拟定、填报的具体格式和要求，文件和记录内容、格式的标准化，是项目管理信息化的基本要求。文件的拟定和编制，应该充分考虑现有文件的适用性，并合理确定新拟定文件和已有相关文件的关系，避免内容重叠、冲突现象，必要时应在新文件中明确被替代文件同时废止，并将作废文件进行"作废留用"标识或从工作场所撤离，以防误用。

（5）文件和记录的评审和批准、签认。文件颁布前，应按照规定的程序，对文件内容进行适当的评审。具体方式包括：相关部门或岗位文件会签、在文件评审页签署审核意见、专题会议评审等。记录的形成，应按照记录格式，明确记录人、审核人、签认人，并完善签字记录。

文件编制部门或责任人，应确保文件评审意见的落实，并得到评审意见部门的确认。文件颁布前，应经过授权人的审批。

（6）文件（记录）的标识和发放。文件（记录）应通过编号等方式确定唯一性标识，并明确发放的范围。

（7）文件应按照规定的范围发放，并建立和形成由接收人签认的发放记录。记录应按照相关工作流程，在提报人、审核人、签认人岗位之间的流转、传递和共享。

（8）文件和记录的归档、查阅、销毁、移交。项目部应配备适当的文件归档、存放设施，满足文件和记录分类归档、存放和保护。

归档文件（记录）应建立归档目录清单，存放盒、柜应有清晰的标识，以便于查阅。文件的查阅应经过授权，以满足保密要求，防止误用或遗失。项目完成后，应按照保存期限，办理文件的销毁或移交。

项目管理信息化，有利于文件的有效版本控制、共享、分类归档、查阅和保存。

三、项目后勤管理

项目后勤管理一般由项目办公室负责。

（1）项目食堂。建立自有食堂的项目部，应规范冷储生鲜分开存放等卫生措施，炊事灶具及厨房垃圾排污应符合环保要求，炊事人员应经过健康体检并持证上岗，厨房在投入运行前，应到当地的食品药品监管部门办理餐饮服务许可证。

职工餐饮和业务招待应建立预算制度，确定食堂供应商，实行需求计划、采买、验收、支付结算岗位分离制度。并月度进行核算核销，控制浪费和超标。

（2）行政用车。项目行政用车应该定车定人，确保车辆日常维护。应建立车辆定期维保、定点加油制度，实现车辆维保、消耗第三方结算。

实行用车统一分派，和车辆消耗单车定期核算。

（3）生产生活条件和环境管理。项目应建立完善的日常办公和生活条件。项目办公室、宿舍应制定消防、卫生、水电安全管理措施。办公设备、设施应满足日常办公通信、网络、打印复印、会议、视频和拍摄影像等要求。

办公设备和日常办公用品的采购和消耗，应实行总体预算管控，集中审批采购和分发。

项目大型会议、集中培训、现场观摩等，应一事一议，进行费用预算核算列销，保证现场摄影、宣传报道要求，控制开支，避免浪费。

（4）考勤。项目应建立考勤制度，规范日常工作秩序。

应完善职工请销假、差旅、休假、探亲制度，并在必要时与薪酬挂钩。

后记

  本书的大纲目录拟定于2013年，具体的写作是在最近三年余时间完成的。要站在我国建筑业全行业自改革开放以来，建筑市场、建设工程企业围绕建设工程项目管理及其信息化整体发展历程和现状，探索项目、企业、行业的数字化转型概念、战略措施路径和基础管理方法论，涉及行业未来发展趋势、企业管理体系成熟度、项目管理内在底层规律和项目作业层组织管理要求，纵向时间跨度大、横向知识领域浩繁而复杂。而我们的目标是将这些领域所有的活动，组织成流程并基于客观世界运行规律，使其形成系统的、结构化的，所有活动之间相互关联、相互作用的一张完整的流程集成网络，以支持计算机IT网络技术对其中所有活动"文件化信息"基于逻辑的运算功能的应用。具体到每一个建设工程企业，这些领域知识及其应用活动，会被分配到许多不同的层级、部门、专业岗位组成的管理群体团队之中，其中的每一项专门知识及其数字化要求，其实并不复杂，真正的难在于"集成"。集成并非数字化转型独有的要求，传统管理的精细化也必须实现"跨层级、跨部门"流程化、流程网络集成化，这本身就会给企业的管理带来增值效果。作者作为一名工程人，30余年持续的专注、学习和实践，对现代管理理论的理念、思维方式、方法论工具系统化的理解和应用，成为本书"窥一斑而知全豹"的金钥匙。

  当程式化、结构化、闭环管理思维成为一种习惯，建设工程企业和项目管理的网络化流程及其"文件化信息"，在作者的头脑中每项工作流程相当于"算法"、过程的文件化信息就是"数据"、过程准则成为"赋值"标准，计算机基于0和1的逻辑运算及网络技术能给人带来的便利和增值作用就清晰地呈现出来了。建设工程企业从战略到项目作业层基础管理的流程化、标准化问题解决了，完成了企业基础业务及其管理活动端到端"流程一张网"的组建，全面信息化、数字化转型就水到渠成。跨部门、跨层级的流程构建，需要高于部门、层级的企业行政组织权利主体及其对现代管理理论融会贯通的理解和应用，两者缺一不可。显而易见，企业各级"一把手"在其中的作用无可替代，包括在推进转型过程中，从管理和业务流程化，流程通过标准的固化，到标准化与IT技术的融合应用。当今世界唯一确定的规律就是持续不断地"变化"。新一轮科技革命正处在从量的积累向质的突破演化过程之中,这带来了最近20余年现代管理理论体系的相对稳定期,本书所提出的模型、流程的科学性、合理性也基于此,它也是我国建筑业数字化转型必须完成的窗口期。"模型、流程"重在"神"而非"形",其价值在于使不同管理成熟度的企业,能够准确判断自身所处的状态,以及选择如何、从哪里入手、怎样推进自身的数字化转型,以充分利用"窗口期"跟上数字化转型的时代步伐,避免被新一轮科技革命必将催生的新的管理理论体系所淘汰和降维打击。未来已来,时不我待。

  作者怀着极大的热情,探究我国建设工程企业数字化转型之道,在本书的创作过程中,闫国丰、成都两位先生分别给予了衷恳建议和无私的协助,我的家人在三年余创作过程中,也给予了工作和生活上的全力支持和协助,在此对他们致以诚挚的感谢。由于建设工程企业和项目管理的综合性、复杂性和多样性,本书内容的准确性、适用性和易用性,还需要广大读者的理解和检验。由于作者的局限,其中也难免存在漏洞或不足,欢迎读者通过15001383531(同微信)不吝沟通。